特色文化城市研究丛书

主编　张鸿雁

"十三五"国家重点出版物出版规划项目

特色文化城市研究丛书

嬗变与整合

——泰州、四平和南通城市文化资本再生产

张鸿雁　邵颖萍　著

江苏凤凰教育出版社
Phoenix Education Publishing, Ltd

图书在版编目(CIP)数据

嬗变与整合:泰州、四平和南通城市文化资本再生产/张鸿雁,邵颖萍著. --南京:江苏凤凰教育出版社,2019.3

ISBN 978-7-5499-7988-2

Ⅰ.①嬗… Ⅱ.①张… ②邵… Ⅲ.①城市文化—研究—中国 Ⅳ.①C912.81

中国版本图书馆CIP数据核字(2019)第058907号

书　　名	嬗变与整合——泰州、四平和南通城市文化资本再生产
著　　者	张鸿雁　邵颖萍
责任编辑	刘　芳
装帧设计	李广珐
责任监制	杨赤民
出版发行	江苏凤凰教育出版社(南京市湖南路1号A楼　邮编210009)
苏教网址	http://www.1088.com.cn
照　　排	江苏凤凰制版有限公司
印　　刷	江苏凤凰新华印务有限公司
厂　　址	江苏省南京经济技术开发区尧新大道399号(邮编210038)
开　　本	787 mm×1092 mm　1/16
印　　张	27.25
版　　次	2019年4月第1版 2019年4月第1次印刷
书　　号	ISBN 978-7-5499-7988-2
定　　价	110.00元
网店地址	http://jsfhjycbs.tmall.com
公 众 号	苏教服务(微信号:jsfhjyfw)
邮购电话	025-85406265,025-85400774,短信02585420909
盗版举报	025-83658579

目　录

从“城市文化自觉”到“城市文化自为”（总序）

城市是文化的容器，是人类社会、经济、文化进化、发展的“动力因”。人类自从走进城市，社会就进入了加速度状态，5 000—8 000 年的人类文明史，演绎了人类城市进化和城市化的过程。亚里士多德说过：“为了生活，我们来到城市，为了更好地生活，我们留在了城市。”从城市产生那天开始就有了城乡差别，就存在着农村人口向城市流动的现象，而且这种城乡流动一直延续了数千年。最近的 40 年来，中国广袤的大地上呈现了人类历史上最壮观、最伟大、最悲怆、最生动的城乡人口流动场景——6 亿多农业人口从乡村来到了城市，城市化率从 1949 年的 10.6％，到 1978 年的 17.8％，再到 2018 年的接近 60％，我们用 40 年走完了西方城市化一两百年的发展过程。在这历史性的城市变革之中，城市在发展进化，一些乡村在衰落，另一些乡村以新的面貌在发展……中国城市社会来临了。这一社会巨变，为中国从传统型社会转化为现代型社会奠定了基础。但是，城市化的高速发展也必然带来相应的社会问题，急功近利的城市建设和“千城一面”的发展方式，使整个社会都在反问和反省：我们城市的特色哪去了？不同区域城市的“味道”哪去了？中国式的本土化城市形态哪去了？特色文化城市建设不仅被提升到了现代社会创新发展和现代性建设的高度，也同时被提升到了国际竞争的高度——特色文化已经成为全球城市竞争的必备条件。从城市社会学、城市规划学与城市文化学的三重视角看，特色文化城市研究与建构是现代社会创新发展的一种新需要。

“特色文化城市研究”是国家哲学社会科学重大招标课题的指定题目，也是我以往一直在研究的问题之一。我在城市文化学的理论研究与实践中发现，中国城市发展的特色文化建设几乎被所有的城市所忽视，而发达国家的城市文化特色建设伴随经济的发展，特色文化越来越显性化。将中国置于全球竞争中，越发能感觉到特色文化城市研究和建设的重要性。简而言之，没有特色文化的城市就等于没有生命和灵魂的城市；城市没有特色文化也就没有了“身份识别度”，也就没有了城市能级提升的动力和可持续发展的“文化软实力”。

一、走出城市“特色”危机[①]——打造特色文化城市资本

当下，城市文化发展面临的已经不再是“有”与“无”、“大”与“小”、“多”与“少”的问题，而是品质高不高、特色强不强、创新能力有没有的问题。推动城市建设从外延式扩张向内涵式发展转变，必须走特色文化发展、文化错位发展、文化个性创新发展的道路。那么，如何理解城市特色文化发展的内涵？应当如何推动并建构特色文化城市？

历史性和民族性文化是特色文化城市的核心表达，是特色文化城市打造的基础和前提。城市的“特”应该“特”在哪儿？顾名思义，“特色”就是与众不同，有突出的特点，或是特定的、唯一的城市文化特质和文化模式。根据《辞海》的解释，特色就是一个事物从本质上

① 张鸿雁.走出城市的特色危机.群众，2016(5)

区别于其他事物的外显特征。特色是某种事物所固有的、独特的属性，人们可以根据该种属性来区分和识别这种事物。城市特色文化就是城市的与众不同之处，其在某一方面或某一领域或某一文化要素上表现为具有垄断性、唯一性、可识别性和资本性的文化属性，具有大众文化认同的、历史性的集体记忆价值。历史久远的城市往往都有其固有的特色，或者是因其久远而积淀为特色，或者是因地域空间文化影响演变为结构化特色，或者是两种文化基因碰撞、冲击、融合、叠加形成新的特色文化……这样的文化特色必然成为城市发展的强劲动力。罗马城，一个人人熟知的世界性集体记忆：“条条大路通罗马”(All Roads Lead to Rome)，这本是一句出自《罗马典故》的谚语，而作为一种特色，它给罗马以永恒的光环和特色。号称世界四大古都的特色文化的表达有：“不朽之城市西安”“永恒之城市罗马”“众神之城市雅典”和“金字塔之城开罗”。显然，其特色的光芒不仅非常耀眼，而且具有唯一性和可识别性。从最直接的诉求来讲，建构“特色”就是为了追求永恒，追求永恒的城市发展动力。正是这样，追求特色也必然成为形形色色、大大小小不同类型城市的生存和发展之道。一个伟大的城市，一定不是仅仅因为规模大而强大，而是因特色文化的存在而强大。特别是在竞争激烈的全球化城市发展中，特色文化城市建构已经成为城市发展的前提条件。佛罗伦萨是中世纪西方文艺复兴的一个源起城市，芒福德对这个城市评价说：“佛罗伦萨只有 40 万人，但比起那些有几百万人的城市更有力量也更伟大。”之所以这样说，是因为这个城市的建筑文化、文学艺术文化、城市雕塑文化、商业贸易文化以及思想价值文化都具有唯一性、独立性和创新性，引领了一个时代的潮流。

城市特色文化可以从多样态、多角度、多层次加以分类，这也是我们需要解决的问题之一，即提供城市特色分类的文化学、社会学研究视角和方法。第一，城市主体的历史文化特色，这是城市特色的基本要素和底色，是尊重和延续城市历史价值的一种视角。第二，城市自然山水特色，如草原城市、山地城市、滨海城市等，这是尊重城市的自然存在，也是敬畏自然与赞美城市的一种表达。第三，城市风土人情与风俗民情等文化特色，这是具有地方性和地点精神的文化特质，是尊重地方文化习俗的一种方式。除此之外，还有城市的产业特色、制度特色、发展模式特色、生活方式特色、价值取向特色及建筑空间特色，等等，特别是现代化发展中创新形成并具有时代特征的“文化质性意义”，也是必须把握和重点创建的，既要尊重历史，更要把握现实和未来。

城市特色文化是可以建构的。在不同种类的特色中，城市历史文化特色是最基本的，在研究与挖掘、创新与发展中应该放在第一位。在全球城市现代化历史潮流中，很多城市的地方性、民族性文化被荡涤殆尽，我们经常说城市特色文化的丧失，在很大程度上说的就是历史文化特色的丧失，历史文化特色是城市特色的核心表达，现代城市文化特色应该是在继承传统上的创新。当代有一个新词叫“城愁”，它是与“乡愁”对应的。在全球化的进程中，城市的历史文化特色很容易被湮没、被替代甚至消亡，很多城市难以保留历史中积淀形成的民族性文化，如建筑风格、空间形态及日常生活方式……如今，城市中随处可见的是大面积高密度的西方化建筑群、大面积的水泥玻璃幕墙、大体量相似的街区空间结构……甚至有些空间已经成为很难亲近的“城市水泥森林”……强调城市文化特色，既要加强对历史文化特色的保护与保存，又要注重对历史文化特色的延续和创新。我们都知道，为了保护好、利用好城市的历史地段和文化遗存，现在很多地方进行了一些历史街区的改造和重建，强调空间的历史文化传承。但是，在我看来，在这方面还存在着很严重的问题和历史价值观分歧。一些城市，几乎清一色的仿明清建筑，几乎每座城市都有一定规模的“仿明清一条街”，这也是一个时代符号化的存在，但是显然有些过度了。恢复某些历史文化及建筑是必要的，但不应该仅仅是大规模恢复明清建筑文化，而是要在恢复某些历史文化建筑及空间的基础上，有所创新和发展，这在城市社会学、城市规划学、城市史学和建筑学界等被称为“城市更新与更替”，就是在本土化的意义上，创造出新时代的民族化产品和空间形式。我们要问的是：我们这个时代在城市规划和城市建设上建构、创新了什么样的具有时代意义的特色文化城市?当代城市建设有没有形成民族的、地方的文化特色?我们现在的城市规划、建设的城市空间形态,能不能成为人们未来历史的、民族的集体记忆?我们强调城市历史文化特色与现代创新文化特色相结合,就是一定要在保护、传承、发展中实现创新,在传统城市特色文化基础上进行现代性建构,从而体现具有历史特色的时代性价值。100 年后,人们在分析这个时代城市文化特质的时候会不会这样说:这个时代是一个恢复、模仿明清城市建筑的时代。当然,我们不希望这样,而是希望我们能够创造属于这个时代的城市特色文化,恢复和创新本土化的城市空间形态,创新有时代特色的本土化建筑和景观,在全球城市发展中,能够创造具有人类文化共同意义的多样化、民族化的城市样板和城市空间的集体记忆。

全球工业化以来,几乎所有国家都经历了乡村城市化的过程。现实的经验和城市化的历史规律已经告诉我们,未来的世界将是城市的世界,城市化和城市现代化将是一个世界性主题。当城市已经成为人类生活和生产的主要载体、城市人口超过乡村人口时,世界范围的竞争在本质上就是以城市为主体的经济、文化竞争,世界各国之间的各种竞争,已经从以往的以企业为主体的竞争,转变为以城市为主体、载体的世界性竞争。城市在世界范围内的竞争又直接表现为国家间的竞争,城市是国家地域生产力的集中表现形式,所以才有"全球城市"和"世界城市"概念的提出,才有世界级城市文化影响力霸权的存在。

城市必须有自己的特色竞争力,要么是有综合竞争力,要么是有核心竞争力,要么是有特色竞争力。发展中的城市,至少必须三者有其一。当然,三者皆备,则无疑是"世界性城市"或如萨森所论的"全球城市"。这其中展示给世界的城市特色文化竞争力的创新与提升,就是这一课题所要解决的本质问题之一:如何挖掘城市资源,创造城市自己独有的文化内核与独有的 IP,创造特定的国际化政治、经济和文化结构化形式,使城市形成广泛的有市民社会属性的创新文化土壤。如是,城市才会具有永恒的创新能力。

对从“文化转向”到“社会转向”的后现代意义的文化解释是：未来的城市化并不是像有些人认为的那样，所有的人都要到城市里去，到大城市去。丹尼尔·贝尔在《后工业社会的来临》中引用过这样一句话——“未来的城市无底、无形、无边”，社会发展会出现无边界城市和无边界的城市生活方式区域，原农村地带和城市会形成同样的生活方式——城市生活方式、城市文明和市民社会契约型价值取向。无论居住在哪里，人们都会以新型的现代工作方式、新型的现代网络型通信方式、新型的以私家车为主的交通方式、新型的以现代物流媒介为载体的消费方式、新型的以共享经济合作为平台的交往方式、新型的以智慧物联技术支撑的综合互动方式……在空间再生产的意义上，实现城市生活方式的无边界。城市化就是在传播、普及城市生活方式与城市文明，其本质和结果是市民社会的契约型生活方式的普及。

特色文化城市建设和规划不能过度政治化和权力化。近些年来，不少学者疾呼：中国城市已陷入“特色危机”之中，最为人所诟病的就是城市之间的相互抄袭和克隆，这不仅导致城市风格的丧失，而且还过度地进行了非民族化符号的表达。这些问题的出现，首先是因为在现代化进程中，城市建设丧失了对特色文化的把握，城市发展缺少了文化的主心骨。其次，地方政府政绩考核风向标使得城市发展出现偏差，导致城市决策者过度重视工业，盲目追求 GDP 增速，以及过度依赖土地财政形成的城市发展模式。土地财政不仅影响了城市特色文化的生成，也影响了整个城市地方性和民族性的文化建设。再次，部分城市管理者对城市历史文化的把握能力十分欠缺，对城市文化、历史和发展规律缺乏深入了解，盲目照抄西方的城市建设。值得注意的是，在城市空间规划上普遍存在一种文化认识误区，即“洋规划”才是好规划，因此，很多城市以“洋规划”和“洋人”规划为荣。长期以来，我们把西方文化置入中国城市的建设当中，套用了很多西方的城市规划理论和文化理念，没有形成中国化的、个性化的、具有特色文化的城市规划体系，无论在城市历史风貌上，还是在城市空间肌理上，都是用“洋人”的眼光来思考和衡量，缺少了本土化、民族化的文化意识。有西方学者说,很多城市问题是被规划出来的。至今还有些人没有搞清楚谁才是城市的建造者。房地产商号称是“造城运动”的开拓者,他们大规模圈地,使得经济利益成为城市建设的驱动力。开发商在建造城市的过程中很少考虑建筑与城市空间的结构关系,很少考虑城市服务体系和城市社会福利问题,他们主要考虑的是企业效益如何最大化,如何使楼盘的容积率提得更高,如何快速拿地、快速赚钱。这不仅导致一些城市成为“鬼城”“睡城”“单纯的住区楼盘”,而且使城市体系缺少了就业空间、生态空间和公共空间,既占用了大量土地资源,又降低了城市生活品质,同时把城市的一些优质空间变为少数个人财富增值的价值空间。

西方城市规划已经有一套完整的法律规程、责任和评价体系,而我们更多的是“长官意志”,使得规划过度政治化、权力化和政绩化。世界上有很多城市是值得我们学习的,如巴黎、伦敦、罗马、米兰、佛罗伦萨、京都和奈良,等等,其中最值得学习的是把城市特色规划作为城市进化的制度性手段,在城市规划中明确城市历史空间、公共空间、生态空间及建筑特色、城市色彩、景观风格、创意产业空间和就业空间等要素的文化价值,通过制定城市特色文化建设的专项发展规划,保证城市的有机风格、风貌和历史的延续。同时,很多城市颁布了城市特色建设的法律法规、保护纲领及行动计划,用各种各样的制度指标来确保城市的特色发展。在中国,虽然很多城市也有类似的针对历史文化空间和遗迹的保护性规划,但是这些规划执行力不足,实施过程中缺少监督,因为没有严格的法律程序,很多城市历史文化空间随意被改变,甚至被消除了。为了保护城市的历史与特色文化,必须运用大数据方法全方位整理、记录、统计城市文化要素,把物化空间要素、非物质文化遗产和精神文化等百分之百地整理归档,对城市建筑、景观、街区、道路、小品、公共空间等所有要素进行跟踪管理,采取高科技手段达到“精准”保护、建设和开发的目的。这里强调的是合理推行“精准保护”与“精准开发”相结合的模式。

“城市文化资本”构成新的城市发展的“文化动力因”。城市文化资源如果具有了唯一性、垄断性、资本性、历史文化特色性和公共性等要素，就可以创造性地进行城市文化资本再生产。如西安的大雁塔、小雁塔和大唐芙蓉园，北京的故宫和“798”，南京的中山陵和牛首山地宫……这里列举的城市文化资本要素都是一老一新，旨在强调城市特色文化的历史性和创新性所产生的资本性价值，既要挖掘历史文化，又要有现代城市文化创新。人类文化保存、延续与创新的主要载体是城市，城市里有各种各样的博物馆、历史建筑、文学艺术团体、高等学府、图书馆、工业集聚区、银行等，芒福德所论及的城市是“文化容器”就是在这个意义上所表达的概念。进一步说，人类财富与文脉传承的承担者主要是城市，当城市真正能够成为一种“文化容器”的时候，实际上这个城市已经成为人类思想、文化、人才、财富和创新的中心，这种中心性价值如果被毁坏了就很难重生。

“城市文化资本”概念的提出是从布尔迪厄“文化资本”一词衍生而来的。在我的《城市文化资本论》中，“城市文化资本”作为一种新的概念被提出，后被广泛应用。“城市文化资本”大体表现为十个方面的特点和属性：一是城市自然与人文文化资源的垄断性文化属性；二是城市自然和人文文化资源的唯一性文化属性；三是城市制度文化的创新性文化属性；四是城市符号化资源的“集体记忆”性文化属性；五是城市客观物化遗存资源的艺术性文化属性；六是城市优秀思想文化和创新文化的进步性文化属性；七是城市优秀行为文化和生活方式文化资源的样板性文化属性；八是城市公共资源的空间正义与公平性的文化属性；九是城市英雄主义和精英群体的引领性文化属性；十是城市历史文化资源刚性价值的文化属性。这里所强调的是，特色文化要素符号能够在某些条件下转换成城市文化资本价值。仅就中国城市而言，几千年中华文明积淀下来的以北京为代表的“京派”文化，近代中西文化冲突与融合而形成的以上海为代表的“海派”文化和以香港为代表的“港派”文化，均构成巨大的无形资产与“城市文化资本”形式，构成特色文化城市的“样本”，这三个城市的共性是规模大、人口多、文化容量大，而又有其区位上的、政治上的和文化上的特殊性。但是，那些众多的拥有几万人、十几万人和几十万人的中小城市、镇应该如何建构自己的特色文化呢？这就是本课题研究的重点所在。正因为城市等级、能级和规模大小不同，所以才不能仅仅拼规模、拼综合实力、拼人口数量来发展城市，而是要强调创造特色文化、创造特色竞争力来发展城市并参与全球竞争，即使很小的城市，在巨型城市面前，在“世界城市”面前，也能够有自己的话语权，也能够展现自己的“世界身份”。

城市文化资本也是一种公共财富。一些让人引以为豪的城市文化资本要素都是世界瞩目的公共财富，具有公共文化资本的属性。那么，一般意义上的城市文化资本对推动特色文化城市建设有哪些意义和价值呢？简单说，城市文化资本创新能够引起物品和服务的不断流动与增值，城市文化资本构成了城市发展新的“文化动力因”。

第一，城市文化资本积累的过程也是城市环境改造、城市更新和城市创新发展的过程。世界上形象良好、文化活力强的城市，无不具有特定的文化构成关系和城市文化特色。比如，巴黎是公认的“服装之都”“文化艺术之都”“浪漫之都”；维也纳的标签是“音乐之乡”；伦敦是“充满选择机会的城市”和“奢侈品品牌之都”；香港是“世界最自由和最安全的城市”……这些城市的整体形象为城市创造了无穷的魅力，这些要素本身构成了城市文化资本价值，既能够吸引人才，又能够吸引资本，还能够因为城市独有的魅力而成为世界旅游目的地。

第二，城市文化资本再生产本身就是在建构市民社会的文化场域。城市的作用在于改造人，缔造和改造人类自身，正是城市的主要功能。城市文化资本创新与“中国式城市文艺复兴”异曲同工，既能带来法律、规范和契约型社会的建设，形成市民社会的法理关系，又能表达市民社会文化价值观的普遍性，还能塑造新的城市文化和完成文化自觉的启蒙，如市民的举止风度、道德标准、服装文化、建筑风格、生活品位、健康生活方式等，在此基础上，还会有一个很好的社会文化选择机制。因为，在这样的城市里一定会有一个社会认同的样板阶层，他们是这个城市文化选择和创新的主体。在样板阶层的引导下，城市新文化、新变化最后彰显在市民身上，通过人的精神状态、文化素质表现出来。比如，城市创新能力的强弱，在本质上是由市民社会构成的城市文化土壤结构决定的。我常说"创新的土壤比创新本身更重要"，旨在说明社会文化环境的重要性。现在城市很多根源性问题的解决，都能在建构特色文化上找到相应的回答。

第三，城市文化资本创新铸造城市性和城市现代性。就现代城市文化的共性而言，首先是尊重人的主体地位和个性解放，城市空间要符合人体工学的要求，以人的尺度为尺度，而这恰恰是我们许多城市空间文化所欠缺的，许多城市甚至走向两极：要么过度平庸化，要么过度宏大化，两者都偏离了以人为核心价值的理念。特色文化城市建构与城市文化资本的再生产在本质上是一样的，建构城市文化特色是城市文化资本再生产的一个过程。当人类从工业社会走出来，社会与自然环境被人类多次"折腾"以后，人们开始思考社会良性发展的方式。城市社会空间集中了人类不同的生产形式，对自然的压力、破坏和消耗更大。而强调特色文化城市建设和把城市文化变成城市文化资本，就是推动城市社会发展驶入敬畏自然、尊重自然的轨道，寻找、创造出一条人类社会可持续发展的道路；就是"以文化魂"，把普遍存在的一般的文化资源转化为文化资本——创造特色文化城市，提升软实力，建构与自然和谐的、永续的发展方式。

从文化与自然哲学的角度看，城市也是一种生命体，表现着人类社会作为一种有机体的存在方式。既然是一个生命体，就要有生机和活力。人是城市的主体，所以城市也具有生命意义，也具有灵魂——城市主人的灵魂。每个城市都有自己的文化理念和灵魂，好的城市文化理念往往与民族的文化灵魂相关联。在西方城市与社会发展理论中，有学者将城市发展形态分为两种：一种是有规划的城镇，一种是没有规划的城镇。中国好多传统乡镇已存在上千年，它们不是由规划师规划的，而是由一些传统乡绅根据生活经验打造的。它们能够充分表现"天人合一"的空间形态，很自然地表达出自然和谐的纹理、肌理和空间关系。有了正式的规划学之后，我们都在追求秩序、追求功能、追求结构、追求价值、追求宏大、追求完善……当然也有人在追求与自然合一的规划理念。特色文化城市的研究，在理论与文化认知上提倡在尊重自然的前提下，寻找与自然契合的空间形式，包括城市空间肌理、城市植被、天际线、城市符号及建设材料的运用等，让城市成为“有机文化秩序空间形态”。日本的六本木以“城中城”“立体城”“艺术城”著称，其中最让人“惊艳”的就是屋顶、室内外打造的多样化的小体量园林和空中花园，还有小型稻田等，这在某种意义上表达了城市是自然的一部分的文化理念。

人类是从自然走出来的，城市的未来也必须回归自然。芒福德在《城市发展史——起源、演变和前景》一书中最推崇的就是中国宋代《清明上河图》中描绘的城市，因为这是一个“有机秩序城市”。虽然现在很难达到其中所呈现出的空间关系、有机秩序及与自然融合的状态，但是，我们可以在局部地区，一点点地建立现代意义上的有机花园城市、有机森林城市。回归自然可以有多种表达方式，比如城市立体绿化，把工厂、大型商业综合体、创业产业区等慢慢地变成同时又是综合文化型的生态公园，这也是霍华德“花园城市理论”的再现，把森林引进城市，把花园引进城市，把立体植栽引进城市，把清水引进城市，把田园风光引进城市……这样的城市才更有生命力。

创造特色文化城市与特色小镇建设的主张和理念是高度一致的。第一，都是以特色为先。特色小镇是“单打冠军”，要有独立的IP，要创造特色文化。第二，都是以生态为要。特色小镇必须要“三生融合”:生态、生活和生产融合。第三，都是以高质量生活为要点。特色小镇是一种城市生活方式的集中体现地。第四，都是以创业、就业空间为主题。特色小镇必须是产城融合，是一个特色产业或高新技术产业集聚的平台和空间。第五，都是以文化旅游景区建设为标准之一。特色小镇的建设有一个旅游文化发展标准，即一定具有一个有艺术感的幸福生活体系。但是，当前要注意的是，有的特色小镇成了房地产开发项目，成了单纯居住的地方，功能没有复合化、有机秩序化。

总体来说，特色文化城市的建设是化解各类城市发展面临的资源枯竭、产业同质、土地浪费、人口膨胀、交通拥挤和就业不充分等系列社会问题的有效方案之一。特色文化城市研究与建设提倡的文化价值主张主要体现在三个方面。第一,创造新的高端产业集聚模式,特别是文化类产业集聚的效应,提供充分的就业机会,提升城市区域文化功能,进而放大城市经济能级,形成文化治理模式,以参与全球竞争。第二,建立现代城市文化治理模式,创新现代产业、传统产业与生活社区相融合的社会精准治理新秩序空间,改善城市社区生活品质。第三,培育市民社会和城市文化的自觉。城市的主体是人,必须以人为中心,以人的价值为城市价值,使城市更适应创业、创新者居住和生活。

二、城市社会来临——构筑特色文化城市是历史责任①

文化从来都是强者的武器。特色文化城市建设是全球化竞争的一种文化被选择。正如我们在全世界范围内看到的那样,被誉为世界性大都市的城市都有自己的特色文化,这种特色成为一种文化场域,能够让人们更好地生活,更好地创造,更好地在城市里扎根,更好地实现生活的梦想。法国学者西蒙娜·薇依在《扎根——人类责任宣言绪论》一书中说:"扎根也许是人类灵魂最重要也是最为人所忽视的一项需求。这是最难定义的事物之一。一个人通过真实、活跃且自然地参与某一集体的生存而拥有一个根,这集体活生生地保守着一些过去的宝藏和对未来的预感。"所谓自然地参与,指的就是地点、出生、职业、周遭环境所自动带来的参与。每个人都需要拥有多重的根。"每个人都需要,以他作为自然成员的环境为中介,接受其

① 张鸿雁主持的国家社科基金重大招标项目:特色文化城市研究(12&ZD029)。

道德、理智、灵性生命的几乎全部内容。"[①]是的,扎根是一个人生活稳定、工作稳定、心理稳定和努力向上创造美好生活的前提,更是社会稳定发展的前提。中国人的"根"——文化之"根"仍在农村,一到过年过节,中国有许多人都要从城市回农村,或见父母,或见爷爷奶奶,或寻根祭祖,或走亲访友,或寻找儿时的记忆……据"人民网"2018年2月16日报道:"2月15日除夕当天,也就是春节假期第一天,全国铁路、道路、水路、民航共发送旅客5 194.4万人次……春运前15日(2月1—15日),全国铁路、道路、水路、民航累计发送旅客11.12亿人次。"[②]改革开放40年来,城乡流动是社会整体变化、社会结构性转型、中国进入城市社会整体进化过程的经典写照。

中国现代化进程的特色之一是从"乡愁"到"城愁"的变迁,这也是中国城市的时代特点。一部分乡村人一方面带着"乡愁"过上了城里人的生活;另一方面,他们留着"乡愁"——在乡村里留下了大量的留守儿童、留守老人和留守妇女……社会在变革,全球化和城市化使得城乡人口大迁徙演绎了无数悲欢离合的故事。孟德拉斯在他的《农民的终结·导论》里批评当时的一些研究者说:"19世纪的社会科学表明,它们对乡村的事物的不了解令人惊讶。它们的分析和解释的努力都是针对工业经济和都市社会的。"[③]偌大的中国乡村,存在着多样化的情况,很多研究者仅就个体看到的乡村来描述中国,实际上,中国既有苏南地区的华西、永联这样的已经变成特色城镇的"乡村",也有苏北地区已经工业化了的"乡村",还有全国2 200多个已经商业化的"淘宝村"型"乡村",因为,有很多乡村里传统农业生产已经消亡,多梯度的中国社会结构,呈现出多样化的乡村形态;有成千上万个已经成为旅游景点的美丽乡村,还有像湖北蕲春县那样有着100

---

① 西蒙娜·薇依.扎根——人类责任宣言绪论.徐卫翔,译.北京:生活·读书·新知三联书店,2003:33

② 王紫.交通运输部:春运前15日全国共发送旅客11.12亿人次.人民网.http://t.cn/RRmqHp2.2018-02-16

③ 张鸿雁.农村人口都市化与社会结构变迁新论——孟德拉斯《农民的终结》带来的思考.民族研究,2002(1)

多万人口,仍然存在着9 900多个自然村,其中10户以下的自然村占40%的乡村;还有像浙江莫干山那样有大量"洋家乐"和高等级传统民宿的国际化"乡村";亦有南京高淳国际慢城那样农民"就地城镇化"的"乡村"。当然,仍然还有遍布全国的大量的"空心村",以及东北一些60年未曾有过变化的"乡村"……中国农村已经呈现了多样化、多层次、差异化和多类型的发展状况。[①] 孟德拉斯在1964年出版的《农民的终结》一书开篇就说:"20亿农民站在工业文明的入口处:这就是20世纪下半叶当今世界向社会科学提出的主要问题。"[②]孟德拉斯在20世纪60年代就论证了法国都市化过程中的都市与乡村差异缩小的发展事实,到20世纪80年代,法国城乡社会结构的变迁证实了孟德拉斯的观点。他在《农民的终结》一书出版20年后的1984年,为该书写了一个《跋》,其中说道:"虽然法国还有农业劳动者,但是他们已不再是传统意义上的农民。"孟德拉斯认为,《农民的终结》一书是给在法国存续1 000多年的农业开出的"文明的死亡证明书"。他自己还很感慨地说:"对另一些人来说,我是农民的陈旧价值的怀旧歌手。宣告农民的终结在读者中引起怀旧的伤感:尽管作者努力做到像他自己希望的那样'科学',但他永远无法控制他在读者中激起的感情共鸣。"是的,法国农业已经挣脱了传统农业的羁绊,有农业,但是没有了传统意义上的农民,在农场里工作的是"农业工人""农场职员",以及高级工程师、农业技师、农业高级白领等。这样的职业农民变成市民,就会"接受其道德、理智、灵性生命的几乎全部内容",而使社会整体进入一个开放型的社会,一个典型的城市社会。在这里,我们应该清醒地认识到,城市化在本质上是让农民转化为市民,让他们有文化、有教养、有品位和有尊严地生活着。

孟德拉斯提及的农业发展出路就是我们提出的乡村振兴、新型城镇化的道路,让农民成为职业农民,在具体方式上就是建构"都市

① 张鸿雁.论当代中国城乡多梯度社会文化类型与社会结构变迁——依据"社会事实"对"二元结构"的重新认知.南京社会科学,2007(11)

② H.孟德拉斯.农民的终结.李培林,译.北京:中国社会科学出版社,1991:1

农业”和“都市人农业”。这与霍华德提倡的田园城市异曲同工,就是建立以城市人为主体的现代农业体系和规模农业(在我的调查中,中国一些地方城镇管理者理解的“都市农业”是:农村将产品供给城市。这是一种典型的误读)。孟德拉斯说:“最发达的国家,农业从业人员基本上分成三部分人:一是农场主——相当于中型企业经理;二是占有生产资料的‘自我雇佣’型的农业生产者——相当于典型的中产阶级;三是被雇用的农业机械科技人员——相当于技术工人。”这应该是中国未来“农村振兴”的发展方向,未来农业的从业者应该是城镇市民,即有文化、有学历、有知识、有技术、有契约精神的城市市民,让农民成为现代化农业体系和技术农业、规模农业、观光农业、精准农业、智慧农业中的一个职员和农业技工(农业白领)。如果仍然以传统小农经济为主体,靠天吃饭,既摆脱不了贫穷,更不能建立一个整体的具有现代性的社会。

能不能让市民“扎根”是特色文化城市建构的一个重要内涵。“拔根”与“扎根”是中国现代化、城市化发展中一个特有的社会现象。从1978年改革开放以来,从乡村到城市,至今已有5亿左右的农民涌进城市,成为“城市人”,或是“城乡候鸟人”,或是城市新市民,就如见诸报端的那些表达方式:“新昆山人”“新苏州人”“新深圳人”“新海南人”……无论是城市人还是城市中的外来人,面对城市社会的快速变迁,都不同程度地存在着“无根性”的文化心理结构和行为文化特质。① 作为民族传统文化习俗的集中表达,传统节日期间的人口大迁徙和“空间大挪移”,很好地诠释了“乡村的无根性”和“城市的无根性”。春节是中国文化在“空间折叠”与“时间折叠”上最充分、最彻底和最深刻的一种社会存在。一张纸可以折叠,在理论上有某种意义的平面物品都可以折叠。某种空间场域在“黑洞力”的作用下,“空间折叠”表现为空间扭曲和折变演绎。一旦某一巨大空间被折叠——两点被折扣一起,时间和空间便发生了特定变化——既没有了时间,也没有了距离,这既是一种理论假

① 张鸿雁.中国“非典型现代都市病”的社会病理学研究.社会科学,2010(10)

设，也是一种客观存在。

生活里的时间与空间“折叠”是一种文化隐喻、文化实证和文化符号象征。在一定时间和空间内，多类型与多样态文化和现代性与传统性文化，被现代性和现代化的手段重塑、重构，使之仪式化。这种文化和空间同时能够成为民族的集体记忆、集体行为和文化心理结构的集体烙印。在本质上，这个时间、空间在某种意义上就是被“折叠”了——现代和传统两点被“折叠”在一起，传统文化“穿越”现代性时空以表达过去的文化价值，现代文化“穿越”传统以表达对过去时间的尊重，“穿越”“折叠”使现代性与传统性被统一表达为过去的回归、重叠和新的开始。时间和空间在心理上、仪式上凝固成一种文化符号后，个体与群体的文化心理结构也因此演变为新的意识和文化。春节等民俗节日就是被“折叠”的空间和时间，在这个共时性的空间与时间里，旧的、新的，现代的、传统的，“有机团结”的和“机械团结”的……在心理上、空间上、时间上集聚和转换，特别是人流在空间上的转换，从城市到乡村，从乡村到城市，从城市到城市，文化时空被压缩、折叠、定格为共同的心理空间——春节，每一个人都把这个时间和空间当成弃旧换新的原点。这也是社会心理文化空间与时间“折叠”的一种隐喻，在新的开始之前，我们寻根、祭祖，寻找自己来到城市前的足迹，以满足人类本源性的怀旧文化需求。

几千年来，中国一直是以农业立国的传统农业生产型国家，城市是农业社会的附庸。从周宣王“不籍千亩”肇起，到近代社会以前，几乎所有的改良、变法和某种意义上的改革都集中在农业领域，或针对农业、农田和小农。譬如，商朝的“井田制”；春秋时代管仲的“相地而衰征”；战国时期李悝的“任贤重农”和商鞅变法中的“重农抑商”；西汉武帝时的“算缗令”“告缗令”，征收商人财产税来限制工商业以促进农业发展；北魏至唐朝前期的“均田制”的推行；宋代王安石变法措施之一的“青苗法”；明代张居正推广至全国的“一条鞭法”；还有清朝政府普遍实行的“摊丁入亩”，等等。历朝历代花费巨大精力在农业的“变法”上，且集中在“土地税”“人头税”及“服劳役”上。但是对老百姓来说，几千年的中国农业、农村发展总是千疮百孔——多数时间食不果腹,表现为“闹饥荒”的灾年多于丰年,以至于人们见面的第一句问候就是:“吃饭没?”直到 20 世纪五六十年代,甚至 70 年代仍然如此,吃饭问题一直是中国的大问题,几千年来的多次变法和革新都未能真正解决农业和吃饭问题,当然也没能解决农业生产力解放的问题,而只是在国家税收、百姓服劳役等方面有变化。到了改革开放的 1978 年后,才真正解决了中国人的吃饭问题。显然,解决这一问题的途径之一就是发展现代化,而现代化的结果和形式就是城市化和城市现代化。

回过头来看,我们试问:中国的农村曾振兴过吗?“振兴”一词的内涵一是“整顿”,二是“恢复”。宋代田况在《儒林公议》中说:“范仲淹入参宰政,富弼继秉枢轴。二人以天下之务为己任,谓朝政因循日久,庶事隳敝,志欲划旧谋新,振兴时治,其气锐不可折。”中国历史上屈指可数的几代盛世如“文景之治”“贞观之治”“开元盛世”及“康乾盛世”,其真实的一面也都被后来的历史学家说破过,古代文人和正史所粉饰的盛世屈指可数,可见的更多是哀鸿遍野、饿殍遍野、断壁残垣、饥寒交迫、青黄不接、满目疮痍……中国长达 2 000 多年的封建社会,是凝固化的超经济强制集权体系,导致形成汪洋大海般的封建型传统小农经济,城市与乡村各持其短,长期停滞且未能变革,如费孝通先生所论:未能有文化自觉。直到 1848 年,中国的城市人口还只有 10.9%,而同时期(1850 年)的英国城市人口已经达到 50%以上,英国成为人类历史上城市人口第一次超过农业人口的国家。

在 1848 年以后的 100 多年时间里,中国社会烽火连年、军阀混战,天灾人祸不已。至 1949 年,中国近 90%的人都来自农村,据相关记载,当时是“4 万万同胞”,也就是说现在 70 岁左右的老人 90%生在农村。到了 1978 年,中国城市人口也只有 17.8%。20 世纪 50 年代、60 年代、70 年代,有 70%—80%的人是在农村出生的。到了 2000 年,中国城市化人口仍不到 30.1%,20 世纪 80 年代—90 年代出生的人仍然有 70%左右来自农村。2010 年以后,城市人口达到 50%以上,2018 年中国城市人口接近 60%,这一时期的城乡人口比例才发生了结构性的变化,但是,真正有城市户口的人口还不到

50%，大量没有户口的、长期居住在城市里的劳动者成了“新城市人”。可以这样说，2000年前后出生的人，50%左右来自农村。2010年中国城市人口第一次超过农村人口，中国已经进入城市社会，但仍然有40%以上的人口来自农村。乡村是我们当代城市人的“根”之所在，“乡愁”是我们共同的感受与记忆。

“城市文化的无根性”，表现最典型的是深圳，目前深圳有1 500万人左右，有深圳市户籍的人口仅354.99万人，占常住人口的31.2%。[①] 一些沿海发达地区如上海、浙江、江苏、广州等，外来人口都超过50%。另外一个最典型的地方是东北，很多城市是人口流出的，据说东北有接近100万人在海南省生活，曾经背井离乡“闯关东”，现在却从大东北来到大海南——闯海南。理论上和实际生活上乡村都不再是生活的“根”，人们不愿意在传统乡村扎根，乡村只是“乡愁”的“根”。

城市文化的无根性。我们看到的是，居住在城市里的一部分人就像“无根浮萍”一样“漂在城市里”，或者像社会学家描述的那样，是一种“边际人”，总要回到乡下去找“乡愁”的“根”，寻找过往文化记忆的“根”。“不要忘本”是一种文化伦理，回乡探望是一种亲情。简单地说，现实生活的变迁与社会转型使每个个体很难确定生活地点和坐标。[②] 而曾经的农村“乡愁”并不是现在这样仅仅是拜见父母、回忆孩提时代的“乡愁”，那时的农村“乡愁”是：愁吃、愁穿、愁工作、愁生活……这也是我在那个时代真实而直接的感受。当代的“乡愁”和那个传统的“乡愁”已经有了本质的区别，现代的“乡愁”已经成为一种情感、一种情怀、一种生命的怀旧、一种爱的回归，是一种曾出生在农村的中国人的集体烙印。

为什么城市里没有你我的“根”？为什么当想到振兴乡村的时候，就会想到曾有过一个美好的乡村和农业？在中国历史上有过美

① 2016年“北上广深”人口大数据分析：深圳户籍人口仅31.2%. 中商情报网 http://www.askci.com/news/finance/20160829/14272357840.shtml

② 米歇尔·博德. 资本主义史：1500—1988. 吴艾美，等译. 北京：东方出版社，1986：11

好生活的乡村吗？奴隶社会有过吗？封建社会有过吗？近代社会有过吗？几千年的历史中，乡村对于城市而言是贫穷和落后的代名词。农民的生活曾经有过衣食无忧吗？不然，我们为什么努力建设“小康社会”？传统乡村是积贫积弱、被城市剥削的农村——所以梁漱溟才说“我所主张的乡村建设，乃是解决中国的整个问题，非仅止于乡村问题而已”，①“乡村运动正是民族自觉的开端”。② 很多仁人志士要想改变中国都是从改变中国贫穷、落后和愚昧的农村入手的。

三、从乡土文化之“根”到特色文化城市之“根”

我们的文化之“根”现在在哪？其未来在哪？在城市还是在乡村？能够让来自乡村的人在城市扎根、让从其他城市来的人在新的城市扎根是需要很多条件的，既要建构优质的城市市民生活空间和文化土壤，又要有已经优化的城市文化综合治理模式，还要“让城市充满选择机会”，更要让城市文化和生活空间具有宽容、公正、公平和正义的属性；不仅要如西蒙娜·薇依所说的满足人们生存的多种需要，还需要创造“灵魂的各种需要”，这些需要包括城市社会的“秩序”“自由”“责任”“平等”“荣誉”“惩罚”“言论自由”“安全”“风险”“私有财产”“集体财产”和“真理”等。让人们能感受到“有灵魂的生活”是其中核心的、最基本的需要，是一个人获得个人尊严的前提。社会整体意志的良知能够创造对个体的尊重，并将这种尊重推广为一种义务，这样的城市肯定是美好的，也是理性和科学的、民主与法制的，是城市社会的理想类型。

在现代城市社会的发展与变迁中，人口在流动，社会在转型，空间在变化，人们普遍存在着“无根”的感觉。虽然城市有时可以让人

① 梁漱溟. 自述. 梁漱溟全集(第二卷). 济南：山东人民出版社，2005：31

② 梁漱溟. 乡村建设理论. 梁漱溟全集(第二卷). 济南：山东人民出版社，2005：486

沉静下来，感受城市的文化和风情，但在社会转型中，这种感觉往往只是短暂的，甚至是稍纵即逝的，而现代生活中很多非典型性社会问题的表现形式之一就是人们都在“刷存在感”、寻找存在感，以至于演化成某些新的社会问题。

城市提供了乡村没有的个人价值增长的特殊环境，城市与个人发展有着本质联系，人们在城市中不自觉地创造着“自我文化”的“扎根”过程。考上大学，就是第一次“拔根”，这类“拔根”对于农村户口的人来说是社会流动中“向上流动”的起点和条件，然后就有了各种各样的“扎根”与“拔根”过程、类型和方式：打工、求学、就业和出国等。有的人从乡村走进城市求学，有的人从乡村出来打工，有的人从小城镇走进大城市，有的人从这个大城市走向另一个大城市；有的人成为临时工，有的人成为职员，有的人成为建筑工人，有的人成为大学教授，有的人成为公务员……人们从一个城市流向另一个城市，从一种行业换到另一种行业……人们不得不去思考，在什么时候、在哪座城市里能够“扎根”，哪个城市能够更好地让人们愿意扎根。

当社会发展出现新的生产方式和新技术后，人们越容易被分化为不同阶层的群体，特别当城市社会成为典型的“异质型社会”时，这是帕克对城市分析的最深刻的一部分——城市的“异质性”。在城市社会的变迁中，人们一次又一次地创造新的生活和体验，或许每个人都一直在试图“扎根”，但现实是必须应对如潮的社会变迁，一次又一次地被“拔根”——离开家乡，离开原单位，离开原来的行业，离开生活过的城市，去寻找新的“根”和城市……无论穷人还是富人，无论是高学历者还是低学历者，也无论是城市里人还是乡村人……面对瞬息万变的现代化发展和生活、生产的技术型变化，有时是束手无策的。产业结构的变化，新型业态的变化，新型消费方式的变化，新型交通方式的变化，新兴网络经济的变化以及智慧产业、3D 打印产业、机器人产业的兴起等，使得所有社会阶层都面临新的挑战，所有不同类型的群体和个人都有可能“被拔根”。“无根性”所形成的不稳定性是现代风险社会非典型性社会问题产生的原因之一，即使在城市社会精英群体层面,虽然他们在外在形式上表现了城市人生活的"嵌入性结构",甚至通过城市的"事本性"构成了"强关系"社会网络,但是,过快的变化也使得他们面临各种各样的"被拔根"境况。城市"无根性"更为深刻地表现了城市人的关系结构,人们渴望在这个城市所形成的"地点、出生、职业、周遭环境所自动带来的参与"。[①] 在这个意义上说,既要有生活源文化的"根"——"乡愁"与乡村的生活,还要有创业发展和个人价值理想实现之"根",让人们能够在城市里形成"嵌入性的生活体系",感觉到城市的关怀和温度。

城市社会被放大的"无根性",使得任何个体都必须重新进行"社会再包装"和"社会个体再整饰"才能融入社会。[②] "一个十分清楚的逻辑关系是:中国实现现代化→首先必须改变80%的农业人口的文化心理结构→使更多农业人口走进现代化生活→让更多的农业人口实现文化心理结构的现代化转向→必须改变传统农业社会的社会结构和生产结构→推进经济转型良性发展与改变生产方式、生活方式→最终使'乡村人'成为'城市人',成为有契约精神的市民,从而使中国从传统的乡村社会转化为城市文明社会。"[③]

正如孟德拉斯所说:"农民是相对于都市来限定自身的。如果没有都市,就无所谓农民,如果整个社会全部都市化了,也就没有农民了。""当农业劳动者不再把自己作为生产者,并开始考虑自己的生产销路时,他的整个世界都改变了。种地养家的农民和满足消费者需求的农业生产者具有完全不同的视野。"为了简明描述我们应该思考的未来振兴后的乡村的生活,我们还是用孟德拉斯话来解释:20世纪80年代的法国,"乡下人享有都市生活的一切舒适,统计数字表明,在巴黎人、都市人、郊区人、小都市居民和乡下人之间,已经不像20年前那样具有系统的差异",所有的家庭都有现代化电器和小汽

① 西蒙娜·薇依.扎根——人类责任宣言绪论.徐卫翔,译.北京:生活·读书·新知三联书店,2003:33

② 张鸿雁.中国"非典型现代都市病"的社会病理学研究.社会科学,2010(10)

③ 张鸿雁.社会经济形态转型条件下"结构性农业经济"的构建.社会科学,1996(1)

车，而在某些方面在原乡村地区的居民还有优势，如住宅空间和冰柜比都市中心区居民的要大得多。他认为，“乡下人享有都市的一切物质条件和舒适，从这种意义上说，他们的生活方式都市化了。这种生活差距的消除是在70年代完成的。作为逆流，一些异型的生活形式出现了”。① 因此我们可以试问：三代四代以后，我们的“根”在哪？答案肯定是不同的，理解也是不同的。不解决农民的问题，也就不能解决中国社会落后的本质问题，几千年的中国农业社会，直到现在很多社会问题都源于还在深化的城乡二元结构。中国老一代学者在研究社会问题的时候，都蕴含着一种个人价值理想与人文精神指向，具体表现为对劳苦大众的人文关怀——20世纪二三十年代，有一批知识分子、文化人深入乡村开展实地研究，试图从根本上解决中国的贫穷问题，其解决之道的切入点是：对农民进行文化启蒙教育。从当代的世界潮流看，乡村振兴有三种思路：一种是关注、关心农民，让农民仍然像以前一样留在原来的土地上维持传统生活；一种是留在原来的土地上创造新的生活；一种是让农民变成市民，进入城镇生活体系并通过身份转换，重新以城市人的身份来改变乡村。我们的关注点应该是在乡村能否建构现代城市生活方式、现代城市文明和现代城市市民的生活体系，让传统乡村中的每个个体获得人性的解放，让每一个人活得有理想、有利他主义的价值取向。

我个人之所以关注乡村、关注乡村的“空心化”问题的解决，主要是因为在我多年的城市研究中得出这样一个结论：要想解决农民贫困问题，就必须减少农民，必须让农民转化为城市市民或者成为有知识的农业工人，其根本的方法之一就是积极推进科学的、适合本地情况的乡村城市化。同时在城市研究中我还看到，目前推进的乡村城市化不仅存在理论与认识上的误区，而且还存在着实践与操作上的错误，一些地方的城镇化建设不仅难以推动，而且还在走偏。合理的

① H. 孟德拉斯. 农民的终结. 李培林，译. 北京：中国社会科学出版社，1991：2，175，284，300，302

新型城镇化在把传统农民变成市民的同时，也应该创造现代新型的城镇科技农业，在“原农业地带”创造城镇生活方式，创造新的城市社会关系体和区域现代性——“城市性”，包括建构、培育契约精神、民主精神、集体良知、利他主义倾向等，这就需要对农民进行文化启蒙再教育。乡村城镇化也是在创造新的“地域生产力格局”，建设“财富积累中心”以及人文主义精神，要让“城市性”和“城市现代性”要素凝结成为农民的一种文化认知。进一步说，在全球一体化和全球城市化的今天，如何能在中国原来的农业地带进行有效的城市文明传播是一个十分迫切的问题，也是中国现代化需要解决的“短板问题”。

马克思在《资本主义生产以前各形态》中讲过，“近代的历史是乡村城市化的历史”，人类城市化的历史已经证明了马克思的观点。从更深层次的意义上说，我们在关注乡村问题、表达人文关怀和学者责任的时候，还应该有时代的担当。一个学者在探索现实与历史问题的同时，还需要直接参与城市和乡村文化的规划、建设实践，并把一般的责任担当转化为具体行动。我当过知识青年，下过乡，当过农民，20 岁当农村生产队队长，东北农村里所有活儿都做过，还当过林业工人和建筑工人，应该说是十分了解农民生活的疾苦，也更了解农民没有文化知识的苦痛生活事实。我认为，不能让传统农民仅仅附着在原来的土地上，以传统的生产和生活方式继续着不能改变贫困的生活，而要在“原农业地带”创造一种“城镇人”的市民生活方式。

发达国家都曾出现这样一种现象：社会精英群体带着知识和资本重返乡村去参与村镇的规划建设和治理工作。因专业需要和个人价值取向，我主持了多项城市规划、城乡一体化规划、县域“多规合一”规划、特色小镇规划、旅游景区规划以及村镇治理规划、村镇空间规划、村镇文化旅游规划、村镇农业科技园区规划和传统古村落“精准保护与开发”规划等。从 20 世纪 20 年代以来，在美国、英国、法国、德国、日本和韩国等经济较发达国家，很多知识分子都曾参与乡村的改造、重建和新文化创造运动。特别需要类比的是，这一时期的中国(20世纪二三十年代),以晏阳初等学者为代表的人们正在办学校,开展平民启蒙教育。晏阳初认为,中国的大患主要是民众的“贫、愚、弱、私这‘四大病’”,要改变落后的中国,必须改变“少文化缺知识”的农民。但是,那个时代战火连年加之外患频仍,注定了他们不可能真正实现改变农民贫困生活的愿望,更不可能改变积贫积弱的社会。今天,中国处在一个改革开放、可以创新的时代,为学者介入乡村治理提供了良好的环境,让农民从仅仅是“活着”转而走向“生活着”的状态,并进入有文化价值追求的生活方式。这里强调“生活着”,意指个体人生终极价值的追求。要想达到此目的,必须去重构乡村的“文化根柢”。[①] 在这方面,日本、韩国和中国台湾等均有成功的案例,如日本古川町、中国台湾宜兰的社区治理模式等,都有大学教授、学者、规划师、建筑师等在乡村一做就是几年甚至十几年。在浙江德清莫干山一带正兴起的“洋家乐”就是乡村城镇生活方式化的一种发展模式,是城市精英下乡推广城市文明的一种成功案例。目前,已经出现大批城市精英重返乡村的热潮,他们在传统乡村或深山里建构新型的城市生活方式,创造类城市生活方式的空间体系及要素——新型的咖啡馆、民宿客栈、书院、乡村学院,使得新型的产业共享平台、社会交往方式、生活样态在乡村开始兴起。关键是,他们还带去了新型的城市市民生活体系、新的人生价值取向、新的创业经验等。这些都改善了当地人的生活质量和水平,构成了有地域文化特色的城镇生活型空间体系。

在中国城市化向乡村传播城市文明的过程中,可以看到已经具有显性化的“五种乡村文化重构与治理模式”:一是“无锡田园综合体”模式。二是浙江德清的“洋家乐”模式。一些外国人和上海、杭州等城市里的文化人、学者和新一代“文青”主动下乡建设乡村,在乡村经营发展创业。三是浙江“安吉美丽乡村建设”模式。它创造了完整的建设经验,并形成了以政府为主导、企业和村民共同参与的

① “根柢”最早出自鲁迅在《致许寿裳》中的论述——“前曾言中国的‘根柢’全在道教,此说近颇流行。以此读史,有多种问题可迎刃而解”。

建设模式。四是我本人主持规划、设计和策划的“南京高淳桠溪国际慢城”模式，是以“福民富民”为核心，以农民就地城市化为外在特点的一种可持续发展的创新模式。五是安徽黟县的“碧山文化”模式，即通过老宅基地的流转，创造一种新型区域旅游和保护“乡愁”、保护老房子宅基地的流转模式。当下，城市里有投资能力的“文化资本家”正在乡村里四处寻找投资机会，在乡村不自觉地重构地域文化，如雨后春笋般兴起的乡村书院就是一例，其意义非常深远。

让农民变成市民是城市化的根本目的之一，也是特色文化城市建构的难点和重点。这不是一蹴而就的，而是一个漫长的教育和习得的过程。一个明显的事实是，如果不让农民进城，就永远没有改变他们命运的机会。在中国几千年的封建社会里，城市是皇族和达官显贵的居住地，农民没有成为城市市民的机会。而中世纪的欧洲则相反，逃亡到城镇里的农奴过上 101 天就有可能成为市民，所以马克思曾说，欧洲中世纪的城市是由逃亡的农奴建造的。改变传统农民生活方式的路径大体有二：一是让农民先到城里来，参与城市建设，接受城市文明，获得城市生活感受；一是城里人到乡村去，唤醒乡村，培育乡村的文化自觉，创造“城镇型农业”特色村镇，推进乡村城市文明建设运动，即创造乡村发展的内在“文化动力因”。

中国农村的短板问题之一就是“空心村”留守老人和儿童问题。这些被闲置的“空心村”不仅浪费了大量的土地和资源，而且使一些农村区域呈现经济和文化大面积双重沦陷的情况，那些断壁残垣述说着一种衰败和“乡愁”。因此，一些欠发达地区的乡村急需文化整治。新型城镇化形成了两道风景线：一道是鳞次栉比的高楼大厦构成的繁华城市，一道是空寂无人落后衰败的乡村。那些衰败的乡村成为低俗文化的滋生地，可以称之为“大面积文化坍塌”。因此，我们这一代知识分子有责任把农民带进现代社会。

与晏阳初和梁漱溟等老一辈学者亲自参与乡村治理相比，当代中国知识分子对乡村的文化重构有相同的一面，也有不同的一面。

相同的是情怀，不同的是时代背景和工作内容。当代社会发展给我们提供了创造现实的基础。比如，早在2011年，在高淳桠溪国际慢城的规划与策划中，我们在文本中明确提出了“两年内农民收入倍增计划”，之后通过政府与农民的共同努力，根据规划要求按期实现了“福民富民”的目标。在湖北的蕲春县(一个山区贫困县)，我们提出“药旅联动战略”，政府决策并直接推动全民参与，做到家喻户晓，给全县的干部上课，培训农民和村主任，全县都被动员了起来，3年左右，经济和社会发展发生了深刻变化。20世纪的知识分子更多地强调文化知识教育；而我们是在进行文化知识教育的同时，为农民规划城镇，推进产业发展，为农民实实在在谋幸福。我在最近发表的《“社会精准治理”模式的现代性建构》(《探索与争鸣》2016年第1期)中指出，江苏省已经是经济文化较发达省份了，仍然还有300多万文盲。南京这样一个人文荟萃的地方，还有20多万文盲。江苏尚且如此，那么全国的文盲群体应该是很庞大的。如果一个正在推进改革开放、进行现代化建设的国家还存在这样庞大的文盲群体，是很难使整个国家进入现代性发展体系之中的，这些关键性“社会短板”问题必须通过“社会精准治理”来解决。

我们深入乡村田野调查，深入每家每户精准调查、精准统计，以便达到“精准规划、精准治理、精准开发”的目的。我们在湖北蕲春做的田野调查，对10 000个自然村进行了统计和评估，走遍了全县15个乡镇的500个行政村，还对很多自然村进行了一家一户的入户调研，询问他们人在哪儿、老年人有几个、房子有多大、在哪里打工、就业收入情况、宅基地情况及土地流转情况等，即用“嵌入性”方法进入农村，到社会基层去了解农民。更重要的是，我们观察到，这些居住在深山里的人，是城市人，又是乡村人，可以称其为“城乡候鸟族”、城市“边际人”。他们中的一部分人在老家山里有房子，在镇上有房子，或在县城有房子，也有的在打工地如苏州、深圳等城市还有房子，这种现象对于我们理解当代农民的文化价值取向是有帮助的。江苏洪泽县龟山村基本上是一个“空心村”，共有100户人家，我们对每一户都进行了详细的摸底调查，包括房屋的年代、是否为古迹，经济来源，人口数量,在外地就业情况等,并进行了全面造册,提出了精准治理方案,应该说做到这种程度是很不容易的。之所以说我们和老一辈社会学家比,进入乡村的目的和目标是不一样的,是因为老一辈社会学家是希望唤醒和启蒙农民来改变中国,而我们是通过教育农民、重新规划乡村、建构特色产业来改变农村和农民。现在的中国农民多数是有一定文化的,我们希望让他们尽快转化为市民,以多样化、多渠道的方式让他们成为城镇市民,其中包括鼓励那些“乡村精英”回乡主动参与重构现代乡村建设,创造新的社会文化共同体,包括建构现代性的乡村文化——“集体良知”。

深入农村,了解城市和农村的差异,唤起农民的“文化自觉”①,让城乡社会全员成为市民社会结构中的“文化因子”,是我们追求的目标之一,从费孝通先生的“乡村文化自觉”,进而发展到现代意义上的“城镇文化自觉”。我们在江苏、浙江、湖北、安徽和东北地区开展的许多乡村实践,都是首先培训农民,包括一些乡镇干部,让他们懂得、理解如何建构乡村特色文化、乡村“地点精神”,保护“乡愁”文化和集体记忆。在一些农村地区,年轻人都出去打工了,好多行政村、自然村的村主任年龄比较大,我们曾经专门对他们进行相关培训。他们有很多人不懂电脑,也不会看地图,他们的乡音有些我们很难听懂,但我们克服困难,引导他们挖掘自己乡村的特色文化,让他们了解乡村变革的意义,特别是给他们以新概念启蒙,如民宿文化、农家乐文化、淘宝村文化、乡村旅游文化、农副产品特色文化、乡土品牌文化、农村电商文化、农业休闲观光文化和“产城一体”等知识。虽然简单的培训很难产生理想的效果,但是,毕竟他们是生活在现代社会的人,电视、多媒体演示对他们还是会起到一定作用的。以往很多乡村的农副产品多是“田头交易”,利润少,劳动强度大。我们强调,引导农民成为新一代“农业工人”,农副产品的初加工、二次加工和深加工的附加值的意识正在农村兴起。

在城市规划和乡村规划的研究中,我们运用大数据理论、现代网

① 费孝通.关于“文化自觉”的一些自白.学术研究,2003(7)

络管理理论、智慧旅游等理论与方法，对农村的文化、历史、相关资源进行梳理和创新，并且通过整合优秀的乡村文化使之转化为“城镇文化资本”“旅游文化资本”，进而形成保护、开发乡镇文化资本再生产的过程。比如可以进行乡村农副产品的营销推广，进行相关农业产业特色类型和价值链的建构，进行产业模式和营利模式的规划、策划等。我们规划设计过农业科技产业园、食品加工科技产业园、一村一品开发、乡村旅游节等，使之与城市生活、“产城一体”相结合，切切实实地改变了当地的经济和文化状况，达到了预设效果。鲁迅曾言要唤醒中国的“文化根柢”，这就是我们的唤醒方式。我们以学者身份“嵌入性”地进入乡村是有很多优势的，如以学术研究视角挖掘各种文献资料，找到当地人不知道的历史资料、本地故事、本地传承的口碑文化等。有时候，当我们把一些成果拿出来的时候，许多当地人甚至相关部门的管理者都很惊讶，有的成果甚至可以填补地方文化的空白。我的体会是，在这样现代性意义上的农村文化保护和建设中，我们这一代知识分子如果能够深入下去，是真的可以大有作为的。

我之所以愿意以回望的视角关注乡村文化还有另外一个原因：乡村是城市文化的根。保护好乡村文化，是城市特色文化建构的前提。乡村文化的保护与建设是一个长期的过程，因体制等原因，很多地方领导干部不可能长时间扎根农村，一般三五年任期满后就要走人或升官。回想当年巴黎市长奥斯曼，规划建设巴黎整整 18 年，现在巴黎的空间样态还是 160 多年前的形态。而中国的学者在乡村建构方面遇到的是“铁打的衙门流水的官”，有时候很多规划、设计与策划很难实现，主要是因为县市包括乡镇换官换届，很多建设规划往往半途而废。

重构乡村社会与文化生活空间还必须解决一个认识问题，即保护那些该保护的，拆掉那些不值得保留的、落后的甚至肮脏龌龊的建筑和村落。在保护乡村文化的认知方面，国内很多知识分子都在呼吁。我们必须面对现实，对现存的乡村村落加以区分并进行分类处置，保护传统文化中的那些优势的文化要素，而不是其他。我们现在做的乡村文化保护与重构，有一整套成功的经验，包括一整套可行的方法、程序,它们是规范而有效的。即用城市社会学的一般理论与方法、社会学和人类学的田野调查方法、城乡规划学的理论、区域经济理论、旅游经济产业规划理论、“城市文化资本”理论及产业经济理论等方面的知识,进行综合跨学科的规划与策划。我们特别强调通过特色文化城镇建设,在农村建构一种就业和创业的机制与文化土壤。我们认为,建设特色文化村镇是中国乡村振兴的切入点。全世界有50多万个小城镇,发达国家60%的小镇都有特色文化和特色产业,而中国还不到20%。缺乏文化特色就必然缺乏就业机制,缺乏就业机制是中国一些农村凋敝的主要原因。我们可以看到,在经济发展较落后地区的一些乡镇、村落,几乎无业可就。没有就业机制,农村的可持续发展是不可能的。所以,给农民创造创业、就业的机会,是回归乡村、回归乡村建设的关键点,而要解决此类问题,必须走新型城镇化的道路,走都市农业的道路,走产城融合的道路,给农民以新生的文化土壤和机会。这其中的规定动作之一就是:必须把那些有传统特色的乡愁文化保留放在首位。我之前发表的一篇文章的主题就是“‘精准保护’传统乡村”(《中国名城》2016年第1期),在这篇文章中,我首次提出了对优秀传统村落进行“精准保护与开发”的概念。我们必须清醒地认识到:有些落后乡村的生产模式和生活方式是不值得保留的。在原农业地带的大范围区域内,应该有新型的科技农业、现代型农业、智慧型农业、大数据农业、精准农业、设施农业、创意农业、观赏农业和传统村落形态多样化的新型旅游农业等,只有这样,才能真正创造多样化的乡村发展模式,改变乡村的本质并保留好“乡愁”。

四、从乡村社会到城市社会:“集体良知”与市民社会文化觉醒

在城市发展的方式上,特色文化城市建设是在创造城市社会的

现代性,创造城市现代性的新文化价值主张。当下,一边是中国城镇化的高速发展,一边是一些传统农村深陷在旧文化的泥潭中。如果说城乡有鸿沟的话,用卡斯特的话说就是:现代社会人与人之间的差异主要表现为信息占有量差异所造成的鸿沟。必须运用多学科知识,必须打通规划学、地理学、经济学、社会学、旅游学、文化学、历史学及农学等多种知识的边界,才能有效地进行乡村规划和建设,这实际上需要一个由拥有多学科知识的成员组成的团队。

在特色文化城市的研究中,我们重新看到了城乡在空间上的地理差别和变革,更深刻地了解了城市特色空间再生产的理论与变迁,看到了发达国家城乡之间发生的质变。就像在美国和欧洲国家所看到的那样:"即便是一个人住在森林里、一个家庭住在农业地带并经营农业,但他们是传统农民。"即使住在很小的"村子"里面,他们也是现代"城市人",是懂得契约精神的市民,因为他们享受和创造的是城市文明,他们以特有的工作方式和生活方式实践着城市市民社会的生活。

在这里,我个人认为并强调:重构乡村文化,不能简单地、单纯地依靠农民,一定要由社会文化精英来引导农民重构。因为,如果农民能够重构农村新文化的话,那么传统农村就不会有几千年来不变的传统落后文化了。重构乡村文化是城市文明对乡村文化的"接替与侵入",在此意义上我们必须再一次强调:重构乡村文化不是保护落后。1949 年时,中国有 600 多万个自然村,当时中国有 4 亿人,到现在我们有近 14 亿人。而且,从 1848 年鸦片战争以来,很多美丽乡村被毁于战火,到 1949 年,"传统美丽村镇"屈指可数,而且好多美丽乡村经历几场运动又被人为地破坏了。从理论与现实的意义上看,那些值得我们记忆的特殊空间、有真正的传统"乡愁"和人文集体记忆的村落,即像乌镇、周庄、南浔、婺源那样的村庄本来就不多,1949 年后的一段时间里因某种原因又不能进行传统村落文化格局的建设,大量的自然村,即仅以居住功能为主的村落,多数是 1949 年后建造的,这样的村落多数仅仅能够居住而已,而不具有典型的历史文化特质和"地点精神"。因此,解决乡村文化重构问题的根本之道在于让大多数乡村人成为有文化的人,成为城市文明体系下有"市民意识"的人,成为"现代乡绅",这样才能出现乡村的文化复兴。如果有那么一天,如美国、法国和德国那样,在乡村里生活的人主要是知识分子、高学历群体、高级白领和各种工程师……这样的乡村社会才能真正以重构城市文明的方式表现自己的文化自觉,这样,文化特色建设的土壤才会广阔而肥沃。

我曾经在意大利参观一个小镇,并深入调查了两个企业。一个企业有170年的历史,另一个企业有140年的历史,人们都把住在这个小镇视为一种荣耀,一种世代传承的文化荣耀。这个小镇不是传统的农民在生活而是原来的传统农民变成了城市的市民在生活、在创造,但是永久地保存了这里的文化和"乡愁"记忆。实际上,发达国家已经证明了这样一个事实:不是把农民留在那里就叫留住"乡愁",而是要把那些文化、文脉和集体记忆保存好,并让农民过上现代文明生活,才能够真正保护好"乡愁"。现在也有些争议,很多人,包括一些作家、文艺人呼喊中国乡村都没有了,他们理解的是把农民留在那里就可以了,甚至有些教授也是这样理解的,可是,让他们自己回到原来的农村生活他们又不愿意回去。这才是现代版的叶公好龙。我在《社会学研究》2013年第3期专门谈到过这个问题,乡村是什么呢?孟德拉斯在《农民的终结》里谈到,在乡村,董事长就是农业经营者,打工的是高级白领,中层管理者和工作者是股东,企业是农业的托拉斯。欧美的一些传统小镇、小村,有的是巧克力小镇,有的是旧报纸旧书小镇,有的是老爷车小镇,有的是特色餐饮小镇,有的是博物馆小镇,等等,可谓形形色色,但它们都有自己的唯一性,其中有些特色小镇还不如中国的一个村庄人口多。特色产业不一定就是工业,更多的是文化类产业,是本地特色产品类甚至典型的怀旧产业。我们强调的乡村保护就是保护原文化、原空间样态、原文化肌理、原生态体系、原住民、原习俗、原风貌和原地点精神,但是,这里——传统乡村必须有就业,而相对充分的就业必须与城市经济相联系,无论什么样的小镇、小村,要想生存发展就必须成为大、中、小城镇的结构构成的一体化部分。

有资料说，美国60%以上的人住在中小城镇里，在洛杉矶周边有80多个城镇，它们构成了一个地域城镇生存体系。小城镇是最能够体现美国生活方式的地方。小城镇不是落后的农村，而是景色优美、设施齐全的“生活共同体”，去过美国的、对此有深入研究的人都有这种感觉。但是，在中国，很多落后的村落不仅生活方式不完全，而且污染还较为严重：一是河水和饮用水污染，二是生活垃圾污染，三是农药污染，四是乡镇工业污染。特别是，落后的生活习惯与生活方式是各种疾病频发的重要原因，几乎每个省都有一些比我们想象的还要落后的地方，而这些落后村落的贫困、污染、陋习等地方性问题长期得不到改变。另外，还有文化和伦理上的问题，如经常看到某媒体说，高速公路上运输水果或运输其他物品的车翻了，很多农民一起哄抢货物，这种落后的集体文化行为就是传统乡村脱离现代城市文明的一种结果，也是在空间上远离城市文明的结果。因此，要想改变农民，必须让农民成为有“契约精神”的、遵循现代文明规则的市民社会的成员。如何让一些落后地方的农民有利他主义文化倾向？最重要的是让他们具有由现代文化认知所构成的“集体良知”。在那些传统乡村，因为经济和文化的落后，加上缺乏文化教育，很难形成有人文主义内涵的群体认知，这样的群体在某种意义上说很难建构起爱国主义文化和情操，中国近代历史的一些事实已经证明了这一点。所以说，要实现中国现代化，就必须解决底层社会、特别是乡村社会的文化缺失问题。特色文化城市建设还担负着城市文明与城市文化传播、呼唤乡村文化自觉的任务和历史责任。

特色文化城市再建构还要寻找那些优秀的城市与村落空间、优秀的地方精神和地方文化，寻找那些值得传承的、向上的优秀集体记忆，来重构特色文化。有时候我们很着急，因为人们对城市生活方式和市民社会的关系理解相差甚远，有很多人认为把农民留在乡村就可以了，可是他们不知道，好多传统的乡村连下水道、化粪池都没有，晴天还好，一到阴雨天污水流到井里、流到河里……这种情况非常非常多。必须通过新型城镇化、现代科技、现代文明、现代城镇系统和现代科技农业，把小城镇、传统村落纳入大中城市的网状地域结构中来，像上海、苏州、无锡的郊区那样，让城市文明普及乡村，让特色文化成为全社会的文化资本，这样农民的现代生活空间体系才能建构起来。在中国一些落后的村落，特别是那些“空心村”，虽然房子坍塌了，农民亦弃之不顾，但是房子的宅基地产权还在农民手中，农民到城市打工之后，往往会在乡镇、县城或是大城市郊区购房，收入较高者又重新回到村里，在交通好的地方再盖房子，因此，一户多基、一户多宅的现象在一些地区比较普遍。如果不解决此类问题，新型城镇化的发展就会有很大阻力。我们反复强调，传统乡村文化重构的本质就是让农民市民化，让他们受到良好教育而有“集体良知”。我们之所以反复强调从“乡村文化自觉”到“城市文化自觉”的转化，是因为，这是现代乡村文化建设的必由之路，而且也是中国特色文化城市创新的“文化根柢”重构。

“原农业地带”这一概念是非常重要的。我们可以看到大城市区域中的一些小镇和村落，会散散落落地形成一个有机性的区域空间，在美国、澳大利亚、法国、英国、德国、日本和加拿大的大部分地区就是这样：有的人住在森林里，有的人住在湖边，有的人住在自己的农场里，有的人住在山里，有的人住在乡下……去哪都要开车或者依赖公共交通，住在“农业地带”怎么就是农村人呢？这个概念需要改变。城市生活方式的普及，让每个人得以住在不同的空间里享受和实践着现代文明，如前所述，主要是通过“交通方式”“交往方式”“通信方式”“工作方式”和“消费方式”形成的“城市生活方式”的变革，形成城市文明的高普及率，住在哪里都是有教养、有契约精神的市民。我1986年参加苏州建城2 500年的学术会议，那时我就提出，迟早有那么一天，苏州和上海要连在一起，当时引起很大的争论，很多人并不同意我的想法。现实是苏州和上海基本上连在一起了，所以我现在还要说：迟早有一天，上海、苏州、无锡、常州要连在一起，成为大都市“连统区”或称“大都市联合统计区”，这种趋势不是靠政策就可以阻挡的，因为它是通过公共交通、市场关系、土地级差、网络化梯度、社会结构变迁等因素形成的差序化社会空间格局的必然结果。当下，网络社会形成的“自媒体”文化和经济能够从一个侧面说明现代性和城市生活方式的这种无边无界无形的特征和意义。

那么，城市化进程中的农民在哪呢？首先，从身份讲，农民要成为市民，从这一点上说，在哪都可以。其次，从空间上讲，农民应该在城镇生活体系内，中小城镇应该成为大中城市的区域网状结构化的组成部分。第三，从分类上讲，农民可以在城市里，也可以在“原农业地带”，还可以在深山里……但更希望有更多的农民就地成为城市市民。

五、特色文化城市发展与创新：建构在世界民族之林占有一席之地的城市

人类社会的城市化有其自身发展规律，但是，因各个国家的经济结构、文化结构和政治结构不同，城市化发展的阶段也不同。1848 年时中国的城市化率是 10.9%，美国也只是 10.6%左右。可是过了 100 年后的 1949 年，中国城市化率仍然是 10%左右，而美国已经接近 70%，也就是说在 100 多年的时间里，中国的城市化没有任何发展，而西方发达国家基本完成了城市化过程而进入城市社会。中国近代社会仍然是传统农业社会，这也是当代中国城市化任重道远的原因之一。假如按照近代西方发达国家城市人口每 25 年翻一番这一规律发展的话，就中国目前城市化率已经达到 58%左右的情况看其结果是可想而知的。未来 25 年左右，中国将会全部完成城市化发展过程。一个国家城市化水平如果达到 85%左右，也就等于完成了城市化，这其中有一个经常被人们忽视的理论，即“城市文明普及率”理论——如果城市化率是 10%的话，只有 30%的人可以享受城市文明；如果有 30%的城市化率，就会有 50%的人享受城市文明；如果有 50%的城市化率，就会有 70%的人享受城市文明；如果城市化率达到 75%或 85%的话，就会有 95%以上的人享受城市文明，也就等于完

成了城市化这一过程。不言而喻,城市化和城市现代化不是所有的人都要到城市里生活,而是城市生活方式和城市文明普及所表现出的城市性与现代性。

进一步解剖还可以看到,如果城市化率达到85%左右,城乡人口流动就基本停滞了,或者说流动方式被改变了,主要体现在城市(镇)之间的人口流动,发达国家如美国、德国、英国及日本已经证实了这个结果。从理论与实践的双重视角看,城市化率达到50%以上时,在一般情况下(在不出现巨大社会动荡的前提下),社会经济发展会进入较高速发展状态,全球城市化已经证明这一点。如果城市化率达到85%以上的话,城市化人口红利就会失去,中国特有的房地产市场也会出现质性改变。在人类社会发展史上,1850年英国首次完成了城市人口超过农村人口的社会变迁,并在第二年创办了人类历史上第一届世界博览会。无独有偶,2010年,中国城市化率第一次达到了50%,这一年,上海举办了人类历史上第41届世界博览会。相似的历史说明了同一个问题:城市化率达到50%的时候,表明社会财富已经集聚到了一定程度,城市经济到了可以反哺农村的水平。农村的基础建设、环境改造、生态补偿、空间规划、产业发展等都可以得到城市的反哺和辐射。我们已经看到,大城市郊区农业、发达城市的县属农业发展得都比较好,其原因就在这里。这也进一步证明了这样一个概念:城市是地域生产力的集中表现形式,凡是经济繁荣的地区,也必然都是城市繁荣的地区,反之亦然。上海、北京、南京、杭州、深圳、苏州的农业和农村发展都比较好,也是城市化和城市现代化的一个结果。实际上,深圳和上海是中国最早宣布没有农民的城市。

只有现代化建构过程形成现代性社会结构,并在社会整体财富增加达到一定程度时,才有可能形成现代型城市社会。否则,外不能抵御列强侵略,内不能创新发展,游民四起、哀鸿遍野的时代,民众温饱都不能解决,面对大好河山,只能抱残守缺,眼望东流水而束手无策,近百年来的中国,无数城市和乡村在列强的炮火下,多成为断壁残垣……我研究城市近40年,十分清楚城市的内在价值:城市是社会发展的中心,城市是社会发展的动力,城市是社会发展的创新地,城市是人才集聚的高地，城市是人类的财富中心，城市是新兴阶层崛起的文化场域（如佛罗里达在《创意阶层的崛起》中所说），城市是市民社会的舞台和新历史的出发点……所以说，58%的城市化率，至少表明了社会财富增长进入了快车道，特别是中国新兴中产阶级正在成长，城市已经有能力对农村进行经济与文化反哺。我们可以看到，发达地区美丽乡村建设大多比落后地区要强很多，比如浙江省和江苏省的“美丽乡村”建设，政府不仅补贴大量资金，而且村民的文化自觉意识也普遍比较高。相反，一些经济较为落后地区的政府则很难对乡村建设有较多的补贴，村民因缺乏文化知识而缺乏文化自觉。

传统农业社会的特点之一是：农业劳动者的劳动时间和闲暇时间是不能明确划分的，往往是日出而作，日落而息。城市社会的特点之一是：人们的工作时间和闲暇时间是可以明确分离的，而且闲暇时间具有某种法律保障，这也是划分城市生活方式和传统农村生活方式的界标之一。其实，我们完全可以从词义上区分城市生活和乡村生活，如农民的生产我们一般称之为“劳动”，而城市人的劳动我们一般称之为“工作”。通过这些分析我们可以想象传统农村变成现代城市生活的聚居点、现代生活的小镇应该是什么样。其实发达国家已经有标杆和样板，比如发达国家的工程师小镇、白领小镇、企业总部小镇和特色家族企业小镇等。这样的“原农业地带”的小城镇和居住点是城市生活方式的延伸，有人称之为“逆城市化现象”，而我称之为“城市生活方式的再深化现象”。如莫干山里山村、椏溪国际慢城的乡村，这些原来传统落后的小镇、小村已经直接跨入国际生活的范畴，那里的一些外国人、城里人、本地人、外出打工回来的人，正在实践着乡村城市化的过程，正在创造山村里的城市生活方式。无论是外地人还是本地人，他们的生活质量和收入已经远远超出了原来的农民和一般的城市居民。正如孟德拉斯所说，那样的乡村里，农民的房子比城里人的房子大，农民的冰箱也比城里人的冰箱大，但他们已不是传统农民，他们在敲响传统农业的丧钟。这也是一种必然的趋势：中国面临着传统农业终结的考验。

最后，我们要重复这样一句话：乡村与城市的本质区别是生活方式。推进社会整体的现代化，必须走城市化和城市现代化创新发展的道路，而发展健康的现代化城市一定要建构有特色文化的城市。

特色文化城市研究的学术价值与应用价值必须放在一个基本的背景框架下进行审视，即便在改革开放之后经历了长时间的城市化变革，长久以来存在的城乡二元结构及其衍生制度、产业经济结构、政治文化生态等依然是当下许多社会问题的根源所在。要解决这个问题，就必须着力实现农村、农业和农民的现代化，也就是积极推进科学的、适合本地情况的乡村城市化。而在这个过程之中，城市文化建设尤其是城市特色文化作为城市永续化发展的动力和生产资本，历史性地成为创新城镇化发展方式、构建城市核心竞争力的有效途径，也因此成为突破城乡二元结构困境的新可能。

回应多重的时代变革挑战，探寻中国城市“文化驱动”的创新突破路径。全球化进入新阶段、城市软实力竞争、中国文化崛起等新时代变迁的到来，使得寻求城市发展的差异化、特色化、可持续化动力显得愈加迫切。在这种情况下，特色文化城市实际上成为一种以“文化驱动”为核心动力的城市发展新可能。也正因为如此，特色文化城市才能够为中国的城市化和现代化提供一种创新的模式和范式，从而驱动城市化的稳定永续发展。

创造全球竞争背景下“特色文化城市”发展的中国研究范式。特色文化城市的创建在西方发达国家和地区已有相当成熟的模式与路径，但对于中国的城镇化来说，直接搬用与移植显然不能成为一个合理的选择，因此通过特色文化城市的课题研究，尝试构建特色文化城市发展的中国样板和中国路径，从而为中国的城市文化模式的个性化发展提供参照体系与指导就显得尤为重要。

建构一种中国本土城市现代化发展的理论思考范式。中国城镇化的发展规模、发展速度与当下所呈现出来的发展态势已经成为影响全球经济社会发展的重大社会现象，必须配套以相应的本土化理论话语体系。在这种情况下，本丛书以特色文化城市为切入口，积极回应中国城市社会来临之际出现的发展趋势，重构、重组、重建、重缀中国本土化的城市文化发展理论，并提出新的与时俱进的中国特色文化城市发展战略。

为区域特色文化城市的分类差异创建提供理论指导。中国的城市化发展呈现出典型的区域梯度差异性，因此如何做到因地制宜地有效引导就显得格外重要。本丛书通过对中国各区域特色文化城市要素内涵以及建构方式的研究，结合类型学的划分和不同城市所处发展阶段的差异化，谋求对区域性的特色文化城市创建、特色城市定位、城市文化品位完善等相关环节的分类指导。

守望中国的民族地方文化乡愁，鼓励城乡一体的“文化自觉”与“文化自信”。城市不仅仅是文化的容器，而且更重要的是人类文化创新的平台，人类社会先进的思想文化和科学技术大体都产生在城市里。中国悠久的民族传统文化与现代创新文化都值得彰显与继承，特色文化城市研究不仅可以让城市凸显自身文化特色，更可以赋予城乡以同样的“文化自觉”与“文化自信”，从而充分激发城乡发展活力。

《特色文化城市研究丛书》来自国家社会科学基金重大项目，参与成员先后发表了署名国家课题编号的学术论文 51 篇，其中，发表在中文核心期刊上的论文 32 篇。

下面这段话是我在《城市文化资本论》前言里的一段话，我仍然想用这段话作为这套丛书总序的结尾——

托马斯在《名言集锦评注》一书中有一句话说得真好：“为了人类社会能够变得和谐完美，我们当中需要有些人去过无用的沉思默想的生活。”[①]城市研究也必须要过沉思默想的生活。无独有偶，中国学者王国维《人间词话》中的第 26 则“人生三境界”也道出了做学问人生的辛苦与乐趣：“古今之成大事业、大学问者，必经过三种之境界：

① 约瑟夫·皮珀．闲暇文化的基础．刘森尧，译．北京：新星出版社，2005：7

'昨夜西风凋碧树。独上高楼,望尽天涯路',此第一境也。'衣带渐宽终不悔,为伊消得人憔悴',此第二境也。'众里寻他千百度,蓦然回首,那人却在,灯火阑珊处',此第三境也。此等语皆非大词人不能道。然遽以此意解释诸词,恐为晏、欧诸公所不许也。"显然这三境界是多数人所不能为也,关键是,其意境与乐趣是自己所得,只有个人在其真心追求的空间境界才能看到。也许是从20世纪70年代到河南登封告成镇挖掘夏代城市遗址开始,我就对城市的产生与发展产生了兴趣,并开始进行相关的研究,1980年发表第一篇学术论文。几十年的城市研究既需要沉思默想,又需要走到实地考察研究。虽然凡勃伦的书我曾读过几遍,但是,我从来没有感受过凡勃伦所说的"有闲的感觉",对他所描述的所谓有闲阶级,作为一个学者很难与之对上号,因为,从读研究生时开始,就没有感觉到什么时候是"闲",或许是专门做学问这行当不属于有闲阶级,至少我是这样。似乎从研究生时代起,就感觉一直在与时间赛跑,总感觉时间不够用,当过了知天命的年龄时,就已知来日不多;当在接近六十耳顺的年龄时,知道以后岁月唯追求比生命长久的符号而已!一切只是一个过程,生命是有限的,如果能够让生命延续,只有那可贵的让社会认同的思想而已!

在《柏拉图全集》第一卷里苏格拉底和卡利克勒在辩论满足欲望与美德时说:"你所描述的生命真是一件奇怪的事。你知道的,欧里庇得斯说过:'有谁知道,死就是生,生就是死?'如果他说得对,那么我也不会感到奇怪。我们也许真的已经死了,因为我听说过有位聪明人说过我们是死人,我们的身体是一个坟墓,往往在里头的灵魂的性质是摇摆不定的。"①是的,人生以来,有过无数次的摇摆不定,无数次的寻寻觅觅,或许我的灵魂已经死过,或许想通过研究城市获得再生!虽然这是一种极其难以实现的奢望,但是,我还是要追求这样的奢望!

① 柏拉图.柏拉图全集.王晓朝,译.北京:人民出版社,2003:380

特色文化城市研究，我们在路上！
我以我的方式追求、延续生命的价值！

张鸿雁
于慎独斋
2018 年 08 月 08 日

作者自序

本书是研究中国三个地级市的文化特色样本。城市是文化的载体,文化是城市的气质和灵魂,是有形资产和无形资产的完美融合,是自然资源和人文资源的相辅相成,更是城市发展历史底蕴的积淀。城市给予我们最大的贡献就在于它能“通过它集中的物质的和文化的力量,加速了人类交往的速度,并将它的产品变成可以储存和复制的形式。通过它的纪念性建筑、文字记载、有秩的风俗和交往联系,城市扩大了所有的人类的活动范围,并使这种活动承上启下,继往开来。城市通过它的许多储存设施(建筑物、保管库、档案、纪念性建筑、石碑、书籍),能够把它复杂的文化一代一代地往下传,因为它不但集中了传递和扩大这一遗产所需的物质手段,而且也集中了人的智慧和力量”。① 但现在,很多城市并不知道自己城市文化资源的价值;也不知道城市所属文化资源的民族文化意义与国际意义;更不知道哪些是城市的独有资源,哪些是城市的垄断性资源。同时,文化在很多情况下仅仅是资源,并没有通过资本化操作或融入产业链成为城市发展的动力。正是基于以上两点,某些城市有着自己独特的资源,却无法得到很好的认知与开发,这一点尤其体现在中国中等发达城市文化建设的现状中。美国学者迈克尔·波特在谈到国家竞争优

① 刘易斯·芒福德.城市发展史——起源、演变和前景.宋俊岭,等译.北京:中国建筑工业出版社,1989:417

势时曾说过："基于文化的优势是最根本的、最难以替代和模仿的、最持久的和最核心的竞争优势。所以我们认为当城市资源逐渐枯竭，文化才是城市最大的不动产，而如何有效协调文化产业与城市的关系，又该怎样好好把握文化城市未来的发展趋势是我们当前面临的重大机遇与挑战。"[①]文化，尤其是特色文化，将成为中等发达城市实现转型发展的关键。根据已有学者的研究，了解到特色文化是一个区域文化、经济和社会发展的重要资源，是建立在类比之上的一个相对概念，并且以唯一、珍稀或他者莫及作为判断的前提。具体内容是指类型独特、民族或区域特征明显、传承甚少或濒于湮没、价值极高或技艺精湛的各种文化形态。它既包括有形的物质文化，也包括无形的非物质文化，作为文化遗产，它涉及文化成果、文化活动和文化精神三个基本层面。[②] 但在文化开发中，要注意城市文化资源是"建设性破坏"，还是真正的开发利用，因此需要"从战略高度思考城市文化资源开发的合理性、科学性和未来的历史文化价值意义——这个意义就是要创造一个城市所属的物质的、精神的、有形的和无形的资源体系，使这些资源成为城市发展的源源不绝的新'文化动力因'，并在连续不断的'文化动力因'的作用下，形成'城市文化资本'——一个城市形象资源的可持续的动力机制"。[③] 本书将泰州、四平、南通三个地级市作为代表性案例，挖掘他们的特色文化资源，探寻将文化资源转化为城市文化资本的路径，塑造城市独特的 IP，实现文化资本的再生产。

泰州是江苏省地级市，典型的内陆中等发达城市。截至 2015 年，泰州在省域范围内各项指标均较低，总 GDP 居第九位，人均 GDP 居第七位，人口居第八位，面积居第十位，而在 2016 年 6 月国务院发布的《长江三角洲城市群发展规划》(发改规划〔2016〕1176 号)中，泰

① 迈克尔·波特. 态度、价值观、新年以及繁荣的微观经济学. 载自于：塞缪尔·亨廷顿，劳伦斯·哈里森. 文化的重要作用——价值观如何影响人类进步. 北京：新华出版社，2002:43—61

② 陈社. 泰州特色文化. 苏州：苏州大学出版社，2006:1

③ 张鸿雁. 城市文化资本论. 南京：东南大学出版社，2010:360

州被定为Ⅱ型大城市，人口达到100万—300万人，长三角城市群未来也将成为经济充满活力、高端人才汇聚、创新能力跃升、空间利用集约高效的世界级城市群。同时，泰州被列为历史文化名城，建城历史悠久，传统历史文化资源突出，尤其是与泰州城走过千年风风雨雨的凤城河，在其周围密布着承载了泰州各类文化元素的古建筑、遗址遗迹、古树名木、历史典籍等，是泰州城市的集中展示地，是泰州的文化之眼。故笔者选取凤城河景区所在的泰州老城区作为研究对象，并且以凤城河景区为切入点，深度挖掘资源家底、合理分布文化要素、整合创新空间布局、充分落实策划项目和精准表达城愁记忆这五个方面，以此来构建泰州的城市文化资本。

四平是吉林省地级市，典型内陆的次发达地区，以第二产业为主，城乡差别极大，城市人口外流严重。四平市处于工业发展的中期阶段，受东北板块新旧体制性、结构性矛盾较大的影响，现有资源要素驱动力较弱、产业层次低规模小、生产经营方式粗放、资源环境污染严重、基础设施和民生投入不足、铁东老工业区搬迁改造等问题依然是四平城市发展的重要掣肘。寻求城市转型发展是四平的必然之举，而特色文化将成为城市转型发展的重要倚仗。四平城市历史可以追溯至3000千年前的商代，素有“英雄城”和“东方马德里”之称，相较于泰州传统历史文化资源突出的特征，四平城市历史阶段明显，文化类型显著，风俗保存完整，其特色主要体现在古遗址文化、满族文化、皇后文化、革命文化、二人转文化等多元文化类型上。但沉重的历史并未成为城市发展的动力，反而禁锢了四平城市的发展。所以，笔者以四平城区为研究对象，系统梳理四平特色文化资源，形成具有独特核心竞争力的文化资源体系，使文化资源真正变为文化资本，助力于城市转型发展，让四平成为一个让人热爱的地方。

南通是江苏省地级市，据江海之会、扼南北之喉，通江达海，集黄金海道和黄金水道优势于一身。南通是中国第一批沿海开放城市，但其并未抓住改革开放的契机，成为海边的巨人，而今南通再次面临良好形势，多重国家战略叠加，如“一带一路”、长江经济带战略进入全面深化落实阶段；同时，南通与泰州一样，被确定为Ⅱ型大城市，且位于长三角城市群中的沿海发展带，紧邻一核（上海城市群）一圈（南京都市圈），一体化趋势明显，特别是旅游一体化趋势明显。南通因其地理位置的特殊，江海文化、吴越文化、海派文化等多元文化交相辉映，在现有的外部机遇下，要如何抓住契机，让文化助力南通城市实现转型发展呢？笔者以南通城区为研究范围，以旅游业发展为研究对象，抓住外部利好机遇，在城市文化资本的基础上，构建独属于南通的旅游文化资本。

张鸿雁　邵颖萍
2018 年 10 月于南京

上篇　凤凰涅槃

——传统文化再生产重塑泰州城市精神

泰州是一座古老的城市，秦称海阳，汉称海陵，州建南唐，文昌北宋，是拥有2100多年建城历史的中国历史文化名城。泰州有“中华凤城”的美誉，源于宋时形似凤凰的城市形态，“城峻而坚，壕深而广，城翔壕上，若凤凰展翅”；已故周志陶先生亦曾为此作《吴陵忆》一词，“泰邑凤凰形，南北二桥为首尾，东西两翼是丘墩，胆塔十三层”。

泰州又是一座年轻的城市，直至1996年8月扬泰分设，县级泰州市才从扬州市划出，成为江苏省最年轻的县级市。目前，泰州总面积5 787平方千米，户籍总人口506万，下辖海陵、高港、姜堰三个行政区和泰州医药高新区、农业开发区两个功能区，代管靖江、泰兴、兴化三个县级市。

2000余年的历史积淀，诉说的是泰州的古遗址、古街坊、古村落；20年余年的时代演进，呈现的是泰州的新品牌、新经济、新视野。一座泰州老城，一条凤城河（护城河），连缀的城河区域浓缩了这片土地的古往今来。本篇内容以泰州城河区域（尤其以凤城河景区为重点）为切入点，围绕三个核心任务展开系统论述：一是梳理独特的文化资源——泰州主城区文化资源众多，分布零散且碎片化，如何“串珠为链”，彰显价值魅力？二是遴选城市的文化担当——什么才能承载和涵括泰州2000千多年的历史文化积淀，成为泰州城市的“气质担当”？三是提炼品牌文化的资本——在扬子江城市群、长三角经济圈乃至全球城市网络中，如何树立泰州城市精神和构建城市文化资本，定制出地域文化软实力的“泰州样板”？

第一章
外视与内审:泰州城河区域发展的基础研判

城市是人类精神文化的创新地和人类文化的大容器,也是文化资本自然的集中地。城市文化资本强调的是"城市业已存在的精神文化、物质文化、制度文化和财富的'资本性'意义,如城市自身的文化遗存,流芳千古的人物和精神价值,以及城市自身创造的一系列文化象征与文化符号等,都具有鲜明的资本属性和资本意义"。[①] 本篇开篇就已经说明,泰州是一座既古且新的城市,而中国有太多城市像泰州一样,既有沧桑的面孔,又有年轻的妆容。古今之间,可以厚积而薄发,也可以茫然而迷失,要在全球一体化的浪潮中保持独有的文化身份,有赖于对外界的清晰判断和对自我的清醒认知,以及两者基础上生成的战略选择和特色定位。

---

① 美国学者弗雷德理克·詹姆逊在《文化转向》一书中对"文化与金融资本"进行了研究分析,他认为:"至于抽象问题——金融资本是其中的一个部分——也必须从它的文化表达上去理解。早期真正的抽象——在19世纪工业资本主义时期的大城市里货币和数字的作用,被希尔费丁(Hilferding)作了现象上的分析,并被乔治·齐美尔(Georg Simmel)在他的〈大城市与精神生活〉这一富有开拓精神的论文中作了文化上的诊断——当时还有一个重要的分支,即各种艺术中我们称为现代主义的出现。"弗雷德理克·詹姆逊. 文化转向. 胡亚敏,等译. 北京:中国社会科学出版社,2000:139—140

一、城河区域发展背景的三重审视

城市区域发展,也要知己知彼。通过分析政策背景以获得泰州城市发展的三个认知,抓取平台数据以比较泰州城市的社会认知度与城河区域的市场关注度,洞察泰州城河区域与周边旅游市场的竞合关系,以初步判断泰州与城河区域面临的发展机遇和挑战,明确未来的发展趋势与导向,为下一步从文化资源系统整合、发展战略顶层设计、功能布局有机重组、产业网链有效植入等方面全方位创造性地建构泰州城市文化资本提供可能。

1. 政策背景分析

泰州是一座历史文化名城,城市双修是新一轮城市开发与保护的着力点。截至2017年7月3日,国务院已将132座城市列为国家历史文化名城,并对这些城市的文化遗迹进行了重点保护。泰州市于2013年2月被列入国家历史文化名城。古城在得到保护的前提下,也需要合理的发展和更新。2017年3月,住建部印发《关于加强生态修复城市修补工作的指导意见》(建规〔2017〕59号),在全国全面开展城市双修(生态修复、城市修补)工作,至2017年7月,共公布了三批58个"城市双修"试点城市,江苏有6个城市入选,居全国之首,分别是南京、徐州、苏州、南通、扬州、镇江。凤城河景区位于泰州市中心的老城区,历史文化底蕴深厚、文保单位遗迹众多,鼓励采取小规模、渐进式更新改造老旧城区,保护城市传统格局和肌理,打造历史文化与时代风貌并存的活力城市。

泰州是一座中间性的城市,扬子江城市群建设为其发展带来了重大机遇。无论是城市等级、发展指标(见图1-1),还是地理位置,泰州的中间性特征都十分突出。2016年6月,国务院发布《长江三角洲城市群发展规划》(发改规划〔2016〕1176 号),将泰州定为Ⅱ型大城市。对比江苏省 13 个地级市的人口、经济等指标发现,截至 2015 年,泰州市整体指标较低,总 GDP 居第九位,人均 GDP 居第七位,人口居第八位,面积居第十位,在江苏省 13 个地级市中排名靠后。在扬子江城市群区域格局中间性的特殊地理位置,决定着泰州必须承担连贯东西、承启南北的重要职责,它是绿色宜居的魅力水城、中部隆起的重要支撑和南北融合的关键节点。因此,泰州要抢抓扬子江城市群规划建设的历史性机遇,高水平谋划城市定位,彰显城市品牌特色。

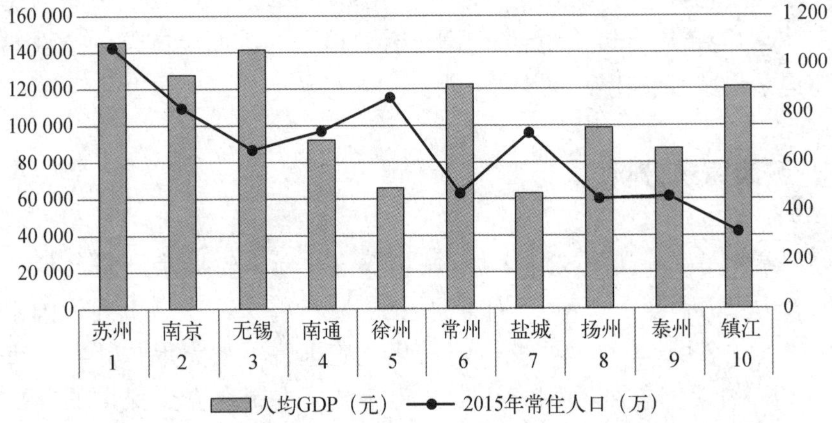

图 1-1　2015 年江苏经济前十地级市人均 GDP 与人口比较

泰州是一座文旅融合城市,旅游战略将成为泰州城市发展的增长极。2017 年 6 月,国家旅游局正式发布《全域旅游示范区创建工作导则》(旅发〔2017〕79 号),"十三五"旅游规划文件均围绕全域旅游开展工作部署,加大了政策扶持的力度。随后,"全域旅游"上升为国家战略,成为经济发展的重要引擎。兴化市是泰州市首家国家全域旅游示范区创建单位。2017 年 3 月,泰州市政府发布《泰州市创建国家全域旅游示范区实施方案》,提出应加快泰州市旅游产业转型升级,努力构建"产业、产品、结构、功能、民生围绕旅游开展"大旅游发展格局,将泰州建设成为国家全域旅游示范区、国内有较大影响力的旅游目的地。凤城河景区所在的海陵区，是泰州市推动全域旅游建设的第三方阵（兴化/姜堰/海陵、高港、医药高新区/靖江、泰兴），旅游通道效应显性。泰州在全域旅游战略的推进中，应着力布局泰州旅游大格局，举力将凤城河景区打造成旅游产业发展的区域极核，盘活区域旅游存量，活络区域旅游路线，变通道效应为集聚效应。

2. 社会关注研判

百度指数是以百度海量网民行为数据为基础的数据分享平台，用于研究关键词关注趋势、洞察网民需求变化、监测媒体舆情趋势以及定位数字消费者特征。微信指数是以微信大数据为基础的移动端指数，通过分析微信上的搜索和浏览行为数据，达到捕捉热词趋势、监测社会舆情、洞察用户兴趣等的目的。微博指数是新浪微博的数据分析工具，通过关键词热议度、行业类别平均影响力，来反映微博舆情或账号的发展走势，微博指数分为热词指数和影响力指数两大模块。本研究分析的是泰州和凤城河景区的社会关注度，所以主要利用的是热词指数，以关键词为统计对象，科学分析并计算出各个关键词在百度、微博、微信平台中的长期热议趋势、热议人群地区分布和多个热词对比结果。

首先进行的社会认知度比较，是利用百度指数、微信指数、微博指数三大数据工具，从省内地级市知名度、省内地级市城河认知度两个方面进行横向比较，分析泰州及凤城河景区在全国的关注度，精准定位泰州及凤城河景区在江苏省内的知名度。

一是江苏省内地级市认知度比较。以江苏省 13 个地级市地名为搜索关键词（如南京关键词为“南京”），查找各市在百度、微博和微信中的搜索量或提及量，统计时间范围为 3 个月（2017 年 5 月 1 日—7 月 21 日），数据来源平台分别为百度指数、微博指数以及微信指数。如图 1－2，泰州在百度上的搜索和提及量为 3280 次/日，列末位；在微博上的搜索和提及量为 2200 次/日，列末位；在微信上的搜索和提及量是 140 万次/日，列江苏省第十位，仅超过连云港、宿迁、镇江 3

个市。综上可知，泰州在江苏省 13 个地级市中存在感较低，关注度较弱。

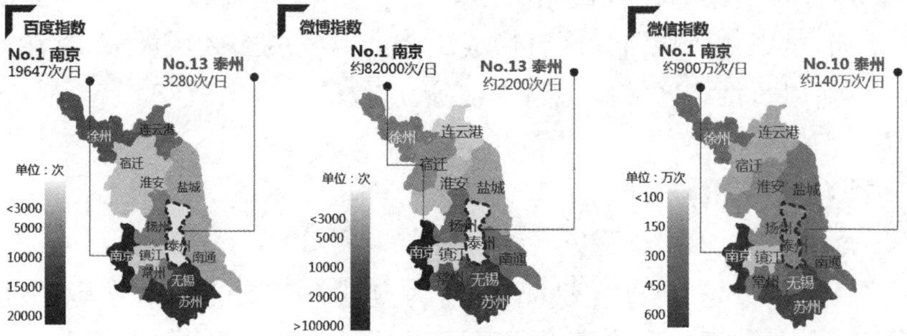

图 1－2　江苏省 13 个地级市近 3 个月在百度、微博、微信上的全网关注度

二是江苏省内地级市城河认知度比较。以江苏省 13 个地级市的主要城河名为搜索关键词（如南京关键词为“秦淮河”），统计各市主要河流在百度、微博和微信中的搜索量或提及量，统计时间范围为 2017 年 5 月 1 日—7 月 29 日，数据来源平台分别为百度指数、微博指数以及微信指数（见图 1－3）。可以看到，在江苏省 13 个地级市中，淮安、宿迁、泰州、扬州、无锡、南京、南通、常州和苏州的城河文化较为突出；凤城河的认知度在微信平台上较高，位列江苏省第三，处于前列。相较泰州市在江苏省内 13 个地级市中的认知度，凤城河在全网的关注度略高于泰州市在江苏省中的关注度。凤城河在微信平台上的活跃度较高，在江苏省城河中有一定认知度。

三是泰州市域内景点认知度比较。根据国内主流旅游在线预订网站“携程网”及“去哪儿网”，统计泰州市主要景点的关注度，统计时间截止至 2017 年 7 月 31 日（见表 1－1）。景点评分以“携程网”及“去哪儿网”的用户评分综合为据，游客去向百分比统计来自“去哪儿网”。选取泰州评价最高的 5 个景点，通过统计来泰州的游客中去过该景点的人数百分比，得出溱湖湿地公园的评分为 4.5 分，占比为 18%；兴化千垛的评分为 4.5 分，占比为 10%；溱潼古镇的评分为 4 分，均占比为 10%；凤城河的评分为 4.5 分，占比为 5%；黄桥古镇的评分为 4.5 分，在“去哪儿网”上的游客去向百分比为 0%，可忽略不

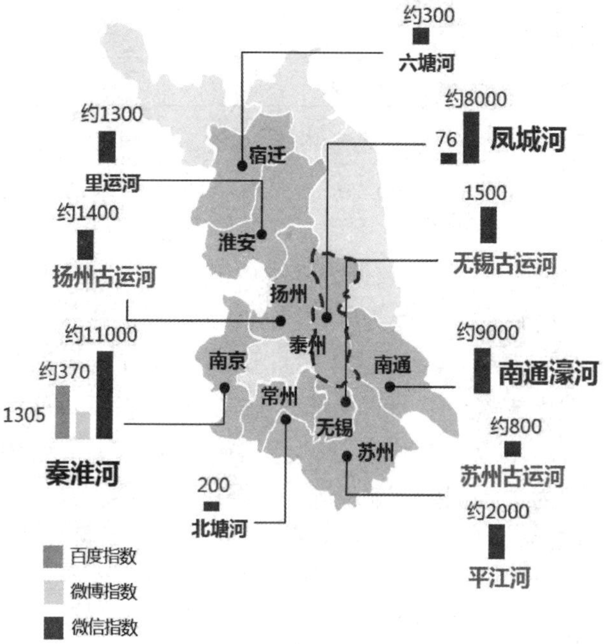

图 1－3　江苏省主要城河近 3 个月在百度、微博、微信上的全网关注度①

计。从统计结果来看，凤城河作为泰州市的主要旅游景点之一，虽评分较高，但游客流量有限，所以尚未成为泰州的首要旅游目的地。

表 1－1　泰州 5 个景点网站评分与游客去向百分比统计

景点	用户评分	游客去向百分比
溱湖湿地公园	4.5	18%
兴化千垛	4.5	10%
溱潼古镇	4	10%

① 注：因各平台现收录的各城河名称并不完全，且各市主要城河名与实际旅游景点名称有偏差，故尚未收录的城河将参考近义关键词。本统计为不完全统计，数据不具有绝对性。

（续表）

景点	用户评分	游客去向百分比
凤城河	4.5	5%
黄桥古镇	4.5	0%

其次进行的市场关注度分析将根据我国用户搜索习惯及平台数据总量，选取百度搜索引擎搜索情况为旅游市场关注度的主要评估标准，数据来源为百度指数。因旅游市场全年不同时期具有不同的特性，故选取近12个月的数据为样本（2016年7月30日—2017年7月29日），之后数据均以此为准。①

一是为了解泰州旅游在省内的相对位置，与江苏省旅游市场较发达、城河文化较深远的南京和苏州比较，来认识泰州旅游市场的关注度。以“泰州旅游＋泰州景点”“苏州旅游＋苏州景点”“南京旅游＋南京景点”为关键词（如图1-4），根据12个月的百度搜索量可知，南京搜索量最高，每日达到2488次，泰州日均搜索量仅为406次，不足南京与苏州的20%，泰州旅游市场在百度关注度较低。根据百度搜索人群地域分布统计（如图1-5）可知，搜索泰州的人群中，约有90%集中在江苏省内和上海地区，省外关注度较低。根据百度搜索人群年龄分布统计（如图1-6）可知，搜索泰州的人群中，年龄在30岁以下的较少，仅占12%；40—60岁年龄段的人数较多，40岁以上的超过了40%，泰州旅游吸引力呈现中老龄化趋势，缺乏对年轻人的吸引力。根据图1-4、图1-5、图1-6统计结果可知，泰州旅游百度日均搜索量较低，旅游网络关注度仍可提升。泰州搜索人群地域分布集中在江苏省内和上海地区，可拓展省外一带客群，如浙江、河南。泰州搜索人群年龄段集中在40岁以上，一方面泰州需要继续守住文化历史感，另一方面需加强景区的国际化、年轻态、创意感和时尚感。

二是为了解凤城河景区旅游市场网络关注度的情况，选取关键词“凤城河＋泰州凤城河”，以搜索量高低来反映凤城河旅游市场关

① 因关键词不能完全代表旅游的实际情况，故本统计为不完全统计。

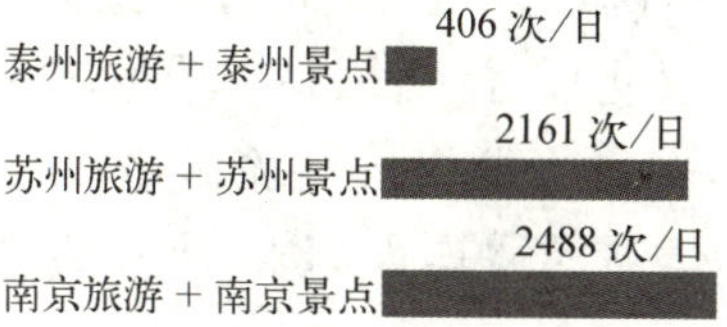

图 1-4　泰州、苏州、南京旅游百度日均搜索量统计

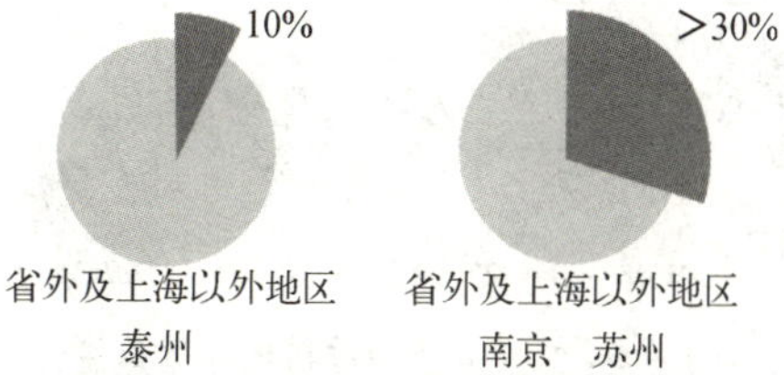

图 1-5　泰州、苏州、南京旅游百度搜索人群地域统计

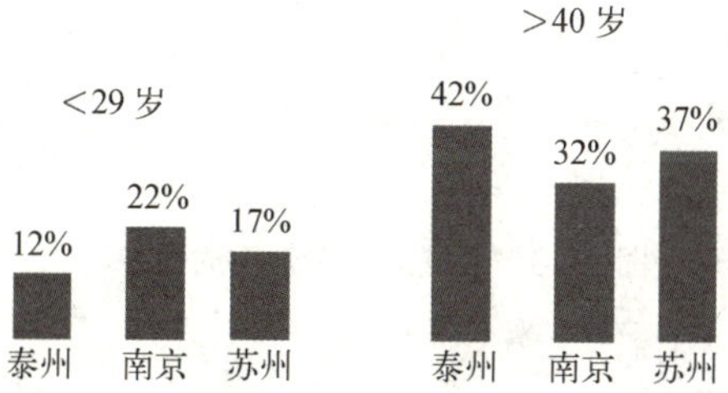

图 1-6　泰州、苏州、南京旅游百度搜索人群年龄统计

注度的高低。[①] 为了解凤城河在泰州景区内的相对位置,故选取泰州其他主要景观进行比较。分析 12 个月的百度搜索量(如图 1-7),凤城河日均搜索量为 128 次,列末位;溱潼国家湿地公园日搜索量最高,为 393 次;泰州老街和溱潼古镇日均搜索量均超过 300 次。由此可知,凤城河景区在泰州的整体认知度不高,日均搜索量约为主要景点的 30%,景区内单一景点如泰州老街的关注度超过了凤城河景区整体。根据凤城河百度搜索人群地域分布统计可知,凤城河关注群体高度集中在华东一带,主要集中在江苏省的苏南、苏中地区以及上

① 因部分关键词未被收录,故本统计为不完全统计。

海。从城市层级上看，除泰州外，上海对凤城河的旅游关注度最高；省外搜索总体较少，仅北京、杭州稍高。根据凤城河搜索热门时段统计（见图 1－8）可知，搜索人群以准备旅游 2—3 天为主，多天数的旅游导向不足，最高搜索量时段均为周末、小长假，暑期搜索量较低，从高到低依次为清明节、劳动节、端午节、中秋节。

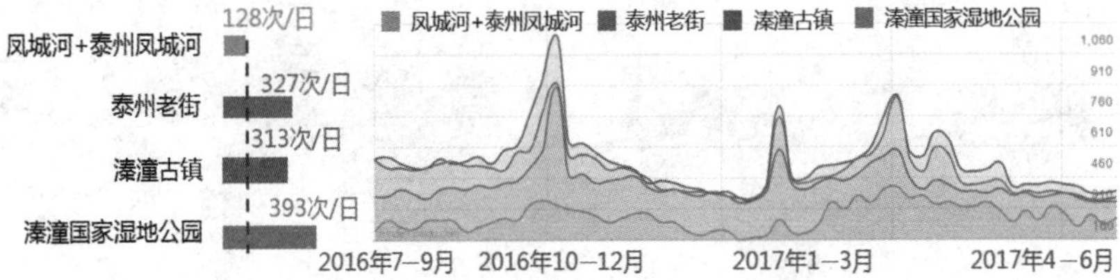

图 1－7　泰州主要景点日均搜索量统计

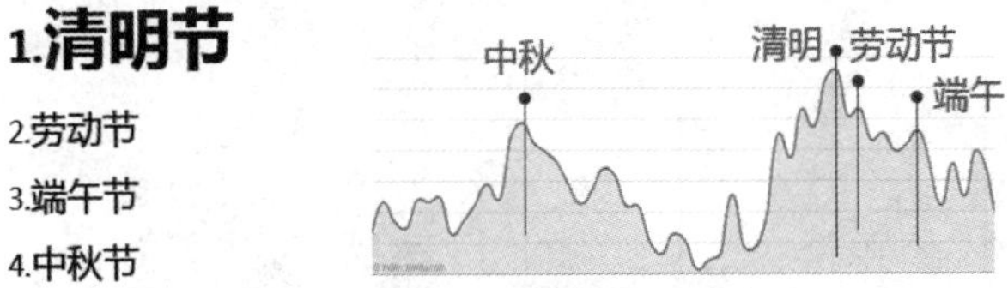

图 1－8　凤城河搜索热门时段统计

3. 区域市场洞察

随着社会经济发展，人民生活水平不断提高，消费诉求愈加多元，旅游业竞争随之激烈。当今，旅游业竞争已从简单的点面竞争发展为区域竞争，为了避免激烈无序的不良竞争，实现双赢或多赢的局面，在竞争中合作、在合作中竞争成为区域旅游发展的战略选择。从全国知名城河、江苏省地级市旅游品牌、泰州市整体旅游发展、泰州市 5A 级景区这四个区域范畴，对泰州凤城河景区旅游空间的竞合格局进行系统分析，挖掘优劣势，为景区未来发展的战略选择提供相关支持。

首先是全国知名城河分析。《礼记》云："城郭沟池以为固。"① "城"即城墙(城市)，"池"即护城河，两者是一对伴生的产物，共生共荣。城河最早的建造遗迹是史前藤花落古城，距今已有四五千年，最早的文字记载来自《易经》："城复于隍；勿用师，自邑告命，贞吝。"② "隍"指没有水的护城濠，意思是说城墙倒塌在久已干涸的护城濠沟里，这时不可发动战争，也不可发布繁琐的命令，以防止可能出现的土崩瓦解。古代中国，凡城必有护城河，其数多不可考，后因地质变化、战乱迁徙、城市改建等缘故，多数已堙。明清以来，我国总计有4000—5000座城池，现尚存百余条护城河，仍有迹可考。其中，河道完整、河水丰沛、河岸修缮妥帖的城池，寥寥无几。从全国范围内来看(见表1-2)，河北、浙江尚存的护城河最多，超过30个，江苏仅有6个，凤城河就是其中之一。20世纪以前是城河的兴盛繁荣期，20世纪初至20世纪80年代是破坏衰败期，20世纪80年代以后进入了保护改造期。目前，还保留有知名城河景区的城市仅剩20多个，多数分布于长三角地区。除了城墙、古城保存完好的景区具有显著特色，其余保护改造模式多为环城公园、环城河风光带，功能单一，以休闲观光为主，缺乏具有综合能力的文化旅游度假景区。根据表1-3可以发现，现有知名城河或城墙景区均有属于自己的特色，只有泰州尚未找到自身独特的优势。

表1-2　全国范围内尚存护城河地域分布表

省份	内蒙古	北京	河北	天津	山东	山西	陕西
数量(个)	1	2	30+	2	7	1	1
省份	河南	江苏	安徽	浙江	湖北	江西	广西
数量(个)	6	6	7	30+	1	1	1

① 高占祥，主编. 周殿富，选编. 礼记新编六十篇. 北京：北京时代文化书局出版社，2016：68

② 刘沅. 十三经恒解. 谭继和，祁和晖，笺解. 成都：巴蜀书社，2016：57

表 1-3　现存古城、城墙、城河特色统计

序号	名称	特色	长度	现状
1	山西平遥【古城】	古城最完整	城墙周长 6.2 公里	平遥古城景区为 5A 级景区
2	陕西西安【城墙】	城墙最完整	城河周长 15 公里	城墙景区为 4A 级景区
3	湖北襄樊【城河】	城河最宽	古城周长 7.6 公里	国内最宽的城河
4	安徽合肥【城河】	改造最早	城河周长 8.7 公里	环城河公园
5	江苏南京【城河】	文化最深	内秦淮河长 5 公里	秦淮河风光带为 5A 级景区
6	江苏泰州【城河】	—	城河周长 6.6 公里	凤城河景区为 4A 级景区
7	江苏苏州【城河】	串联最全	城河周长 15.3 公里	环城河风光带
8	江苏南通【城河】	博物馆最多	城河周长 10 公里	濠河风景区为 5A 级景区
9	江苏扬州【城河】	河景最精致	城河周长 6.2 公里	瘦西湖景区为 5A 级景区
10	山东济南【城河】	泉景最佳	城河周长 6.7 公里	天下第一泉景区为 5A 级景区
11	北京【城河】	格局最大	北城河长 35.3 公里 南城河长 23.9 公里	保存完好

其次是江苏省地级市文化品牌分析。根据表 1-4 可以发现，江苏省地级市多以历史文化资源、自然山水资源作为各市的主要旅游吸引力，部分城市已经形成特色品牌符号，如苏州的古典园林、常州的主题乐园，其余城市虽然拥有旅游资源优势，却尚未凸显鲜明特色，缺乏深度挖掘，未形成自身特色文化品牌。泰州市特别是凤城河景区，应当着重发挥自身资源特色，与周边产品错位发展，以核心项

目引爆区域旅游市场。

表 1-4 江苏省特色文化品牌统计

序号	城市	特色文化品牌
1	南京	明文化、遗址文化和古都文化
2	无锡	大运河、太湖、佛教、吴文化、民族工商业、影视文化
3	徐州	楚汉文化、军事文化、彭祖文化
4	常州	主题公园
5	苏州	吴文化、古城文化、古典园林
6	南通	江海文化
7	连云港	串联最全
8	淮安	漕运文化、名人文化、西游文化
9	盐城	生态湿地
10	扬州	大运河、园林文化、盐商文化、饮食文化
11	镇江	宗教文化
12	泰州	养生、名人、水乡湿地
13	宿迁	西楚文化

再次是泰州市整体旅游发展分析。泰州市近 5 年旅游业呈现平稳上升的发展趋势(如图 1-9)。2016 年,泰州全市接待国内外游客 2822 万人次,旅游总收入 283 亿元,同比增长 12%和 15.2%。① 泰州先后被评为“全国首批康养旅游示范基地”“长三角最美骑行城市”和“2016 同程旅游十大最具潜力旅游目的地”。

① 数据来源于泰州统计局和 2016 年《泰州市国民经济和社会发展统计公报》。

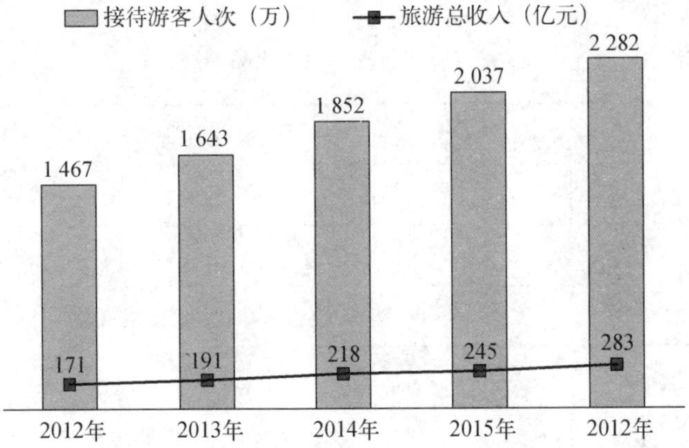

图 1－9　泰州市 2012—2016 年旅游统计数据①

最后是泰州市 5A 级景区比较。泰州市 5A 级景区仅溱湖国家湿地公园 1 个，4A 级景区有 6 个（如图 1－10 和表 1－5）。泰州主城区双水绕城，古韵十足；溱潼古镇等 4A 级景区历史气息较为浓重。溱湖湿地公园作为 5A 级景区，优势在于独特的自然风光和丰富的生物种类，且毗邻溱潼古镇，两景区联动发展，相得益彰。

表 1－5　泰州市国家级旅游景区基本信息表

行政区	景区名称	景区等级	景区特色	景区面积（平方公里）	门票价格（元）
姜堰区	溱湖国家湿地公园	5A级	国家级水利风景区 国家湿地公园 全国森林旅游示范区试点单位	26，核心景区 4.7	100
	溱潼古镇旅游区	4A级	千年古镇 历史建筑群	0.54	免费开放，景点门票 40
	古罗塘旅游文化区	4A级	历史文化遗存（古民居） 特色街区	0.028	免费开放

① 数据来源于泰州统计局和 2012—2016 年《泰州市国民经济和社会发展统计公报》。

（续表）

行政区	景区名称	景区等级	景区特色	景区面积（平方公里）	门票价格（元）
兴化市	李中水上森林公园	4A级	江苏省最大的人工湿地生态林 水上园林	1.03	套票90
	郑板桥、范仲淹纪念堂	4A级	名人纪念馆 历史文化遗存	0.025	10
	千岛菜花		千垛原生态风景区	核心景区3.07	100
海陵区	凤城河景区	4A级	古韵水城 历史人文旅游	约3.85	套票80，个别景点单独收费
	天德湖公园	4A级	主题公园 新城区核心	1	免费开放，设施收费
高港区	引江河水利风景区	3A级	国家水利风景区 水文化	绿化面积5	设施收费
泰兴市	新四军黄桥战役纪念馆	3A级	全国红色旅游经典景区 文化名镇 文物保护单位	0.3	100
靖江市	—	—	—	—	—

将正在创建5A级的凤城河景区与5A级溱湖国家湿地公园的2016年旅游统计数据作对比后发现（如表1-6和图1-11），凤城河全年接待游客人次是溱湖的1.5倍，旅游总收入不到溱湖的1/8，门票收入不到溱湖的1/5。除去当地居民日常休闲的游客统计量，凤城河景区的人流量优势并未有效转化为旅游综合性收益。凤城河景区需要在自身的资源开发和景区管理上实现更大的突破和飞跃。

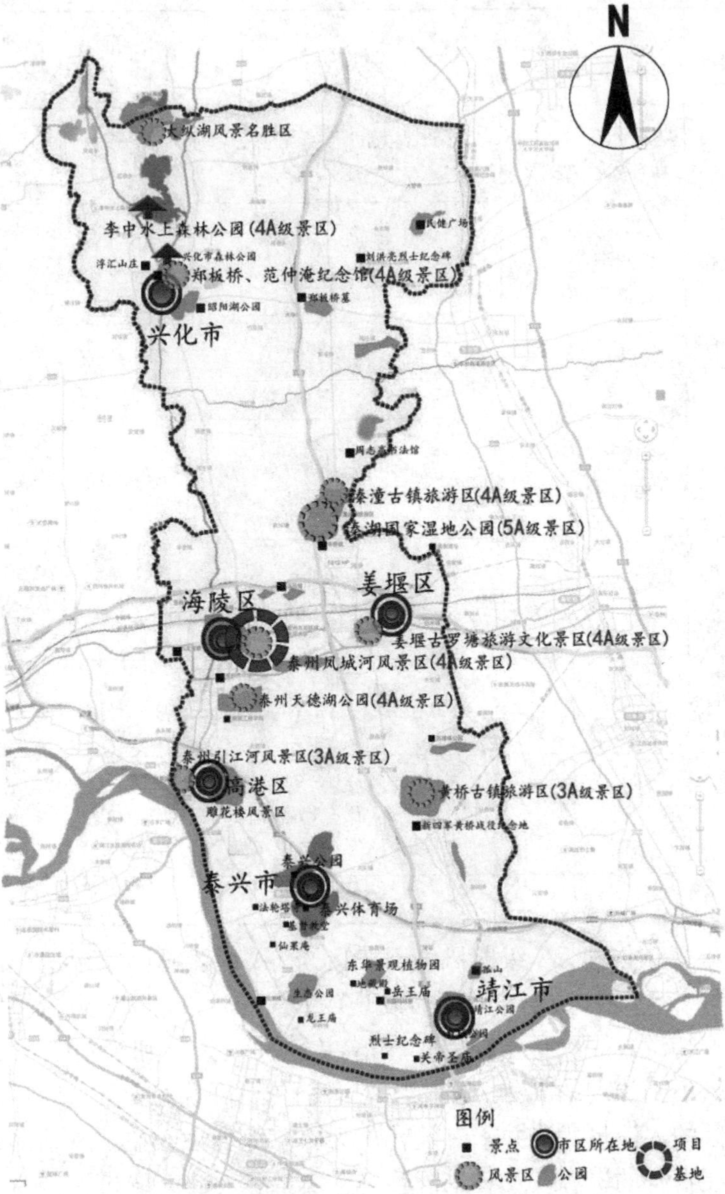

图 1-10　泰州市文化旅游景点分布图

表 1－6 凤城河景区与溱湖旅游景区基本信息表

类别	凤城河景区	溱湖旅游景区
行政区位	海陵区	姜堰区
景区等级	国家 4A 级旅游景区	国家 5A 级旅游景区、国家级水利风景区 国家湿地公园、全国森林旅游示范区试点单位
占地面积	约 3.85 平方公里	约 26 平方公里,核心景区 4.7 平方公里
资源特色	自然资源(城河)与人文资源	自然资源为主(湿地)
门票价格	开放式,个别景点单独收费 (梅园 30 元/人,望海楼 40 元/人,桃园 40 元/人,建筑风水文化博物馆 30 元/人,画舫夜游 60 元/人……)	100 元

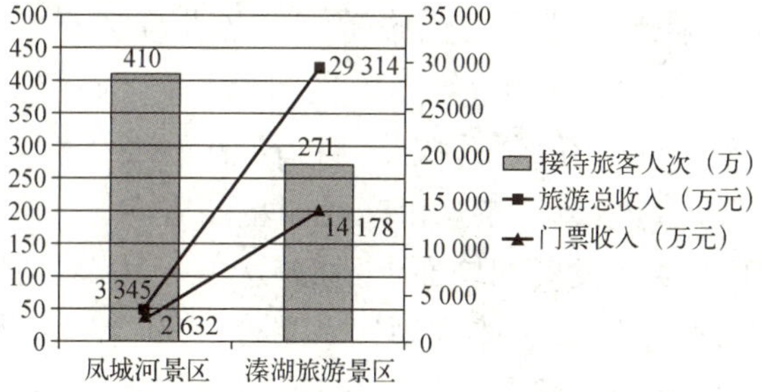

图 1－11 2016 年凤城河景区与溱湖旅游景区旅游统计数据对比①

二、城河区域文化场域的重点说明

泰州凤城河景区在空间场域上处在什么样的位置？在未来发展

① 资料来源于泰州凤城河风景区官方网站和溱湖旅游景区电子商务网景区资讯板块。

规划中导向趋势如何？通过对其所在地江苏省、泰州市、海陵区（泰州老城区所在地）三个层面的各类规划的详细分析，同时对研究范围所处的地理区位、经济区位、交通区位的研究，从而把握景区优势、协调区域发展，以更准确地对凤城河景区进行顶层战略设计。

1. 上位规划说明

在江苏省级旅游发展的层面上，对泰州市城河区域的关注强调全域旅游和产业转型的视角。根据《江苏省“十三五”旅游业发展规划》（苏政办发〔2017〕20 号）：在中心城市特色形象的打造上，泰州要结合养生、名人、水乡湿地等元素，打造大健康旅游示范城市和长江旅游带区域节点城市；在观光旅游产品方面，重点推动泰州凤城河等景区创建国家 5A 级旅游景区；在城市景观旅游产品方面，开通城市观光巴士，开辟“环城游”线路，打造城市夜景系统，丰富游客体验；在重点项目方面，泰州凤城河文化旅游综合体是重点建设项目之一。根据上述规划，凤城河景区应努力争创国家 5A 级旅游景区，结合养生、名人等元素，开辟“环城游”线路，打造城市夜景系统，建设泰州凤城河文化旅游综合体，成为泰州市文化明星品牌。

在泰州市级空间发展的层面上，强调水城一体、双河绕城的城市格局。根据《泰州市城市总体规划》（2011—2020 年）：泰州城市的总体发展目标是区域中心城市、交通枢纽城市、生态宜居城市和历史文化名城。具体而言，空间布局呈现“一心五区”的局面，其中，泰州中心城区为旅游综合服务中心，泰州文化古城旅游区为五区之一；水系格局强调水城一体、双河绕城；绿地系统强调凤城河绿环是双环之一，南官河、凤凰河、周山河为六脉之中的三脉；凤城河环状景观廊道承担景观风貌“双环”中的内部生活景观水环。

另整理泰州市级层面的各类专题专项规划，可以看出泰州古城围绕水文化做的各种文章。根据 2012 年《泰州城市文化形象规划研究》：泰州文化的主题是“文昌水秀、祥泰之州”，突出“水为脉、城为体、艺为韵”；老城片区突出传统文化，南部新城片区突出承启创新、现代服务；凤城河突出传统文化展示，南官河、凤凰河、周山河突出传统与现代融合、生态与功能相结合。根据《泰州市旅游业发展“十三五”规划》：泰州总体的定位是健康慢享的“康泰之州、祥泰之州、富泰之州”，主题形象是“水城慢生活，尘世幸福多”。根据《泰州老城区核心区控制性详细规划（修编）》：泰州老城区的功能定位为“水城一体、人文荟萃”“文昌水秀、古今交融”“康泰繁荣、健康闲适”；在空间结构上，凤城河为老城区的生态景观环，强化文化与生态的景观序列；在

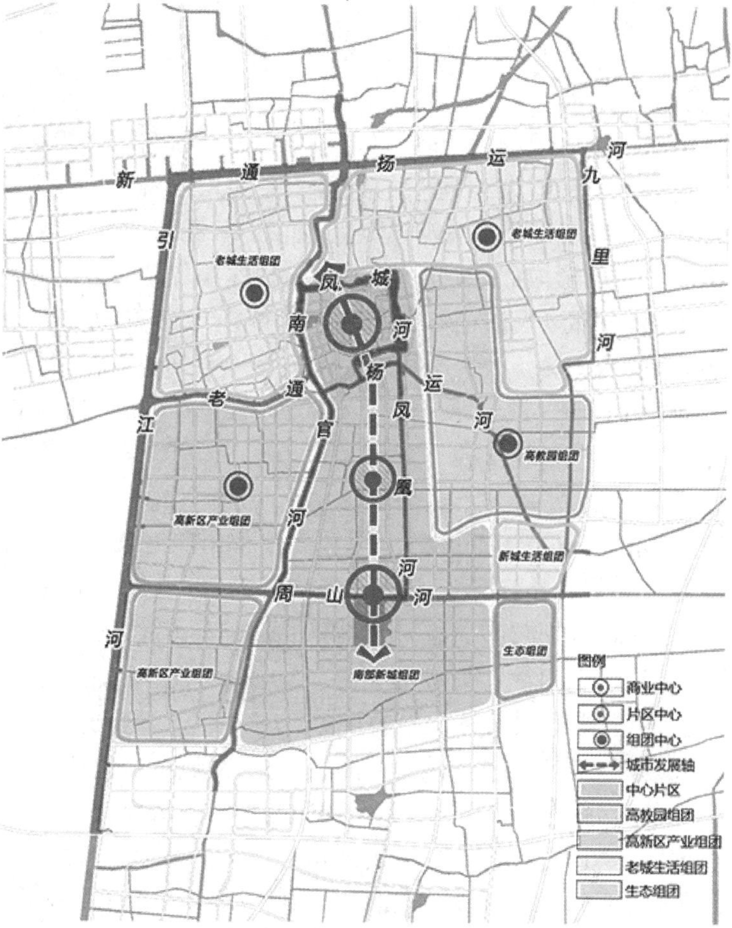

图 1－12　泰州“双水绕城”总控方案图

交通规划上，凤城河、南官河承担老城核心区的主要慢行路线。根据《泰州“双水绕城”总控方案》（如图 1-12）：内环抱古城、外环护新城，实现双水绕城，双水即北凤城河和南凤城河；文化主题定位是“一个窗口”，即世纪之窗（周山河），“两条主线”为“名仕—产业线”（南官河）和“文教—民俗线”（凤凰河）。基于上述规划，凤城河景区应深入挖掘地域文化，凸显水城一体、双水绕城的格局优势，推进“文化+”发展，促进旅游业转型，谋求个性化、差异化发展，形成泰州市特色文化品牌。

2. 研究范围说明

本篇的研究范围为泰州老城核心区，总面积约 8.15 平方公里。

重点研究的范围是凤城河风景区（如图 1-13），即由凤城河围绕泰州老城核心区形成的环状地带，其外部以东风路、济川路、江洲路、东进路为界，内部以人民西路、人民东路、南山寺路、海陵南路、园林路为界，面积约为 5.33 平方公里。凤城河全长 6650 米，平均宽度 110 米，水域面积 83.8 公顷。河道绕城四周，基本呈四方形，是现存较完整的古城河。

从地理区位看，泰州市地处长江中下游地区，属于长三角核心区的 16 个城市之一，位于上海都市圈和南京都市圈之间，更与苏锡常都市圈隔江相望。从江苏省内部发展格局来看，泰州属于苏中经济板块，东西两侧分别与南通、扬州接壤，北部则与苏北地区的盐城、淮安相邻，地理的中间性特征较为明显。泰州城河区域位于泰州市海陵区中心的老城区，具有区位核心优势。

从交通区位看，泰州交通区位优势明显，交通可达性佳。目前有启扬高速、宁启铁路、G328、S231 垂直交汇于海陵区境内，通往南京、扬州等地。泰州城河区域距离扬州市 48 公里，距离南京市 110 公里；北部靠近 G328、S231 交汇处，距离泰州火车站、泰州西站均 6—8 公里，车程为 15—20 分钟；距离泰州汽车南站 4.6 公里，车程约 10 分钟。

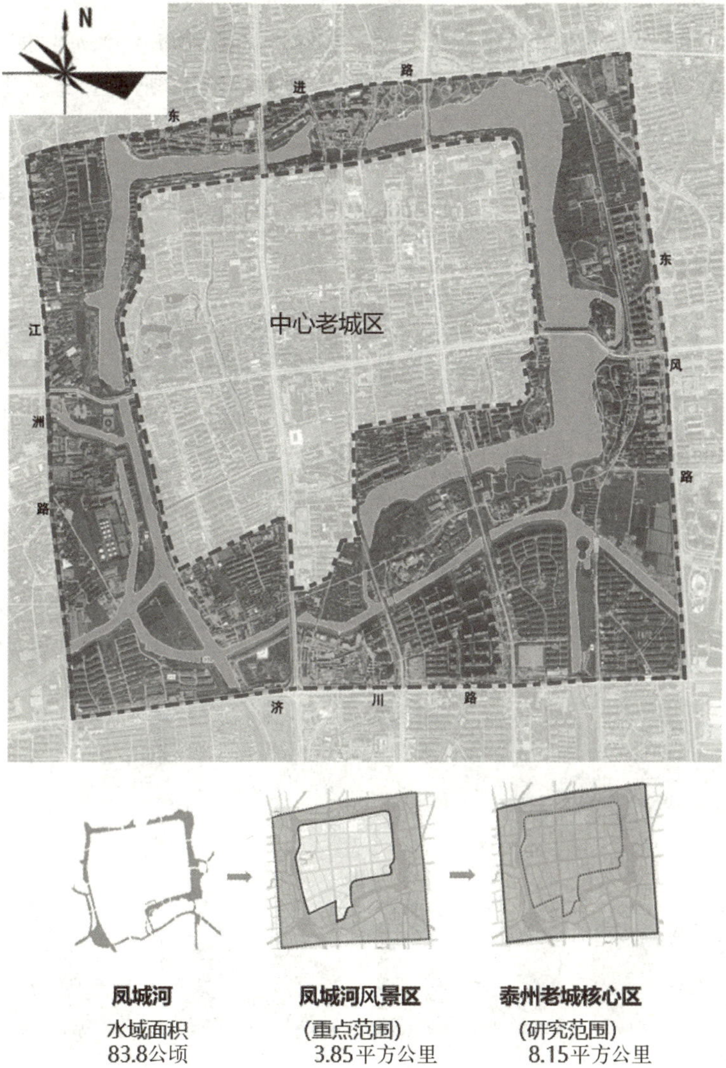

图 1-13　凤城河风景区——作为城市文化底色的河

3. 区域现状说明

本篇研究范围内的建筑类型(如图 1-14)主要是民用建筑,包括普通住宅、少量棚户区等居住建筑,以及博物馆、商场、生活配套服务设施等公共建筑。建筑质量参差不齐,东南部及北部的部分新建小区、商业建筑、办公建筑等质量较好,西部及北部沿河段的棚户区和老旧建筑质量较差,对沿河建筑风貌产生了负面影响。建议对现有质量较差的建筑以及对景区风貌协调有负面影响的建筑进行拆除,对历史文化保护单位、新建博物馆、商场和质量较好的居住小区等,则要进行保留。

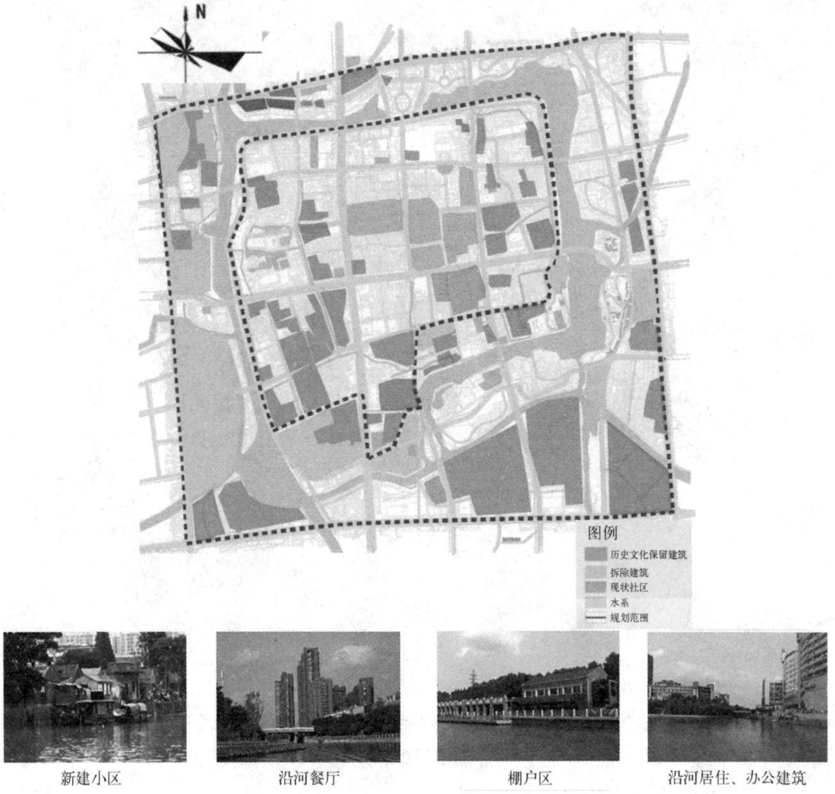

图 1-14　凤城河风景区现状建筑分布图

研究范围内的交通现状分为陆上交通和水上交通(如图 1-15)。泰州老城核心区主干路呈现"三横四纵"的结构,内部道路基本呈现网格状,交通较为方便。景区与老城核心区内部南北方向上联系较强,东西方向上联系较弱,沿河则缺乏连续的滨河步道。现水上交通主要用于凤城河水上的游览活动,主要游线从桃园码头出发,由于南部中段河道狭窄，故在南城河北段往返后绕凤城河一周，由南城河北段回到桃园码头。环河线路部分折回，游船线路有所重复，未形成一次性游览的环线。

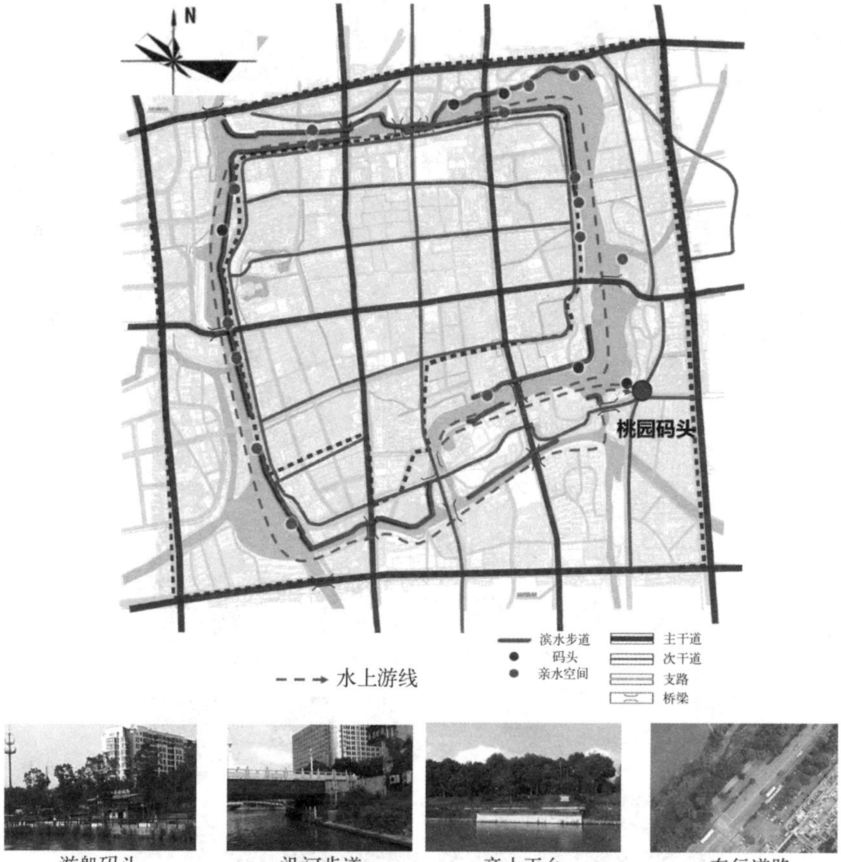

图 1－15　凤城河风景区交通现状图

研究范围内的水系现状主要是一条护城河（即凤城河）和老城内部的支线水系（如图 1－16）。凤城河环绕泰州老城核心区，基本呈方形，总长 6650 米，可分为东、西、南、北四段，平均宽度约 110 米，东、南两段的平均宽度约 175 米，西、北两段的平均宽度约 73 米，水系呈现“东开阔、西收敛、北密集、南疏朗”的格局，河水水质良好，两岸生态环境较佳。老城核心区内部现存水系主要为历史遗留的河道，主要为南北流向的东市河、中市河和西市河，以及东西流向的玉带河。随着城市的发展，内部河道逐渐变窄，水流量变小，水质较差。各河段之间缺乏连通，与凤城河水系也缺乏联系。

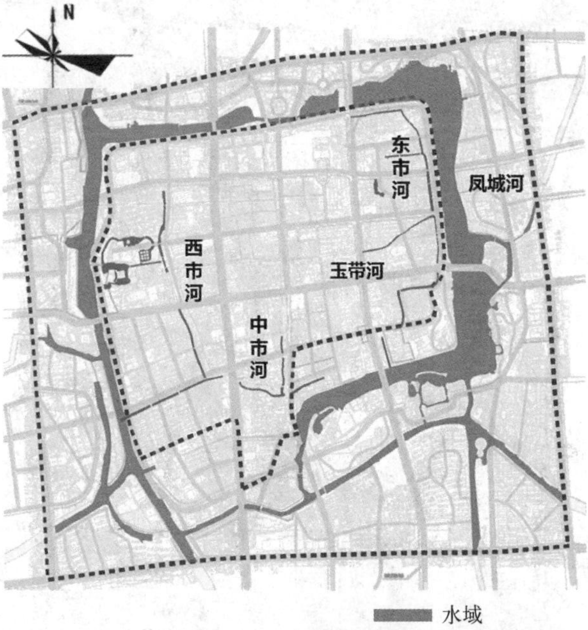

凤城河

老城区内部河道

图 1-16　凤城河风景区水系现状分布图

凤城河沿河景观类型较为丰富(如图 1-17)。东城河段东岸以滨水绿化林带为主，西岸设置多处亲水平台，垂钓者、游泳者居多；南城河段河道最窄处的游船路线尚未打通，沿岸高层建筑较多，影响了岸景的天际线；西城河段东岸设计生态驳岸、滨水栈道，景观效果佳，西岸驳岸为自然植被，景观荒芜杂乱；北城河段的交通桥数量相对密集，两岸多为硬质化驳岸，临水商业建筑较多，滨水绿地较少。

图 1－17　凤城河风景区沿河景观风貌

研究范围内旅游资源丰富，但分布较不均衡。区域内共有景点 28 余处，主要涵盖水域风光和建筑与设施两个主类、五个亚类，其中宗教与祭祀活动场所、展示演示场馆、名人故居与历史纪念建筑、园林游憩区域类景点较多（如表 1－7）。从资源在凤城河沿岸的分布情况来看，凤城河景区内共有各类景点近 20 处，呈现“北少南多、西少东多”的局面（如图 1－18）。景点在东南部的分布较为密集，已通过沿河景观打造和游船线路与凤城河相互联系，而西部和北部的景点则分布较少，与凤城河水域的景观联系也较弱。

表 1－7　凤城河景区旅游资源分类统计

主类	亚类	基本类型	景点名称
B 水域风光	BA 河段	BAA 观光游憩河段	凤城河
F 建筑与设施	FA 综合人文旅游地	FAB 康体游乐休闲度假地	天滋河公园
		FAC 宗教与祭祀活动场所	南山寺、光孝寺、城隍庙、崇儒祠、西山寺、净因寺

(续表)

主类	亚类	基本类型	景点名称
	FB 单体活动场馆	FAD 园林游憩区域	梅园、桃园、柳园、乔园、泰山公园
	FC 景观建筑与附属型建筑	FBC 展示演示场馆	盐税博物馆、评书评话博物馆、建筑风水文化博物馆
	FD 居住地与社区	FBE 歌舞游乐场馆	梅兰芳大剧院
		FCC 楼阁	望海楼、文昌阁
		FDB 特色街巷	泰州老街、三水湾街区、城中历史文化街区
		FDD 名人故居与历史纪念建筑	梅兰芳纪念馆、都天行宫、学政试院、革命烈士纪念馆

通过对泰州老城核心区现状的研究可知，城河区域具有四个方面的显著优势：一是区位交通优势明显，研究区域位于泰州中部和江苏省中部，与周边城市交通联系密切；二是旅游资源丰富、类型多样，包括观光游憩、宗教祭祀等九种类型，沿河已形成20余处旅游景点；三是历史文化资源突出，涵盖戏曲、佛教、建筑风水等多种类型；四是自然禀赋优良，拥有保存完好的环城河水系，水质清澈，生态良好。但同样也存在诸多问题，主要集中在以下四个方面：首先是景区腹地发展受限，景区呈环形，位于城市建筑的密集区，难以向外扩展，与老城区空间发展相互制约；其次是水岸联系不充分，缺乏丰富性、观赏性、参与性强的亲水空间，水、岸之间的联系较弱，缺乏水岸上下的连缀空间；再次是资源碎片化，景区内历史文化资源缺乏系统整合和旅游线路串联，各景点参与性较低，缺乏有体验性亮点的旅游项目；最后是水文化表达不足，缺乏对城河文化、水文化等的深度挖掘和景观表现，与城内水系无连接。

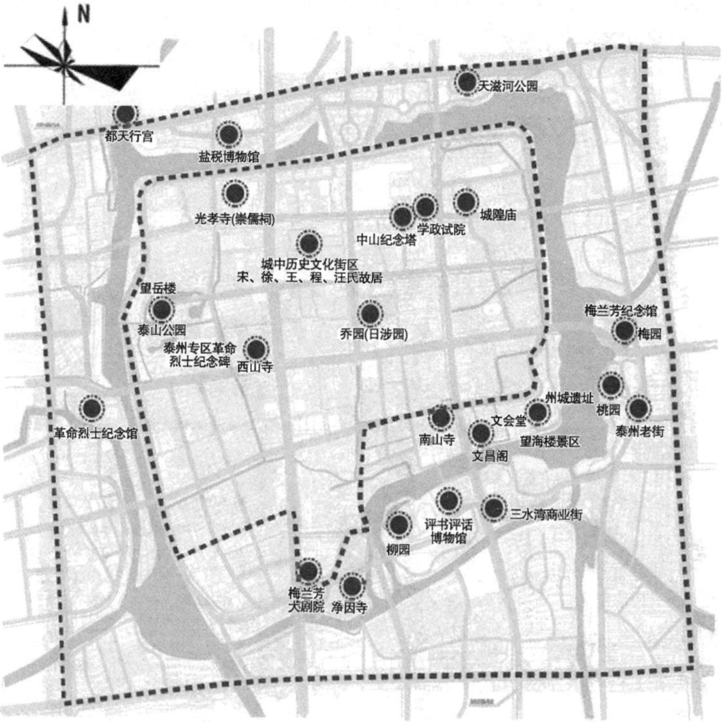

图 1－18　凤城河风景区旅游资源落点图

三、城河区域特色维度的精准对标

选择借鉴案例的标准是可比性和参考性，可比性包括体量规模可比性、资源类型相似性和发展问题相似性，参考性包括政策融入发展经验、旅游开发模式经验和项目改造提升方法三个方面的参考价值。泰州凤城河案例借鉴选择的关键词是旅游目的地、历史文化、护城河、滨河景观、生态环境和古城保护。基于以上选择的依据，选取了两个国内城河案例和五个国外专项案例：苏州环古城河风光带和济南护城河作为整体借鉴的参考，韩国首尔清溪川、美国芝加哥河、法国巴黎塞纳河、美国圣安东尼奥河、德国吕贝克城作为侧重维度的标杆。

1. 国内城河经典案例

苏州环古城河风光带是国内城河开发与保护平衡得比较好的案

图 1－19　苏州环古城河风光带串景点示意图

例(如图 1-19),尤其是将其作为纽带,串联苏州古城内诸多景点的思路值得称道。苏州古城河全长 15.3 公里,环城河风光带分为四大功能区:西部——金阊十里、盘门水城,北部——吴门商旅、都市驿站,东部和南部——城南山林、枕河人家,东南一线——宝带长桥、运河风光,营造了“水陆并行,河街相邻”的传统苏州景观。苏州环古城河风光带的借鉴意义有三点:一是景点免费开放,环古城河风光带有 48 个景点、21 座桥,平均每 500 米左右就能欣赏到不同的景致,并全部免费向市民开放;二是游船活动开展,共设 31 个码头、2 082 个游船座位、5 条水上游线,水上旅游项目和活动策划丰富多样;三是健身步道设置,11 段环古城河健身步道全长 15.5 公里,集休闲、健身、旅游多功能于一体,串联景点众多。

与苏州环古城河的“串景点”策略有所差异,济南护城河则是将水上交通的增值效应充分发挥,游船“通全线”、可分段成为最大的亮点。全长 6.9 公里的济南护城河,是国内唯一一条河水全部由泉水汇流而成的护城河,最终流入大明湖。河道宽 10—30 米,水面面积 8.4 公顷,河道两侧绿地宽 10—59 米,绿地面积为 12.5 公顷。济南护城河的借鉴意义在于:一是全线通航游览,济南护城河于 2010 年实现了全线通航,将黑虎泉、趵突泉、五龙潭、珍珠泉四泉连为一体,一水连百景,构成一条新泉水游览景观带;二是彰显了城市特色,作为一条由泉水汇集的河流,济南护城河是泉城特色标志区“一城(明府城)、一湖(大明湖)、一环(护城河)”的重要组成部分,沿线历史悠久、名胜荟萃;三是亲水空间的增设,增加了开敞空间,疏解老城容量,增加城市活力,新建泉水浴场、亲水栈道、河道湿地等亲泉乐水空间;四是采取分段游船计费,护城河全线共设有 10 个游船站点,每人每站 10 元,全程票价 100 元,每个站点都可以上下船。

2. 国外河岸专项案例

韩国首尔清溪川——生态滨水景观。韩国首尔清溪川改造工程全长 5.8 公里，规划宗旨是通过恢复河川原貌与生态环境绿化，将其从一个工业城市转变为感受历史和文化的生态城市。韩国首尔清溪川的借鉴意义有三点：一是分段的规划主题，第一段位于上游，主题为“自然中的河流”，最大限度恢复河流原貌；第二段位于中游，主题为“文化中的河流”，强调滨水空间的休闲和文化特质；第三段位于下游，主题为“生态中的河流”，限制人工开发，保留自然河滩沙洲。二是多元的设计手法，水景采用跌水、喷泉、涌泉、壁泉等表现形式；植物造景由地面绿化与立体绿化相结合。三是健全的组织体系，专家与普通市民组成多种民间机构，参与项目指导设计。

美国芝加哥河——独立滨河步道。“六个街区，六个愿景”，通过六个不同滨河街区的形态塑造，芝加哥河重拾城市生态与休闲效益。街区规模为 1.4 公顷，建设分为两期，2015 年 5 月开放了三个街区，2016 年开放了另外三个街区。可供借鉴的长处有三点：一是独立的滨河步道系统设计，通过自身形态的变化，形成一系列与河流相连的步道系统，而非以建筑为导向，并充分利用桥下通行空间，保持步道的连续性；二是多样的滨河街区形态，六个街区各不相同，分别为漫步道、码头、水广场、滨河剧院、小河湾、海滨广场；三是统一的设计材料与细节，设计材料与细节在整个带状空间中都保持着视觉与体验的统一，如栏杆、座椅等。

法国巴黎塞纳河——有故事的桥。塞纳河流经巴黎的一段全长 13 公里，巴黎因塞纳河而发展和兴旺，有“塞纳河之女”之称。塞纳河的优势在于沿岸景观的充分展示，两岸种植着繁茂的梧桐树，以及矗立着大量著名的建筑群，如卢浮宫、奥赛博物馆、巴黎圣母院、埃菲尔铁塔等。桥梁本身具有故事性，全市共有大小桥 38 座，总长度可达 5 公里，每座桥都有自己的名字、风格和故事。观光夜景成熟，市区内有灯光照明的纪念场所大都集中在塞纳河两岸，游船上装备有强聚光灯，把两旁的景物照得通明。

美国圣安东尼奥河——滨河步行街。美国得克萨斯州圣安东尼奥市的 Riverwalk（河边步道）——一条马蹄形的下沉式河滨步行街，蜿蜒约 5 公里,是一条集休闲、饮食、娱乐、购物、住宿、文史教育等功能于一身的旅游风光带。作为圣安东尼奥的地标,Riverwalk 每年都要迎来 1 000 多万名来自世界各地的游客,为整个市贡献高达 10 亿美金的总年收入。圣安东尼奥河的特色表现在三个方面:一是下沉的亲水空间,采用不对称的下沉空间,一侧是遮盖的河畔走廊,一侧是开放的空间,河流两侧由 15 座桥连接。二是丰富的营业形态,整条步行街以餐饮为主,还有酒店、剧场、博物馆、酒坊、纪念品商店等,功能丰富、界面灵活。三是立体的互动文化,大部分餐厅都有西班牙风格的音乐表演,并设有户外席位,游人可坐在石阶上观看对面舞台上的演出,重大活动时也会在游船上庆功,热闹非凡。

德国吕贝克城——步行友好社区。吕贝克老城被 River(特拉沃河)、易北河、吕贝克运河三条护城河围绕起来,占地面积约214.14平方公里,为汉萨城市联盟的中心,人称“汉萨女王”。古城分为东部和北部区域、西南区域以及圣玛丽教堂及市政厅三大区,城内至今保存有大量的中世纪古迹,是欧洲北部第一个被列入世界文化遗产的城市。吕贝克城中保留了诸多的历史古迹,并采用多种方式修缮、保护文物古迹,再现了欧洲中世纪汉萨城市的典型风貌;步行网络连通,为行人提供了安全舒适的步行环境,在合理的时间和成本内,使人们能够到达各种目的地,并在行程中提供视觉吸引,创造步行友好社区;地块利用精细化,小块用地的传统切分方式,使得城市功能的更新更具弹性、可持续性,区块可适应城市的自组织规律,调整为较为混合的土地利用模式。

3. 阶段性精准对标的选择

案例的借鉴是为了明确自身发展的定位(如图 1 - 20),出于泰州老城区的凤城河景区有什么?凤城河有千年历史的城河,但缺乏文化全景的展示空间;有众多的景点遗迹,但缺乏空间路线的系统串联;有丰富的文化资源,但缺乏创意文化的产业体系。比较国内外的相似案例可以发现,无论是从城市的历史文化底蕴来看,还是从景区面临的实际发展境遇来看，凤城河景区近期都可以苏州环古城风光带为阶段性对标案例，打造滨河空间丰富、文化体验精彩、休闲度假惬意、特色产业联动、品牌 IP 鲜明的城河文化区域。

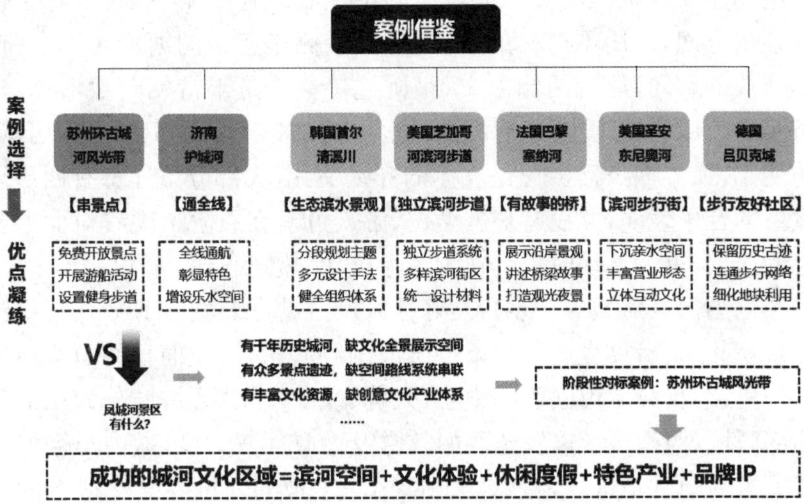

图 1－20　凤城河景区案例借鉴比较

第二章
评估与赋能:特色文化资源的摸底与资本再造

泰州是一座有着2100多年建城历史的文化名城,素有“汉唐古郡、淮海名区”的美誉。泰州老城环绕着一条护城河,即凤城河;凤城河及其周遭区域勾勒了泰州特色文化的基础和核心——古村古镇古街古巷古桥古井,深厚的文化底蕴赋予了泰州古老的韵味,凤城河因此也成为泰州特色文化城市建构的城市文化资本。梅桃柳诉说的戏曲文化、“税务碑”与“税务桥”代表的盐税文化、光孝寺背后的佛教文化、干丝汤包传递的饮食文化……以凤城河文化研究为切入点,对泰州老城区尤其是凤城河周边的文化资源进行系统梳理和分析评估,盘点900+泰州文化资源家底,将零散碎片化的资源串珠成链,精准定位泰州独具特色的文化资源——从其根源起,厘清泰州的城市特色文化资本。

一、文化资源类型的挖掘与等级分析

根据资源类型和功能演绎的不同,对泰州老城核心区(含凤城河景区及周边)的文化遗产资源、文化脉络资源和文化场景资源进行梳

理和评估(见图 2-1)。

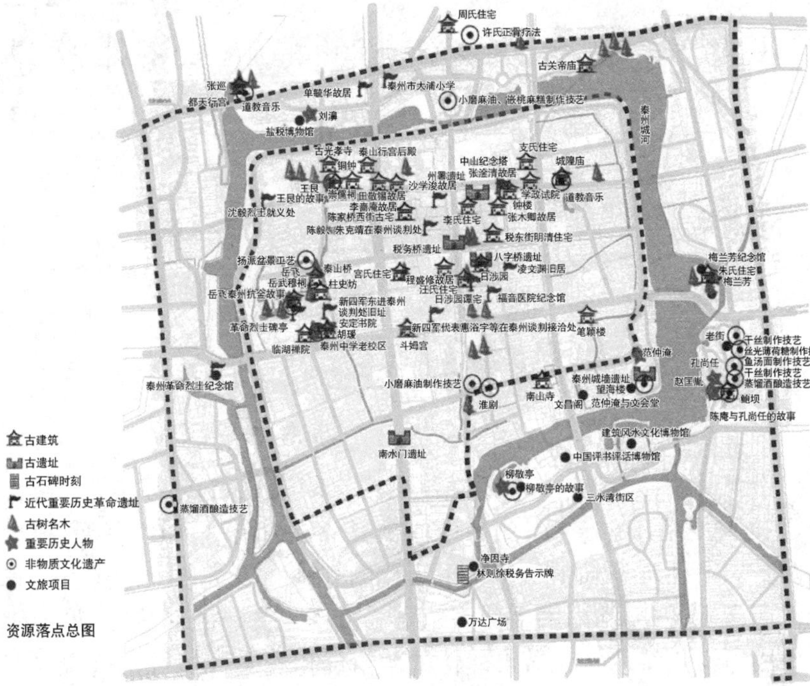

图 2-1　资源总体落点图

1. 文化遗产资源的传承视角

泰州文化遗产资源十分丰富，包括物质文化遗产和非物质文化遗产两大类。其中，物质文化遗产主要指不可移动文物(尤以古遗址、古建筑、古石碑石刻、古树名木、近代重要革命史迹为重点)和可移动文物(尤以古代书画、古代服饰、瓷器、陶器、石器、化石、木器、铜器为重点)，对照全国文物普查标准和泰州实际情况进行细分；非物质文化遗产涵盖民间文学、民间音乐、民间舞蹈、传统戏剧、曲艺、杂技与竞技、民间美术、传统手工技艺、传统医药等内容。

物质文化遗产中,通过对泰州老城核心区内地上、地下的不可移动文物和对已登记的不可移动文物进行复查,共有不可移动文物124件(详见表2-1):其中古建筑62处,古遗迹7处,古石碑石刻1处,近代重要革命史迹20处,古树名木32处,其他2处。[①] 进一步分析可知,泰州不可移动文物类型中:古建筑最多,占比50%(见图2-2);市级资源为主体,国家级资源较少,仅占3%(见图2-3);在国家级、省级、市级分类中(不包括古树木),古建筑存量最多(见图2-4)。

表2-1　不可移动文物数量等级统计

类别	国家级(个)	省级(个)	市级(个)	总计(个)
古建筑	3	10	49	62
古遗迹	—	4	3	7
古石碑石刻	—	1	—	1
近代重要革命史迹	—	1	19	20
古树名木	10	22	—	32
其他	—	—	2	2
总计	13	38	93	124

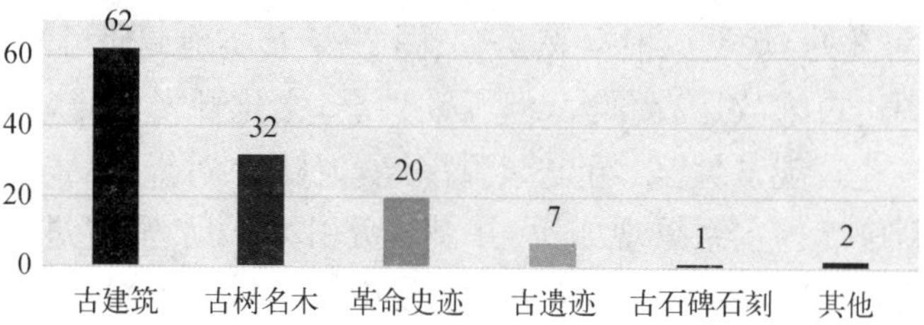

图2-2　不可移动文物数量统计(单位:处)

① 资料来源于泰州市申报历史文化名城文本——文保单位名录。下文所有相关表格均根据泰州市申报历史文化名城文本中的文保单位名录统计制作。

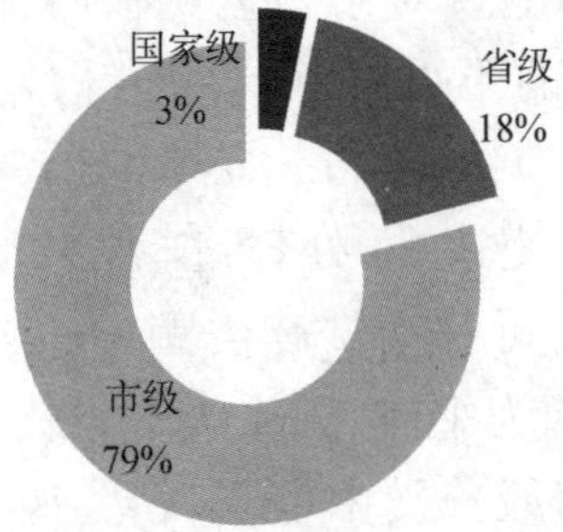

图 2-3　不可移动文物等级占比统计

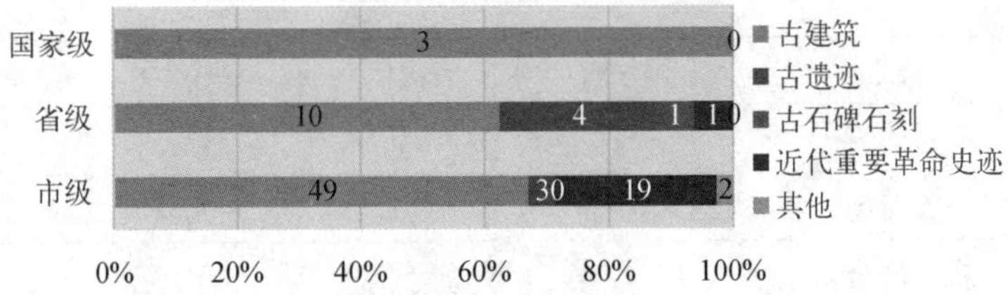

图 2-4　不可移动文物分类等级占比统计

凤城河景区及周边的古建筑类文物种类齐全，共 62 处(见表 2-2)。以有较深历史渊源的古宅故居为主，其次是观赏性较强的园林和祠堂楼坊。根据古建筑功能类型，将其细分为寺庙庵宫(10 处)、祠堂楼坊(7 处)、古宅故居(36 处)、水系景观(5 处)、园林家院(2 处)、街铺古馆(3 处)六类。根据表 2-2、图 2-5 及实地调研可知，凤城河景区及周边古宅故居存量大，但互动性弱，文化开发不足，部分重点景点的古建筑观赏性强、历史渊源深厚，但缺少创新产品，无法保持景点的新鲜度。水系景观如桥、井、坝，吸引力不足，需要进一步深化历史文化，整合到更多的文化历史游线中。

表 2-2　古建筑数量统计

类别	区位	朝代	级别
学政试院	海陵区府前路 2 号	明清	国家级
日涉园	海陵区海陵北路 68 号	明	国家级

(续表)

类别	区位	朝代	级别
泰州城隍庙	海陵区邑庙街 22 号	明清	国家级
北山寺大殿及卓锡泉	海陵区扬州路 68 号	明	省级
周氏住宅	海陵区涵西街 17 号	清、民国	省级
崇儒祠	海陵区五一路 92 号	明	省级
柱史坊	海陵区泰山公园东部	明	省级
泰州南山寺大雄宝殿	海陵区南山寺路 73 号	明	省级
泰州明代住宅—宫氏住宅	海陵区税西街 80 号	明代	省级
泰州明代住宅—汪氏住宅	海陵区季家院 25 号	明代	省级
泰州明代住宅—王氏住宅	海陵区钟楼巷 73 号	明代	省级
税东街明清住宅	海陵区税东街 112 号	明清	省级
铜钟	海陵区五一路 90 号光孝寺内	南唐	省级
临湖禅院	海陵区泰山公园内	清	市级
五巷戴宅	海陵区五巷 12 号	清	市级
八字桥西街程宅	海陵区八字桥西街 4 号	明清	市级
八角琉璃井	海陵区歌舞巷北侧	明	市级
关帝庙巷明代住宅	海陵区关帝庙巷 54 号	明	市级
关帝庙巷杨宅	海陵区钟楼巷 34 号	明清	市级
北阮巷焦宅	海陵区北阮巷 28 号	清	市级
华佗庙	海陵区陵园路 122 号	清	市级
古关帝庙	海陵区常春巷 17 号	清	市级
同泰当铺	海陵区涵西街 77 号	清末民国	市级
四巷陈宅	海陵区四巷 8 号	清	市级
头巷戈宅	海陵区头巷 22 号	清	市级
头巷朱宅	海陵区头巷 1 号	清	市级
头巷陈宅	海陵区稻河路 60 号	清	市级

（续表）

类别	区位	朝代	级别
孙家桥	海陵区稻河上	明	市级
安定书院旧址及胡公祠	海陵区迎春西路 36 号	清	市级
岳武穆祠	海陵区泰山顶上	明	市级
张木卿故居	海陵区关帝庙巷 48 号	清末	市级
戈氏住宅	海陵区涵西街 32 号	明	市级
支恒荣故居	海陵区鼓楼北路 215 号	清	市级
斗姆宫	海陵区斗姆宫巷	清	市级
新华巷冯宅	海陵区新华巷 11 号	清	市级
朱氏住宅	海陵区梅兰芳公园西北侧	明、清	市级
李啬庵故居	海陵区五一路东首	清	市级
泰山桥	海陵区泰山公园东门	清	市级
泰山行宫后殿	海陵区五一路 86 号	明	市级
泰州光孝寺	海陵区五一路 90 号	清	市级
泰州新安会馆	海陵区五一路 172 号	清	市级
田敬锡故居	海陵区五一路东首	清	市级
矢巷唐宅	海陵区矢巷 24 号	清	市级
石头巷王宅	海陵区石头巷 5 号	清	市级
钟楼	海陵区钟楼巷 53 号	清	市级
钟楼巷陈宅	海陵区钟楼路 37 号	清	市级
钱桂森故居	海陵区海陵北路 120 弄 6 号	清	市级
陈厚耀故居	海陵区陈家桥西街 15 号	清	市级
陈厚耀读书处	海陵区涵西街 56 号	明	市级
陈家桥西街井	海陵区陈西街 54 号西侧	清	市级
陈家桥西街卢宅	海陵区陈家桥西街 82 号	清	市级
陈家桥西街孙宅	海陵区陈家桥西街 50 号	清	市级

（续表）

类别	区位	朝代	级别
陈家桥西街崔宅	海陵区陈家桥西街 146 号	清	市级
陈家桥西街袁宅	海陵区陈家桥西街 10 号	清	市级
陈庵	海陵区城河景区内	清	市级
顾家巷 10 号王宅	海陵区顾家巷 10 号	清	市级
顾家巷 30 号王宅	海陵区顾家巷 30 号	清	市级
顾家巷徐宅	海陵区顾家巷 48 号	清	市级
鲍坝	海陵区迎春东路老东河首	明清	市级
笔颖楼	海陵区迎春路靶场巷 12 号	清	市级
管王庙	海陵区海陵北路 114 号	明	市级
石氏宗祠	海陵区蓬莱巷 13 号	近代	市级
程盛修故居	海陵区税务桥南小街 14 号	明	市级

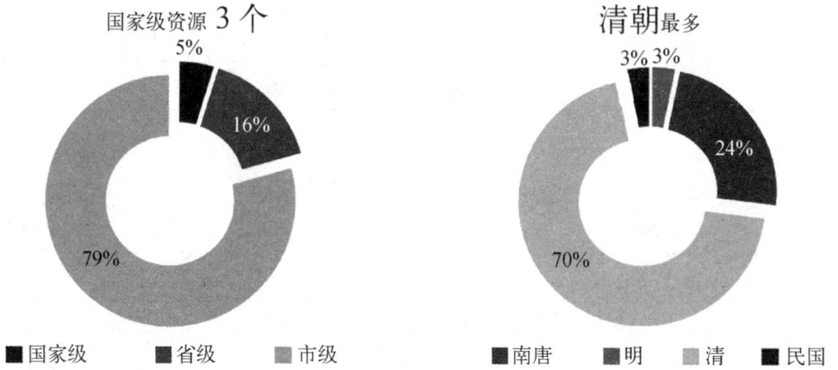

图 2-5　古建筑等级及朝代占比统计

近代重要革命史迹主要分布在凤城河景区的南官河以西和凤城河环河内的中部，以革命人物故居、历史事件发生地和纪念馆、亭为主（见表 2-3）。

表 2-3 近代重要革命史迹统计

近代重要革命史迹	区位	年代	级别
新四军东进泰州谈判处旧址	海陵区迎春西路 36 号	1939 年	省级
沈毅烈士就义处	泰州市体育场西南角	1928 年	市级
中共泰州地下县委活动旧址	海陵区北阮巷 10 号	1929 年	市级
陈毅、朱克靖在泰州谈判处	海陵区陈家桥西街 29 号	1939 年	市级
新四军代表惠浴宇等在泰州谈判接洽处	海陵区周武巷 14 号副 3 号	1939 年	市级
中山纪念塔	海陵区府前街 26 号	1928 年	市级
中国国民党中统泰州机关旧址	海陵区五一路北侧	1943 年	市级
泰州革命烈士纪念馆	海陵区泰九路 2 号	1955 年	市级
革命烈士碑亭	海陵区泰山西南角	1951 年	市级
梅兰芳纪念馆	海陵区迎春东路 90 号	1984 年	市级
江苏省泰州中学老校区	海陵区迎春西路 36 号	清光绪	市级
大浦小学	海陵区西仓路 47 号	1911 年	市级
福音医院旧址	海陵区人民医院北院	1917 年	市级
多儿巷胡宅	海陵区多儿巷 1 号	清	市级
凌文渊故居	海陵区打笆巷 20 号	民国	市级
沙学浚故居	海陵区矢巷 28 号	清光绪	市级
张淦清故居	海陵区钟楼巷 72 号	清末民国	市级
单毓华故居	海陵区东进西路 109 号	清末民国	市级
日涉园谭宅	海陵区日涉园内	1935 年	市级

研究范围内的古石碑石刻仅有 1 处，即林则徐税务告示牌（见表 2-4）。

表 2-4 古石碑石刻数量统计

古石碑石刻	区位	年代	级别
林则徐税务告示碑	海陵区城南藤坝街	清	省级

研究范围内的古遗址共有 7 处,其中以望海楼景区内的古州城遗址最为古老(见表 2-5)。

表 2-5 古遗址数量统计

古遗址	区位	年代	级别
泰州城遗址——泰州城墙遗址	海陵区望海楼公园内	五代至明	省级
泰州城遗址——泰州城河	海陵区环老城区	五代	省级
泰州城遗址——排水涵遗址	海陵区望海楼公园内	宋至明	省级
泰州城遗址——南水门遗址	海陵区电视塔东侧	宋至明	省级
州署遗址	海陵区府前路 26 号	南唐	市级
税务桥遗址	海陵区税西街东首,原中市河上	明	市级
八字桥遗址	海陵区海陵路日涉园西南角	宋	市级

凤城河景区内的古树名木资源丰富,多坐落于景区北部,共有 32 处(见图 2-6)。按年龄划分,树龄在 100 岁左右的树木居多。根据树龄推据朝代,发现民国近代和清朝的树木较多,最古老的树木可追溯至宋朝。

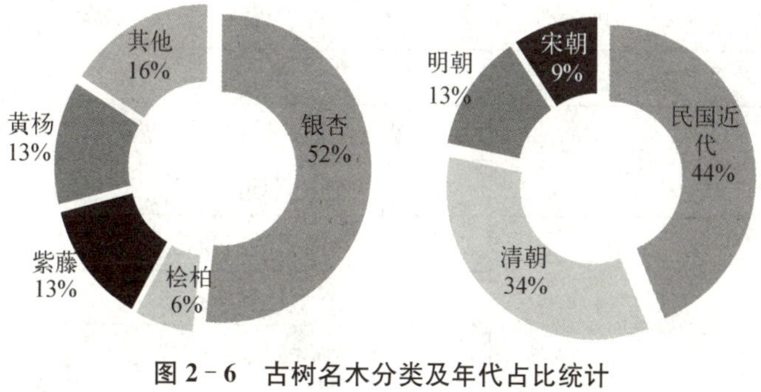

图 2-6 古树名木分类及年代占比统计

物质文化遗产中,可移动文物统计以泰州现有博物馆、纪念馆、寺院的展品及馆藏为主。泰州博物馆藏有 10 件国家一级文物,其中 8 件为明清书画;学政试院内藏有齐全的清朝备考资料,包括试卷、课卷、夹带、录取名录等;盐税博物馆藏有 203 件带有朱批的清朝御档。概观之,泰州可移动文物分布呈现出三方面的特征:就朝代而言，以明清资源为主；就类型而言，书画、文献存量较大；就特性而言，风水、评书评话是区域内的独特资源，还拥有中国首个风水文化博物馆、中国首个评书评话博物馆。综上可知，泰州文物明清特色突出，各类展馆内都拥有镇馆文物，但文物呈现零散碎片化的状态，系列文物需加强串联，如清朝备考资料和有“朕知道了”朱批的御档可整合成古代文化故事系列，实现跨馆串联。此外，独特资源需放大，加强资源风水和评书评话藏品的特色宣传，突出馆内的特色产品。

泰州市现有非物质文化遗产 114 项，其中国家级有 7 项，省级有 33 项，市级有 74 项。坐落在研究范围内的共有 21 项（见表 2－6），包含国家级 2 项，省级 5 项，市级 5 项，县级 8 项。将现有研究范围内的非物质文化遗产资源转化为其现有产品或空间载体，集中呈现出食品、手工艺、历史文化遗迹、医药、故事传说、杂技六大类型（见表 2－7）。通过进一步研究可知，泰州非物质文化资源有三个特征：一是淮剧和扬派盆景最为珍贵，二是食品制作技艺数量很多，三是老行当种类多元（囊括了“吃喝玩乐文艺医”多种类型）。

表 2－6　非物质文化遗产一览表

类别	名称	级别
传统戏剧	淮剧	国家级
传统工艺	盆景工艺（扬派盆景工艺）	国家级
	木雕（泰州木雕）	省级
传统技艺	蒸馏酒酿造技艺	省级
	泰州干丝制作技艺	市级
	泰州小磨麻油制作技艺	市级
	泰州嵌桃麻糕制作技艺	市级
	泰州丝光薄荷糖制作技艺	市级
	泰州孙氏空竹制作技艺	县级
	泰州鱼汤面制作技艺	县级

（续表）

类别	名称	级别
传统音乐	道教音乐	省级
传统体育游艺与杂技	撂石锁（海陵撂石锁）	省级
民间文学	岳飞泰州抗金故事	市级
	胡瑗与安定书院的传说	县级
	范仲淹与文会堂	县级
	王艮的故事	县级
	柳敬亭的故事	县级
	陈庵与孔尚任的故事	县级
	凤凰姑娘的传说	县级
传统医药	许氏正骨疗法	省级

表 2－7　非物质文化资源分类统计

类别	资源名称
食品	蒸馏酒酿造、泰州干丝制作、小磨麻油、嵌桃麻糕 丝光薄荷糖、鱼汤面
手工艺	盆栽 孙氏空竹制作
表演艺术	道教音乐 撂石锁（海陵撂石锁）
历史文化遗迹	岳武穆祠（岳飞泰州抗金故事） 安定书院（胡瑗与安定书院的传说） 文会堂（范仲淹与文会堂） 崇儒祠（王艮的故事） 柳园（柳敬亭的故事） 桃园（陈庵与孔尚任的故事）
故事传说	凤凰姑娘的传说
医药	许氏正骨疗法

根据国家旅游资源统计评价标准，再次将现有类别的非物质文化

遗产资源进行价值评估，从观赏度、技术含量、景区内普遍性、互动和体验强度、商业转化现状及在泰州、省内甚至国内的差异化和独特性程度六个方面进行评估。每一个方面以“高”“中”“低”三个级别作评价，“高”为3分，“中”为2分，“低”为1分，可得到表2-8和图2-7。

表2-8　非物质文化遗产资源价值品评估

类别	观赏度	技术含量	景区内普遍性	互动性	商业转化	区域差异
饮食	中	高	高	低	高	中
手工艺	高	高	低	低	高	高
表演艺术	高	中	低	低	低	高
历史遗迹	中	—	高	低	低	高
故事传说	—	—	低	低	低	中
医药	低	高	低	低	高	中

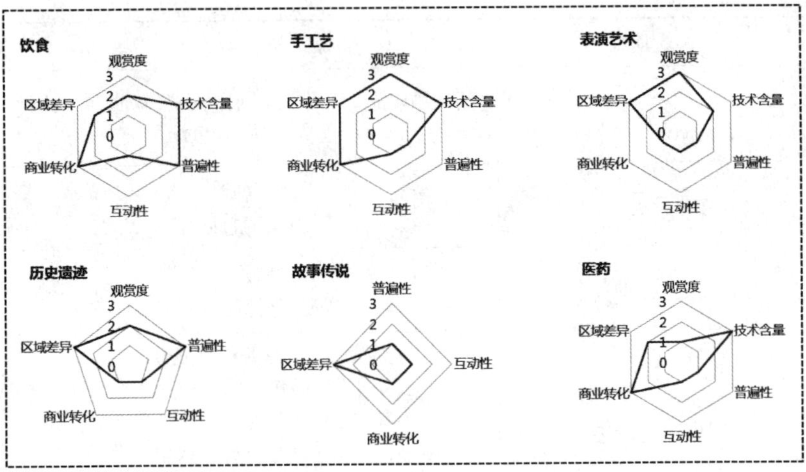

图2-7　非物质文化遗产价值评估雷达图

综合六项标准，评估其全面发展程度，排名依次为：饮食、手工艺、表演艺术、历史遗迹、医药、故事传说。在对非物质文化遗产价值进行再评估后，如何延伸拓展非物质文化遗产价值成为发挥泰州文化创造力的一个重要课题。根据非物质文化遗产的六种类型来进行针对性破题和定向价值延伸:从饮食延伸至泰州风味,目前饮食仍主要停留在产品售卖方面,需加强、整合其背后制作工艺及生活风俗的诠释,打造泰州凤城河饮食文化;从演艺延伸至城河生活,戏曲、古乐、杂技是艺术,但对泰州人来说也是生活方式,在团体表演之外,鼓励自发表演丰富的文化特色;从遗迹延伸至凤城地标,研究范围内的历史遗迹无论是观赏性的,还是有历史深度的,都能得到高分,但与游客的互动性低,需通过增加文创产品和突出网红地标来提升文化体验性;从传说延伸至凤城人物,凤城河内故事传说丰富,但流传度有限,可以通过具象化传说人物,如治病医人的凤凰姑娘,来创造文化记忆点;从工艺延伸至泰州行当,目前手工技艺以展示为主,互动性较弱,需增加手工作坊等设施,在现有老行当的基础上,深入挖掘匠人内涵与文化特色;从疗法延伸至吉祥安泰,中医是泰州的重要地方特色,但在研究范围内的普及性和互动性还有待加强,可将泰州的安泰健康文化深化为城市的吉祥符号。

2. 文化脉络资源的梳理视角

泰州地方文脉源远流长,可以划分为事件沿革脉络、史书文献脉络(包含地方史志、儒家经典、戏曲剧作等)和人物故事脉络三大部分。

泰州是从周朝开始有文字记载的,历史上行政级别多有变动,曾被称为海陵、亭间、吴陵、泰州、泰县。姜堰天目山曾发现商朝古城,周朝始有文字记载,春秋战国时期属楚国,汉代设临淮郡,其中辖有海陵县,海陵名由此而来。公元 9—23 年王莽新政时期,海陵县改称亭间,三国废海陵县。公元 280 年(西晋)复立,属广陵(扬州)郡。东晋、刘宋、南齐三朝,海陵县均属广陵郡。公元 441 年(东晋)设海陵郡,辖五个县,公元 472 年(刘宋)增辖临泽县,公元 483 年(南朝)增设齐昌、海安两县,梁、北齐两朝,海陵郡下辖七个县,属南兖州(广州),公元 573 年(陈朝),复南兖州,海陵郡仍辖七个县,北周时南兖州改吴州,辖五县。公元 583 年(隋),海陵郡废,改海陵县,属吴州,公元620年(唐),海陵改名吴陵,后又复海陵县。公元937年(南唐),设置泰州,下辖四县,后增如皋。后周时泰州设为团练州,属扬州,公元967年(宋),泰州降为军事州,明朝海陵县并入泰州。雍正三年,如皋县改属通州,泰州成为散州,乾隆三十三年,分泰州东北境设东台县。1912年,泰州改为泰县,1949年,设立泰州市,下辖泰县等七县,1953年,泰州行政区撤销,划归扬州。1962年,泰县撤销,泰州成为地辖市,1983年,江苏省实施市管县体制,泰州市属扬州,1996年,泰州组建为地级市。凤城河在历史上经历了从城濠到城河,再到凤城河的演变。因曾属水路要地,古城城濠自南唐开挖之后,经宋、明、清代不断拓宽,最终发展为现在水面辽阔的环城凤城河。公元937年(南唐),城河初为城濠,由海陵制院褚仁规所挖,濠深一丈二尺(4米),《泰州重展筑子城记》石碑:"其濠深一丈已来,广阔六步不啻。"①南宋时期,城濠经过五次拓宽加深,逐渐成为真正的护城河。公元1129年(南宋),泰州通判马尚修浚河道,将河拓至深约4米,宽约15米。公元1140年,开挖东西市河,泰山势西市河累土而成。《泰州志》载:"高五丈,周一百二十余丈,以州名。"②公元1183年,知州万钟在城上建东、西、北三座水门,并拓宽原有河道。公元1234年,州守许堪再次整治城濠,并在月城外增挖与城濠相通的四角月河。公元1227年,泰州知州陈垓楷大规模挖城濠,继任知州赵汝擢拓建,许堪再次将月河扩宽加深,使其达到原有的两倍。陈垓《泰堂记》:"凿十三里,外濠面二百尺,深二十尺,南北浮梁(浮桥),东西问渡。"③公元1255年,继续拓浚城濠及四角月河,逐渐成为真正的城河。公元1353年(元),张士诚扩建新城,但不久在战火中遭到破坏,公元1368年(明),州城得到修复,分别建东、西、南、北门楼(东海宁门、西阜通门、南迎恩门、北迎淮门),并沿用至1938年。公元1676—1907年(康熙至光绪年间),泰州城曾进行多次大规模整修,清末,州城为方形,西南月河与老通扬运河合并。民国时增设天滋

① 江苏档案精品选编纂委员会,编.江苏省明清以来档案精品选(泰州卷).南京:江苏人民出版社,2013:3

② 陈梦雷,编纂.古今图书集成.北京:北京图书馆出版社,2001:755

③ 陈垓.泰堂记.收录于:陈社.泰州文选.南京:江苏文艺出版社,2006:18

门,城河向北发展。

泰州现存历史文献主要分为地方史志、儒家学派和戏曲剧作三类。泰州历史记载和典籍保存相对完善,区域内以泰州学派和曲艺创作为主的文献较为突出,差异化和认同度较高。地方史志部分主要梳理历代编辑的泰州本地县志。泰州史上有载的地方志最早可追溯至公元1185年(南宋)的《淳溪吴陵志》,又称《海陵志》,元时修成《淳祐吴陵志》。现存最早的地方志是公元1519—1632年(明)修成的《万历海陵志》,此外还修有《正德泰州志稿》《嘉靖泰州志》《万历泰州志》《(天启)泰州志》《崇祯泰州志》,公元1673—1908年(清)陆续修成《康熙泰州志》《道光泰州志》《(光绪)续修泰州志稿》,民国时期修有《(宣统志稿)续纂泰州志》《(民国县志稿)泰县志稿》。儒家学派部分主要梳理以泰州学派为主导的儒学著作。泰州学派是中国历史上第一个真正意义上的思想启蒙学派,是儒学地域化发展的一个重要代表。从晚明开始,儒学在王阳明"心学"的基础上谋求新的发展,泰州学派应运而生,志在不背叛阳明学的立场上对其进行修正。泰州学派不以圣贤经书和理学教条为是非善恶判断的标准,主张实用主义,创造性地提出一系列贴近实际、贴近生活、贴近百姓的道德思想主张,其中"百姓日用即道"是其基本思想和其他一切思想的理论前提。黄宗羲认为,王学因王畿、王艮的修正风行天下,"亦因泰州、龙溪而渐失其传",后因"得江右为之救正,故不至十分决裂",王艮门下,"其人多能赤手以搏龙蛇,传至颜山农、何心隐一派,遂复非名教之所能羁络矣"。[①] 由黄宗羲论述可知,王艮、颜钧和何心隐是泰州学派的三大代表人物。王艮是泰州学派的开创者,"百姓日用即道"最早在嘉靖七年(1528年)提出,"集同门讲学于书院,先生(王艮)言百姓日用是道。初闻多不信,先生指童仆之往来,视听持行,泛应动作处,不假安排,俱自顺帝之则,至无而有,至近而神,惟其不悟,所以愈求愈远,愈作愈难"。[②] "百姓日用即道"有三个内涵:第一,百姓日用

① 黄宗羲,著.沈善洪,吴光,编校.黄宗羲全集.杭州:浙江古籍出版社,2005:820

② 王襞.王心斋全集.南京:江苏教育出版社,2001:72

之道和圣人之道拥有同等地位；第二，百姓日用之道即良知，赋予其主体特性和道德属性；第三，百姓日用之道是简易的。百姓日用本体性凸显，从根本上肯定了其意义和价值，为广大民众在平凡生活中建构价值世界、获得生命意义指明了方向，儒学民间化具有了内在理路。[①] 在《鳅鳝歌》中，王艮自比为“鳅”，欲救“鳝”即水深火热之中的百姓。如何拯救，王艮提出“乐学、学乐”的倡言，鼓励百姓学习儒学思想，从而达到“去苦求乐”的心理诉求，代表作有《王心斋全集》《王东崖遗集》和《韩乐吾集》。如何让百姓感受到学习儒学的乐趣，以贴近百姓习惯的方式来宣传儒学是泰州学派思想实践的重要一环。颜钧舍弃了传统书院式教育，采用“诗歌”“口诀”“救心”“七日闭关”[②]等方法，利用贴近百姓心理和习惯的方式来传播儒学，方便百姓学习和记忆。诗歌是指将儒家精神、思想和做人为学的道理以可传唱的诗歌形式表达给百姓，如《歌乐学》《劝忠歌》《歌修省》等。口诀是颜钧的一大发明，他将艰深晦涩的道理以粗浅易懂、深入浅出的口诀来展示，如将《大学》《中庸》的思想高度概括为“大中学庸，庸中学大”，哲理性与趣味性并存。急救心火是指其所列《急救心火榜文》，救的是百姓道德修养之缺失，“不知存心养性”“不知葆身安神”“火炉妻子”“烈焰刑法”“党同伐异”“诡行荒业”，这也是颜钧传播儒学的一种特殊标榜，将更多的人吸引来听他的讲学。最后是七日闭关法，借鉴佛家闭关修炼的方法，无特定修炼方法，端看个人体悟。何心隐是颜钧的弟子，创办具备保障宗族生活和伦理教化功能（讲学）的“萃和堂”是他推动儒学民间化的方法。萃和堂实践儒家治平先齐家的思想，以它“合族，身理一族之政，冠婚丧祭服役，一切通其有无”，[③]调动宗族血缘亲情力量来保证儒学在民间的落实与传播，代表作有《四书究正注解》《聚和堂日新记》和《何心隐集》，集中体现了其思想主张。戏

---

① 徐春林．儒学民间化的内在理路——以泰州学派“百姓日用即道”思想的演进为轴线．江西社会科学，2007(2)：57

② 蒋国保．儒学的民间化与世俗化——论泰州学派对“阳明学”的超越．南京大学学报，2007(6)：101

③ 容肇祖，整理．何心隐集．北京：中华书局，1981：1

曲剧作部分主要梳理泰州本地人或于泰州创作的戏剧著作等。据宋代周煇《清波别志》记载,泰州戏曲历史最早可追溯到宋代。据传《梅花三弄》最早的工尺谱于泰州发现,明代大戏曲家汤显祖曾在泰州游历,受泰州学派影响颇深,孔尚任在泰州陈庵写出名剧《桃花扇》二稿,明末清初评话宗师柳敬亭是泰州籍人…… 明代泰州戏曲文化开始崭露头角,清代戏剧作家辈出达到鼎盛,主题多为男女爱情悲剧,控诉封建社会不合理的婚姻制度,直到世界级京剧大师梅兰芳于20世纪50年代回泰州寻根,“梅乡”才自此沸腾,泰州戏曲文化发展达到顶峰,梅兰芳文化作为代表性戏曲文化开始兴盛。“梅桃柳——戏曲三家村”是泰州戏曲文化的巅峰代表,即梅兰芳的京剧、孔尚任的《桃花扇》、柳敬亭的评书评话。此外,泰州昆曲文化在明代中后期至清代中前期也很兴盛,曾出现过十多个昆曲家班,谱写了泰州戏曲史上的一代传奇。[①] 泰州籍戏曲作家辈出,剧作丰富。仲振奎是改编《红楼梦》小说为戏曲的第一人,作品有《绿云红雨山房诗钞》《绿云红雨山房文钞》《脉约》,黄泾祥作品有《还桂山房诗钞》《珍珠曲》,汪宗沂著有《后缇萦》,纪桂芳著有《星河梦传奇》。

泰州历史上经济繁荣,文化事业兴盛,人才辈出,在诗词小说、戏曲音韵、儒学教育、军事政治等众多领域广为人知。在凤城河景区研究范围内,以刘濞、张怀瓘、张巡、赵匡胤、范仲淹、胡瑗、岳飞、王艮、孔尚任、柳敬亭、梅兰芳等历史人物著称(见表2-9和图2-8)。

表2-9 泰州历史名人统计

时代	历史名人
战国	楚国大将昭阳
三国	吕岱
晋	刘濞

① 钱成.吴陵家班谱传奇——明清泰州地区昆曲家班及其主人考论.盐城工学院学报,2015(6):70

（续表）

时代	历史名人
唐	张怀瓘、张巡
宋	吕夷简、晏殊、赵匡胤、范仲淹、胡瑗、岳飞
元	张士诚
明	潘及甫、高穀，李春芳，宗臣，施耐庵、陆西星、韩乐吾、李清、解学龙、解缙、吴甡、翟善、王艮、王栋、朱一冯、李思诚、储瓘
清	柳敬亭、“布衣诗人”吴嘉纪、任大椿、刘熙载、郑板桥、李鱓、孔尚任、陈厚耀、何萱、刘荣庆、张兆璠、黄葆年、陈潮、黄龙士、禹之鼎、季娴、季应召、季振宜、季开生、李清、李汝珍
近代	王瑶卿、齐白石、王德宝、侯德原、童铠、丁舜年、王振义、常印佛、陈继承（军人靖江）、熊任望、程红、郑肇经、梅巧玲、梅兰芳、吴贻芳

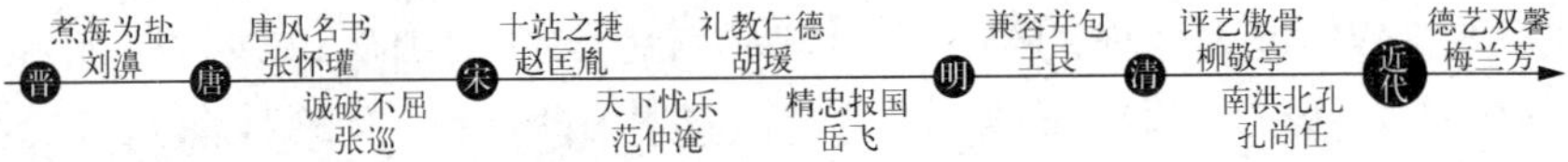

图 2-8　泰州著名历史人物及事件轴

3. 文化场景资源的开发视角

文化场景资源涵盖研究范围内的活动场景（节庆赛事）、服务场景（文化机构）、生活场景（生活社区）和商业场景（文旅项目）等多种内容。

就以节庆赛事为代表的活动场景开发而言，泰州现拥有不少影响力较高的品牌节庆活动和重要赛事，仅 2016 年，泰州就举办了 20 多项旅游活动，且均在凤城河景区有子项目举办。每年 4—5 月，中国泰州水城水乡国际旅游节、中国湿地生态旅游节和中国泰州姜堰溱潼会船节“三节合办”，这是泰州市主打旅游节庆活动之一，研究范围内涉及的活动主要是中国泰州水城水乡国际旅游节下的子项目凤城河桃花节、中国评书评话博物馆开馆、柳园文商旅街区开街、古稻河嗨翻音乐节等。每年 9 月中旬至 11 月月底为“寻味泰州”品蟹美食旅游季，研究范围内涉及的传统活动包括泰州市民旅游美食交易会、国医馆药膳养生大讲堂、泰州早茶节、房车巡游展、泰州凤城河夜钓大赛等项目。泰州举办的世界级职业围棋比赛式春兰杯世界职业围棋锦标赛，简称“春兰杯”，是世界职业围棋五大杯赛之一，比赛由中国围棋协会与泰州市春兰集团于 1998 年共同举办，至今已举办 11 届，是我国办赛时间最长、水平最高的围棋赛事。

就以文化机构为代表的服务场景开发而言，在研究范围内拥有丰富的博物馆、图书馆等文化机构，具体情况如表 2 - 10 所列。

表 2 - 10　研究范围内文化机构统计表

类型	序号	名称	地点
博物馆	1	中国评书评话博物馆	海陵区柳敬亭公园
	2	中国传统建筑风水文化博物馆	鼓楼南路三水湾街区水街 19 号
	3	单声文物馆	东进西路 109 号
	4	泰州盐税博物馆	海陵区青年桥海城公寓东 50 米
	5	学政试院（中国科举院试博物馆）	海陵区府前路 2 号
	6	老行当	凤城河景区内
图书馆	7	海陵图书馆	海陵区税务桥东街 2 号
	8	泰州市人民医院图书馆	迎春路 210 号泰州市人民医院北院
	9	有声图书馆	高桥路东 200 米
纪念馆	10	泰州市烈士陵园	迎春西路 115 号
	11	泰州市革命历史纪念馆	迎春西路 115 号
	12	王退斋纪念馆	海陵区海陵北路 68 号乔园内
	13	梅兰芳纪念馆	海陵区迎春东路 90 号（近老街）
	14	中国历史文化名楼陈列馆	海陵区东南园 10 号望海楼景区内
	15	中山纪念塔	海陵区府南街 9 号
	16	单毓华故居	海陵区东进西路 111 - 3 号
	17	泰州学派纪念馆	五一路 92 号

（续表）

类型	序号	名称	地点
文化馆	18	泰州市少年宫	鼓楼北路11－6号附近
	19	泰州文化馆	海陵区府前路3号社区服务中心
	20	雏鹰少儿创意美术馆	城中街道公园路6号
	21	文亭画廊	南山寺路59号
	22	城中街道书院社区活动室	海陵区蒲田路
电影院	23	泰州梅兰芳大剧院	海陵区青年南路406号
	24	泰州海陵影剧院	府前路3号行政服务中心2层
	25	泰州世纪新城影院	府前路50－19号世纪新城四层
体育场馆	26	泰州老体育场	海陵区人民西路
	27	泰州体育学校	人民西路61号
	28	泰州市海陵区文化体育惠民服务中心	府前路3号
	29	海陵区门球场	乔园北门旁
	30	泰州市体育总会	人民西路61号
文化广场	31	社区双拥文化广场	海陵区青年南路485号
	32	市民文化广场	梅兰芳公园附近
文化团体协会	33	泰州市图书馆学会	海陵区税务桥东街2号
	34	江苏省泰州市淮剧团	南山寺路95号
	35	北京卡兔儿童艺术剧团	海陵区五一路92号海陵影剧院
	36	泰州老行当文化研究与保护协会	凤城河风景区内
	37	泰州市基督教协会	海陵区迎春东路185号
	38	上海音乐家协会二胡专业委员会泰州理事会	海陵区海陵南路548号附近
	39	泰州市美术家协会	海陵区书画院内1层
	40	泰州海陵区门球协会	海陵区税务桥东街

(续表)

类型	序号	名称	地点
	41	海陵区老年健康协会	海陵区青年北路 3 号
	42	泰州市棋类协会	海陵区府前路 3 号
	43	泰州市摄影行业协会	海陵区青年北路 47 - 2 号

注:本表格依据百度地图整理,数据截至 2017 年 7 月 18 日。

就以生活社区为代表的生活场景开发而言,研究范围中的生活社区共 40 个(见表 2 - 11),绝大部分集中在老城区。

表 2 - 11　研究范围内社区统计表

序号	社区名称	序号	社区名称
1	海舟公寓	21	杰盛俊园
2	供电新苑	22	新和住宅区
3	金宇花园	23	南园小区
4	海城公寓	24	万达住宅小区
5	世纪吉星花苑	25	时代花园
6	御景公寓	26	凤城国际
7	溢景园	27	鸿发小区
8	荣星公寓	28	天德小区
9	蒲田公寓	29	泰富华庭
10	南园新村	30	世纪新城
11	玉河花园	31	鼓楼小区
12	玉城花园	32	鼓楼北路小区
13	香江花园	33	同悦容园
14	阳光新景	34	古邑小区
15	天阳花园	35	东河佳园

(续表)

序号	社区名称	序号	社区名称
16	迎春花园	36	金通梅园
17	美好上郡	37	金通桃园
18	鹏欣丽园	38	凤凰花园
19	新世纪花园	39	金通玫瑰园
20	东南园	40	滨江花园

注:本表格依据百度地图整理。

就以文旅项目为代表的商业场景开发而言,凤城河景区研究范围内共有15个文旅项目(见表2-12),集中分布在凤城河东南部(见图2-9)。现有文旅项目种类较全,以商贸、餐饮、住宿、休闲、娱乐、

图2-9 文旅项目落点图

历史文化展览为主，但辐射半径有限、分布不够均衡，需要丰富提升。其中，万达广场、三水湾、老街、坡子街是重点项目：万达广场的定位是城市综合体，有商贸、住宿、娱乐、办公、住宅等业态；三水湾的定位是时尚休闲街区，有文创街区和休闲业态；老街的定位是商业街区，有商贸、餐饮、住宿、娱乐等业态；坡子街的定位是商业街区，有商贸、餐饮、休闲等业态。

表 2－12　文旅项目统计表

项目类别	项目名称
城市综合体	万达广场
园林游憩	梅园、桃园、柳园
商业街区	三水湾、坡子街、泰州老街
历史文化场馆	盐税博物馆、评书评话博物馆、建筑风水文化博物馆、梅兰芳纪念馆、革命烈士纪念馆
景观建筑	望海楼、文昌阁
宗教与祭祀活动场所	净因寺

二、特色文化内涵的提取与价值评估

“城市是人类的一种社会组织结构形式，与其他任何组织形式一样，城市的发展也需要创造核心竞争力，核心竞争力既需要依赖于城市核心资源系统的开发与创造，更需要全新意义上的城市经济与文化要素的创新，特别是文化要素的创新更具有特殊性和实用价值。”① 从上文梳理的评估中可知，泰州城市历史底蕴深厚，文化资源类型与

① 张鸿雁.城市文化资本论.南京：东南大学出版社，2010：39

数量丰富，且具有鲜明的地域特色，评书、评话更是独具特色，故传统历史文化是泰州城市的核心资源之一。泰州的历史文化纷繁驳杂，从古宅故居到古树名木，从建筑风水到市井早茶，从京剧戏曲到评书评话，从泰州学派到佛教寺庙，从盐税文化到医药养生……但并非所有的文化资源都具备区别于其他城市文化的地域特色和深度挖掘演绎的潜力，因此在对泰州进行系统梳理评估后，笔者通过提取特色文化基因，与其他城市相似文化资源进行对比，进一步深入挖掘文化基因的特色内涵和价值，并绘制文化地理图景，形成泰州特色文化的资源体系，为城市文化资本的建立和创新性利用提供素材支持。

1. 泰州特色文化要素的提取

芒福德在《城市发展史》中曾论述城市最大的贡献在于通过集中的物质和文化力量将文化的产品变成可以储存和复制的形式，并通过储存设施（建筑物、保管库、档案、纪念性建筑、石碑、书籍）进行一代一代的传承，[①]这也是今天我们能够追溯泰州传统文化魅力的根本所在。通过云图大数据应用和数据可视化呈现（见图 2－10），线上读

图 2－10　泰州文化云图

① 刘易斯·芒福德．城市发展史——起源、演变和前景．宋俊岭，等译．北京：中国建筑工业出版社，1989：417

者流量统计得出的泰州文化要素包括梅兰芳、戏曲、早茶、泰州学派、桃园、柳园、医药、佛教、光孝寺、范仲淹、盐税、评书评话、淮剧、南山寺、学政试院、南山寺、望海楼、城河、老街等近 50 个关联词汇,泰州文化能够演绎出的内容呈现出丰富的可读性和发散性。

2. 泰州八大文化因子的审视

根据上文对泰州文化资源的整理和评估,按照不同文化的综合发展程度和价值评估,可以提炼出泰州八大文化因子:泰州早茶、泰州风水、泰州学派、忧乐观、泰州戏曲、泰州医药、泰州凤城河和泰州盐税文化。八大文化因子是泰州在历史发展中经过漫长岁月沉淀出来的具有代表性的文化符号,分别选取扬州早茶、阆中风水、桐城派、醉翁意、乌镇戏剧、亳州医药、邯郸广府古城、自贡盐文化八个同类文化内容,与上述八个泰州文化因子进行比较,通过对标找差,挖掘出泰州与其他城市文化相比的特色内涵。对比从三个维度出发,一是基本特征,从质和量的角度,比较泰州文化在内容和历史文化深度上与同类文化的差异;二是传播广度,根据线上线下渠道和关注度,评估泰州文化的传播广度和渠道反馈;三是认可程度,比较同类文化在全球传播的进程,是否正参与国家或国际活动和文化传播。

一是早茶文化。"早上皮包水",早茶三宝是烫干丝、鱼汤面、蟹黄包,吃早茶已成为泰州人的生活方式之一。泰州早茶文化历史悠久,它从最初在茶馆售卖清茶的形式,逐步演变成包含干丝、点心、面食等小吃的多元化餐饮文化,其特色在于融入具有地方特色的"地产四鲜",即鱼鲜、虾鲜、蟹鲜、蔬鲜。泰州野菜文化也是一绝,在荠菜、秧草、马兰头等野菜上市时,泰州茶馆利用野菜为原料,做成美味的秧草包、翡翠烧卖等,具有补虚养身、清热去火的功效。与毗邻的扬州早茶相比较(见表 2－13),泰州早茶内部同质化明显,代表品牌外界市场竞争力不足,传播性与知名度滞后;需着力打造早茶内容和文化的差异化,重点扶持和突出早茶老字号代表餐厅,创造早茶与城市认同特色关键词。

表 2-13 泰州早茶与扬州早茶对比

类别	泰州早茶	扬州早茶
基本特征	以干丝、鱼汤面、汤包、包子为主。“早上皮包水，晚上水包皮”	以三丁包、干丝、鱼汤面、千层油糕为主，“早上皮包水，晚上水包皮”
传播广度	微博、微信比较突出，曾在上海地铁投放“泰州早茶很诱人”的广告	除微博、微信外，大众点评上尤其活跃，富春茶楼评价人数超过 4 000 人
认可程度	扬泰早茶在全国认知度很高，但外省依然首选扬州。江苏省内，泰州早茶文化相对重要	全国范围内，扬州早茶文化正与广州早茶文化对标

二是建筑风水文化。风水在建筑上体现为人与环境和谐共生，择山环水抱、藏风纳气之地，布以人为本、天人合一之局。风水在建筑上的应用可概括为八个方面：(1) 合自然，依照地球运行规律，主体建筑朝南、向阳而建，冬暖夏凉；(2)木结构，采用木质材料，木生于土地，入于阳光，象征生生不息；(3) 清水墙，建筑四周留门不开窗，青砖先过水，寓意避灾，不再淹水；(4) 建屋脊，多硬山屋面，清水脊，屋脊南画月北绘阳，平衡阴阳，雕饰寓意上天赐福；(5) 巧装饰，门外石鼓可辟邪驱恶，青砖八字墙、椽柱轩廊吉祥雕饰能纳气；(6) 设天井，巧留天井过白以纳阳光和风，天井中挖水井排水以求好运；(7) 曲藏气，利用照壁、影壁、屏门等将空间层层遮挡，寓意藏气于屋，不外泄；(8) 有个性，巷口折去拐角寓意左右逢源，拐角墙肩留空洞寓意和气生财。泰州民居按照中国传统风水学理念办事，景观、建筑、纹饰均合自然、守定制、以人为本，形成别具一格的特性。明代中后期因受到泰州学派崇尚人本意识的影响，地域文化价值观愈加凸显，在建筑上出现了与传统合院形制不同的设计，如“双轴线无厢房的主次空间布局、避免西照直射的建筑朝向以及建筑、装饰中对本土天然材料的创作性使用等”，①展现了泰州民居对地域自然风水和顺应自然法则的应用，最终呈现出实用宜居

---

① 沈小华，杨晶晶，夏广政. 泰式民居建筑伦理思想的溯源. 工业建筑，2017(5)：186

与自然协调的空间形态。对比泰州风水与阆中风水(见表2-14)可知,泰州风水文化仅以静态博物馆展示为主,与泰州建筑联系薄弱,文化互动性、体验性不明显。需强调从局部展陈到整体氛围的营造,将泰州风水从博物馆拓展到城市风格;强调从静态布局到动态联动的转变,通过泰州建筑串联风水旅游线路;强调从文化资源到文化资本的递进,加强风水产品的延伸。

表2-14 泰州"凤凰城"与阆中"风水古城"对比

类别	泰州"凤凰城"	阆中"风水古城"
基本特征	全国首家风水博物馆,且泰州古人对易学早有研究。"凤凰城"依风水择址,建筑大多按风水原理建设	全国四大古城之一,自唐代,阆中古城完全按照风水大师袁天罡、李淳风的理论设计
传播广度	传播载体为建筑风水文化博物馆,是全国第一个风水文化博物馆。有微博账号等,但不活跃	主要传播载体为其风水馆,以易、卜为主脉。依托"风水之乡"名号,打造风水旅游线路
认可程度	有首个全国建筑风水文化博物馆,与国外机构有交流活动	有"风水古城"之称,曾举办第十一届国际易学会暨首届中华风水节推动仪式大会

三是泰州学派文化。作为中国最早的真正意义上的思想启蒙学派,泰州学派是儒学别支、心学后续,兼有道家与佛家的风采,具有儒学的淑世情怀,道家的狂放自在,禅家的智慧明快,其思想主张最大限度地强调了民本思想,有较强的反封建专制意义,具有适性主义、批判精神、主体意识和平民观念。16世纪20年代至30年代是泰州学派的奠基时期,以王艮为代表。王艮是泰州学派的先驱,"百姓日用之学"具有鲜明的人民性,"淮南格物说""明哲保身说"有鲜明的反抗封建压迫的意义,"孝悌观"[①]继承了中国相传数千年的优良传统,突破了五经传注的伦理传统,"乐学"之说认为"人心本是乐",[②]强调人

① 王艮.王心斋全集.南京:江苏教育出版社,2001:28—34

② 王艮.乐学歌.收录于:黄宗羲.明儒学案(卷三十二).北京:中华书局,1985:718

心本体就是自然，自然就是快乐。16 世纪 40 年代至 70 年代是泰州学派的兴盛时期，以颜钧、罗汝芳等为代表。罗汝芳主张“天初生我，只是个赤子，赤子之心，浑然天理”①，人无贵贱贤愚，都以形色天性而为日用；何心隐反对无欲，主张寡欲，抨击封建专制主义。16 世纪 80 年代至 17 世纪 30 年代是泰州学派的鼎盛时期，以李贽、汤显祖等为代表。李贽提出“人必自私”的命题，主张个性解放，以孔孟传统儒学的“异端”自居，主张“革故鼎新”，批判禁锢思想，反对封建礼教；李贽在《德业儒臣后论》中提出“童心说”②，主张文学创作要绝假还真，思想自由。此外，泰州学派的哲学思想当是汤氏创作临川四梦的指导思想。借鉴桐城学派的优点（见表 2－15），泰州学派首先需精致化主要学说，加上特色标签，增强基层民众的认同感；其次应聚集当代文人，融入城市人文精神，塑造泰州独一无二的城市性格与精神。

表 2－15　泰州学派与桐城派对比

类别	泰州学派	桐城派
基本特征	泰州学派发源地，创始人王艮，发扬心学思想，反对束缚人性	桐城派源自安徽桐城，是我国清代文坛上最大的散文流派，也称“桐城古文派”
传播广度	以崇儒祠、泰州博物馆等景点为主要传播动力	以桐城文庙为主要依托，举办诗人集会，汇编桐城派文集
认可程度	学界认知度高，市民对“百姓日用之学”认知广，但在江苏和全国范围内识别度低	区域范围内知名度较高，但影响力有限

四是忧乐文化。为官一方，无一己之乐；君子一生，先天下而忧。这是范仲淹一生的思想轨迹，而泰州也是其忧乐观思想发展的起点。天禧五年（1021 年），范仲淹调任泰州西盐仓监，政绩显著，为地方政治、经济、文化教育事业的发展作出了重要贡献，其思想情怀正是忧患意识和担当精神的完美结合，当今社会下，他博爱天下和道德楷模

① 黄宗羲．明儒学案（卷三十四）．北京：中华书局，1985：764

② 李贽．藏书．北京：中华书局，1959：546

的价值仍然很大。范仲淹为政勤谨清廉,为古代泰州政界树立了“廉政”的文化风范。他主张“天下之政,唯有贤者用,方可序而不乱;天下之忧,必有贤者出,才能安而不躁”。又说为官以清廉为本,官官之间应该“濯缨交进,束带相见”。[①] 在诗歌文学方面,他曾写下《书海陵滕从事文会堂》,提倡儒家礼乐教化思想和积极奉献精神,核心是“君子不独乐”,在《岳阳楼记》中正式提出“先天下之忧而忧,后天下之乐而乐”的思想,这期间所写的诗歌均表达出其睿智的目光和心忧天下的报国情怀。范仲淹重视学习和教育,他认为“国家之忧患,莫大于缺乏人才”,在泰州期间建书院,施教育,培养了一批人才。吸纳滁州围绕欧阳修的“醉翁意”文化所写的文章(见表 2-16),泰州需加强忧乐文化的独特性,将其与城市精神文化相结合,提升文会堂的景观体验感,加深文化印象。

表 2-16 “忧乐观”与“醉翁意”对比

类别	忧乐观	醉翁意
基本特征	文会堂为范仲淹“忧乐观”诞生处,现在望海楼景区内,原址在凤城河城外	醉翁亭坐落在滁州琅琊山旁,园内有九亭,称“醉翁九景”。太守之乐,是与民同忧同乐
传播广度	传播范围有限,主要依托望海楼景区。忧乐观与景区的历史文化结合得也不明显	主要依托琅琊山景区以及游客对“醉翁”历史文化的理解
认可程度	在全国为人所知,但是多以岳阳楼为依托。文会堂作为发源地,认知度低,景点内容单一	全国范围内认可程度高,独特性明显

五是戏曲文化。泰州与梅兰芳、孔尚任、柳敬亭有着深厚的渊源,他们分别代表着京剧文化、昆曲文化、评书评话文化,俗称“戏曲文化三家村”,是传统艺术精华的表现。在泰州,戏曲文化已经成为一种文化基因和个性精神。梅韵婉转的京剧文化,梅兰芳祖籍泰州,是泰州东门外梅氏后裔中的一代骄子,创立了“梅派”艺术,为著名京

① 刁维国,刁益虎.范仲淹与古代泰州文化.学理论,2011(11):210

剧表演艺术大师；桃花绚烂的昆曲文化，孔尚任于1699年出仕泰州时完成旷世巨著《桃花扇》，是当时享有盛誉的剧作家，桃园陈庵是其定稿之地；柳色青葱的评书文化，柳敬亭祖籍泰州，15岁时犯法，遂隐姓埋名，浪迹市井之间，以说书为生，终成南北曲艺界的宗师。通过与乌镇戏剧的对标找差（见表2-17）可知，泰州地方剧目演出渠道与内容需向多样化发展，创新传统戏曲的演绎形式，运用现代演绎方式和设施，如改良戏曲、昆舞等；同时，充分发挥梅兰芳戏曲文化的知名度，打造以梅兰芳为核心的泰州戏曲IP。

表2-17　泰州戏曲与乌镇戏剧对比

类别	泰州梅园、淮剧	乌镇戏剧
基本特征	戏曲为主，集中在戏台。表演以淮剧为主，自发以京剧为主	以戏剧为主，以一年一度的乌镇戏剧节为核心
传播广度	泰州淮剧在淮剧届名气大，但对普通观众传播力度较小，难以转化为观看动力，且上演剧目少	戏剧节会邀请当红话剧演员和导演，观众基础好，与杂志、视频网站、主流媒体均有合作
认可程度	梅兰芳事迹和纪念馆在全国范围内认可度高，戏曲表演如淮剧在江苏范围内比较重要	全国范围内知名度大，国际合作多，包括日本、法国、德国等

六是医药文化。[①] 泰州医药文化底蕴深厚，源远流长，“许氏正骨疗法”传承了我国传统的骨伤医学，许氏膏药及敷药流传了400余年，历久不衰，被列入第三批省级非遗名录。泰州中医药资源丰厚，应寻求医养结合，为泰州健康慢生活奠定基础，为培育康复养生旅游目的地提供良好条件，助力大健康产业特色环境的形成。与亳州医药文化相比（见表2-18），泰州医药产业优势明显，但文化延伸不足，应当以国医馆为核心，延伸医药文化旅游，集中草药、中医药会展、中医足疗、经络养生讲堂、养生药膳、医疗保健体验、中医美容、中医运

① 贯中西，连内外，有容乃大；承传统，融现代，众长博采。问寒热，知表里，辨证施治；探虚实，辨阴阳，更显情怀——泰州中医院院歌。

动保健等为一体，打造中医药文旅聚集地；结合饮食、道教、儒学等，整合为泰州独特的养生文化。

表 2－18 泰州医药与亳州医药对比

类别	泰州医药	亳州医药
基本特征	中医文化历史悠久，建有国医馆、医药产业园等现代化产业基地，且有非遗中医疗法	华佗故里，有历史景点华祖庵，兼有中医药博览园、植物园，药都、酒乡和养生文化
传播广度	泰州城内的国医馆作为旅游景点为人所知，医药产业在经济上优势显著，但文化产品不足	以“华佗故乡”著称，以旅游为主的医药文化体验产品、项目较丰富
认可程度	举办过国家级、世界级大型医药会展、论坛	历史文化名城，“中华药都”，医药产业、药材交易和医药文旅发展全面

七是城河文化。随着历史的发展，凤城河功能在不断变迁，从最初的守卫城池发展到具备防洪抗汛功能的水陆交通系统，再到城市功能中的休闲游憩场所，城河的内涵在不断拓展延伸。对凤城河景区来说，挖掘其区别于其他城河的特色内涵是关键。通过表 2－19 的对比可知，凤城河文化不显性，传播深度有限，需进一步挖掘凤城河在全国、省内文化的特色内涵，加强凤城河文化的传播推广。凤城河文化的未来发展方向可细化为水市文化、城河文化和泰州文化三个层次，逐一递进：首先，与邻近的老街、三水湾等景区相呼应，在固定的时间段，在凤城河面上形成以船只为载体的“水市”，再现古时的繁华水乡；其次，泰州作为古城池保存良好的城市之一，有过举办城池相关论坛的经历，可将城池文化的普及作为游览亮点，将其打造成“城池文化的百科全书”，呼吁更多古城池的保护性开发；最后，以苏州古城为鉴，用亭、台、楼、阁、塔、榭、坊等多种形式，将整座城市的重要景点与凤城河之间进行有机串联，成就凤城河泰州文化中心的地位。

表 2-19　泰州凤城河与邯郸广府古城对比

类别	泰州凤城河	邯郸广府古城
基本特征	始建于汉代，环泰州古城，全长 6.7 公里	位于河北邯郸，中国北方独一无二的古城、水城、太极城，城河河面宽广
传播广度	凤城河游船景观传播广，城河文化深度传播有限	依托 5A 级景区广府古城发展，有特色太极文化。古城水系上的古桥、荷塘较为有名
认可程度	城河文化历史渊源深，但未形成有精神力的代表性文化	中国历史文化名镇，称“北国小江南”

八是盐税文化。泰州煮盐历史最早可追溯到汉代。汉初，吴王刘濞“煮海水为盐”，开挖的“吴王沟”，通运河专事运盐，开拓了以泰州为中心的淮南盐区。唐代泰州成为全国最大的海盐生产基地，设盐监，征盐税。泰州淮南地区吴盐产量巨大，行销区域广泛。南唐时因盐税丰盛，海陵县升格为泰州，《南唐书》中记载开国之初，“供亿公费，不知限极，烈主喜之，以海陵为泰州”。①《宋史·食货志》中记载隆兴年间，泰州海陵一监支盐数目达到六七百万缗，泰州盐仓更是创下“一仓支盐一亿两千万斤的全国最高记录”，《两淮盐法志》中亦有两淮盐税长期占全国总盐税 50%以上，万历年间泰州盐税占两淮盐税半数以上。② 明朝，两淮地区盐场共 29 个，产量集中在泰州，设立专门的盐业管理机构，晏殊、吕夷简、范仲淹都于泰州担任过盐官，清代画家高凤翰坐镇泰州专司督坝查验盐务，林则徐在滕家坝立税碑，两淮盐运使乔松年兴建盐宗庙。泰州官家盐场分布广而多，盐税资源十分丰富，盐税文化源远流长，是中国税收历史的重要篇章，而盐税文化中既有务实、进取的内容，也有消极享乐的一面。如今，我们需进一步探寻盐税文化的内涵，使其积极一面弘扬光大并得以传承。泰州盐税文化的内涵包括三个方面：第一，三水（江水、淮水、海水）孕育古盐场，泰州成为海盐运输的集散地，盐业的繁荣促进了泰州古城

① 马令，陆游．南唐书．南京：南京出版社，2010：134

② 曾凡英．中国盐文化（第八辑）．北京：中国经济出版社，2015：279

的迅速崛起；第二，盐税促进泰州发展，庞大的盐税是国家财政税赋的主要支柱，促进了泰州及其工商贸易的兴旺发达；第三，留下了丰富的盐税历史遗存，税务桥、税务街、税碑亭，泰坝监掣署衙、盐官园林等遗迹遗址及相关历史名人是丰厚盐税历史文化的佐证。与自贡盐文化相比（见表 2－20），泰州盐税文化尚处于不成熟阶段，表现形式单一，丰富遗存未能充分利用，与现实生活联系薄弱。盐是百姓日用之物，应及早将盐税与现代生活、经济文化相结合，将盐文化与日常生活相对接，挖掘盐税文化的亮点，赋予泰州精神。

表 2－20　泰州盐税文化与自贡盐文化对比

类别	泰州盐税文化	自贡盐文化
基本特征	源自吴王刘濞于泰州煮海为盐，历史上泰州盐税丰富	自贡以盛产井盐著称，制盐业发达，也曾是我国主要产盐地之一
传播广度	主要依托盐税博物馆及相关历史研究	建有自贡盐历史博物馆，并有自贡盐帮菜，与生活结合度较高
认可程度	盐税文化历史渊源深，是泰州文化的主要基准之一	全国范围内知名度较大，在经济、文化上都较有影响力

3. 泰州文化地理图景绘制

文化以其特殊的方式将不同的人群联系起来，它使这些人在某种类似或近乎相同的空间中生存并组合起来，共同创造和发扬这个空间所处的环境、交往、工作和生活方式等，如农耕文化带来的是人与土地的紧密捆绑，而游牧文化带来的则是逐草而居的迁徙行为和人与财产的密切捆绑，最终形成各自独立的不同空间模式与领域。在泰州城市发展的过程中，形成了饮食文化、建筑风水、泰州学派、忧乐文化、戏曲文化、医药文化、城河文化、盐税文化八大类型文化，根据文化载体在空间上的落点，形成了泰州文化的地理图景，从吃、住、学、情、闲、养、游、商八个维度构建了吉祥泰州的生活方式（见图

2-11)，为城市文化资本再生产提供了可创新、可演绎的文化空间。

图 2-11　泰州吉祥文化生活圈的建构

三、区域文化资本的建构与战略选择

美国耶鲁大学教授赫希曼在 1961 年出版的《经济发展战略》中最早提出“发展战略”一词，随后开始在社会科学领域广泛运用，发展战略是实现区域长远发展的基础。城市文化资本的建构，是现代城市科学管理——“经营城市”的重要内容，也是“城市营销”的具体步骤，同时也是一个城市可持续发展战略体系的结构性构成，[①]更是一种文化再生产的价值实现过程。上文已对泰州城市文化资源进行了全面摸底评估，深入研究了泰州发展宏观背景和研究范围的现状，并从广博的传统文化中归纳出独具地域特色的八大特色文化，构成了

① 张鸿雁，等. 企业形象设计新概念——CIS 设计与导入和文化整合. 南京：江苏美术出版社，1998：64

城市的特色文化体系。要想将特色文化资源转变成凤城河景区未来发展倚仗的文化资本，需要对凤城河景区进行整体战略构建，回答“我是谁”“我从哪里来”“我到哪里去”这些问题。

1. 区域策略选择

构建 S(Strength，优势)W(Weakness，劣势)O(Opportunity，机遇)T(Threst，挑战)矩阵模型，分析凤城河景区本身具有的优势和劣势，以及面临的机遇和挑战(见表 2-21)，选择最合适的策略方向来引导整个景区规划。

表 2-21　分析凤城河景区的优势、劣势以及面临的机遇和挑战

	凤城河景区
优势	**地理位置联动性好：**位于泰州市中部，连贯东西，承南启北，交通便利，通达性好 **人文资源独特性强：**自然、生态景观等资源较好，历史文化资源丰富，其中泰州学派文化、风水建筑文化、忧乐文化、盐税文化独具特性 **持续开发潜力巨大：**凤城河尚未开发完善，具有很大的开发空间
劣势	**产品主题不明确：**凤城河旅游产品主题不清晰，独特性尚未凸显，未形成核心吸引力 **品牌的知名度偏低：**凤城河知名度低，市场关注度低，未形成独特主题，未成为泰州首要旅游目的地 **基础设施有所欠缺：**硬件环境有待改善，除东城河之外，其余河段景观有待提升，软件设施配备不足
机遇	**政策规划有力推进：**政府扶持旅游发展的政策推进了旅游的发展，泰州市对凤城河的重视将推进凤城河的全面改革 **新型营销路径拓展：**互联网时代带来了智慧旅游、新一代技术在品牌营销上的全新路径 **区域空间联动发展：**整合老街、坡子街等周边资源空间，可形成“大凤城河”格局，同时分享客流
挑战	**旅游市场竞争激烈：**长三角区域的旅游市场竞争激烈，各类型旅游蓬勃发展，城市休闲旅游市场占有率被无形压缩 **区域发展缺乏联动：**凤城河与溱湖风景区、兴化千垛风景区等区域缺乏有效的互动 **资源保护开发矛盾：**需处理好文化和资源的原真性保护与资源开发之间的关系

根据分析可知，凤城河景区发展面临良好机遇，但优劣势也很明显，最佳策略应该是近期克服劣势，远期扬长避短，即 WO 策略与 SO 策略相结合（见表 2－22）。从近期看，在外部机遇明显时，应采取 WO 扭转型策略，调整自身问题，表现在基础环境提升、文化产品创新和品牌营销加强；从远期看，应采取增长型策略，充分把握外部机遇，发挥内部优势，表现在特色城市文化定位、区域联动化发展和新型技术应用。

表 2－22　凤城河景区发展的策略选择

内部因素 / 外部因素	STRENGTH	Weakness
Opportunity	**SO策略：扬长避短，抢抓机遇** **特色化定位**：利用自身优势资源，打造泰州城市文化特色品牌 **联动化发展**：借力发展，与周边旅游资源互动 **新技术应用**：紧跟时代步伐，充分利用互联网等新技术加强品牌营销	**WO策略：抢抓机遇，克服劣势** **基础设施提升**：改善硬件配置，提高整体形象 **旅游产品创新**：利用自身资源，创造独特的旅游产品 **加强品牌营销**：抓住“互联网+”发展机遇，充分利用市场，提高品牌影响力
Threat	**ST策略：扬长避短，巧避风险** **差异化发展**：精准定位，特色资源放大 **生态保育**：新一轮发展规划将施行严格的生态保护划区 **内部空间高效利用**：通过凤城河风景区内部空间的合理化分区和打造，提高利用效率	**WT策略：克服劣势，巧避风险** **抢占市场资源**：利用旅游提升契机，优先把握市场需求动态 **构建产业网链**：增加旅游产品类型，延长产业链条，扩展客群，增加盈利途径 **优化管理服务**：完善旅游管理服务体系

SO策略（增长型策略）	WO策略（扭转型策略）	ST策略（多种经营策略）	WT策略（防御型策略）
内部优势、外部机遇均良好，宜大力发展	外部机遇明显，需迫切调整自身问题	内部优势明显，外部威胁大，多元经营、分散风险	面临内部、外部双重困境
特色化定位，联动化发展，新技术应用	基础环境提升，旅游产品创新，加强品牌营销	差异化发展，生态保育，内部空间高效利用	抢占市场资源，构建产业网链，优化管理服务

2. 整体战略原则

泰州城市战略构建要遵循三个原则,即城市符号可读原则、保护开发平衡原则和文化产业创新原则。

城市意象营造增强了城市符号的可读性。“一个可读的城市,它的街区、标志或道路,应该容易认明,进而组成一个完整的形态。”[①]城市意象是城市形象感知的构成要素,良好的城市意象感知要素作为一种城市符号形式,已经成为城市发展的一个动因。凯文·林奇把城市意象中物质形态研究的内容归纳为五种元素——道路、边界、区域、节点和标志物。泰州凤城河景区一带历史久远,传统意象特征多元,但尚需明确和强化。要使泰州这座城市在人们心中产生存在感和认同感,必须注重现代泰州的城市意象营造,使凤城河景区成为泰州可识别、可阅读的独特形象名片。

城河共生模式是保护开发的平衡力。我国历史上的“城”与“河”是一对伴生的产物,而如今护城河及其周边地区已成为一种传承历史文化的历史性地段,体现了城市历史的印迹,是城市滨水空间景观塑造的源泉之一,是构成城市意象、体现城市特色、传递历史信息的重要因素。目前还保留有护城河的城市共有 20 多个,泰州是其中之一。现代社会,城河的保护开发已经由生态修复、历史保护发展为景观休闲、文旅开发,使得城河关系更能适应现代城市生活的要求(见图 2－12)。凤城河景区应充分认识该地段的特征,做好城河共生的保护更新与文旅开发的平衡度,使其既能继承发扬传统的护城河文化,又能满足现代化发展的需求,产生城市经济、社会、环境的复合效益。

利用城市文化资本打造文化产业的创新地。《国家“十三五”时期文化发展规划纲要》提出,“推进文化业态创新,大力发展创意文化产业,促进文化与科技、信息、旅游、体育、金融等产业融合发展”,进

① 凯文·林奇. 城市意象. 方益萍,何晓军,译. 北京:华夏出版社,2001:7—8

防御 泄洪

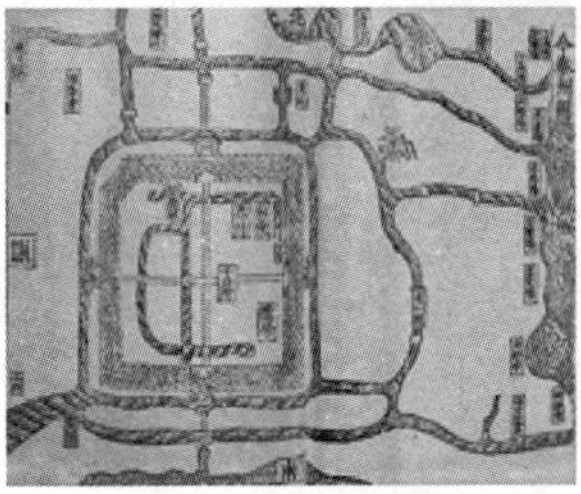

明

《嘉靖惟扬志》—泰州图

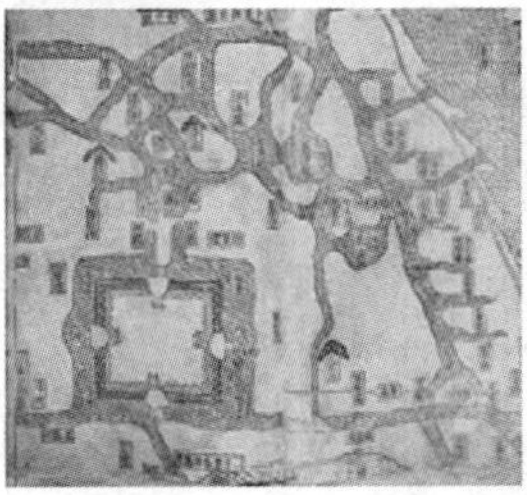

明

《万历泰州志》—四境图

交通 旅游

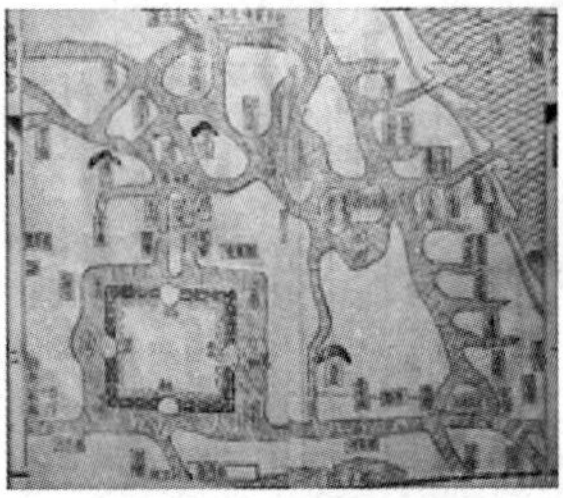

清

《雍正泰州志》—四境图

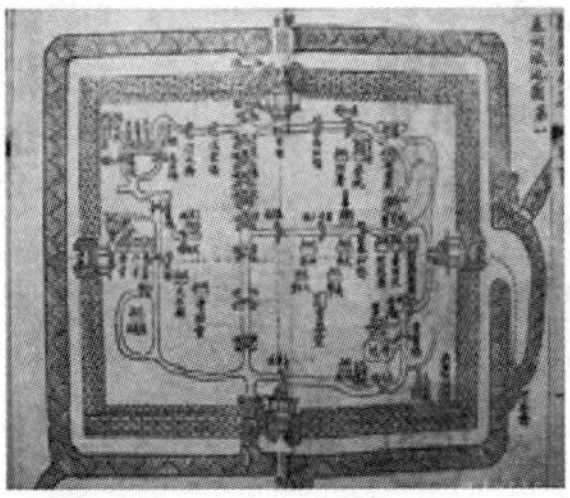

清

《光绪续修泰州志》—泰州城池图

图 2－12　凤城河历史功能演进

入“文化+”的时代。“城市文化资本”运作就是把城市建设成“创造性文化产业的地点”，进而达到城市改善空间环境生活质量的目的。从城市一般经济资本的创造，到文化资本挖掘，再到“城市文化资本”再生产，这是城市核心竞争力在新的历史时期的创新。泰州有着丰富深厚的文化，诸如城河文化、戏曲文化、佛教文化、盐税文化等，从文化资源到文化需求，到文化 IP，再到文化产业，深挖历史文化资源，将凤城河景区最终打造成泰州市的文化引爆核心。

3. 发展目标愿景

立足地方资本，利用全球视野，以生态、产业、社会、文化、城市能级五位一体，共同构建凤城河未来美好愿景。生态层面，凤城河未来要打造成景观生态河，实现城河生态景观和智慧城市双融合，成为泰州城市中央公园，集亲水滨河空间、城市湿地公园、凤城河夜景、环河健身步道等多功能空间为一体。产业层面，构建成熟的文旅产业链，即具备泰州核心竞争力的经济文化产业价值链，形成凤城河大吉祥文旅产业带，集学研双创示范基地、全域旅游核心区、国际休闲旅游目的地等多重身份于一体。社会层面，形成吉祥文化圈，更新“凤城河＋老城区”的精致生活品质空间，是凤城河福民工程，即 10 分钟市民生活圈、国际步行友好社区和儿童友好城市文化层面，凤城河是泰州的文化心，打造凤城河水上历史文化长廊 5A 级景区，是中国式城河文化复兴的实践场，内含博物馆群、文化主题街区、新泰州学派、艺术气质城市、精品民宿群落等诸多内容。城市层面，建成具有特色竞争力的国际化城市，凤城河规划将影响泰州未来 20 年的城市格局，国际化创新活力城市是其未来的发展方向，集中心城市核心区、高端产业集聚区、创新网络中心区、生态宜居示范区四大定位于一体。

整体战略分为城市大战略和区域小战略，前者是泰州城市文化软实力的建构，后者是凤城河风景区提升的关键点。城市大战略，结合文化软实力建设“七维一体模式”，为泰州市定制独特的“泰州文化力量”概念系统。传承文化继承力，是泰州已有的文化资源和文化成果再发展和创新的能力，包括历史遗迹、人文底蕴、人才储备、口碑传颂等方面，同时还包含对传统文化的遴选甄别能力。核心价值凝聚力，是对泰州“文化软实力”发展的主动建构、主动参与、主动选择和主动创新的能力，主要包括泰州城市自觉、市民自觉与制度自觉，提升民众文化道德修养。文化自觉自为力，是泰州城市对核心价值与主流信仰的传播和认同能力，包括对主流核心价值观的宣传力度、接受程度，以及区域民众的整体认同感和以此为纲领的行动能力。特色文化竞争力，是泰州彰显自身文化特色、形成自身地点精神、塑造自身差异路径的能力，包括文化定位特色、文化资源特色、文化产业特色、文化营销特色等。科技教育创造力，是泰州依托自身文化优势，通过产品、服务、品牌、形象、技术等多种要素，以教育、科技实现创新、创业、创造、创先的文化生产能力。全域文化治理力，是泰州进行文化治理、把控文化发展方向、提升公共文化建设的能力，包括政府的文化执政能力以及社会对公共文化的全面参与能力。国际传播影响力，是泰州塑造国际品牌、进行国际传播、输出国际影响、获取国际认同的能力，着力形成能够实现中国文化"有效输出"的泰州样板。

区域小战略，旨在实现凤城河景区的城河景观化、生态循环化、分期开发化、品牌国际化和价值最大化。凤城河景区的提升关键点有七个：一是精准保护，梯度开发，对建筑景观、城河生态、空间肌理、文化历史实行不同等级的梯度保护，采取一体开发措施；二是九原文化，精致建设，包括原文化、原生态、原地点、原肌理、原生活、原材料、原空间、原乡愁、原记忆；三是高点定位，引力提升，明确高定位、高标准，成名后由国内走向国际；四是爆点项目，示范启动，坚持分段开发原则，聚焦市场趋势，灵活推出主打；五是资本整合，衍生溢价，将系统差异导入衍生资源，将文化资源转变成文化资产，实现旅游文化资本的整体运作；六是产业倍增，精准盈利，构建主题产业矩阵，囊括十二类旅游要素，打造内生产业网链；七是创造品牌 IP，专注于个性化、稀缺性、专属化、差异性、垄断化、创新性 IP 打造，进行差异营销。

4. 总体形象定位

城市是地区文化元素的保护者、储藏者和创造者，有学者说："用象征性符号贮存事物的方法发展之后，城市作为容器的能力自然就极大地增强了：它不仅较其他任何形式的社区都更多地聚集了人口和机构、制度，它保存和留传文化的数量还超过了一个个人靠脑记口传所能担负的数量。这种为着在时间或空间上扩大社区边界的浓缩作用和贮存作用,便是城市所发挥的独特功能之一……爱默生(R. W. Emerson,1803—1882,美国著名哲学家、散文作家和诗人)讲得很对,城市'是靠记忆而存在的'。"[①]城市形象定位的第一步是对城市本土文化和集体的记忆,也就是对城市文脉进行梳理,而泰州文脉中最突出的是其原生态的传统文化,是泰州在长期的历史发展过程中形成的独特的、代表性的、本土化的、原汁原味的、土生土长的语言、习惯、风俗、技艺、行为、艺术等文化表现系统。泰州拥有"900+"资源载体,桃园、柳园、南山寺、光孝律寺、望海楼、老街、坡子街、学政试院、盐税博物馆、泰山公园、风水博物馆、评书评话博物馆、文会堂、崇儒祠、梅兰芳大剧院……资源承载文化,文化培育性格,性格凝聚精神。城市性格和精神,是"当地居民共同文化认知和发展理念的集中表现,是城市长期发展的历史产物和深层积淀,是此城市有别于彼城市的核心性标志"。[②] 这也是进行形象定位时可以利用的差异化优势。泰州的文化性格拥有不同的维度,可描述为朴素、低调、平和、悠游自在、兼收并蓄、睿智、婉约、清雅、恬淡、内敛、通变、亲近、文雅、生机勃勃、含蓄、慵懒、润泽、静美、休闲从容、深沉……将其提炼形成泰州四大文化性格,即温润、闲适、风雅、睿智,最终凝练成凤城河精神和城河性格。将泰州文化与凤城河精神再度提纯凝练,最终将凤城河景区的总体形象定位为(如图 2-13):泰州美·泰吉祥(ENJOY TAIZHOU)。威尼斯商人马可·波罗曾游历泰州,称赞"这城不很大,但各种尘世的幸福极多";对于中国人而言,尘世的幸福就是吉祥——也呼应了泰州"祥泰之州"的美誉。

---

① 刘易斯·芒福德.城市发展史——起源、演变和前景.宋俊岭,等译.北京:中国建筑工业出版社,1989:740—750

② 张鸿雁,张登国,等.城市定位论——城市社会学理论视野下的可持续发展战略.南京:东南大学出版社,2008:124

图 2-13　凤城河景区总体形象定位

5. 区域品牌塑造

在确定了城市形象定位后，选取泰州吉祥文化、泰州戏曲文化和“泰”字背后人文情怀三个元素，打造“泰吉祥”“泰州有戏”和“上善泰州”三个区域品牌。

方案 1

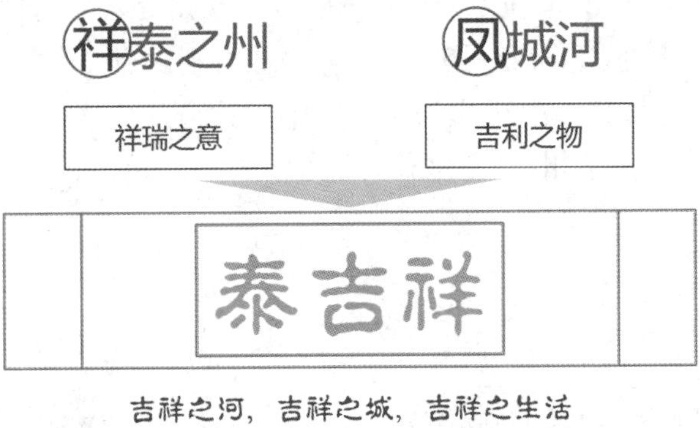

泰州是一个颇具吉祥文化内涵的城市，这种文化是根植于泰州

百姓的日常生活中的，千年来没有中断，一直在传承，主要表现在文化遗迹得天独厚、民俗节庆独具风情、社会生活富足祥和、吉祥文化产业厚实四个方面。首先，《礼记·礼运》中记载麟、凤、龟、龙是四灵，民间将四灵作为吉祥的标志。泰州古称“凤凰城”，古泰州城河东南角至周山河之间有一条美丽的“凤凰河”，“凤凰姑娘”及“凤凰文化”（凤凰池、凤凰台、凤城河、百凤桥、天凤亭、凤凰石等）的传说至今还烙印在城市历史中。其次，泰州是一座有佛缘的城市，光孝寺始建于东晋，到南宋重修时，著名诗人陆游撰写了《泰州报恩光孝禅寺最吉祥殿碑》，将大雄宝殿命名为“最吉祥殿”，一直沿用至今，成为全国唯一以“最吉祥”命名的大殿。再次，泰州的溱潼会船节是中国十大民俗之一，属于国家级非物质文化遗产，具有“天下第一水上庙会”的美称，被誉为“民俗文化之大观，水乡风情之博览”。溱潼会船节的历史可追溯到800多年前的南宋，岳家军与金兵鏖战溱湖，而后，当地百姓会在清明节撑船祭奠战死战士，久而久之，便成为一种水乡习俗，寄寓了人们祈盼国泰民安、人世昌隆的美好愿望。据不完全统计，泰州全市共有民间庙会80多个，各类祭祀祈福活动蕴藏着浓浓的吉祥氛围。然后，泰州地属平原，乏险可据，非兵家必争之地，自古险遭兵燹，又是产盐重地，人民生活相对富足，经济得以繁荣昌盛。最后，泰州围绕吉祥文化主题，正在着力打造中国医药城湖滨医疗康养区、溱湖健康产业集聚区、泰兴国家古银杏公园养生区、兴化大纵湖水上康体运动养生区、兴化竹泓木船文化产业园等，不断夯实吉祥文化产业的基础。泰州将“吉祥”作为城市文化主题，致力于创建“中国吉祥文化之乡”。因此，泰州城河区域品牌建构的第一个方案是，将祥泰之州与凤城河所代表的祥瑞吉利之意相融合，打造泰州吉祥区域品牌，营造吉祥之河、吉祥之城和吉祥之生活。

方案 2

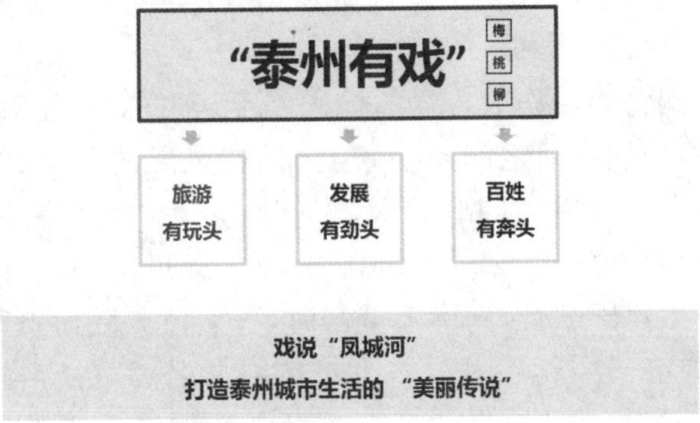

泰州戏曲文化发达，凤城河风景区内形成了梅桃柳互为毗邻的"戏曲文化三家村"，分别是纪念祖籍为泰州的京剧大师梅兰芳的故居梅园，清初戏曲作家孔尚任作《桃花扇》时寄寓的桃园（陈庵），以及一代评话宗师柳敬亭的故居柳园（打鱼湾）。梅桃柳三园，承载着泰州的戏剧、传奇和评话，寄托了泰州人民对戏曲的尊重和热爱。泰州城河区域品牌建构的第二个方案是，充分表达"泰州有戏"的文化内涵，阐述旅游有玩头、发展有劲头、百姓有奔头的生活愿景，通过戏说"凤城河"，打造泰州城市生活的"美丽传说"。

方案 3

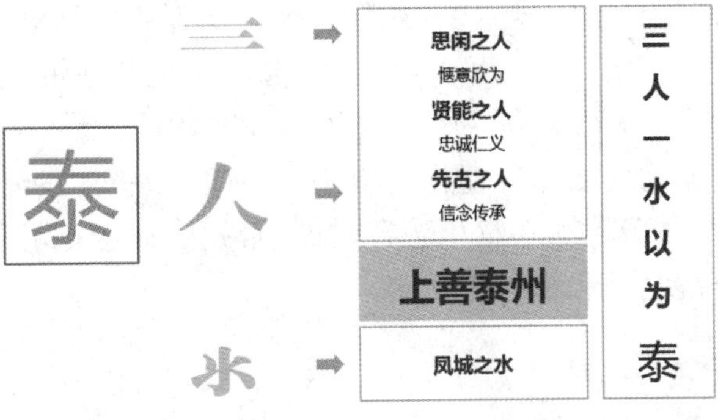

泰，三人一水以为泰。泰州自古人杰地灵：上三人，为思闲之人（惬意欣为，如戏曲作家孔尚任、评话艺术家柳敬亭、京剧表演艺术大

师梅兰芳等)、贤能之人(忠诚仁义,如筑城置县的吴王刘濞、勇于抗金的英雄岳飞、提出忧乐观的思想政治家范仲淹等)、先古之人(信念传承,如泰州学派先驱、明代哲学家王艮,泰州学派传承者、心学家李贽,北宋理学家、教育家胡瑗等);下一水,为怀抱泰州老城的凤城之水。泰州城河区域品牌建构的第三个方案是,从泰州的人和水出发,深描泰州的集体精神,阐述上善泰州的文化品格。

第三章

创意与布局：凤城河——泰州吉祥幸福生活圈的整体建构

让文化符号成为生活的布景、行走的艺术、流动的情绪，让泰州的吉祥生活在传统现代的时间纵深和地方全球的空间延展中肆意渗透，释放出泰州的文化力量，这是泰州城河区域应当担负的使命。本章致力于呈现泰州吉祥文化与市民生活图景交相融合的可能，为泰州建构主客共享的凤城河——泰州吉祥幸福生活圈。

一、空间结构设计

凤城河景区位于泰州中心城区的中心，环绕老城区，融自然景观与人文特色于一体，城河、戏曲、盐税、吉祥等文化元素载体星罗棋布地散落在景区周围，是泰州文化的集中展示地，是城市的文化之眼。《小学绀珠》曰："凤象者五，五色而赤者凤，黄者鹓鶵，青者鸾，紫者鸑鷟，白者鸿鹄。"以凤凰之形，聚泰州吉祥之意，铸泰州美之神韵，打造泰州吉祥幸福生活圈（如图 3－1）。

在空间结构上，以凤凰五色将凤城河区域划分成五个吉祥空间，分别对应五大功能集群（如图 3－2）：赤色朱雀代表文枢吉祥片

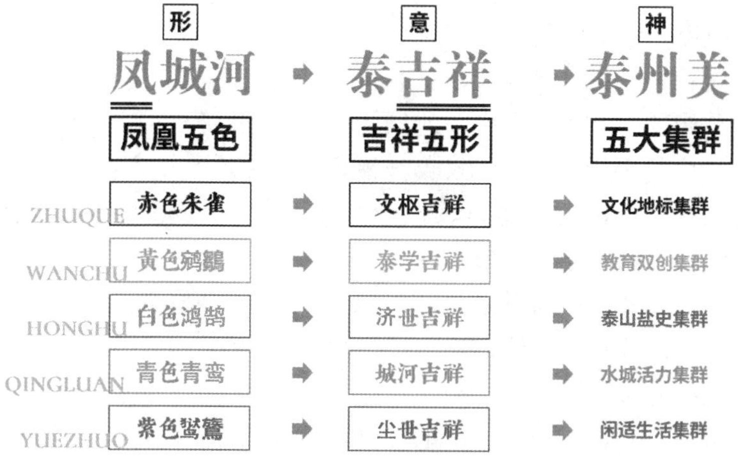

图 3-1　凤城河——泰州吉祥幸福生活圈空间策略构思

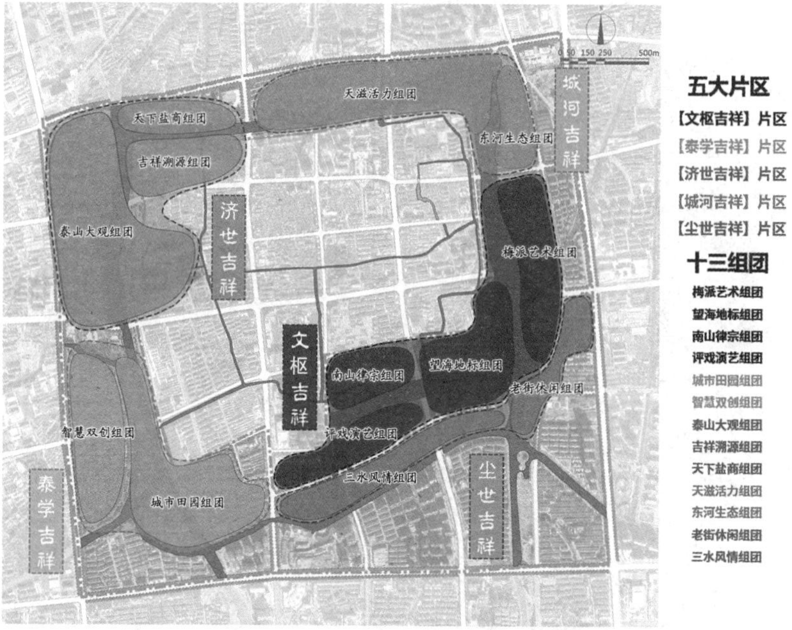

图 3-2　凤城河——泰州吉祥幸福生活圈功能分区规划

区，对应文化地标集群；黄色鹓鶵代表泰学吉祥片区，对应教育双创集群；白色鸿鹄代表济世吉祥片区，对应泰山盐史集群；青色青鸾代表城河吉祥片区，对应水城活力集群；紫色鸑鷟代表尘世吉祥片区，对应闲适生活集群。将五大片区再细分为十三组团，分别是文枢吉祥片区的梅派艺术组团、望海地标组团、南山律宗组团、评戏演艺组团，泰学吉祥片区的城市田园组团、智慧双创组团，济世吉祥片区的泰山大观组团、吉祥溯源组团、天下盐商组团，城河吉祥片区的天滋活力组团、东河生态组团，尘世吉祥片区的老街休闲组团、三水风情组团。

根据泰州凤城河景区最新土地使用规划，以国际旅游目的地为目标，组合吃、喝、玩、乐、游、购、娱七大功能业态，配置商、养、学、闲、情、奇、特七个旅游要素，融入亭、台、楼、阁、塔、桥、寺七类园林符号，植入街、巷、坊、院、里、市、道七种城市肌理，通过策划一系列根植于文化的创意项目，将凤城河景区打造成一个集文化来源、本地记忆和现代功能于一体的国际旅游目的地（如图 3－3）。

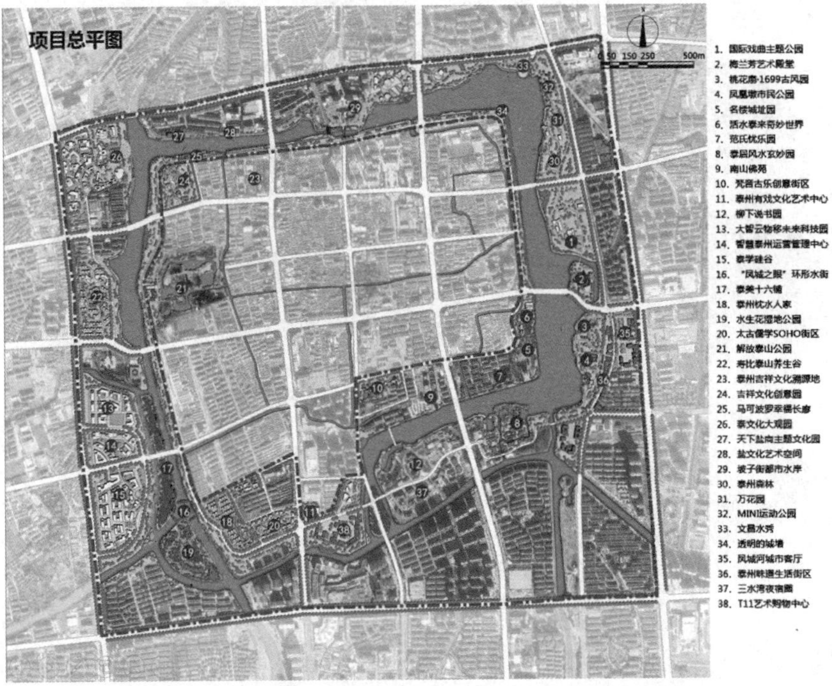

图 3－3　凤城河——泰州吉祥幸福生活圈策划项目布局

二、分段创意构想

凤城河——泰州吉祥幸福生活圈由五大集群、十三个组团、三十八个具体产品创意构想而成。围绕“泰州美·泰吉祥”产品组合概念,其中不乏一些令人振奋的创意,包括中国唯一的“泰学硅谷”新世纪智慧人才汇聚首选地、历史文化名城“城市双修”示范亮点工程——“泰州有戏”文化艺术中心、中国首个“透明夜城墙”复原再造计划等。

1. 文枢吉祥主题——文化地标集群

该片区内现有资源包括梅兰芳纪念馆、孔尚任桃园、地标建筑望海楼、范仲淹文会堂、南山寺、建筑风水博物馆、柳敬亭评书评话博物馆、老水厂等,通过“立地标—玩古风—问禅修—品戏话”四大功能串联,打造“泰美文枢”的文化发展高地和千年交汇核心(见表 3-1)。

表 3-1　文枢吉祥主题片区配套项目

组团名称	重点配套项目
梅派艺术组团	国际戏曲主题公园
	梅兰芳艺术殿堂
	桃花扇·1699 古风园
	凤凰墩市民公园
望海地标组团	名楼城址园
	范氏忧乐园
	泰居风水玄妙园
	活水泰来奇妙世界

（续表）

组团名称	重点配套项目
南山律宗组团	南山佛苑
	梵音古乐创意街区
评戏演艺组团	“泰州有戏”文化艺术中心
	柳下说书园

（1）梅派艺术组团

该组团以京剧名旦梅兰芳祖居地、清代戏曲家孔尚任《桃花扇》写作地为文化基点，提升改造原有梅兰芳纪念馆和孔尚任旧居，以戏曲文化为核心，融合梅花、桃花植物主题园林景观，营造“戏里戏外·如花似梦”的古风穿越之旅。

国际戏曲主题公园（见表3－2）融合戏曲文化各类元素，糅合泰州地方人文民俗，大规模、系统性、创新性、立体化、多角度地表达戏曲的主题场景，给予游客强烈的情感浸没体验，打造泰州戏曲旅游的新地标。

表3－2　国际戏曲主题公园细分项目

序号	项目	功能
1	泰州国际戏谷	通过国际主要剧种室内情景体验演出的设置，融合360度舞台旋转技术，实现人、景、剧同一空间，组成华东地区最具规模的戏剧群落
2	戏曲动漫馆	“戏曲＋动漫”模式，融合儿童亲子类互动游乐元素，如戏曲动漫、戏曲绘本等数字化文化产品，打造儿童戏曲游乐空间
3	游园惊梦后花园	在古典园林中欣赏戏曲演出，戏曲剧情与地方园林完美融合，配合舞台灯光，打造多样化的视听盛宴

梅兰芳艺术殿堂（见表3－3），打破传统纪念馆展陈方式，以活态立体营销为突破，形成“博物馆＋艺术宫＋游园会＋体验场”的模式。深挖梅派艺术，结合梅兰芳品牌魅力，以戏曲文化为核心，通过精致餐饮、特色住宿、小型演艺、主题展陈等业态，呈现生动活泼的梅兰芳

艺术之旅。

表 3-3　梅兰芳艺术殿堂细分项目

序号	项目	功能
1	梅兰芳纪念馆提升	在原有梅兰芳纪念馆建筑群和户外园林空间的基础上提档升级,一馆一主题,以故事串联梅先生的艺术生涯,园林空间精美化,增添多元化的休憩空间
2	泰州红·西菜馆	选取梅园东侧临近水岸处,以京剧风格的精细品质、典雅艺术为理念,融合西餐形式,再现梅兰芳生前去过的一处高雅餐饮空间——红房子西菜馆
3	旦角儿主题客栈	梅兰芳先生是世界首屈一指的京剧“旦角儿”扮演者,利用园内闲置管理用房,结合梅先生京派艺术风格来进行装饰,“小而精”地打造国内独特的全景花旦艺术风格主题客栈

桃花扇·1699古风园(见表3-4),提升桃园景区功能,串联游园线路,依托目前桃树种类全国第一的特点,建立桃树种质基因库和种源基地。挖掘桃花扇爱情故事,丰富景观层次,打造主题情境式古风体验园,形成有色彩、有声音、有故事、有互动的桃花扇文旅产品集群。

表 3-4　桃花扇·1699古风园细分项目

序号	项目	功能
1	十里桃林	利用地块原有的“清风阁”“桃园船坊”“渔壮园”“隐龙桥”“十胜桥”等园林空间,引入《三生三世　十里桃花》热门影视元素,营造古典浪漫爱情的主题园林
2	中华桃库	选取望海楼东南方位和桃园码头周边地块,北接十里桃林,形成全国观赏桃种质基因库,同时衬景对岸望海楼,形成绝佳的取景地
3	孔尚任故居提升	借助陈庵、怡园既有建筑资源,以孔尚任人物故事、桃花扇作品元素,注入文创商品如桃花酒、文学研究如桃花扇研究院等业态,打造富有灵气、人气的故居空间

凤凰墩市民公园(见表3-5),以已有的凤凰墩与凤凰姑娘的传

说为内容，借助泰州地势最高点这一优势，打造凤凰地标，并以水岸主题连廊、凤凰高台、来凤楼的顺序自下而上地营造园林层次空间，融合真孔雀趣味互动，打造泰州大型凤凰主题休闲空间。

表 3-5　凤凰墩市民公园细分项目

序号	项目	功能
1	凤凰九天	利用地块原有的“清风阁”“桃园船坊”“渔壮园”“隐龙桥”“十胜桥”等园林空间，引入《三生三世　十里桃花》热门影视元素，营造古典浪漫爱情的主题园林
2	千凤水上连廊	利用浮香亭周边的水岸地块，打造以凤凰图腾为元素的水上连廊空间，连接凤城河水岸与凤凰墩台，使其形成自低向高的层次错落空间
3	凤栖梧桐园	泰州素有“凤凰城”之称，凤凰城里有凤凰，凤凰择木而栖，通过引入孔雀互动养殖和梧桐园景种植，打造“凤栖梧桐”的生动意境

（2）望海地标组团

该组团依托凤城河东南向北岸地标性建筑——江淮第一楼“望海楼”、范仲淹“忧乐观”诞生地文会堂及南岸的中国首家传统建筑风水博物馆三大品牌文化资源，结合老水厂活水创意改造，共同构成“南有泰居风水，北有望海文会”的泰州独特的地标集群。

名楼城址园（见表 3-6）包括世界名楼微缩景观园、州城遗址公园、古诗词碑林。通过整合片区现有历史文化景点及古遗址，补充业态，丰富产品内容，深化名楼城址文化品牌输出，使其成为泰州古城文化的核心。

表 3-6　名楼城址园细分项目

序号	项目	功能
1	世界名楼微缩景观园（望海楼提升）	依托原有望海楼景区，以“中国名楼微缩景观群”为主，结合名楼诗会展、曲水流觞文人集会及登高望远文化活动打造

(续表)

序号	项目	功能
2	州城遗址公园	借助原有古城池地雕,丰富空间内容,结合钢构、木架及玻璃等材质,利用镂空、剪影等代表性景观形式,重塑古泰州城的微缩风貌
3	古诗词碑林	提升改造既有的竹林诗词石碑单一景观,增加翰林草社、斗茶苑,辅以竹林休憩功能,丰富泰州代表性诗词文化元素

范氏忧乐园(见表3-7)包括忧乐天下廉政园、北宋五贤石雕水岸、文会堂。将泰州现有的以单一文会堂为内容的忧乐文化,深化成忧乐廉政文化与北宋文学文化。充分利用滨水空间,打造国内独特的“忧乐天下,忧乐山水”文化园。

表3-7　范氏忧乐园细分项目

序号	项目	功能
1	忧乐天下廉政园	以范仲淹“先天下之忧而忧”为主题,通过大型花木植雕的形式,在临近西侧主干道路处,栩栩如生地营造范仲淹清官为民的景观风貌
2	北宋五贤石雕水岸	以“范仲淹、张纶、胡瑗、王觌、富弼”北宋五贤为内容,将滨水步道与石雕景观相结合,东连文会堂,西接廉政园
3	文会堂(提升)	借范仲淹“忧乐观”诞生地之名,以廉政治家文化为主题,结合范仲淹在泰州留下的人文故事传说,打造廉政文化教育基地

泰居风水玄妙园(见表3-8)围绕现有建筑风水博物馆及周边空间,增加八卦风水水面景观,以泰卦水阵雕塑群为核心标志物,强化各种风水设施,成为泰州风水文化的核心基地。

表 3-8　泰居风水玄妙园细分项目

序号	项目	功能
1	玄妙水门观鱼池	在风水博物馆东侧，通过八个不同大小的青砖圆形门洞设计，曲径通幽，环环相扣，以豁然开朗水岸锦鲤池为终点，营造玄妙神秘的景观体验空间
2	泰卦水阵	易经中最好的卦是泰卦，将泰州建筑风水中“泰卦”文化延伸至凤城河，结合亲水连廊和中心八卦台，提升泰卦文化的游客参与度和趣味体验度
3	建筑风水博物馆提升	将原有建筑风水博物馆内的风水文化常识厅、五行体验厅、办公风水厅、家居风水厅等空间，结合最新 AR 体验技术、全息投影技术，提升互动性和感知性

活水泰来奇妙世界（见表 3-9）是凤城河景区的重要工业旅游节点。依托泰州老水厂改造，保留城市集体记忆，打造以水为主线的主题乐园，通过水与“游戏”“动物”“音乐”等内容的结合，再配以儿童游乐、教育、密室逃脱、小型音乐会等项目，实现了水与现代游乐的完美结合。

表 3-9　活水泰来奇妙世界细分项目

序号	项目	功能
1	老水厂探秘之旅（水厂改造）	老水厂建筑改造配套水主题商店和水手概念餐厅，净水池改造为生态观光池，并结合极速滑道挑战、沿河悠闲漂流等趣味项目，让孩子们可以在此体验一场梦幻般的冒险
2	凤城河水之底	通过人工珊瑚的设计，设置彩虹浮潜池，结合河底餐厅创意化设计，打造凤城河水下趣味体验馆
3	水悦堂音乐之声	泰州水上轻音乐会，全新的演唱会乐队，演绎班得瑞等具有代表性的水主题轻音乐作品，打造水上交响乐舞台，带来别具匠心的视听盛宴

(3) 南山律宗组团

该组团以唐代古刹——南山律寺为核心，结合寺院临水岸边的海陵八景之一——“凤池笔颖”文峰塔盛境，以及南山寺佛教文化，延伸佛国梵音文化，融合泰州地方古乐文化，打造“凤城河畔寻古寺·明月清风觅梵音”修心之旅。

南山佛苑(见表3－10)是以南山寺为核心的佛教文化空间,在现有文化的基础上,提升南山寺在全国较为突出的十戒文化,并通过庙会广场打造,将南山寺的佛教展示空间放大,延伸出更多的文化互动形式。

梵音古乐创意街区(见表3－11)以南山寺佛教梵音和泰州地方独特音乐为灵感,融合情景互动演出、静修禅养、健康养生及集会交流等功能,打造以"梵音＋古乐"为主题的"大隐隐于世·声声慢"的城市漫乐养生之旅。

表3－10　南山佛苑细分项目

序号	项目	功能
1	南山庙会广场	南山庙会新玩法,包括老泰州手作集市、手工艺人工艺品现场拍卖,通过南山游园会设置美食展位专区,延续老泰州风情传统
2	南山寺(含文峰塔)	重点突出南山寺皇宫建筑形制——庑殿重檐屋顶式样这一独特资源,开发宣传这一拳头产品,并结合佛教禅修、法事参与等活动,提升南山寺的知名度
3	十戒园	以"佛教十戒"为主题,让市民及游客了解佛寺寺院,缔结善缘,祈福平安,结合南山寺外围空间,打造泰州首家"佛十戒"禅修体验地

表3－11　梵音古乐创意街区细分项目

序号	项目	功能
1	梵音禅乐台	以梵音和禅乐为主题,通过"中心台＋四面亭"的空间聚合形式,打造集主题演出、情景互动、聚会交流功能为一体的新古典音乐空间
2	静心十八社	地处禅乐台和古乐雅园之间,通过坊、廊、阁的园林建筑单体组合,以音乐疗法、静修禅养为内容,打造泰州城市生活的养生服务居所
3	古乐雅园	以中国传统古典音乐为主题元素,采用回廊型新中式风格建筑,打造泰州老城区中一处适于健康养生的雅致生活示范空间

(4) 评戏演艺组团

该组团依托梅兰芳大剧院、柳敬亭评书评话博物馆两大戏剧评书文化项目资源,与南部集聚人气的三水湾商业街区、万达综合体临近,以戏剧、评书评话为媒,打造看戏、写戏、演戏、听书、说书、评书的国际戏剧评书演艺文化高地。

"泰州有戏"文化艺术中心(见表3-12)依托梅兰芳大剧院,以南京白云亭文化艺术中心的城市更新为参照,提升原来单一的剧院功能,增设艺术培训室、琴房、舞蹈排练厅、展览厅、数字电影厅、多功能讲座厅、小剧场等亲民多元空间,结合主题鲜明的艺术活动,塑造泰州城市双修的样板工程。

表3-12 "泰州有戏"文化艺术中心细分项目

序号	项目	功能
1	梅派戏剧国际交流中心	一层以会议论坛为主,与省演艺集团等合作,举办世界京剧艺术论坛,进行梅派戏曲专题交流,组建京剧艺术大师班,实现梅派艺术的国际互动
2	绝世名伶大剧场	二层以现代京剧戏曲创意艺术为主题,融入中国京剧票友会与京剧演出比赛,树立新时代"泰州佳音"的里程碑
3	十二戏房	三层以戏曲为主题,结合京剧书房、古乐琴房、老电影房、古典舞房等十二个空间,打造泰州最齐全、最丰富的戏文化休闲空间宝库

柳下说书园(见表3-13)取意中国说书史上集大成作《柳下说书》,评书评话艺术是中国文化历史的活化石,而泰州乃民间说书大师——柳敬亭的故乡,以此结合创意空间的延展与大众休闲,赋予说书新的生命,引领当代"柳式评书复兴"的潮流。

表 3－13　柳下说书园细分项目

序号	项目	功能
1	柳园（提升）	柳园内柳公祠的场景化再现了“说书鼻祖柳敬亭”的传奇故事，结合苏州评弹餐厅、扬州评话茶馆的多元业态，中国评书评话博物馆被打造为汇集扬州、苏州、福州、北方、四川、河南、湖北等地曲艺的中国曲艺集大成之地
2	泰州德云社	以“让泰州评书评话回归剧场”，做“真正的柳氏评书”为要旨，活化饮香书场，通过网络直播，做“大众喜爱的评书台”
3	说书回音壁	利用声学景观设计圆形围墙，在地面喷上耳朵和脚印形状的白色印记来指明方向和位置，创造出一个理想的听觉空间，吸引游人驻足听书

2. 泰学吉祥主题——教育双创集群

该片区借泰州自古崇文重教的文化特征和精神特质，以中国历史上第一个真正意义上的思想启蒙学派——“泰州学派”为核心精神理念，引入现代国际教育创新手段，汇集高端创新人才，以新视野、新技术、新手段、新思维，开创以“智慧双创产业运营培育＋城市田园精致生活营造”为主题的“新泰州模式”（见表 3－14）。

表 3－14　泰学吉祥主题片区配套项目

组团名称	重点配套项目
智慧双创组团	大智云物移未来科技园
	智慧泰州运营管理中心
	泰学硅谷
城市田园组团	“凤城之眼”环形水街
	泰美十六铺
	泰州人家

(续表)

组团名称	重点配套项目
	水生花湿地公园
	太古儒学 SOHO 街区

(1) 智慧双创组团

该组团传承泰州学派中“知行合一”的心学理念,注重泰州城市未来智能科技培育与产业运营,强调以“互联网+教育”、云智能为主要发展方向,打造集云智能运营、大数据处理、互联网应用开发、下一代互联网信息安全为一体的智慧城市综合教育服务组团。

大智云物移未来科技园(见表 3-15)集聚一批高端人才和创新团队,形成一批大数据、智能化、云计算、物联网、移动互联网创新创业平台载体,并通过搭建一批具有人工智能行业特点的科技服务业集聚地,成为泰州未来产业发展的重要引擎。

表 3-15 大智云物移未来科技园细分项目

序号	项目	功能
1	数字媒体街	数字媒体街集中了广播、游戏、电影、动漫、音乐和网上教育等产业,是一个代表未来发展的、产学研结合的传媒娱乐技术和产品研发、销售集群,是泰州对外联系的门户
2	环球人才孵化中心	环球人才孵化中心是电子商务、互联网技术创业的实践平台,融合政府和社会的服务资源,为创业者开通创业绿色通道,调动社会各方资源,形成一个创业生态圈,发展多样性的创业环境
3	IN+智能体验中心	集合智能化家具、物联网传感器、移动物联网、云计算等智能技术,以体验为主展示产品,走进智能生活,感受智能时代,受益于智能技术

智慧泰州运营管理中心(见表 3-16),与扬子江城市群智慧城市共同合作,提供实时协作环境,跨城市、跨部门、跨机构地规划、组织、监控和分享信息,具体包括运行监控、协同应用、智慧服务、平台构建等。

表 3-16 智慧泰州运营管理中心细分项目

序号	项目	功能
1	智慧城市公共服务中心	公共服务中心采用云计算、物联网、大数据、大屏互动等新一代技术,对城市五大体征进行巡查、监测、预警、分析、评价和指挥的全周期管理,保障城市运行,打造智慧城市名片
2	智慧城市体验馆	以多媒体、大屏幕、智能终端、无线网络、3D 显示等技术为依托,集中模拟智慧城市方面的综合场景,以互动体验、艺术展示的方式,展示未来智慧城市的美好愿景
3	数字生活博览园	数字生活博览园是以互动体验为主的体验式消费电子展,通过展示最前沿数字家庭、数字办公、数字娱乐等方面的领先理念和技术,展示时尚的数字生活方式

泰州学派是中国历史中第一个真正意义上的思想启蒙学派,是泰州城市思想的高度。泰学硅谷(见表 3-17)致力于建立集科技研发、学术交流、文化推广、教育培训、双创孵化于一体的产学研综合性商会平台,作为泰州智慧人才集聚的新空间,形成未来世界舞台上的泰州声音。

表 3-17 泰学硅谷细分项目

序号	项目	功能
1	中华博士研学中心	中华博士研学中心通过与全国各大知名高校、学术论文期刊网站的合作,收集国内各大主流研究领域最新博士论文的研究成果,打造中国资源丰富的博士学术大数据的知识共享平台
2	世界学派博览园	世界学派博览园以展示泰州学派为主,汇集古今中外各个学问和学术学派,以弘扬各学派文化、普及知识为宗旨,采用展示体验的方式,打造世界文化的高地
3	泰学教育创意产品MALL	泰学硅谷文化教育衍生品的研发展示销售中心,教育类创意、创新、创业人才发展培养的平台,与知名教育企业、院校合作,引进前沿教育研发模式和教育课程体系,探索新型人才教育模式

(2)城市田园组团

“淮南格物”取自王艮的“格物说”,提倡格物、致知、正心、修身,

“格物”必先“正己”，“正人”必先“正己”，该组团集成泰州学派文化，包括王艮乐学，最后一个儒家学派——太古学派，以及阳明心学，结合中外国际博士站，建立泰州古今博学智慧研学中心。

“凤城之眼”环形水街（见表3-18）将成为凤城河的一个点睛之笔。“凤城之眼”环形水街以桥为形，以街为势，串联长岛、枫叶岛和泰州古城西岸，形成独特的主题空间。水街结合悬空戏台、扶摇码头等特色内容，融入诗酒花茶等文艺业态，通过一个品牌节点的设计，呈现出泰州别具匠心的城市意象。

表3-18 “凤城之眼”环形水街细分项目

序号	项目	功能
1	凤眼廊桥	廊桥三座，连接老城区、长岛、枫叶岛陆地，桥体为中式风雨亭廊结构，桥下可通船，陆地部分为泰州民居建筑风格，打造独一无二的风雨水街廊桥胜境
2	近水楼台	位于老城区岸上，水街东岸，再现水榭、戏台、牌坊，集成中西佳肴、艺术收藏、民俗民风等业态，演绎“上善若水”的水街生活意象
3	扶摇码头	扶摇码头位于枫叶岛一侧，临近水岸边，作为整个水街的一级码头来建造，以木结构浮动码头为基础，轻质钢构与玻璃为骨架，打造一处富有创意的码头景观

泰州太美，顺风顺水。泰美十六铺（见表3-19）依长岛而设，是集中呈现泰州精致生活的格调水岸。以“小而美”为宗旨，利用盆景、木雕、泥塑、宫灯等泰州传统文化符号，结合画廊、酒吧、体验馆、文创空间、精品民宿等业态，打造传统与现代结合、线上与线下并举的新零售组合街区。

表 3-19 泰美十六铺细分项目

序号	项目	功能
1	诗酒花香盆景社	“泰州美,美在盆景”,扬派盆景是中国盆景五大流派之一,泰州海陵是其发源地,结合凤城河西侧长岛地块,种植艺术盆景,打造泰州盆景文化情境美学的体验空间
2	木雕泥塑四宝轩	“泰州美,美在木雕、泥塑、石雕及藤编”,结合长岛水岸街铺,集中展示泰州美学工艺与传世精品,融合体验、交易、休闲功能,打造成泰美艺术交流的场所
3	凤城宫灯坊	“泰州美,美在宫灯”,泰州宫灯作为市级非物质文化遗产,巧妙地将雕花与宫灯艺术相结合,融合宫灯制作体验、文创经营,打造泰州“太平宫灯”吉祥品牌

水生花湿地公园(见表 3-20)是一座为体现西城河的生态性景观,以水生植物为主体的城市湿地生态公园,集湿地保护与利用、科普教育、湿地研究、生态观光、休闲娱乐等多种功能于一体,打造成旅游休闲娱乐的社会公益性生态公园。

表 3-20 水生花湿地公园细分项目

序号	项目	功能
1	浮岛花台	为修复景区西侧内外河的生态系统,利用水上绿化型净水生物浮岛,种植美人蕉、旱伞草、睡莲等,再现“水景相依”的优美景观
2	水生花田迷宫	以“生态花岛”为宗旨,引入水生湿地概念,大面积种植禾本类植物,如芦苇、水烛等,利用九曲环绕的木栈道,打造成城市中央的生态野趣之地
3	七彩荧光步道	选取花田迷宫的中央地带,通过螺旋式上升的设计形式,采取国内最先进的荧光道路铺设技术,用彩色沥青混凝土和荧光水性涂料铺设成 200 米的特色步道

泰州枕水人家(见表 3-21)以王艮日用之道泰州学派为理念核心,围绕泰州城市生活,配套高端人才产业,通过完善市民休闲功能,打造集人才交流、住宿、休憩功能为一体的精致生活社区。

表 3-21　泰州枕水人家细分项目

序号	项目	功能
1	“日用之道”雅集	泰州枕水人家的生活互动交流空间，以生活美学为理念，采用主题活动、论坛讲座的形式，成为高端智慧人才的友好生活社区
2	临川四梦居	汤显祖的“临川四梦”，借用了“有梦到泰州”的文化内涵。该项目位于“日用之道”雅集北侧，采用新中式建筑风格，打造精致化园林居住空间
3	乐学书社	乐学书社位于雅集和临川四梦居西侧，与西岸水街有一路之隔，以王艮“乐学”为主题，弘扬泰州乐学精神，打造“乐学”文化阅读教育空间

太古儒学 SOHO 街区(见表 3-22)汇集了中国传统儒学文化及国际化配套商业，打造成年轻化、时尚化的商业街区和住宿社区。以创新运营模式，形成泰州儒学文化走出区域的“文化+商业”示范点。

表 3-22　太古儒学 SOHO 街区细分项目

序号	项目	功能
1	太古 MALL	传承太古儒学智慧，塑造一代儒商，“以儒会商”，结合咖啡馆、品牌店、超市、世贸商务酒店等商业形态，注入太古文化的理念，成为知名文化小商圈
2	SOHO 人才公寓	主要以 LOFT 人才办公区形式呈现，商住两用，百变空间自由组合，设计年轻化，注重匠心品质
3	社区运营服务中心	社区服务一站式构建社区服务 O2O 模式，包括物业通知、便民服务、邮件快递、水电缴纳、设施维修等，引入互联网，建成智能化社区服务中心

3. 济世吉祥主题——泰山盐史集群

该片区依托项目西北地块光孝律寺最吉祥殿、盐税博物馆资源及泰山公园，提炼并演绎了“佛济世”“盐济世”“泰山济世”三个概念，以溯源泰州吉祥、追忆泰州盐史、弘扬岳飞爱国精神为主题，建立集市民休闲、场景复原、互动体验于一体的城市精神生活高地(见表3-23)。

表3-23　济世吉祥主题片区配套项目

组团名称	重点配套项目
吉祥溯源组团	泰州吉祥文化溯源地
	吉祥文化创意园
	香林滨水游园
天下盐商组团	天下盐商主题文化园
	盐税文化艺术空间
泰山大观组团	解放泰山公园
	泰文化大观园
	寿比泰山养生谷

(1) 泰山大观组团

该组团以泰州文化集聚、大健康生活、岳飞爱国精神为主题,结合泰州最大的市民公园泰山公园这一资源,以及凤城河西北可利用地块及景观视角等优势,着眼市民生活,构筑以"文化汇聚""旅居养生""爱国精神"为引领的泰州市民宜居场所。

泰文化大观园(见表3-24)是凤城河西北城河景观的亮点与重心,凸显了西北处景观的视线优势,形成西城河段与北城河段之间的串联,通过文化中心的设置与生态花园的设计,共同打造连续的、富有生活节奏感的、"文化精粹,泰州风情"的市民多元生活景象。

表3-24　泰文化大观园细分项目

序号	项目	功能
1	泰州市民文化大舞台	文化大舞台设置在西城河与北城河转角开阔处,舞台景观面朝东,为市民提供了大型的文化活动场地,半下沉布置,延伸于水面,可举办大型的旅游节庆活动
2	泰州八苑	泰州八苑包括由泰州八大核心文化构成的吃、住、学、情、闲、养、游、商的主题空间,全面系统化地构成了泰州文化汇聚的体验地

（续表）

序号	项目	功能
3	泰州年谱还原游道	泰州历史年谱最早可追溯至春秋战国时期，1962年，泰州为地辖市，以时间大事件为内容，设计园林小品，打造泰州历史演变主题游步道

寿比泰山养生谷（见表3－25）位于泰山公园对岸地块，以泰医养生保健文化为主题，打造国际领先的高端化、个性化、定制化的泰州健康生活圈，创建全新理念的，“1＋N”防、治、养相结合的，全生命周期的健康生活方式。

表3－25　寿比泰山养生谷细分项目

序号	项目	功能
1	泰心憩园	以“我生活、我健康”为主题打造的养生社区，包括芳香花园、养生步道、竞技运动区、休闲娱乐区，形成具有现代健康宣传特色的健康生活家园
2	康益学院	以养生治疗和康养培训课程为主要内容，是集医疗健康、健康管理、慢性治未病干预、私人护理及康养旅游功能于一体的健康学院
3	大健康管理中心	整合各类健康管理资源，是服务于中高端人群的康养基地。遵循现代医学与自然疗法，接轨基础医学和临床应用，根据科学证据，为客户定制预防、医疗、康复方案

解放泰山公园（见表3－26）原为泰山公园，作为泰州最古老且面积最大的市民公园，借助厚重小泰山、秀美小西湖等资源，以弘扬岳飞爱国精神为文化主线，以“登泰州泰山”为品牌亮点，丰富泰山公园的功能主题与业态配套，扩大西侧公园入口，开展“泰山公园”的活化解放计划。

表 3-26　解放泰山公园细分项目

序号	项目	功能
1	岳庙提升	以"精忠报国"的爱国思想为核心，修缮原有岳庙，恢复其昔日荣光，对景观、绿化、道路等辅助设施进行提升改造，打造爱国主义基地，可定期举行爱国文化活动，提升景区文化品质
2	泰州小西湖	提升原有小西湖湖面景观，适度开挖，疏通连贯凤城河水，设置开合有度、落差变幻的水体，处理好边际线、半岛、水榭、栈桥及植物配置，突出亲水性
3	小泰山	"泰州有山，山不在高"，对已有锅巴山进行修缮改造，重新组合景观要素，组织创新游览体系，并结合山体脊线空间，进行游廊设计，打造"晚霞夕照"景

(2) 吉祥溯源组团

该组团以"佛济世"普度众生为主题，以全国唯一的光孝律寺"最吉祥殿"为重心，作为整个"泰吉祥"文化溯源的起点摇篮，提升改造古典最吉祥殿神圣之感，延伸吉祥之意的当代趣味性，借助佛禅意境的营造来串联"最吉祥殿"——"泰吉祥园"。

泰州吉祥文化溯源地(见表 3-27)，以光孝律寺作为泰州"中国吉祥文化之乡"的文化极核，最吉祥殿为吉祥文化标志物；以祈福安宁、清神修禅为主题，作为佛教、佛学人士禅修、祈福、休憩的场所。通过设立泰州吉祥文化溯源地，传达泰州吉祥文化精神。

表 3-27　泰州吉祥文化溯源地细分项目

序号	项目	功能
1	光孝律寺最吉祥殿	位于光孝律寺的中心轴上，是光孝律寺举行大型佛事活动的核心场所，是泰州吉祥文化的核心源起
2	名僧祈福院	以祈福安宁为主题，是佛教佛学人士诵经、译经、祈福之所，不定期开展祈福祈愿活动，提升光孝律寺的宗教可参与性
3	香雨楼禅修舍	接引不同法门、根基的修行者，以礼佛、坐禅、茶道等体验式活动为特点，通过对佛教文化的诠释，营造出单纯静谧且庄严的佛教文化生活空间

吉祥文化创意园(见表3-28)依托泰州市老体育场打造的“花园式”创意办公空间,以泰州吉祥文化为景观符号,倡导以工业设计、形象设计、技术研发、文化创意等为主导的产业集群。构建创意、设计、产品、交易、消费全产业链,促进文化创意和设计服务与相关产业融合发展。

表3-28 泰州吉祥文化溯源地细分项目

序号	项目	功能
1	八宝吉祥研发中心	以广告、设计、艺术、出版等为产业的文化创意服务产业研发中心,是具有泰州市鲜明文化形式的创意办公及艺术中心
2	吉祥梦集市	以文化创意及其衍生产品为经营主题,是集生产、交易、服务、休闲等为一体的多功能艺术街区
3	泰吉祥艺术工场	泰吉祥艺术工厂主打精品,引入原创设计艺术工作者,注重展示与体验,打造具有吉祥文化符号的艺术群落

马可波罗幸福长廊(见表3-29),依托已有滨水休闲空间,以马可波罗与泰州的故事为主题,结合滨水生态岸线,通过壁雕石刻,以时间顺序展示幸福吉祥文化的发展和变迁,成为吉祥文化溯源地与吉祥文化创意园之间的多元过渡空间。

表3-29 马可波罗幸福长廊细分项目

序号	项目	功能
1	马可波罗故事小道	光孝律寺临近水岸西侧绿地以马可波罗游历泰州的故事雕塑群为内容,结合马可波罗的名言墙雕,打造“这城不很大,尘世幸福多”的还原地
2	十境梵花台	“梵花”有清新脱俗的寓意,“十境”即“十种花境”,有栀子花、茉莉花、白兰花、郁金香、含笑、白玉兰、百合花、玉簪花、木槿、葱兰十种,形成四季花台,可作为西对岸舞台表演的观众席
3	马可波罗古玩艺术餐厅	以“马可波罗700年前游历泰州”为创意,结合水岸已有建筑,创新业态,以中西古玩艺术为内容,打造泰州古玩水岸餐厅

(3) 天下盐商组团

该组团以既有的盐税博物馆为基础，挖掘并延伸泰州盐业发展的历史，并结合盐官、盐商人文故事的演绎，盐运、盐业发展等文化内涵要素，全景式复原“全国盐监之首——海陵监”，真实再现泰州古代盐业生产、运输、管理、掣查的过程。

天下盐商主题文化园（见表 3 - 30）围绕盐税博物馆既有景点提升，通过北侧住楼拆迁，扩大空间面积，完整还原盐商生活；利用盐税馆二期，以盐商“小香岩”岩务公所为文化亮点，注入盐官府主题餐饮、盐商生活住宿业态，打造泰州第一盐商生活体验地。

表 3 - 30　天下盐商主题文化园细分项目

序号	项目	功能
1	盐税博物馆提升	盐税博物馆建筑朝向调整为面向河岸，盐税文化场景化，引入VR、AR、全息投影等技术，再现泰州盐监、盐务的繁荣景象
2	“盐官府”餐饮文化主题空间	该项目作为天下盐商主题文化园内的餐饮配套，以泰州菜系为主题，以水系产品为主原料，打造泰州“钟鸣鼎食之家”
3	“小香岩”盐商生活公所	复建清朝乔松年“小香岩”岩务公所，还原海春堂、芍药厅、春红晚白轩等园林空间，再现泰州淮盐官商宴及富足生活的场景

盐文化艺术空间（见表 3 - 31），历史上称乔额、张屏、顾联为“海春三绝”，通过盐雕艺术馆的创意空间、盐彩艺术空间的体验性互动，拉近人们与泰州盐文化的距离，形成集聚盐文化艺术气息的重要场所。

表 3-31 盐文化艺术空间细分项目

序号	项目	功能
1	盐雕艺术馆	选取盐税博物馆西侧滨水地块闲置空间，以“原盐精细化、艺术化”为主题，将古代制盐转化为现代盐雕创意，使其成为泰州盐文化的实际传播载体
2	盐商生活场景雕塑群	重现乔松年、顾介石、范仲淹、张廷桂等盐商的生活场景景观微缩雕塑群落，以盐白色与铜色为主色设计，临近滨水岸线，形成视觉倒影
3	盐彩艺术平台	“当水彩遇上盐”是七彩沙画，结合沙画艺术表演，以视觉冲击感较强的大地风景滨水平台为亮点，与西侧泰文化大观园形成对景，成为对岸舞台的观众看台

4. 尘世吉祥主题——闲适生活集群

该片区现有资源包括老街，山水湾一期、二期时尚休闲街区，以及万达综合体，利用检察院公安局等闲置地块，融入泰州早茶文化、泰式澡堂文化，生动再现并演绎泰州地方闲适街景生活的精髓——“早上皮包水，晚上水包皮”。结合文化商街资源，打造集地方传统老街记忆与国际现代创意街区于一体的尘世吉祥幸福生活地(见表 3-32)。

表 3-32 尘世吉祥主题片区配套项目

组团名称	重点配套项目
老街组团	凤城河城市客厅
	泰州味道生活街区
三水风情组团	T11 艺术购物中心
	三水湾夜宿圈
	万达城市综合体

(1) 老街休闲组团

唐代李涉曾诗云“因过竹院逢僧话，偷得浮生半日闲”，而在泰州，闲适生活绝不止半日，半日早茶生活，半日晚汤夜宿，在保护泰州原真建筑风貌的基础上，打造"浮生一日寻美梦"的老泰州印象生活情景空间。

凤城河城市客厅（见表 3 - 33）是泰州凤城河风景区门户地，是来泰州的游客感知凤城河的必经之地，承担着入口形象、游客服务、集散换乘等功能，已成为凤城河景区的第一印象地。

表 3 - 33　凤城河城市客厅细分项目

序号	项目	功能
1	尘世幸福驿站	以"水城慢生活，尘世幸福多"为理念，以泰州生活记忆剪影为设计元素，结合入口广场，打造景区独特的标志性形象入口和大型集散空间
2	游客服务中心	该游客服务中心以 5A 级智慧景区为标准建设，提供接待咨询、全景导览、游程线路、医务救助、特产售卖等一系列服务
3	生态停车场	生态停车场以 5A 级景区停车场为标准建设，面积约 4 000 平方米；小车位 200 个，大车位 100 个；用绿色植草砖铺装，局部设置节能发电的太阳能板

泰州味道生活街区（见表 3 - 34）在提升老街品牌业态的基础上，以泰州早茶生活为主题，引入新街港粤早茶业态，结合早茶悠闲水居生活方式的构建，打造汇集南北早茶生活的主题街区及慢生活尘世幸福地。

表 3 - 34　泰州味道生活街区细分项目

序号	项目	功能
1	老街	老街在原有业态的基础上进行提升改造，放大"古月楼"等早茶餐饮品牌，形成"来泰州，必来老街吃早茶"核心目的地
2	新街	该项目利用原有检察院、公安局地块空间，与老街一路相隔，以港粤早茶为主题内容，与老街共同打造国内知名的早茶多元生活主题街区
3	泰美雅居	该项目地处宫涵地块，临近老通扬河，十字水道交叉汇集处，地理位置优越，交通便利，以泰州民居建筑风格为主，打造"品早茶 · 慢生活"的精品水居空间

(2) 三水风情组团

该组团依托既有的三水湾一期、二期时尚休闲商业街区，延续老泰州休闲精神，引进体验式商业，打造集视听享受、感官舒适、潮流浪漫于一体的创意体验式商业集中地。

三水湾夜宿圈(见表 3－35)，构建艺术客栈、创意独栋、精品庭院、精装寓所、花园酒店等诸多住宿业态，形成商务交流、艺术创意、集会资源、时尚发布、人文休闲等多种功能，完美城市艺术都会生活，填补泰州夜生活艺术的空白。

表 3－35　三水湾夜宿圈细分项目

序号	项目	功能
1	泰美时光艺术客栈	是使用印象主义绘画元素、原生态家居、艺术壁画等装饰打造的时尚艺术客栈。一座客栈，一束时光，一座城池，在这里可以追忆似水年华
2	A. R. T 屋顶魔方	在中央屋顶设置艺术梦幻空间，以小型摩天轮为主题，设置小型商铺，结合儿童娱乐设施，构建三水湾屋顶艺术街区
3	星河花园酒店	是以深度体验和高端服务为核心打造的滨水精品酒店。配置高标准硬件设施和酒店服务系统，聘请专业经营公司管理，为高端人群提供便捷、高尚和舒适的生活居住空间

T11 艺术购物中心(见表 3－36)，以“上海 K11 艺术购物中心”为蓝本，“T”为“泰”的首字母，融合“艺术”“文化”“自然”三大核心元素，将艺术欣赏、人文体验、自然环保完美结合，注入创意性的、个性化的国际生活品牌，建立泰州国际领先的生活品质购物体验区。

表 3－36　T11 艺术购物中心细分项目

序号	项目	功能
1	凤城河未来艺术馆	托管、收藏和展示书画艺术品、古玩艺术品及佛教艺术品，建立全国领先的艺术品库，并定期组织艺术展览、艺术家沙龙等文化交流活动，构建艺术与大众互动的桥梁

（续表）

序号	项目	功能
2	MALL 都市农庄	集现代农业和休闲旅游为一体的专业化农场，是一个崭新的，理想的，有生产、加工、经营和交流、展览、交易的平台，满足了都市旅游者回归山水田园的需求
3	屋顶生态花园	在各类建筑的顶部栽植花草树木，建造各种园林小品所形成的绿地系统，美化环境、净化空气、改善局部小气候，丰富城市的俯仰景观，使自然空间完美融合本土生态

5. 城河吉祥主题——水城活力集群

该片区位于凤城河东北段，城河相对较宽的位置，依托天滋河公园、坡子街及城河东岸园艺场等既有资源，以“一河千年史，吉祥绕凤城”为理念，以城河文化为核心，融合亲子、花卉绿植概念，打造集水文化创意、婚庆爱情及亲子趣味休闲于一体的多元活力文旅休闲带（见表 3 - 37）。

表 3 - 37　城河吉祥主题片区配套项目

组团名称	重点配套项目
东河生态组团	泰州森林
	万花园
	MINI 运动公园
天滋活力组团	透明的城墙
	文昌水秀
	坡子街都市水岸

（1）东河生态组团

该组团主打滨水休闲、运动养生、浪漫文化，巧妙利用东城河区域河城一体的独特格局，依托东城河段园艺场地块，结合相对宽敞水面，以亲水运动为引，融合泰州城市文脉，打造区域性滨水旅游度假区和自然生态保护区，以此展现城市富有活力的新景象。

万花园(见表 3－38)是泰州城市中央的滨水花园，公众综合性城市绿地，是城市之中亲近自然、休憩游玩的巨型绿肺，公园四季皆美，是市民及游客悠闲的最佳场所。

表 3－38 万花园细分项目

序号	项目	功能
1	玉树花丘	园林配置艺术按照科学性、生态性和艺术性相结合的原则，打造泰州最丰富的鲜花主题专类园及自然摄影基地
2	百花奇境	以“十二名花”为原型，进行创意性演绎，结合地形、不同季节种植不同花卉，形成可供人们观赏、休憩、娱乐等的浪漫花园
3	水望台	水望台是木结构和钢结构相结合的滨水休憩空间，设置四层旋转楼梯，可至高处瞭望泰州城市美景，下端连接滨水休闲步道

泰州森林(见表 3－39)以花鸟园、植物园、水岸生态树林为载体，打造绿色自然的“森林伊甸园”，是集科普、科研、游览等功能于一体的综合性植物园。可容纳来自世界各地不同气候条件下的数万种动植物，主要目的是展示植物、鸟类与人的关系。

表 3－39 泰州森林细分项目

序号	项目	功能
1	百鸟朝凤花鸟园	百鸟朝凤花鸟园是一个鲜花四季盛开，人和鱼鸟互动，花、鸟、鱼、人和庭院自然和谐融为一体的自然花园
2	绿野仙树植物园	集教学、科研、科普于一体的自然科学展示基地。通过多种现代化展示手段和丰富的标本、模型、实物展览，形象科学地介绍人与植物及大自然的关系
3	水岸小树林	泰州城河东岸一处稀有的、水岸常绿的灌木和小乔木群落，内设置行人游览小道，兼具生态和游憩功能，是泰州城市的森林氧吧地

MINI 运动公园(见表 3－40)是以群众性休闲体育运动为主的，充满动感与活力的，全新且兼具休闲、游憩功能的生态型绿色、开放、

自由运动主题公园,营造亲切、自然、生趣盎然的休闲运动场所。

表 3-40　MINI 运动公园细分项目

序号	项目	功能
1	极乐滑板丘	滑板丘是以滑板为主题的运动区域,设置光滑的花岗岩材质的碗槽状滑板区,设置不同坡度,以满足不同层次的人对运动的需求
2	笼式足球场	以"快乐足球"为理念的小型足球场地,因不主张冲撞,因而设置了铁笼罩住场地,满足大众体育需求,体验不同的运动乐趣
3	河畔水晶运动馆	是依托凤城河的滨水全民健身中心,是涵盖各项体育运动的综合性体育场馆,外立面以玻璃等透明材质覆盖,有晶莹剔透的质感,与凤城河水主题完美契合

(2) 天滋活力组团

该组团利用凤城河北岸天滋河公园滨水绿地,围绕"纯真透明的世界"这一理念,以亲子趣味、滨水休闲为主题,以"水""玻璃""自然"为元素,打造"阳光水乐园+千米玻璃墙+坡子街商业综合体"的都市创意趣味综合体。

凤城河不见泰州古城墙。"透明的城墙"(见表 3-41)带来了"开放"的人文意味,显现了泰州海纳百川的城市胸怀,也新颖地再现了泰州城墙曾经的辉煌与壮丽。结合对岸投影灯光秀的设计,再加上"透明的城墙"这一夜游凤城河的亮点,随时准备呈现不同主题的视觉盛宴。

表 3-41　透明的城墙细分项目

序号	项目	功能
1	玻璃城墙	"透明的城墙"位于东河公园的沿河片区,以泰州古城墙砖为造型,用威尼斯穆拉诺玻璃建造一段极具艺术性的巨构装置,通过现代匠艺打造泰州传统文化符号
2	泰州水门	泰州自古有水门,此处设在老城东北岸,玻璃城墙东至岳台烽火,岳台烽火东延至东城河,设置玻璃水门标志性景观,水门与对岸文昌水秀交相辉映

（续表）

序号	项目	功能
3	岳台烽火	“岳台烽火”为泰州东城河畔既有景点，通过提升改造，与玻璃城墙、水门景观相结合，共同实现泰州老城墙辉煌风貌的历史经典重现

坡子街都市水岸（见表3-42）依托原坡子街商业中心，在凤城河北城河段，坡子街与老城之间三座桥区域，打造“中国的圣安东尼奥滨河步行街”，将地域风情、滨河景观和亲水街区相结合，做好防洪管控，为市民、旅游者提供绚丽璀璨的24小时水岸街区。

表3-42 坡子街都市水岸细分项目

序号	项目	功能
1	坡子水岸街	通过逐级下沉的梯台式设计，将坡子街原有品牌商铺、美食品鉴、咖啡茶座等休闲业态延伸至滨水地带，形成极具冲击力的滨河人文商街景观，设置小码头，可灵活上下，停留驻足
2	水乐汇	滨河商街东侧，视野较为开阔，利用原有绿地空间，结合小型水上轰趴别墅、游艇俱乐部等设置，开展聚会娱乐、文艺表演等风情体验活动
3	坡子三桥走廊	利用坡子街滨河段三座桥，进行创意化桥主题设计和步道设置，成为绝佳的水岸休闲的场所

文昌水秀（见表3-43）依托凤城河丰富的水资源，糅合了音乐、舞蹈、杂技、高空跳水、特技动作等多种表演形式，通过声光电的运用，打造了高科技的水幕舞台，将夜晚特效灯光、动听音乐完美结合，给现场观众一场绝妙的视听盛宴。

表 3 - 43　文昌水秀细分项目

序号	项目	功能
1	泰吉祥水舞秀	通过对天滋河公园的及附近水域的改造提升，以数字多媒体新技术构建的一系列景观表演，融入泰州文化，打造泰州夜间文化地标
2	水幕电影	安装在天滋河广场或附近开阔水面，通过高压水泵和特制水幕发生器，将水自下而上高速喷出，雾化后形成扇形“银幕”，折射出无与伦比的时代光影
3	音乐喷泉	通过程序控制系统和音乐控制系统对音乐进行编程，使喷泉造型与音乐旋律、灯光同步结合，从而产生千变万化的水景，反映音乐的内涵及主题。音乐喷泉声、光、色、形俱美，展示了水美之艺术

三、城河专题策划

除了游览项目的创意构想，凤城河——泰州吉祥幸福生活圈的构建还依赖于水上的桥梁、沿河的步道、岸边的码头等基础设施配套的文化建构和景观营造，从某种意义上来讲，它们共同串联了城与河的世界。

1. 桥文化专题

立足凤城河水上游览桥梁风景可视化范围，围绕泰吉祥 · 凤城河风景区的主题文化理念，以一桥一主题为核心，以故事、风景、记忆、地标为关键词，紧扣各桥梁已有的地方文化故事与典故传说，以创新表现方式展现泰州凤城河古今气质张力（见表 3 - 44）。

表 3 - 44　桥梁提升策略表

类型	数量(座)	风格形式
已建桥梁	19	新中式风
上位规划桥梁	4	现代艺术风
本次规划桥梁	2	精致古典风

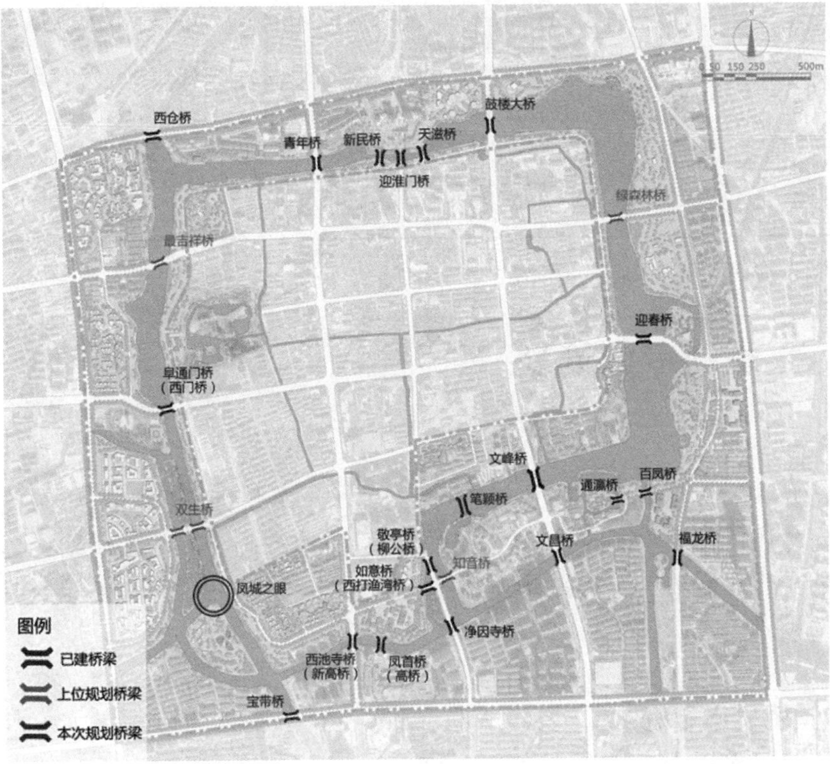

图 3 - 4　桥梁提升落点图

凤城河文化改造提升的桥梁共有 25 座(见图 3 - 4 和表 3 - 45)。原有桥梁 19 座,保留原名,其中水系对外桥梁有 3 座,分别是西仓桥、宝带桥、福龙桥,保留原名;上位总体规划桥梁新增 4 座,根据主题取名;新增 2 座,包括凤凰之眼水街“凤眼廊桥”、南山寺与评书评话园南北相连的“笔颖桥”。25 座桥讲述凤城河的历史故事,东西南北构成凤城河的水上风骨,一桥一标志导示,见桥便知周处景。

表 3-45 25 座桥梁主题概念

桥梁	名称	表现方式	主题概念
迎春桥	原名	桥洞亮化+植物景观	二十四节气文化
西池寺桥(新高桥)	原名	桥身主题雕刻	戏剧脸谱主题
阜通门桥(西门桥)	原名	艺术壁画+夜景灯光	泰州学派文化
青年桥	原名	钢架+木构	青春活力休闲
鼓楼大桥	原名	桥上亭楼	登鼓楼上见城墙
文昌桥	原名	夜景灯光	显文昌水秀定位
文峰桥	原名	穹顶画+桥身雕刻	南山文峰塔相伴
净因寺桥	原名	佛禅符号	泰佛教九大丛林
百凤桥	原名	桥面精雕	百只凤凰栖泰州
新民桥	原名	桥音乐艺术	音乐旋律主题
迎淮门桥	原名	现代艺术	都市浪漫文化
天滋桥	原名	七彩玻璃钢	泰文化生活剪影
通瀛桥	原名	三孔精巧造型	日式园林禅意
敬亭桥(柳公桥)	原名	人像雕塑+坐凳设计	柳敬亭说书故事
如意桥(西打渔湾桥)	原名	如意形态	顺风顺水顺心意
凤首桥(高桥)	原名	凤凰主题桥面装饰	凤首故事传说
福龙桥	原名	钢构造型	福龙东来寻凤凰
宝带桥	原名	立体绿化	宝带桥头望月明
西仓桥	原名	立体雕塑	盐运船闸繁荣景
绿森林桥	新增名	景观交通桥	水上植物廊道
最吉祥桥	新增名	现代钢构艺术桥	泰吉祥文化主题
知音桥	新增名	钢化玻璃水晶桥	评书评话寻知音
双生桥	新增名	岛岸吊桥	城河湿地生态

（续表）

桥梁	名称	表现方式	主题概念
凤眼廊桥	新增名	桥上亭廊	“凤城之眼”水上地标
笔颖桥	新增名	步行古桥	凤池笔颖对景

凤城河水上游览的16座主要桥梁提升策略如下。迎春桥结合泰州二十四节气民俗故事，将两侧桥洞亮化并设通行水岸步道，对桥上交通道进行植物景观生态化改造，以迎春花植物为主。西门桥作为凤城河西段的主要交通桥梁，保留了桥体的平直形态，桥底内壁绘制了泰州学派的文化主题壁画，并辅以夜景灯光，美化度提升了。西池寺桥以戏剧脸谱为主题，设计了生旦净末丑各式脸谱，结合夜景灯光，打造戏剧主题景观桥。青年桥位于坡子街都市商业街区，以现代青春活力运动休闲为主题，注重与滨水街区、陆上步道的连接。鼓楼大桥通过丰富的中式古典亭廊，改造为“十亭桥”，结合桥洞夜景亮化及墙面壁画，打造泰州“琼楼玉宇”的风雨景观桥。文昌桥作为三水湾以南的交通桥，结合“山水湾”浪漫风情的主题，进行了桥上景观艺术化处理。文峰桥临近南山寺文峰塔，是老城区南部的重要交通桥，以宗教文化为主题，通过桥下穹顶画艺术及桥身主题雕刻进行提升改造。净因寺桥取名源于“净因寺”，周边城河素称“打渔湾”，故借“渔湾柳浪”主题，在平直桥面的基础上增加了夜景结构顶架。迎淮门桥地处坡子街都市水岸，以现代都市创意艺术为主题，通过桥身灯光亮化，营造活力新潮的水岸空间。天滋桥位处坡子街，改变了原有传统单调的桥体风格，用玻璃钢替代，以泰州城市生活剪影为题材，与水岸活力街区相协调。西仓桥位于凤城河西北角，尚处建设阶段，以泰州盐运场景的立体雕塑为主题，打造古泰州盐商大桥。宝带桥的桥身以金桂黄色宝带为风格设计，桥体平直，结合垂直绿化，凸显了桥景观的视觉冲击感。百凤桥通过桥面的亮化设计，凸显了桥身的凤凰浮雕及透雕等。泰州史称凤凰城，凤首桥为凤首，桥面装饰以凤首雕塑为主，桥以高拱斗为特色。福龙桥位于凤城河东南，以“龙凤呈祥”为主题，有龙必有凤，桥上的灯光亮化设计，与西侧的“凤城

之眼”水街相呼应。新民桥运用声光效果,打造了以音乐为主题的水帘桥,桥体设计成波动的旋律,行人踏上桥身,音乐响起,配合节奏式喷泉效果,增强了行人的趣味体验,增添了桥下穿行的乐趣。

凤城河上新桥梁创意涉及6座。绿森林桥位于凤城河东段,是上位总体规划中的新增桥梁,连接研究范围内的泰州森林、万花园与老城区城隍庙旅游资源点。主题是绿色生态,延伸生态肌理,打造水上森林的交通廊道,材质为混凝土加木结构,绿色和木色是桥梁的主色调。桥梁以步行功能为主,从不同高度挑出以减少对自然生态的河岸空间的破坏,配置四季花卉绿植景观。最吉祥桥位于凤城河西北处,是凤城河上位总体规划中的新增桥梁,是西城河对岸通往吉祥文化创意园及最吉祥殿的必经之桥。桥梁主题是吉祥文化,红色桥体,钢结构,桥体采用的是红色流线式飘带形式,双向步行桥,可停留休憩,高处设置观景台。知音桥位于柳敬亭评书评话园西侧,即三水湾最西侧,是上位总体规划中的新增桥梁,作为三水湾与新规划小岛的东连接桥,主题是知音之合,断桥之爱,以白色为主,由混凝土、玻璃、钢三种材料构成,趣味步行空间,现代艺术风格设计,桥体分开时可通船,可在桥上体验独特的断桥感受。双生桥位于长岛之上,分为长岛东与长岛西两段,东西连接为一体,是上位总体规划中的新增桥梁。主题是绿色生态,颜色为原木色,材质有钢构、木质、玻璃,整体风格是现代休闲极简风格。双生桥是生态步行空间及停留休憩空间,注重长岛的生态理念,实现了泰学吉祥片区泰学硅谷、泰美十六铺及老城区之间的连接。凤眼廊桥位于凤城河西段,“凤城之眼”水街地块,主题是凤凰美境,新古典园林廊桥风格,材质以木、瓦、石、竹为主。凤眼廊桥连接老城区地块、长岛、枫叶岛,三廊桥连接设计,注入休闲旅游功能配套与业态,形成圆形“凤城之眼”的、国内独特的标志性景观。笔颖桥位于凤城河南山寺文峰塔西侧,主题是绿色生态,原木色创意化艺术风格,材质是钢构、木质、玻璃。笔颖桥连接南山寺与柳下说书园的水上步行空间,中间的圆形设计从东往西形成了电视塔现代框景,从西向东形成了凤池笔颖古风景观。

2. 步道专题

数学家欧拉证明：想找到一条路径，不重复、不遗漏地一次走完普莱格尔河上七座桥中的每一座桥，是不可能的。① 凤城河全长6 650米，平均宽度110米，水域面积83.8公顷。河道绕城四周，基本呈四方形，部分河段存在相对独立的小面积湾、岛等陆地区域，东城河段有桃园，南城河段有三水湾（四面环水），西城河段有长岛、枫叶岛。如何处理好凤城河风景区中桥与步道的关系？至少需要满足以下五点要求：与城市绿道网络系统相协调，具有多元化的绿色开放空间，具备串联绿地节点的可达性，具有可连贯畅通的慢行系统，具有丰富安全的亲水性驳岸。25座桥连接着凤城河岸的所有陆地区域。结合拓扑学理论研究，进行桥梁步道的布局设计：凤城河不再是简单的河岸空间，而是泰州城市区域文化的拓扑空间。

凤城河两岸的步道目前已大部分建成，但总体尚未串联成环。其中，西河内岸的步道建设最好，呈现生态性和亲水性，但东河、南河、北河的步道不连贯，片段化严重。根据畅行无阻、全景游览、步行友好、安全保障的原则，补足东河内外岸一段、北岸坡子街附近一段、南河外岸柳下说书园一段、泰美十六铺一段及“凤城之眼”环形水街一环，将已建成的两岸步道串联成环（见图3－5）。

规划步道总长为17公里，共分为四个主题段落。西河岸步道亲水、生态，一定距离设置造型别致的观景台，景观效果好，呈现连续性、整体性。可围绕“自然与生态”主题，增设湿地栈道，丰富水生植物。北河岸步道西段有临水商业空间步道，中部间断，东段驳岸硬质。可围绕“商业与活力”主题，在西段步道设置户外休闲娱乐空间及亲水台阶，激发滨水商业活力，在东段美化驳岸，在中段设计新的步道。东河岸步道北段目前有步道及亲水台阶，人气高，南段两岸步

① 罗伯·希尔兹.空间问题——文化拓扑学和社会空间化.谢文娟，张顺生，译.南京：江苏凤凰教育出版社，2017

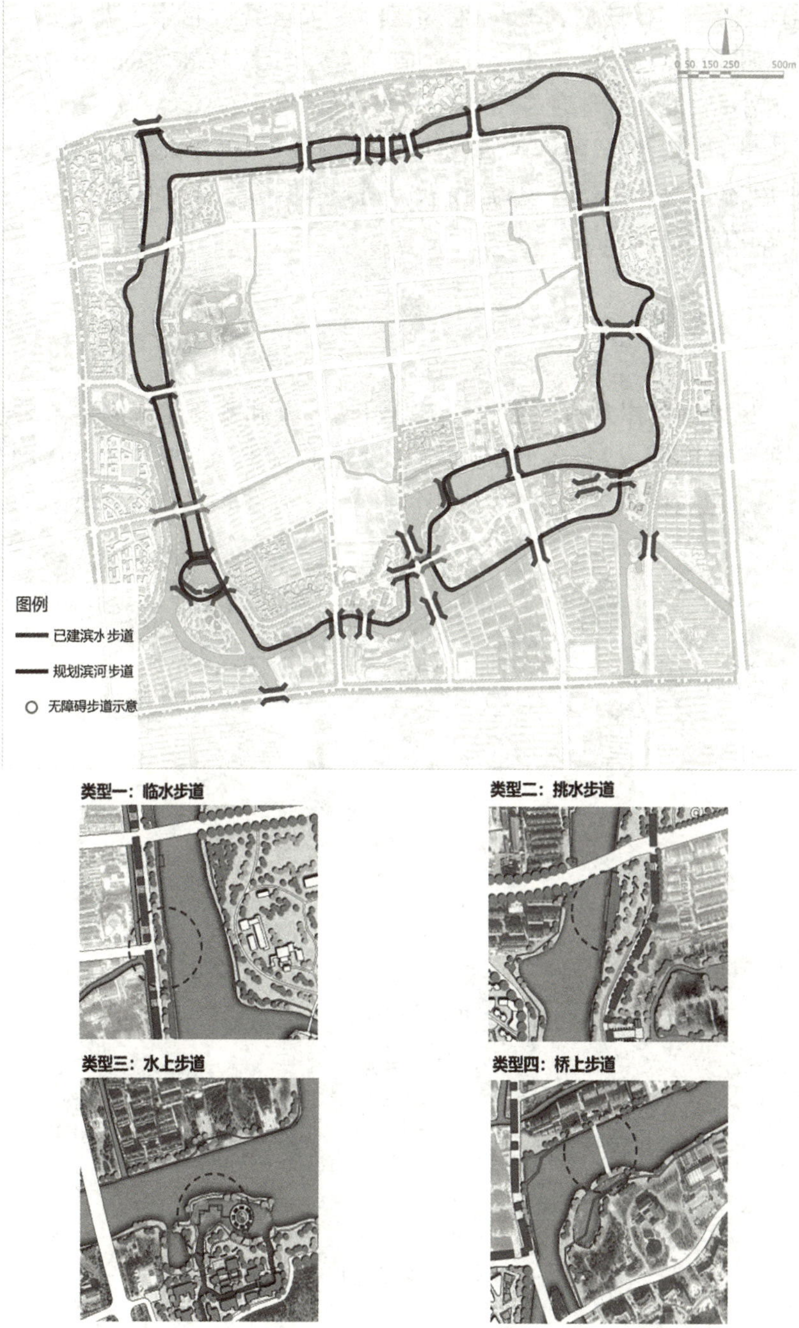
0 50 150 250 500m
图例
已建滨水步道
规划滨河步道
无障碍步道示意
类型一：临水步道
类型二：挑水步道
类型三：水上步道
类型四：桥上步道

图 3 - 5　步道提升示意图

道间断。可围绕“城河与生活”主题，在水厂处设置水上步道，在梅园、桃园等地设计临水生态游步道，保持沿岸植物界面的自然性；步道的小品、铺装等体现了水城的文化，局部增加绿道。南河岸目前步道中断，形式老旧，驳岸硬质、破败。可围绕“历史与人文”主题，软化硬质驳岸，改善生态环境，建设新步道，整体串联；设置体现凤城河历史文化的景观小品。

3. 码头专题

凤城河两岸现有 6 个码头，其数量、等级和分布无法满足未来景区各景点的需求，且各码头在外观设计上缺乏与景区主题的协调。码头的布局调整要遵从以下四个要求：首先要增数量，在现有基础

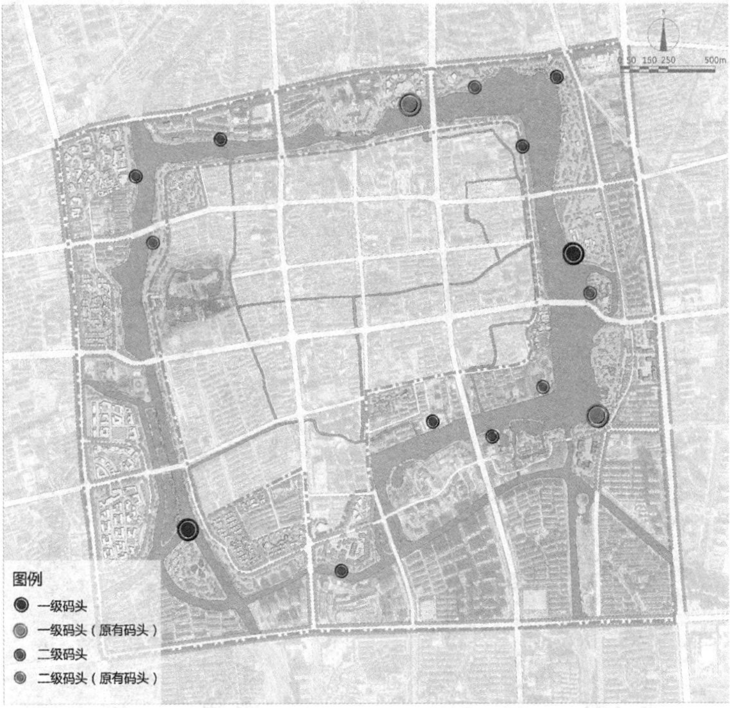

图 3-6　码头布局设计

上,将码头增加至 15 个;其次是分等级,将码头分为两个等级,一级码头 4 个,二级码头 11 个;然后是全覆盖,码头的分布要覆盖景区规划的主要景点,便于水陆两条游线的结合;最后是通票制,6 小时内可凭通票无限次乘船,也可在任一码头停靠并下船游览(如图 3 - 6)。

第四章
转型与升级：以凤城河为特色要素的文化产业集聚

前述已经对泰州凤城河的历史文化资源、文化资本构建和文化空间布局都作了详细的探讨和深入的阐述，未来凤城河景区发展的轮廓与框架已经奠定，产业规划将为景区可持续发展植入灵魂。产业规划具有鲜明的地域性和市场导向性，凤城河景区是典型的河岸经济产业类型，在泰州城市现有产业发展的基础上，分析旅游市场需求，开拓适合于凤城河景区自身发展的特色产业。本章将从产业发展基础参照、产业簇群模块建构和特色文化品牌塑造三个层面，对凤城河景区产业发展背景、现有产业基础、产业结构设计、空间推进战略、区域品牌塑造等方面的内容进行详细设计。

一、区域产业发展的基础参照

凤城河产业发展的基础参照主要包括对泰州城市产业能级的评估、对凤城河景区现有产业基础的梳理和对典型河岸经济产业案例的分析三个方面，为未来景区产业规划提供数据支撑和方向导引。

1. 泰州城市文化产业能级判断

从宏观视角来看,泰州位于长江经济带上,长江经济带沿线城市产业呈现组团式层次分布(见表 4-1),泰州市生物医药及高性能医疗器械产业有绝对优势,现代服务业细碎,不成体系。

表 4-1 长江经济带沿江城市产业统计

城市	传统主导产业	战略性新兴产业	现代服务业
泰州	装备制造业	生物医药及高性能医疗器械 高技术船舶及海工装备 节能与新能源	大健康旅游业 现代物流 电子商务科技服务 文化创意 金融 软件及服务外包
南京	石油化工 电子信息 汽车 钢铁	软件信息 生物农业 轨道交通	物流 软件 文化旅游 科研
上海	纺织 医药化工 机械制造 食品	集成电路 物联网 云计算	金融 物流 科技服务 文化产业
合肥	家用电器 汽车和装备制造 纺织	电子信息 太阳能 装备制造	物流 金融 服务外包 会展
武汉	钢铁 光电 汽车 石化 服装	光电子 新能源汽车 新材料	工程设计 数字出版 科技服务

（续表）

城市	传统主导产业	战略性新兴产业	现代服务业
重庆	汽车 摩配 装备 电子	集成电路 新能源 新材料 页岩气	电子商务 现代物流 旅游 地产
成都	电子信息 航天航空 食品 医药	高端软件 生物医学工程 环保产业	金融 电子商务 物流 旅游餐饮
攀枝花	钢铁及延伸加工 钒钛产业 能源	太阳能 生物产业	现代物流业 旅游产业 商贸

从中观视角来看，扬子江城市群崛起，泰州“腰部功能”偏弱。扬子江城市群是核心城市位于东西两端的“走廊型”城市群，江南江北差异大，泰州是江苏地理几何中心，在扬子江城市群中位于“腰部”位置，到其他7个市的车程平均最短，但是恰恰又处于城市群的“断裂带”上，相对弱散，边缘化趋势明显。从扬子江城市群内部发展（见表4－2）来看，沪苏通、宁镇扬一体化的发展板块已基本成型，而锡常泰一体化格局尚未形成。由于跨江阻隔和快速通道少，锡常内聚性不强，两岸融合性弱，苏南地区对泰州的辐射带动能力不强，泰州跨江融合发展难度较大。泰州应依据差异化、特色化原则，立足现有基础，确定细分定位，明确主攻方向，努力成为扬子江城市群发展的新增长极。

表4－2　扬子江城市群主导产业统计

城市	主导产业
南京	金融、软件产业、文化产业
苏州	金融服务、科技服务、现代物流、高端装备、软件集成电路、节能与新能源、医疗器械、生物医药
常州	软件信息、装备制造、输变电设备、生物医药

（续表）

城市	主导产业
无锡	机械制造、化学化工、特色冶金、纺织服装、电子信息
镇江	绿色化工、新能源新材料、生物医药
南通	高端纺织、船舶海工、电子信息、智能装备、新材料、新能源汽车
扬州	新能源、新光源、新材料、智能电网、节能环保
泰州	装备制造业、生物医药及高性能医疗器械、高技术船舶及海工装备、节能与新能源

从省域发展视角来看，根据江苏省 13 个市 2016 年经济综合数据比较（见表 4－3），泰州 GDP 位于第二梯队后半段，排名落后，但增速是全省最快的，经济发展势头劲猛。

表 4－3　江苏 13 个市 2016 年经济综合数据表①

排名	地区	GDP 总值（万元）	同比增速	人均 GDP 总值（元）
1	苏州	15 475.09	6.69%	145 638
2	南京	10 503.02	8.05%	127 048
3	无锡	9 210.02	8.12%	141 453
4	南通	6 768.2	8.29%	92 715
5	徐州	5 808.52	9.19%	67 003
6	常州	5 773.86	9.50%	122 812
7	盐城	4 576.08	8.63%	63 306
8	扬州	4 449.38	10.77%	99 237
9	泰州	4 101.78	12.21%	88 370
10	镇江	3 833.84	9.46%	120 694
11	淮安	3 048	11.03%	62 562

① 表格数据来源于江苏省人民政府网站、各市等文件。

(续表)

排名	地区	GDP 总值(万元)	同比增速	人均 GDP 总值(元)
12	连云港	2 376.48	9.99%	53 121
13	宿迁	2 351.12	10.58%	48 439

2. 凤城河区域文化产业基础素描

选取南通濠河、苏州环城河,与泰州凤城河进行产业发展的对标分析(见表 4-4)。泰州凤城河虽然在数据面上和另两者相差不大,但仔细比较可以发现:凤城河景区的主要收入来源于门票(而其他两地均不收取门票),其他类目的收入较弱(仅为南通濠河、苏州环城河的三分之一),尤其游船经济发展不充分。凤城河未来要成为世界著名文化名城旅游目的地,国际高端商务交流展示地,新型的集研发、孵化、服务和投资功能于一体的高端创业和众创空间,世界游学旅游地,国际中外博士学研中心,国际休闲旅游度假养生目的地,国际著名城河会展论坛目的地。

表 4-4 泰州凤城河、南通濠河、苏州环城河旅游数据比较①

指标	泰州凤城河	南通濠河	苏州环城河
长度(公里)	6.7	10	6.9
景区级别	4A 级旅游景区	5A 级旅游景区 省首批历史文化保护区	5A 级旅游风景
修建时间	南宋 1185 年	后周 958 年有记载	始建于公元前 514 年
年均接待人次(万人)	410.3	769	150(开放性景区,仅统计水上旅游)

① 数据来源于凤城河风景区管委会、南通濠河旅游局官网及官方微信、苏州旅游局官网等。

（续表）

指标	泰州凤城河	南通濠河	苏州环城河
2016 年景区综合收入(万元)	3 345.4	2 188.1	2 500.0
2016 年景区门票收入(万元)	2 461.5	—	—
2016 年景区其他收入(万元)(综合收入—门票收入)	883.9	2 188.1	2 500.0
景点个数(个)	30	28	40
码头数量(个)	5	9	31
其他指标	—	大型游船 23 条	从事水上旅游的企业 6 家,客船 70 余艘,游客座位 2 000 个

3. 典型河岸经济文化产业发展比较

根据体量规模、资源类型、发展问题的可比性,以及产业转型创新联动、空间布局形式设想、文旅交互跨界发展的参考性,选取日本京都鸭川、比利时布鲁日莱伊河、西班牙毕尔巴鄂纳尔温河、英国泰晤士河、美国圣安东尼奥、南京秦淮河作为凤城河产业的借鉴案例。

日本京都鸭川——特色文化捆绑造就独特的 IP。京都古城区是世界文化遗产,鸭川是日本一级河川,全长 31 公里,流经京都主城区约 6 公里,南北贯穿京都中央地带,其本身也是京都极具观赏价值的景点之一,是川床文化的发源地,被誉为“京都之魂”。京都鸭川的借鉴意义有三点:一是联动沿岸资源,构筑文化平台。鸭川两岸串联了京都市内的大多数重要游览景点,并串联了寺町三条、祇园四条、清水五条等重要文化及商业街道。鸭川可以说是游览京都的纵线指南和呈现京都文化的流动平台。二是形成产业聚集,二元精准定位。

两岸以餐饮与戏曲演出为主要业态，沿岸数十家百年日式传统餐厅，夏日为食客提供京都特有的“纳凉床”。三是提炼地方特色，塑造独特的IP。京都独有的文化传统与鸭川紧密相连，使得鸭川成了京都的特色示范地。鸭川沿岸著名的“京都五花街”与五大歌舞伎流派，会于每年6月举行联合公演——“都之繁华”，万人空巷。

比利时布鲁日莱伊河——优势资源放大，塑造识别性。始于12世纪初的比利时布鲁日，城市与网状护城河同步建造，直至今日，仍完整地保存了中世纪的城市风貌。城内河道遍布，房屋临水，有桥50余座，是标准的水上都市，被誉为“北方威尼斯”。布鲁日历史城区于2000年成为世界文化遗产，并于2002年成功当选“欧洲文化之都”。布鲁日莱伊河的优势有三点：一是文化驱动引领，还原水城古风貌。通过对城市进行大面积的复建与改造，将城市与河道还原成中世纪水城风貌，并因此形成城市独特的文化识别性，从而吸引络绎不绝的游人驻足停留。二是邻水房屋改造，独特建筑塑造。众多临水房屋已由居民住宅改造成了独特的中世纪风格民宿或酒店，加深了游客与城市之间的联系，拉近了城市与护城河之间的距离，增添了游览的立体感官体验，突出了城市的特色文化。三是水路容量管控，独有线路体验。为保证护城河的观赏性以及中世纪古城的游览体验，布鲁日只设一个游览码头与单一游览线路，以控制游览人数与河道承载的负荷。

西班牙毕尔巴鄂纳尔温河——刻板印象颠覆成就标志性。纳尔温河全长72公里，南北走向，是西班牙北部重要的水路交通，最后流经毕尔巴鄂汇入坎塔布连海。20世纪80年代起，毕尔巴鄂市开始了城市复建与河岸整治工程，直至1997年年底，古根海姆博物馆才正式于纳尔温河畔开馆。纳尔温河以其沿岸的产业及景观开发，带动了整个城市的复苏，这种改变一座城市命运的例子被《纽约时报》称为“毕尔巴鄂效应”。纳尔温河的特色为：一是导入艺术设计，激活城市功能。继古根海姆美术馆落成之后，纳尔温河湾展现出的现代文化气息陆续吸引了卡拉特拉瓦、矶崎新等世界级设计大师赴此进行设计建造，推动了毕尔巴鄂市由工业大市向艺术重镇的完美转型。

二是产业景观配套，城河生态友好。纳尔温河湾一度因为沿岸的重工业态，陷入生态瘫痪。自1990年起，政府采取了撤离工厂等政治举措，最终在15年后恢复了水质与河道的生态，为艺术城市转型提供了优渥土壤。三是跳出历史局限，地标建筑起到带动作用。纳尔温河湾两岸自古以工业、港口为主要业态，在重工业发展衰落后，大胆选用美术馆作为其新时代地标建筑，此项打破历史局限的创举取得了莫大的成功。

英国泰晤士河——城市更新下的旅游业发展。泰晤士河全长346公里，横贯英国首都伦敦与沿河的10多座城市，流域面积1.3万平方公里。作为英国的第二大河流，由于其独特的地理和水文条件，泰晤士河为英国的发展作出了巨大贡献。20世纪以来，随着英国商业水运交通持续衰落、人口过度集聚和经济快速发展，泰晤士河流域的生态环境遭到严重破坏。为适应城市更新，泰晤士河沿河经济也由轻重工业向旅游业转变，主要发展观光、餐饮、住宿、房地产、艺术、文创、游船业、零售业、教育等游憩业态。泰晤士河采用多景点联合开发和多主题活动主导模式。伦敦当局为开发泰晤士河旅游业，请多家旅游公司经营内河旅游专线，将西敏寺、伦敦塔桥、格林尼治天文台等著名景点通过游航连接起来，使之成为伦敦著名的旅游线路之一。另外，采取以活动为主导的开发模式来推广泰晤士河，利用两岸具有历史、文化、景观意义的建筑、公园、桥梁等空间，举办各种体育、娱乐、政治活动，如剑桥牛津赛艇比赛、泰晤士河节、英国皇家仪式等。

美国圣安东尼奥——产业综合发展。圣安东尼奥市位于美国得克萨斯的南部，被著名旅游杂志《柯尼旅行家》誉为全美第二位、全球第九位喜爱的旅游城市。圣安东尼奥河的滨河走廊全长24公里，贯穿了中心城区。滨河走廊的核心区是一条马蹄形的下沉式河滨步行街River Walk，全长5公里，是一条集休闲、饮食、娱乐、购物、住宿、文史教育等功能于一身的旅游风光带，每年接待游客超过1 000万人，创收10亿美金。圣安东尼奥河岸经济发展与其城市产业发展、文化发展联系密切。圣安东尼奥城市产业雄厚，其零售业、航空航天、信息技术、生物科学研发、高端制造业和新能源等支柱产业发展迅猛，城市财力雄厚，为旅游业和文化产业的发展提供了坚实的基础。其次，采用公私投资相结合的模式。河滨步道的开发前期通过发行政府商业债券的形式筹集资金，后期吸引私人投资开发，并对其项目开发建设进行监督，公共和私人投资相结合的方式使得滨河步道两侧的商业氛围恰到好处，许多历史文化资源都得到了保护。最后是地域文化植入。城市在建设开发过程中依然注意保护历史遗存和原有的城市肌理，利用墨西哥艺术村、教堂、剧场等，促进城市旅游业发展。

南京秦淮河——以“旅游＋”为关键点，实现“河城互融”。南京内秦淮河全长4.2公里，横穿南京城而过，形成了著名的夫子庙秦淮河风光带。沿河两岸主要分布的是休闲度假产业和文化创意产业等业态。内秦淮河也是“十三五”期间南京重点开发提升的旅游产品谱系和支撑项目之一。内秦淮河的借鉴意义有三点：一是以“旅游＋”为关键点，把握“城旅一体”战略概念的引力，打造秦淮河泛旅游产业簇群模式，建构四大优势主导旅游产业、十五大子产业有机衔接的产业格局。二是构筑“全域旅游”格局，以历史文化为主题，将空中、地下、河流和陆路的旅游资源串联起来集中打造。三是推进生态、文态、业态和形态“四态合一”，强调城市形态、业态、文态、生态统筹谋划、有机协调，推进“河城互融”，在住、食、购、娱、商、学等产品业态的丰富提升上开展一系列的活动。四是在秦淮河旅游品牌升级打造上，坚持商标全域化、品牌产业化、服务完善化、产权保护化、形象全球化、建设国际化的原则。

二、区域产业簇群的模块建构

产业簇群化是指在某个特定产业中相互关联的，在地理位置上相对集中的若干企业和机构的集合。凤城河产业簇群是指在大旅游产业下,依据凤城河现有的自然、文化、人力、技术、资本等资源,在政府、企业的双向合作中,通过多元特色产业设计和整合,改善目前单一、分割、简单、落后的产业现状,打造凤城河独有的特色文旅产业集群。

1. 区域产业建构的顶层设计

波特钻石模型(Michael Porter diamond Model)由战略管理学家迈克尔·波特于20世纪90年代初提出,用于分析一个国家或地区的各行业在竞争经济环境下如何形成整体优势,进而获得较强竞争力的工具。其中心思想即一个国家或地区行业的竞争力主要是由四个基本要素(资源要素、需求条件、相关及支持产业、企业战略),以及两个辅助要素(政府和机会)共同决定的。使用波特钻石模型来分析城河区域资源要素、需求条件、相关及支持产业、企业战略等方面的现状(如图4-1),探讨泰州凤城河如何在竞争经济环境下形成整体优势,是城河产业构建的理论基础。

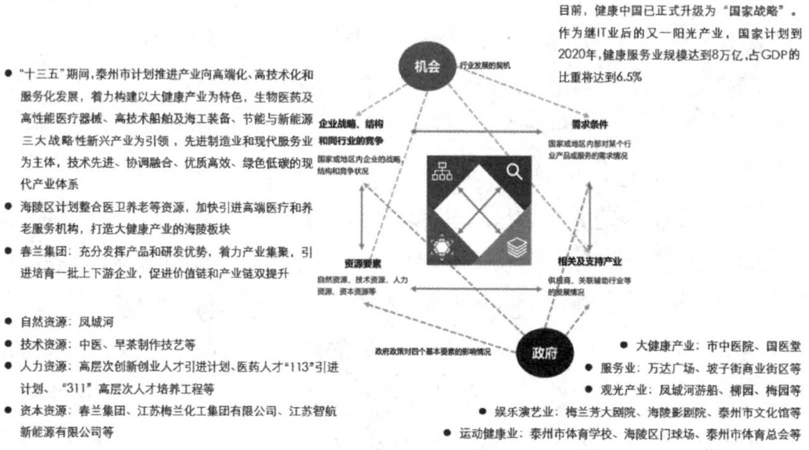

图4-1　波特钻石模型逻辑图

资源要素包括自然资源、技术资源、人力资源、资本资源等。就城河区域而言:自然资源有凤城河,技术资源包括中医、早茶制作技艺等,人力资源包括高层次创新创业人才引进计划、医药人才“113”引进计划、“311”高层次人才培养工程等,资本资源包括春兰集团、江苏梅兰化工集团有限公司、江苏智航新能源有限公司等。需求条件是指国家或地区内部对某个行业产品或服务的需求情况。目前,健康中国已正式升级为“国家战略”。作为继 IT 业后的又一阳光产业,国家计划到 2020 年,健康服务业规模达到 8 万亿,占 GDP 的比重将达到 6.5%。相关及支持产业包括供应商、关联辅助行业等的发展情况。泰州城河区域拥有相关及支持产业的基础:大健康产业有市中医院、国医堂,服务业有万达广场、坡子街商业街区等,观光产业有凤城河游船、柳园、梅园等,娱乐演艺业有梅兰芳大剧院、海陵影剧院、泰州市文化馆等,运动健康业有泰州市体育学校、海陵区门球场、泰州市体育总会等。企业战略、结构和同行业的竞争是指国家或地区内企业的战略结构和竞争状况。“十三五”期间,泰州市计划推进产业向高端化、高技术化和服务化发展,着力构建以大健康产业为特色,生物医药及高性能医疗器械、高技术船舶及海工装备、节能与新能源三大战略性新兴产业为引领,先进制造业和现代服务业为主体,技术先进、协调融合、优质高效、绿色低碳的现代产业体系。另外,海陵区计划整合医卫养老等资源,加快引进高端医疗和养老服务机构,打造大健康产业的海陵板块。区域内的春兰集团充分发挥产品和研发优势,着力产业集聚,引进培育一批上下游企业,促进价值链和产业链双提升。

在区域基本要素厘清后,进行产业选择要遵循以下几个原则:政策导向原则是指反映国家或特定区域的战略意志,体现未来一定时期内的产业重点发展方向;比较优势原则是指拥有产业比较优势,基础优良,有利于新兴要素的导入;市场需求原则是指具有较大的外部市场需求,并掌握特定行业的关键核心技术,拥有较强的自主创新能力。上述三个原则是产业选择的外部支撑条件,而下述三个原则有助于产业产生内部集群效应。吸纳就业原则是指能够创造大量新的就业岗位,实现经济收益倍增,达到福民富民的目的;技术创新原则是指市场必须存在对该产业的现实或潜在需求,并日益扩大,对区域的产值贡献度高；产业联动原则是指对其他产业和区域经济有较强的带动性，整体改善局域经济运行质量。

泰州凤城河产业发展目标包括四个方面：综合效益目标，2020年全年接待游客人数300万人次（卡口计算法）；科教发展目标，与OTA建立战略合作关系（携程、同程等），与附近景区组建旅游产业联盟；经济效益目标，与商贸会展产业、文化创意产业、运动健康产业等形成联动，引进精品民宿、高端会展等方面的优质品牌，提供高品质服务；区域影响目标，2020年提供直接就业岗位5 000—10 000个，提供间接就业岗位30 000—50 000个。

2. 区域产业选择的推进战略

在多重产业发展背景的考量之下，结合凤城河的现实产业基础，实现从"单一＋分割＋简单＋落后"的"传统产业单元"向"融合＋多元＋跨界＋升级"的"新兴产业集群"的转变，形成"凤城河大文旅科创产业集群"和"凤城河经济文化产业圈"，构建八大产业类型和两大主题偏好（婚庆和亲子）。八大产业分别为休闲游憩产业（景点门票、游船门票、设施收费等）、住宿餐饮产业（民宿、精品酒店、客栈、星级饭店、农家乐等）、商贸会展产业（商业地产、职业代理、会展物流、城市信息化、会展客户维护等）、娱乐演艺产业（内容供应、服务发行、增值开发、主题演出等）、智慧科技产业（科技体验、大数据平台、云端学习等）、运动健康产业（健康体检、医疗诊治、数据分析、生活服务、体育运动等）、教育培训产业（教育研究、信息技术、配套服务、资格认证、企业管理、人才服务等）、文化创意产业（文创产品、创意内容、设计制作、营销服务、衍生产品、人才培训等）。在现有场馆设施、文旅项目、餐饮住宿单位等硬件的基础上，针对上述八大特色产业进行全新的产业布局，构建完整的产业链条，将产业设计真正落实到空间战略中。

（1）休闲游憩产业

为提升传统观光产业，可发展门票经济，多渠道开源。一是除原有售票景点外，新辟5个售票景点；二是发展智慧游船，售卖电子船票,增设售票码头;三是发售景点套票、亲子套票、情侣套票等特色门票;四是在文昌水秀、梅兰芳艺术殿堂售卖演出门票,在 MINI 运动公园售卖运动器械门票。计划到 2018 年年末,凤城河景区形成完整的现代化观光产业景点群,到 2020 年年末,景区年接待人次和门票收入翻番。

在凤城河休闲游憩产业建设的过程中(见图 4 - 2),可参考千岛湖风景区和昆明动物园的相关设计。千岛湖风景区设立了千岛湖旅游电子商务网,实行电子门票智能管理。千岛湖 6 个旅游码头的门票、船票联合电子售检票,实现了 VPN 联网售检票及旅行社网上报团等功能,系统中采用条形码明信片作为电子门票,具有印刷精美、快速检票、高防伪性等优点,同时门票有专用的衔接票据,即条形码船票联和发票联。检票则采用自动检票闸机,并针对隔日游的需求,集成了指纹采集、指纹售票、指纹检票的功能,全面满足千岛湖旅游电子门票售检票的管理要求。昆明动物园景区以微信平台为工具,将售票前(线上营销推广)—售票中(即时网上售票)—售票后(数据及时更新)三个环节有机连接起来。游客在网上购票后,可凭电子二维码过闸机,实现了景区管理的智能化提升。

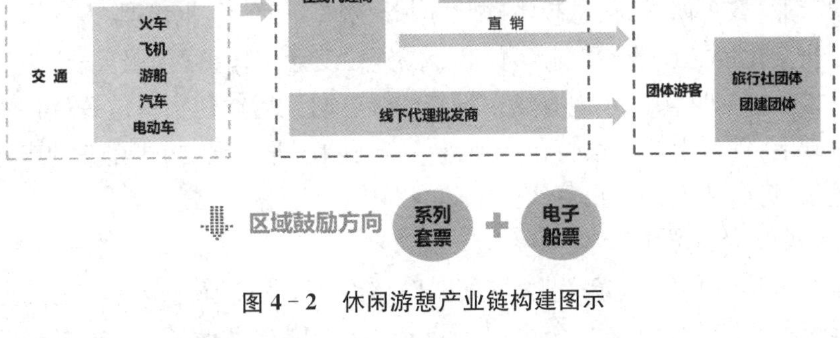

图 4 - 2　休闲游憩产业链构建图示

(2) 住宿餐饮产业

2016年年底,泰州市民宿共计304家(见表4-5),居全省第六位,95%以上是家庭旅馆,精品民宿和酒店式公寓两种民宿类型缺失。泰州民宿集聚在西坝口商圈及汽车客运站附近,凤城河周边民宿分布稀少。3年内建成100家重点主题民宿(凤城河周边应该增加3 000—4 000个床位,按每间350元/天计算,年盈利最低可达3.8亿),形成多类型住宿空间,打造凤城河美食街,大力发展月光经济,以夜市街区的发展带动区域内夜游市场,使其成为泰州的"夫子庙",争取在泰州和江苏省内建立起以"凤城河"为地域符号的住宿餐饮品牌。

表4-5 2016年江苏省13个市的住宿单位统计

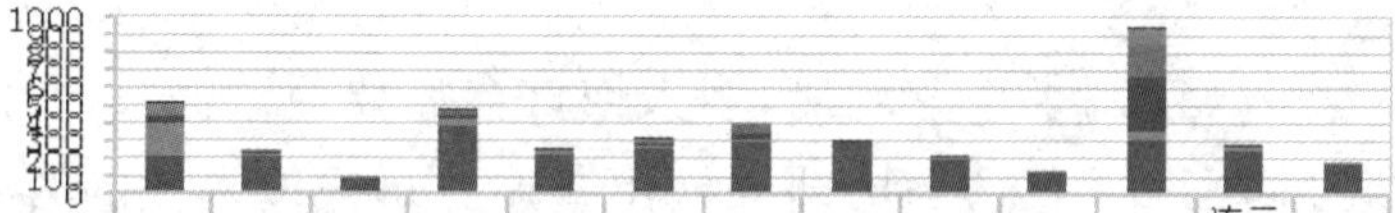

	南京	南通	宿迁	常州	徐州	扬州	无锡	泰州	淮安	盐城	苏州	连云港	镇江
其他	6	0	0	2	1	1	0	1	0	0	15	3	0
青年旅舍	71	6	4	3	3	15	19	3	0	1	83	6	1
农家乐	11	3	1	31	2	2	50	2	0	1	185	2	0
主题客栈	36	7	1	21	7	14	33	5	1	2	310	1	7
酒店式公寓	179	19	3	33	13	21	19	0	11	2	54	9	4
精品民宿	6	0	0	3	0	1	6	0	0	0	12	0	1
城镇家庭旅馆	210	208	79	383	221	255	287	293	195	116	292	251	160

■城镇家庭旅馆 ■精品民宿 ■酒店式公寓 ■主题客栈 ■农家乐 ■青年旅舍 ■其他

凤城河住宿餐饮产业构建(见图4-3)可参考什刹海文化主题酒店、奥思廷酒店、亚朵酒店等企业的发展案例。什刹海文化主题酒店集团成立于2008年,致力于深入挖掘中国的非物质文化遗产,并将鲜明的文化体现形式植入到每一个四合院酒店中,且以管家式服务提供"以酒店出发的全方位旅游产品"。奥思廷酒店坐落于泰州华侨城内的温泉,以京韵文化为主题,酒店将园林建筑与戏曲京韵相结合,既是古典与现代元素的交融和辉映,也是梅派京韵与江南建筑完美结合的全新尝试。客房临湖而建,以江南苏绣、溱潼砖雕装饰,完美地诠释了梅派京韵的文化。在亚朵,专为戏剧《不眠之夜》(*Sleep*

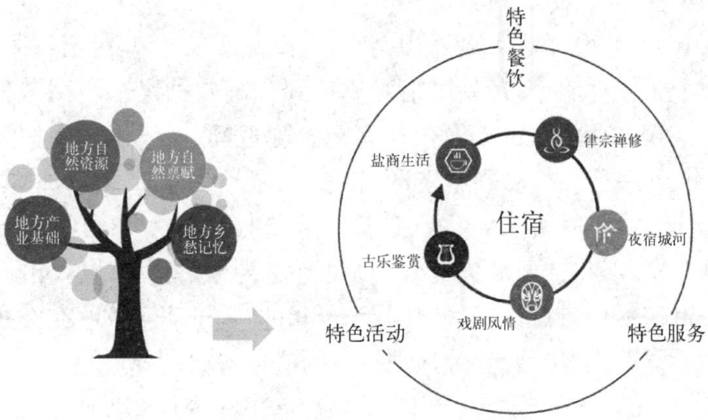

图 4-3　住宿餐饮产业链构建图示

No More）定制了主题酒店，客人或许会需要戴着面具入住，并且随时会和某一个演员、一场即兴演出邂逅。每一位入住的客人在预定客房时都可以提前预约喜欢的书籍、电影、味道。就像《不眠之夜》浸入式戏剧传达的理念一样，永远不要把自己当观众。功德林创始于1922年，是一家具有80多年历史的著名老字号品牌企业，享有“素食鼻祖”之称。功德林素菜饭庄的店堂设计、菜肴品种都是佛教风格的，环境十分优雅。福和慧为食客营造的用餐环境，使空间承载了更多的书院气息，仿佛静心养性、吐故纳新的休憩地方，在这里品用素食，更像是人们在现代都市生活中身心处于繁重、束缚之下的一种释然的自然状态，一种回归本真的轻盈和闲适。桂满陇有志寻找散落民间的美食。其将散落民间的传统、民间烹饪的美食收集起来，借鉴西式餐饮的方法，且与香料相结合，让中国经典的传统美食绽放新颜。以“食必求真，然后之美”的信念努力还原菜品本味，天然去雕饰，是一种久违的质朴和本真。

(3) 商贸会展产业

凤城河适宜发展商业地产，通过物业租赁、房产销售等方式创收（如图4-4）。以上游的会展策划、会展营销，中游的会展租赁、会展设计、会展工程、会展物流，以及下游的会展配套、会展评估为八大核心节

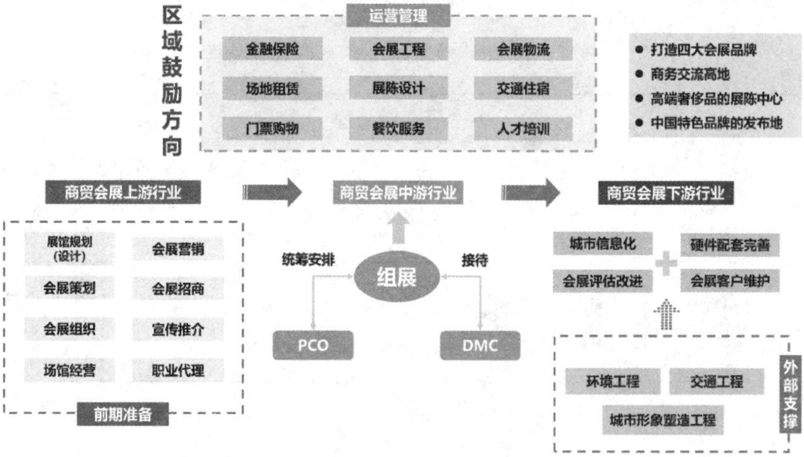

图 4-4　商贸会展产业链构建图示

点,形成集会展展馆、会展策划团队、会展设计团队、会展租赁团队、会展服务团队、会展餐饮、会展住宿、会展评估、会展投融资、会展人才培训、会展互联网架构等为一体的核心引领,带动各产业协同发展。充分利用博物馆、学术交流中心等空间,举办临展,丰富空间业态。发挥凤城河的资源优势,打造凤城河区域的发展引擎,将其发展成泰州的高端商务会展中心,提高对全省服务业增加值的贡献度,并建成在国内有较大影响力、在国际上有较高认知度的重要会展举办地。

凤城河商贸会展产业发展可以将上海博华国际展览有限公司、全球展览业协会作为借鉴案例(见表 4-6)。上海博华国际展览有限公司是伦敦上市公司 UBM 集团在中国的分支机构,是由上海华展国际展览有限公司和博闻亚洲有限公司联合组建的中外合资企业。上海博华国际展览有限公司目前每年主办四大主题系列展,包括 HDD、游艇、尚品生活、原料、家具等多个领域,涉及 38 项国际性展览活动,总展出面积达 60 万平方米。全球展览业协会成立于 1925 年,总部设在巴黎。协会对申请加入的展览项目和主办单位有着严格的要求和详细的审查程序,能取得 UFI 的资质认可和使用 UFI 的标记,是成为名牌展览会的重要标志。目前,得到 UFI 资质认可的展览会有近 600 个。

表 4－6　全球展览业协会高端会展品牌

高端会展品牌				
上海东浩兰生国际服务贸易（集团）有限公司	中国国际贸易促进委员会纺织行业分会	上海博华国际展览有限公司	汉诺威米兰展览服务（上海）有限公司	上海环球展览有限公司
中国对外贸易广州展览总公司	上海市国际展览有限公司	北京金海群英网络科技有限公司	上海万耀企龙有限公司	慕尼黑展览（上海）有限公司

（4）娱乐演艺产业

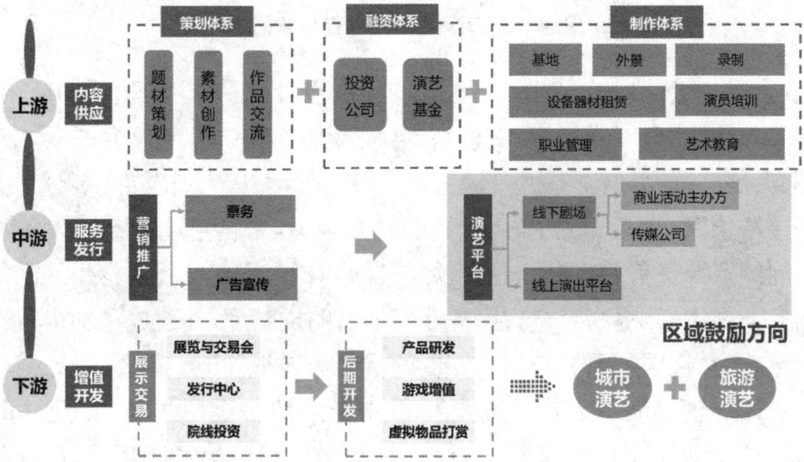

图 4－5　娱乐演艺产业链构建图示

如图 4－5，首先，打造具有凤城河特色的、识别性高的旅游演艺品牌。整合具有地方特色的淮剧、评书、道教音乐等相关表演艺术资源，同文化项目制作机构建立紧密合作关系，提升文化产品制作的品质。其次，建立系统而有针对性的品牌推广体系。精准定位市场需求，实行差别化定价，最大化利用范仲淹、梅兰芳、柳敬亭等历史名人效应，依靠专业营销团队来建立全方位的营销系统。最后，提供完备的娱乐演艺配套产业链。充分吸纳本地劳动力，在凤城河周边区域建立便利的住宿餐饮、购物载体和交通系统,构建丰富的演艺项目库和人才库。争取打响凤城河独具代表性的演艺品牌的知名度,打造精品演出和凤城河演艺产业的版权系列,将娱乐演艺产业打造成凤城河的符号和名片,并掌握稳定的市场资源,充分发挥演艺产业对凤城河旅游的带动作用,促进文旅融合。

陕西旅游集团的《长恨歌》、浙江凯恩集团的《印象・西湖》是成功的城河演绎项目,可作为参考借鉴。陕西临潼,华清池的千古绝唱,陕西旅游集团的《长恨歌》是中国首部大型实景历史舞剧,以唐朝华清宫遗址为表演地,以盛唐文化为主题,以白居易叙事长诗《长恨歌》为主要内容,是集历史文化之韵、山水自然之美、现代科技之奇为一体的大型历史舞剧。浙江凯恩集团的《印象・西湖》由虚幻的西湖景色片段构成,化用了白娘子与许仙的悲剧故事,印象化的景致散发了千年西湖的魅力。日本音乐家喜多郎的配乐和张靓颖的歌声,江南美景与美妙传说汇成婉约空灵的画卷。南京夫子庙文化旅游集团有限公司的项目白鹭洲水街位于夫子庙景区的白鹭洲公园与武定门之间,约 200 米长,一侧紧邻秦淮河,一侧依偎百年城墙。夜间,湖面上来往的画舫与岸边觥筹交错的食坊互为景观,是临水步行街的典范之作。通过学习借鉴,凤城河景区可形成凤城河人家、凤城河传说、桃花扇别传、梅兰芳别传等演艺型项目。

(5) 智慧科技产业

凤城河区域要发展智慧科技,必须避免因资讯匮乏而导致的产业劣势加剧,要积极开展学术交流会和科技研讨活动等,加强与科技行业的交流,关注前沿科研动态,在信息流通上掌握主动局面。跨区域与高等院校、单位、高新产业园区等开展合作,重视在研发、核心技术等上游关键节点的投入,发展智慧科技产业,从技术和品质上占据行业主导优势,提升凤城河的综合竞争力和区域形象。争取在 3 年内建成较为完善的、以研发能力和科技体验为主的智慧科技产业链(如图 4 - 6),为泰州及周边提供科技智力输出,将凤城河区域打造成享誉泰州的"创新创业高地"和"科普教育展示和高端学研的展示地"。其是博士中心平均每年 100—300 个博士生/博士和博士后/博导/院士的学术研究地/科技研发地/国际有影响的学研地，是人才集聚的中心。

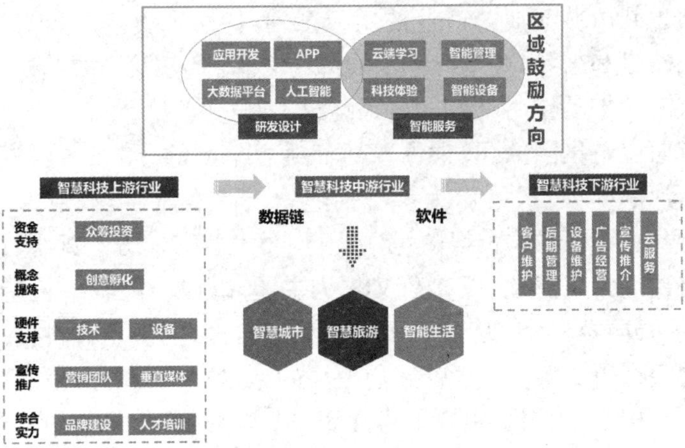

图 4-6　智慧科技产业链构建图示

风城河智慧科技产业建设发展可以将霍尼韦尔科技体验中心和北京傲唯刃道科技有限公司作为参考案例。霍尼韦尔科技体验中心以互动、体验的方式，让来访者全面了解霍尼韦尔最新的技术、产品和服务如何帮助中国在高速的城市化进程中解决能源、安全、效率方面的问题。霍尼韦尔科技体验中心包含了六大体验区，能让来访者全身心沉浸于互动交流的体验，感受霍尼韦尔是如何建立一个至安、至净、至能、至联的世界的。北京傲唯刃道科技有限公司拥有强大的技术研发能力及技术支持能力，创业技术团队全部来自游戏领域的高级工程师，代表着当前 3D 数字互动多媒体技术的领先水准。北京傲唯刃道科技有限公司推出了源于游戏技术的超逼真数字沙盘，实现了光影、波浪、声音及纹理的高清晰展示，且可以实现人机互动。公司研发的体感试衣镜，充分结合了体感技术及 AR、VR 技术，该款试衣镜产品的技术实力已达到国际水准。

(6)运动健康产业

结合泰州市大医疗、大健康产业的优势，依托国医堂发展中医医药养生产业，从医药产品、保健用品、营养食品、医疗器械、休闲健身、健康管理、健康咨询等多个生产和服务角度，围绕凤城河打造健身康复基地和旅游休闲健身区；建立面向老龄人口市场的，集托养、医疗、护理等为一体的老年服务；依托凤城河商务会展产业和医药产业的基础，积极开展健康养生产品的展销活动、健康主题的交流活动等；增强与旅行社、线上销售平台的合作，围绕凤城河的旅游资源，打造医疗康养旅游产品。发展以个性化的健康检测评估、咨询服务、调理康复和保障促进等为主体的健康管理服务产业，形成具有现代休闲特色、现代养生功能的健康产业群（见图 4－7），力争五年内健康产业增加值占 GDP 的比重超过 10%，推广出至少五种享誉全国的健康产品。

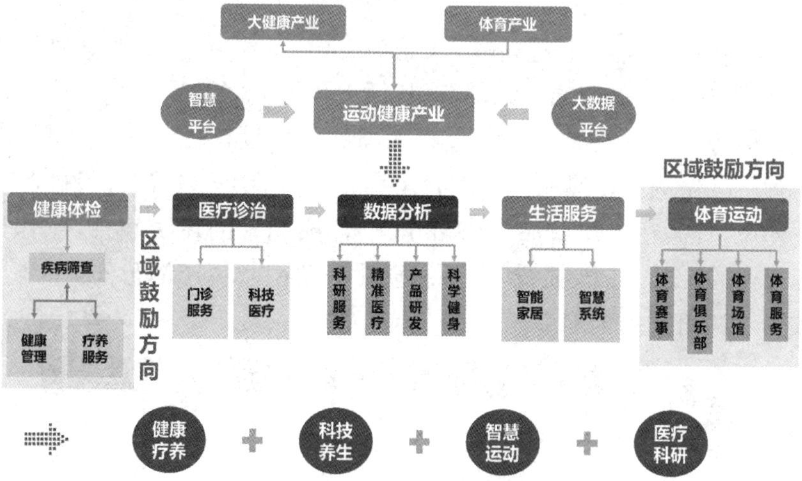

图 4－7　运动健康产业链构建图示

选择威尔士健身、耐克运动广场、北京太申祥和山庄作为凤城河运动健康产业建设的参考案例。威尔士健身致力于成为社区性高档健身会所的代名词，并成功吸引了众多热爱运动的人士成为其忠实粉丝，也让诸多渴望健康生活的人们尝试着踏入健身行列，并最终养成了健身的好习惯。耐克无限运动广场的灵感来源于耐克 LunarEpic 系列跑鞋，长约 61 米。夜晚，从城市的上方看下去，巨人脚印一样的跑步场闪耀着炫彩的灯光，让人忍不住想上去跑一跑。北京太申祥和山庄始终倡导以儒家文化为基础,提倡“天人合一”与“和为贵”的思想,致力于建成以健康养生、养老、休闲度假等为主的综合性山庄,并且它还是全国首家推行会员制养老模式的国际敬老院(见表 4-7)。

表 4-7　全国老年康养连锁品牌

老年康养连锁品牌				
太申祥和	爱暮家	椿萱茂	保利健康	泰康之家
光大汇晨	慈爱嘉	新东苑・快乐家园	国寿嘉园	万怡医养

(7)教育培训产业

针对性地选择凤城河内已有的教育培训资源进行联合打造,合作共进,优劣互补,以高标准的教育水平为切入点,建立良好的口碑,增强其教育培训产业的竞争力(见图 4-8)。着力打造教育研发机制,增强教育产业链的上游优势,从而使凤城河的教育培训产业占据主导优势。通过发展在线教育和加强品牌建设,积极占领泰州市的教育市场份额。使凤城河的教育培训行业具有完善的硬件设施和软件环境,提高在泰州市场的占有份额,建成完善的在线教育,使其具有齐全的产品 APP、在线一对一、直播等新型教育产品形态,将线上教育市场拓宽到全国市场。

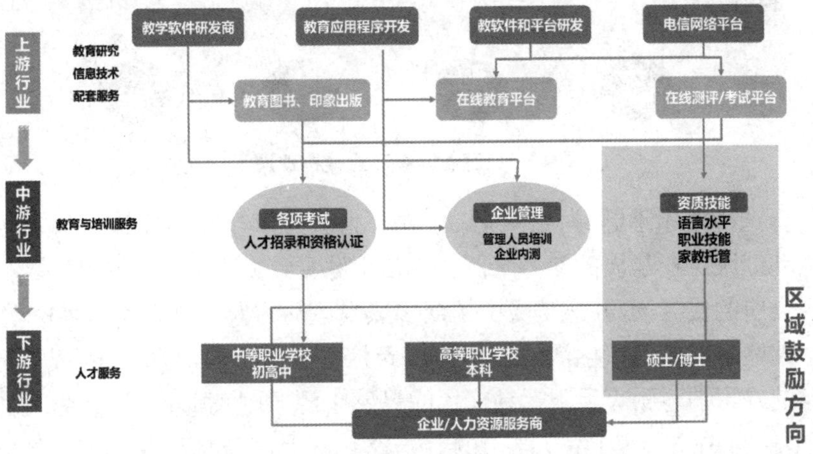

图 4-8　教育培训产业链构建图示

凤城河教育培训产业建议引进的企业为中国戏曲学院、WayPal英语和迈斯通国际英语。中国戏曲学院成立于1950年1月28日，1978年10月经国务院批准升级为中国戏曲学院，并招收第一届本科生，从此揭开了中国戏曲艺术教育的新篇章。WayPal英语基于北外、外研社的国际视野与教学资源，以及崇佳信息的互联网技术和运营能力，打造“大阅读(BIG・R)”概念，致力于以阅读教育为切入点，从语言素养、学科素养和人文素养三大层面打造在线英语教育品牌。迈斯通国际英语专注英语口语，“纯英文、全天候、浸泡式”的环境模式，将语言的学习融入生活，让学员讲一口地道的英语，荣膺“2016年度最具影响力外语教育品牌”。

(8) 文化创意产业

利用凤城河区域已有的文创资源，将创意产业融合到金融、科技、旅游、餐饮、医疗、教育等多类产业形态中，以数字技术、AR等高新科技手段来改造提升传统产业，实现演艺、旅游、节庆会展、休闲娱乐等行业的创意高端转变，形成凤城河创意产业的集聚与品牌效应，构建新型的，集研发、孵化、服务和投资功能于一体的高端创业和众创空间。计划到2020年年末，凤城河文创产业成为地区主导产业之一，建成1个国家级文化创意产业基地、3个省级文化创意产业园区、200个文化创意工作室和众创空间互为补充的载体格局，培育10家国内外知名的文化创意企业和集团，构建5个专业实效的公共服务平台。力争三年内形成结构更优化、特色更鲜明、布局更合理、优势更突出的凤城河文化创意产业集群(见图4-9)，产业辐射带动效应更加强劲。

范特喜微创文化有限公司和798创意产业园是凤城河文化创业产业发展的参考案例。范特喜微创文化有限公司成立于2011年，主要业务是将闲置老旧建筑进行空间改造，引进微型创业者，打造文化创意群落——文化社区。范特喜对每个店铺的经营理念、产品设计及宣传推广都需要进行系统分析和严苛遴选，这保证了范特喜微创文化社区的整体高水准和商业上的成功。另外，社区功能的补充和房屋土地价值的提升，也为原有社区带来了生活品质的提高。2009

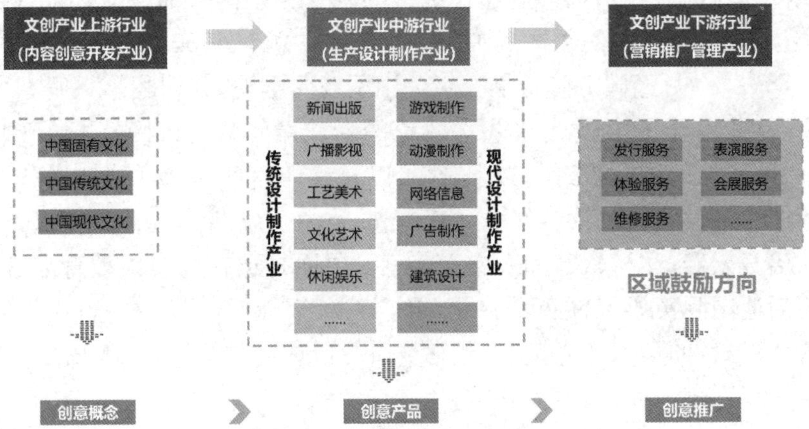

图 4-9　文化创意产业链构建图示

年,大华厂为顺应首都产业结构和功能布局调整的趋势,主动将自身主产业外迁,在原厂区创建了"中关村 768 创意产业园"。依据"先进入高端产业,再逐步达到产业高端"的园区定位原则,768 创意产业园将园区定位为打造文化科创融合,"产业生态"与"自然生态"和谐发展的"双生态"园区。目前,768 创意产业园区 90%以上为文化科技融合的建筑设计、景观设计、互联网应用设计、数字多媒体设计等设计创意类企业。

(9) 主题偏好——婚庆产业

凤城河的特色婚庆产业主要为婚庆产业链中的核心产业、配套产业部分,主要依托桃花扇·1699 古风园的十里桃林、桃花仙爱情主题公园等项目,提供婚纱摄影、婚礼服务、婚纱礼服服务等一系列婚庆产业服务。联合旅行社、酒店、景区等相关产业,将凤城河的婚庆产业整合成一站式婚庆服务产业,三年成为泰州市婚庆产业的整合者和领航者,使泰州凤城河区域成为长三角地区的婚礼蜜月度假目的地,争取成为全国重要的浪漫爱情婚礼文化展示地。

(10) 主题偏好——亲子产业

为了适应现代旅游的新需要,休闲亲子产业的核心产业链主要依托玻璃城墙、镜子迷宫等项目,构建凤城河的休闲亲子产业,主要提供亲子民宿、亲子餐饮、趣味游乐等服务。其盈利主要围绕亲子服务和科普教育两个方面,包括趣味性情景体验活动、亲子科普教育、特色营养儿童餐饮和主题产品销售。树立凤城河的亲子品牌,带动相关产业的发展,争取在三年内打造出省内的"亲子游圣地""科普教育示范区",五年内建成国内知名的亲子游目的地、"研学教育基地"。

3. 区域产业运营的操作思路

杭州西湖景区、玄武湖景区是城河案例中运营成功的典范,故将这两个景区作为运营标杆案例,探索泰州凤城河运营模式。

西湖风景区是一个集文旅、休闲、度假、商业、娱乐、会展、文创等功能于一体的旅游目的地。2002 年,杭州设立了西湖风景名胜区管理委员会,由这个专项部门负责牵头管理 60 平方公里的西湖景区的保护、利用、规划和建设。同年,西湖风景区还率先推行了免门票制度。为弥补免门票制度带来的资金缺口,管委会尝试将景区内部的商业服务设施以拍卖的方式寻求租赁者,并逐渐演变为景区的主要收入,彻底打破了以往仅依赖门票收入的旧模式。2010 年,西湖风景区管委会成立了国有独资的杭州西湖风景名胜区资产经营集团有限公司,市场化运作景区资源,发展文化产业、旅游商贸产业、电子商务等产业。西湖景区"免费+周边消费"的商业模式促进了杭州城市旅游在食、宿、行、游、购、娱等相关服务业的发展。杭州西湖景区运营最突出的特色表现在还湖于民、全线贯通和夜间活动三个方面。2002 年 10 月起,环湖公园 24 小时免费开放,西湖景区成为中国第一个不收门票的 5A 级风景区。根据不完全统计,在西湖风景名胜区管委会管辖范围内的 103 处公园景点中,84 处免费开放——杭州真正做到了"还湖于民"。收费的 19 处景点,以各级文物保护单位为主,如岳王庙(墓)、六和塔、三潭印月等。西湖景区日常管理经费的来源,一是这种"免费为主、收费为补"的经营模式中的部分门票收入;二是市场运作而获得的补偿收入,包括但不限于拍卖、出租或承包景区商业网点特许经营权等[①]。以花港观鱼为例，免费的前一年，门票收入为800万元，免费开放后，一年新增了200万元的管理维护费用。此后，仅物业出租一年就有2 000万，相当于净增加了1 000万。西湖景区内的商业网点、各类游览车船等旅游服务设施的租赁、经营所得，不仅弥补了西湖景区因免费景点增加、面积扩大而增加的2 500多万元的养护管理支出，还回补了门票损失。2002年10月起，杭州通过营建三维水路公共交通系统，全线贯通景区内部空间，带领游客深度感知西湖。西湖景区交通方式多样化：一是电瓶观光游览车，行车路线为环绕西湖一圈，费用为40元，一圈分为四个站点，一站点与另一站点之间是10元；二是水上巴士，游客可以自行选择画舫、休闲船、自开船、自划船或者手划船，在原有上岛游和环湖游的基础上，开发西湖夜游、商务包船、婚庆包船等旅游产品，打造“画舫礼宾队”“西湖船娘”等特色品牌，满足不同层次游客的多样化需要；三是环湖自行车，通租通还，方便游客深度骑游杭州城。杭州全城系统化亮化提升，通过灯光效果营造杭州历史与现实交汇的独特韵味，展示杭州的文化之美、山水之美、建筑之美、时尚之美和活力之美。西湖沿线的灯光和湖中三岛的灯光连成一片，以智能化控制灯光秀，表现了西湖的四季变换。湖滨三公园附近的湖面上设有西湖音乐喷泉，长约100米，宽约2米，形状呈弧形，整个音乐喷泉主要有六大喷嘴类别，灯光上全采用LED水灯，每盏灯可进行不同颜色的转变。精心设计的喷泉喷嘴可以360度旋转，配上中国古典音乐、节奏感十足的进行曲等，可以喷出多种形状的水柱、水雾、水球。引入《印象西湖》都市山水实景演出[②]，年接待约40万中外游客，让观众在一小时内读懂西湖，读懂杭州。

玄武湖占地面积437公顷，水面面积约368公顷，湖岸呈菱形，是南京历史最悠久、水域最宽、岛屿最大的湖泊。2010年10月1日

① 以西湖景区南线为例，取消门票后，沿线商铺的拍卖总收入当年就达到了700万元。

② 该演出与西湖、灵隐寺一起被全球最大的旅游评论网TripAdvisor（猫途鹰）评选为“三大来杭必游景点”。

起，玄武湖景区正式向海内外游客免费开放。2016 年 9 月，玄武湖正式获批为国家级水利风景区，成为中国第一个 4A 级旅游景区申报成功的国家水利风景区。玄武湖风景区由南京市旅游园林局下属的玄武湖公园管理处负责管理，采取自收自支的运营方式。景区要以观光、休闲、餐饮、娱乐、零售、会议会展、体育、婚庆等功能业态为主。目前，景区的发展定位是成为展现南京园林特色的城市中央公园和城市窗口。为此，玄武湖景区联合明城墙，积极申报创建国家 5A 级景区。玄武湖景区运营最突出的特色表现在智慧景区、精准管理和主题节庆三个方面。玄武湖风景区在 2011 年就开始推行“智慧景区”建设，通过线上商务服务和智能实时管理，实现景区管理和运营的数字化、智能化。玄武湖智慧化集中体现在游客数据分析、旅游市场深度合作和手机应用体验加强三个方面。玄武湖景区通过游客信息收集，对景区范围内游客数量、停留时长、客源地分布等信息进行分析，据此开发出有针对性的旅游线路或产品，针对市场薄弱环节补足短板或开发新市场。其次，通过在手机自助旅游客户端上增设酒店、旅行社、门票预订、交通预约等商务服务，丰富了景区的线上客户端服务内容，与旅游市场实现深度合作。玄武湖景区开展各种在线活动，支持包括门票赠送、抽奖、投票评选、照片游记分享等在线活动，手机应用体验加强。玄武湖景区通过实行标准化管理、精准营销，提升了景区的整体品质，提高了工作效率，加强了景区的核心竞争力。标准化管理让景区各项工作更有保障，精准的工作分配提高了整个景区的工作效率，精准的营销更好地定位了目标市场。2013 年，玄武湖风景区摒弃经验型管理，开始进行标准化管理，包括组织网络、管理标准、资料数据库、定额管理、责任落实、管理制度、考核细则 7 个子体系，有效保障了景区各项工作的开展和落实。在 2014 年年初，玄武湖景区根据环境卫生、园林绿化和市政设施等要求，建立了完善有效的劳动分配机制，为景区的资金预算分配提供了科学依据，进一步优化了劳动组合。玄武湖景区改变了传统的营销模式，利用大数据分析、物联网等智能系统来有效地实施精准营销，精准定位适合自己发展的目标市场。玄武湖景区利用四季花卉主题活动和相关节庆赛事，形成大小活动接连不断、人流不息的局面，其中四季花卉主题活动吸引了大量的游客。景区每年都会针对樱花、荷花、菊花、梅花这四种主题花卉举办四季节庆活动，吸引人流量。例如，2017年的樱花节为期一个月，景区专门制作了赏樱手绘地图，制定了三条路上和一条水上赏樱路线，并设计了插花盆景展、阅读会、文创市集、汉服秀表演等一系列主题活动来吸引游客。接连不断的活动赛事创造了诸多高潮：景区引入的一些主题赛事活动，如世界帆船大赛、广场美食节等，吸引了人流量。景区内的奥帆帆船俱乐部就主要从事帆船运动的培训。

风城河的长期目标是从凤城河景区发展为凤城河文化旅游度假区，最后成为凤城河文旅产业集聚区。第一步，推动现有旅游资源和项目的整合利用及提档升级，推出集休闲娱乐、特色餐饮、医疗养生、科普教育等功能于一体的凤城河风景区，影响力辐射长三角都市圈，初步树立凤城河文化旅游的品牌形象。第二步，要基本完成文化旅游景区内核心项目的建设，形成完整的“吃住行游购娱商养学闲情奇”文化旅游产业链，使游客停留时间变长，特色餐饮、医疗养生等产业形成区域公共品牌。第三步，重点推动凤城河与老城区文化旅游的联动发展，完善基础配套，提升整体区域能级，打造凤城河文旅产业集聚区。

凤城河近期的突破点有三处，门票多元化、游船智慧化和产品创意化。门票多元化方面：新增的景点分类别售票，如透明的城墙闭园售票，MINI运动公园按项目收费；推出特色套票，如亲子游套票、情侣套票等；大部分景点和环形步道免费向市民和游客敞开。游船智慧化从船票、游船类型和游船功能三个层次递进：开发游船电子票，激活后，可六小时内通过电子验证在任意码头乘船游览；除传统画舫外，增设全景天窗游船、游艇等现代游船；开发游船的会议、住宿功能，增加游船的体验功能。产品创意化包括四个方面：树立泰州特产公共品牌，对产品进行礼品化精包装；按人物或主题思想编辑出版泰州学派经典书籍；开发独具泰州特色的凤城河游船、垛田模型；设计具有泰州元素的文创产品。

凤城河风景区有两个阶段的盈利类型，包括产品直接收入、溢价型收入，最终实现两年景区综合收入翻番，文旅集团自身经济效益和国有资产增值双盈利。产品直接收入（旅游经营综合收入）[①]包括景区门票收入、直接产品销售收入、文创产品收入、娱乐项目收入、特色餐饮收入、酒店民宿收入、场地租赁收入、科研出版收入、合作股份收入、创业创客经营收入、景区联动收入、各经营主体税收收入和自持产业的营销收入。溢价型收入（品牌输出）包括品牌输出收入（凤城河品牌附加值增加带来的收益）、地产升值收入（凤城河品牌价值提升带来的周边地产升值）和研学教育收入（国际高端会议带动产学研发展）。

三、区域特色文化的品牌塑造

美国杜克大学富奎商学院凯文·莱恩·凯勒在《战略品牌管理》一书中指出："地理位置或某一空间区域，也像产品和服务一样，可以成为品牌，品牌化的力量就是让人们了解和指导某一区域，并将某种形象和联想与这个城市的存在自然联系在一起，让它的精神融入城市的每一座建筑之中，让竞争与生命和这个城市共存。"[②]城市文化品牌以城市文化资源为基础，每个城市的文化都有其独特的个性，或传统文化历史悠久，或现代文化具有创新性，这些特点往往依托城市文化品牌载体呈现出来，塑造个性化的城市文化品牌，将文化作为提升

① 就凤城河景区而言，包括：园区传统门票收入；各类型套票，如情侣套票、夜游套票等；新辟景点透明的城墙、活水泰来奇妙世界等门票收入；MINI 运动公园的服务设施收入；游船游览及供应早茶、特色简餐收入；精包装、礼品化的泰州特产售卖收入；泰州学派经典典籍售卖收入；文创产品销售等；物业场地租赁收入；自持高端民宿、特色餐饮等收入；婚庆产业链收入；各博物馆进行临时展览的场地租赁收入；艺术表演门票收入，如大型水舞秀表演；VR 体验、展览会等门票收入。

② 凯文·莱恩·凯勒.战略品牌管理.李乃和，译.北京：中国人民大学出版社，2003：5

城市吸引力、竞争力、影响力和软实力的核心要素，作为推动创新驱动发展、经济转型升级的重要动力。上文已对泰州文化进行了系统梳理，现在如要塑造泰州城市文化品牌，可以从以下几个方面展开：采用立体式营销，全方位推介泰州文化和城市形象；利用朗朗上口的广告语，推广泰州的城市形象；结合现有的节庆活动提档升级，打造独具泰州魅力的主题文化节庆活动；以本地特色菜品打造泰州特色早茶、中医药养生宴、江鲜特色水席三个系列的特色饮食，强调原料的时令化、厨艺的特色化及养生保健性；结合现有的产品，进行创意化加工和艺术化包装，形成泰州伴手礼系列。

1. 城市文化品牌营销

采取立体式营销方式，全方位地推介泰州文化和城市形象。评选一个形象大使，可以是泰州文化的代表性人物，也可以是泰州籍公众人物，还可以是一个卡通人物形象，如凤凰宝宝，带领游客进行文化体验，并传承泰吉祥的理念。制作宣传册，重点需涵盖凤城河的特色项目、主题住宿及交通状况，并以礼品形式发放宣传册。通过微信、微博等渠道设公众号，增设旅游网站，为游客提供在线一站式预订套餐等服务。制作一个景区宣传片，如凤城河人家，介绍景区重点项目及文化特色，在网络、电视等主流媒体上进行推介，从多个维度全方位地推介泰州的城市形象与特色文化。

设计朗朗上口的广告语，如：

泰州美，泰吉祥

君子不独乐，天下聚泰州

风生水起，有凤来仪

风生水起，否极泰来

凤城河畔梅兰桃柳，泰州城里诗情画意

在泰州，吉祥是一种生活方式

在本地特色菜品的基础上进行再创造，打造泰州特色餐饮体系，输出泰州本地特色的餐饮品牌。以本地特色菜品打造泰州特色早茶、中医药养生宴、江鲜特色水席三个系列的特色饮食,形成地方特色菜肴套系,强调原料的时令化、厨艺的特色化及养生保健性。中医药养生宴立足泰州的医养优势,结合传统中医理论——药食同源、寓医于食,达到防治疾病、强身健体、健脑益智、美容养颜等目的,集绿色生态的健康食材和精心挑选的中药材于一体,使药性和食料完美契合。该套系选取泰州本地特色的银杏、铁皮石斛、秧草、马兰头等材料,以基本食材为主,选用平和滋补的中药,经过特殊加工,制作出可供长久服用的菜肴、饮料、糕点等美味佳品,易为人接受,在满足饱腹之欲后,达到养生保健的功效。泰州特色早茶是利用鱼鲜、虾鲜、蟹鲜、蔬鲜四种地产原料,秉持保留食材原香原味、健康养生、现做现食的原则,精细制作的地方特色美食。选取泰州本地特色的干丝、鳝鱼、螃蟹、河虾、荠菜、秧草、马兰头等材料,在凸显市井地道风味的同时,还是以汤水为主,讲究实惠美味。通过"茶水—应时小菜(浇头)—烫干丝—点心—鱼汤面"的上菜顺序,塑造泰州早茶的仪式感。泰州早茶吃的是一种精细,传递的是一种文化,体验的是一种不疾不徐的生活方式。江鲜特色水席立足泰州丰厚的水产资源——江鲜、河鲜及水蔬,选取泰州本地特色的刀鱼、鲥鱼、河豚、螃蟹、河藕、菱角、荸荠等材料,制作富含泰州特色的鲜香水席,感受食材的原真鲜香。江鲜特色水席主打淮扬菜,以鲜活的原料、精细的刀工,秉承古人"以火为纪"的烹饪纲领,通过精准的火工调节,体现了菜肴鲜、香、酥、脆、糯、烂的口味特色,展现了淮扬菜的细腻精美,雅丽格调。除地方特色菜肴套系设计外,还会将餐饮空间艺术化设计,包括空间主题、餐厅标识和灯光,将泰州悠久丰富的文化融入餐饮空间中,营造具有特色文化的饮食体验空间。在餐饮空间的内部装饰陈列上,运用凤城河文化元素,如梅兰芳、凤凰等,展现浓郁的地域风情和文化底蕴;在餐厅内部指引标识、菜单、餐具等内容上,实现 VI 系统利用与主题相符;合理配置餐厅用餐区、点餐台、立面照明等区域光源的角度和色温,使菜品与整体环境相融合,展现空间美学。

以泰州文化为基础,设计泰学问、泰吉祥、泰有戏三个系列的泰州创伴手礼。泰学问系列文创商品遴选有关泰州学术的文化符号，进行文化创意。该系列文创商品主要运用了泰州学术发展史上的有关人物，如范仲淹、王艮、李贽、李渔等人，以及他们的主要思想、经典语录和代表作品等元素，来进行艺术化的提炼。成品以学习用具、商务礼品为主，主要包括便签本、书签、笔记本、U盘、纸胶带、名片夹套盒等。泰吉祥系列文创商品是依据泰州人信仰吉祥这一主题设计的，利用泰州有关吉祥的元素，如光孝寺的最吉祥殿、《佛说吉祥经》、凤凰等来进行艺术提升。成品主要包括凤凰元素饰品、吉祥元素手机壳和钥匙扣、吉祥花灯、太平吉祥风铃、凤凰玩偶汽车摆件、吉祥收纳包。京剧、淮剧、评弹三种戏剧在泰州市民的日常娱乐生活中扮演着非常重要的作用，泰有戏系列文创商品是依据这三种戏剧来设计相关文创产品的。利用泰州三种戏剧中涉及的人物、服饰、装扮、经典剧目等元素，例如梅兰芳、孔尚任、人物脸谱等，进行抽象化、艺术化的再创作。成品主要包括戏剧扮相人偶、戏剧脸谱口罩、戏服元素丝巾、戏剧脸谱风筝、戏剧化妆品套装、戏剧元素手工背包等。

2. 文化旅游节庆主题

旅游节庆设计要综合考量活动的季节性、主题性、联动性和落地性四个方面，充分结合规划区域的资源特色和市场特点，确保节庆活动可参与、可落地，避免纸上谈兵(见表4－8、表4－9、表4－10)。

首先是季节性，综合考虑春、夏、秋、冬四季不同节令的特点，按照“月月有活动”的设计理念，依据泰州凤城河的不同特色文化及民俗，对现有节庆进行整合创新，设计主题活动。其次是主题性，即活动的特色与趣味定位，四季主题活动和12个月主题活动设计，主要是聚焦群众目光，帮助城市持续引流，延续活动热度。再次是联动性，在整合现有资源的基础上进行创新，与现有活动联动，延续前期成功举办的“泰州水城水乡国际旅游节”，将其丰富提升，成为品牌活动；并与周边旅游景点或场地联动，鉴于凤城河自身资源、空间等限制，举办活动时，可与相关场地形成合作，联动协同开发活动节庆。最后是落地性，活动设计的落地性是成功举办活动的关键，包括参与人员、时间、活动举办地等因素。

表 4-8　四季主题活动设计

	活动主题	活动内容
四季主题活动	泰州最美·城市慢生活	延续现有的“泰州水城水乡国际旅游节”，开展凤城河游河品早茶活动、戏剧表演体验等活动
	泰州有戏·国际戏剧节	邀请世界各地、各个剧种的表演艺术团体来泰州进行表演，每年设定不同的表演主题
	学在泰州·世界城河论坛	奇数年份举办世界城河市长论坛，偶数年份举办主题学术讨论峰会
	乐在泰州·来泰州过大年	让游客感受泰州的年俗，包括体验泰州特色早茶、养生膳食、民俗活动等

表 4-9　12 个月主题活动设计

月份	活动名称	活动场地	活动概述
3 月	“花神令” 最美桃花节	泰美十六铺 桃花扇·1699 古风园	传统游戏 品花食 花神会
4 月	“汇贤雅” 少年国学会	泰学硅谷 太古儒学 SOHO 街区	蒙学教育 国学竞答 礼仪教育
5 月	“天之骄子” 素拓大赛	MINI 运动公园 透明的世界 泰州森林	亲子会 素拓营 比高低
6 月	“一日之计在于晨” 早茶节	柳下说书园 梅兰芳艺术殿堂 泰州味道生活街区	品早茶 早茶会 习技艺

（续表）

月份	活动名称	活动场地	活动概述
7月	“凤求凰” 浪漫鹊桥会	桃花扇·1699古风园 “凤城之眼”环形水街	情侣默契 速配活动
8月	凤凰唱吉祥	梅兰芳艺术殿堂 桃花扇·1699古风园 文昌水秀	古风艺术表演 传统剧种表演 现代古风音乐
9月	“每一天都是新的” 创意生活秀	T11艺术购物中心 盐税文化艺术空间	创意制作 设计大赛
10月	“BABY BOSS” 职业体验之旅	T11艺术购物中心 活水泰来奇妙世界	职业体验 未来梦想秀
11月	“凤河之舞” 浸入式数字艺术展	活水泰来奇妙世界 大智云物移未来科技园	四维空间 数字艺术
12月	“清修隐悟” 禅修静心之旅	南山佛苑泰州 吉祥文化溯源地	禅修体验 禅修讲堂
1月	泰学研究汇	泰学硅谷 太古儒学SOHO街区	主题论坛 儒学教育 儒学研究
2月	“神农尝百草” 中医养生节	寿比泰山养生谷	品养生茶 尝养生斋 习保养方

表4-10　12个月主题活动具体描述

活动名称	活动主题	活动概述
“花神令” 最美桃花节	桃花依旧 笑春风	传统游戏：行花神令、投壶、踢毽子等
		品花食：品尝特色鲜花创意食物
		花神会：花海观花灯、灯谜竞猜
“汇贤雅” 少年国学会	少年强则 中国强	蒙学教育：学习传统国学经典
		国学竞答：国学知识竞赛
		礼仪教育：四礼八仪主题教育

(续表)

活动名称	活动主题	活动概述
“天之骄子”素拓大赛	男儿何不带吴钩	亲子会:开展亲子活动
		素拓营:进行素质拓展训练
		比高低:举办素质拓展比赛
“一日之计在于晨”早茶节	水包皮里品人生五味	品早茶:品茶丰富多样的点心小吃
		早茶会:各行各业的主题分享活动
		习技艺:参观学习小吃制作技艺
“凤求凰”浪漫鹊桥会	凤求凰成双舞	情侣默契:开展情侣默契考验活动
		速配活动:互相交流,表达心意等
凤凰唱吉祥	妙音传古韵	古风艺术表演:有关吉祥文化的艺术表演
		传统剧种表演:京剧、淮剧、评弹等多剧种
		现代古风音乐:现代古风音乐表演
“每一天都是新的”创意生活秀	给想象插上翅膀	创意制作:动手制作创意作品
		设计大赛:原创设计作品大赛及优秀作品展览
“BABY BOSS”职业体验之旅	行行出状元	职业体验:体验不一样的职业生活
		未来梦想秀:儿童体验未来的职业梦想
“凤河之舞”浸入式数字艺术展	人在画中游	四维空间:展示主题文化,如凤城河、泰州历史
		数字艺术:欣赏光与影的艺术
“清修隐悟”禅修静心之旅	清溪清我心	禅修体验:瑜伽分享,户外晨练、禅音唱诵等
		禅修讲堂:养生知识讲座、养生文化论坛等
泰学研究汇	国际儒学论坛	主题论坛:国内外儒学研究主题会议论坛
		儒学教育:儒家经典教育
		儒学研究:开展儒学思想主题研究活动
“神农尝百草”中医养生节	牵手国医,助力养生	品养生茶:赠送养生茶饮,售卖中药养生套装
		尝养生斋:品尝养生食疗膳食
		习保养方:学习中医养生知识

3. 凤城河特色文化形象独立 IP

凤城河文化 IP 塑造是一个逐步递进的过程，以点带面，首先对现有吉祥物进行提升，现有吉祥物凤宝的品牌影响力不显性化，需提升品牌影响力和辨识度，打造凤城河公共品牌 IP。其次是品牌故事营销驱动，挖掘凤城河吉祥文化，运用现代化的表现形式，丰富凤城河品牌故事的内涵，以此为着力点来进行营销推广。再次是构建专属 IP 粉丝，精准定位粉丝群体属性，打造特色文化资源，形成粉丝营销效应。最后是塑造凤城河区域公共文化品牌 IP 联盟，围绕 IP 形成动漫、游戏、电影、电视剧、文学、主题公园、衍生品、酒店、艺术品、教育、培训等相关产业共同发展的自循环产业生态圈。以西安文化 IP 为参考案例，其特色是衍生内容产业，实现 IP 商业变现。“兵兵有礼”系列提取兵马俑为主要元素，宣传地域传统文明，以生活用品、商务文具等核心产品为基础来进行产品迭代，催生影视、动漫等衍生产品，甚至辐射到空间形态——打造多种业态融合的文创品牌商店“兵兵的博物馆商店”。唐妞系列利用长安文化元素，联合各方资源，联动全媒介进行多维立体营销，在保留传统文化韵味的同时，迎合当代审美观念。产品纵向延伸，从一个 IP 发展成一个 IP 体系，再实现向一个品牌集群的转变。

中篇　有凤来仪

——特色文化新创造引领四平城市转型

第五章

四平城市文化资源的挖掘与背景审视

吉林省地级市四平市，地处松辽平原中部腹地，是吉林省的南大门，东与长白山余脉相接，西与内蒙古科尔沁草原相邻，是东北地区重要的交通枢纽和物流节点城市。“现代城市社会的核心性竞争力资源具有可再创造性，如城市投资环境、城市人的素质、城市旅游资源、城市会展经济、城市文化产业、城市创意产业、城市的管理环境与水平、城市的文化魅力等，都可以通过新的建构模式构成一个新型的城市核心性竞争资源体系——四平城市文化资本的构建，而且这些‘资源体系’的外在表现，集中体现在城市的整体形象与‘城市文化资本’的丰厚程度上。”①四平城市的历史可以追溯到3000年前的商代，素有“英雄城”和“东方马德里”之称，悠久的建城历史为四平孕育了丰富的人文历史文化，满族文化、红色文化、民俗文化、现代文化等多元文化类型在此地交织，绽放出独特的光彩。系统梳理特色文化资源，审视城市文化发展的内外部环境与条件，形成具有独特核心竞争力的文化资源体系，构建四平城市文化资本。

---

① 张鸿雁.城市文化资本论.南京:东南大学出版社,2010:44

一、从"文化资源"到"文化资本"的基础梳理

四平城市文化资源的特色化、类型化明显，在不同的历史发展进程中形成了不同的文化体系，文化资源梳理从特色文化资源的归类整理、分类评估和量化统计三个方面着手，为文化创造性演绎和建构奠定了基础。

1. 特色文化资源的归类整理

战国至近代，四平形成了诸多具有代表性的文化。战国至元代是古城遗址文化，代表性资源有二龙湖古城遗址、偏脸城遗址；明代是满族发祥文化，代表性资源有叶赫部城址东西城、叶赫部城址商间府城；清代是柳条边文化和二人转文化，代表性资源有布尔图库苏巴尔汉边门衙门旧址、于家沟抗俄斗争纪念地；近代是铁路文化和红色文化，代表性资源有中东铁西路南满支线四平段接车修理库、四平解放烈士纪念塔。

（1）古城遗址文化

二龙湖古城遗址坐落于战国燕境之北，是最古老的城址之一。遗址位于四平市石岭子镇二龙山村北崴子屯南1.5公里，东临二龙山水库。城址平面呈方形，方向26度。二龙湖古城遗址于1983年的文物普查中被发现并著录，时称"北崴子古城"[①]。根据二龙湖古城遗址的地理位置可以判断，古城在当时起到了重要的军事作用，俯视东辽河，背依大黑山，是燕国北方五郡的前哨阵地。二龙湖古城遗址的发现把燕国北部疆域向北推进了约100公里，对研究当时东北地区民族分布及政权归属关系、社会经济状况等都有重要的历史价值

① 吉林省文物志编委会. 梨树县文物志. 长春：吉林人民出版社，1984：133

和学术价值。[①]

通过对二龙湖古城遗址中的考古发掘，认定其中遗物大部分是战国时期的，部分形制器皿在河北易县燕下都附近十分常见，是燕文化系统最具有特征的器物之一，其中部分遗物出现年代晚到西汉。据此可以推断二龙湖古城应是一座战国到汉初时期的城址。[②] 二龙湖古城遗址年代认定把汉人对东北腹地的开发时间推前到了公元前三世纪，现已被确认为吉林省境内年代最早的古城之一。[③] 作为燕国势力范围最北的一处城址，二龙湖古城址出土的战国晚期至汉初的文化遗存，是中原王朝治理东北的历史见证。据文献记载，燕昭王却东胡千余里后，“燕亦筑长城，自造阳至襄平，置上谷、渔阳、右北平、辽西、辽东郡以拒胡”。[④] 燕北长城西段已经勘定，东段走向一说认为经彰武、法库、开原、新宾、宽甸入朝鲜，一说认为经彰武、法库后入铁岭、沈阳、抚顺、桓仁、宽甸抵鸭绿江。故有学者认为，二龙湖古城应该属于燕国长城线外的屯戍类城址及遗址。[⑤] 二龙湖古城周长近800米，已初具县治规模。城周围发现了多处类似于二龙湖城址的灰色绳纹陶片及铁镬等器物，说明在二龙湖古城的使用时期，城外很可能也有相当数量的人居住或活动，而二龙湖古城无疑是其中心和重镇。遗憾的是，燕辽东属县在史书上记载阙如，性质因此难以确认，只能有待于进一步的研究。[⑥]

偏脸城是徽宗和钦宗的囚禁之地，也是辽金的军事重镇。城址位于吉林省梨树县县城北4公里处白山乡岫岩村白山咀子山岗的南坡，毗邻招苏太河，是金韩州城遗址所在。古城顺山坡横下，四面高墙清晰可辨，全城地势不平，西北高而东南低，方向东斜，有如偏歪的

① 梁会丽，隽成军，王长英. 四平市二龙湖古城遗址2009年抢救性发掘. 北方文物，2012(4)：36

② 朱永刚. 吉林省梨树县二龙湖古城址调查简报. 考古，1988(6)：512

③ 李殿福. 吉林省西南部的燕秦汉文化. 社会科学战线，1978(3)：233

④ 司马迁. 史记·匈奴列传. 北京：中华书局，1982：2906

⑤ 李殿福. 东北境内燕长城考. 黑龙江文物丛刊，1982(1)

⑥ 余静，聂勇，隽成军，王长英，关鑫爵，林世香，高秀华，王新胜，郝海波，谷德平，赵昕. 吉林省四平市二龙湖古城址发掘报告. 边疆考古研究，2012(12)：124

人面，故人称“偏脸城”。偏脸城的东墙与西墙、南墙与北墙，大体平行。每面墙千米有余，宽有 1 米，高五六米。四墙有门，门外有瓮城，南北门与东西门，皆成对应。城墙四角都有突出墙外、高于墙顶的圆形角楼，西墙与北墙外都有护城濠遗迹。① 从城的现状和出土物推断，此城上限不早于辽，或略晚于辽。因城内出土器物大部分属于金代，元代遗物很少见，由此推测此城可能是金沿辽而继续使用的。城内深沟断面的上部有很厚的红烧土堆积，说明该城是被火焚毁，故疑此城到元代已被废弃，而明清时才逐渐移民来此重新开发。②

偏脸古城在辽金时代最早的名称是九百奚营，归临津县管辖。金代，韩州原在柳河县(现辽宁省昌图县八面城)，后迁至这里，九百奚营处在交通要塞，故偏脸城成为南北往来必经之重镇。当时，宋金之间南北往来的交通大道是出榆关千州(今山海关)，经沈州(今沈阳)、咸州(今开原县城)、奚营(偏脸城)、信州(今怀德县秦家屯古城)、济州黄龙府(今农安县城)，直达上京会宁府(今黑龙江省阿城区)。《金史・太宗纪》记载：“天会五年(1127 年)10 月，宋二帝自燕徙居于中京。六年(1128)年 7 月，以宋二庶人赴上京，入见乾元殿，封其父昏德公、子重昏侯。10 月，徒昏德公、重昏侯于韩州。八年(1130 年)7 月，徙昏德公、重昏侯于鹘里改路。十三年(1135 年)4 月，昏德公赵佶薨。”③由此可知，两位大宋皇帝被金国幽囚在偏脸城达两年之久。宋徽宗在偏脸城写就《燕山亭》一词：

燕山亭・北行见杏花

赵　佶

裁剪冰绡，轻叠数重，淡著胭脂匀注。
新样靓妆，艳溢香融，羞杀蕊珠宫女。
易得凋零，更多少、无情风雨。

① 吉林省地方志编纂委员会. 吉林省志(卷四十三). 长春：吉林人民出版社，1991：73

② 段静修. 吉林梨树县偏脸古城复查记. 考古，1963(11)：615

③ 脱脱，等撰. 金史(卷三). 北京：中华书局，1983：58

愁苦。
问院落凄凉，几番春暮。
凭寄离恨重重，者双燕，何曾会人言语。
天遥地远，万水千山，知他故宫何处。
怎不思量，除梦里、有时曾去。
无据，
和梦也新来不做。

(2) 满族发祥文化

吉林是满族的故土，上溯肃慎、挹娄、勿吉，下衔靺鞨、女真、满族，都曾经以吉林大地为生活舞台(如图 5-1)。吉林满族最早的先民是肃慎人，远在原始时代，肃慎人就生活在今吉林省境内长白山附近。据《山海经·大荒北经》载："东北海之外……大荒之中有山，名曰不威，有肃慎之国。"不威山即今之长白山，肃慎人应分布在长白山及其北部，属吉林省境内，而四平地区在秦以前即属肃慎。两汉魏晋时期，吉林境内属肃慎族系的粟末靺鞨据有粟末水，驱逐了夫余王，与当地夫余族人通婚融合，故有"浮渝靺鞨"之称，而粟末靺鞨混有夫余族血统。此时，四平属扶余国地。唐灭高丽以后，被称为"粟末靺鞨附高丽者"的渤海国开国者大祚荣，率部众迁徙到营州，武周圣历元年(698 年)建立了以粟末部为主体的政权，后被封为渤海郡王，从此专称渤海。① 唐中叶后，四平属渤海王国。辽代女真族分布于东北各地，部众繁多，其中居于今吉林省境内的女真族主要有生女真、顺化国女真、辽籍女真、长白山女真、回跋女真等部落分支。其中，辽籍女真的地域分布在今吉林省境内的叶赫河、东辽河及四平东南的松辽分水岭，亦即四平境内的主要女真部落。明初以来，居于黑龙江、第一松花江流域的女真各部先后南移，形成东海女真、建州女真和海西女真三支主要部落。当时居住在今吉林省境内的女真人，主要是以海西女真之辉发部、乌拉部、叶赫部和哈达部的一部分为核心。明末，伊通大部分属于海西

① 张云樵. 吉林满族的渊源及衍变考略. 社会科学战线，1992(2)：214

女真叶赫部领地。最终，建州女真的努尔哈赤乘时崛起，完成了统一女真各部的大业。后金天聪九年(1635年)，皇太极下令改女真为满洲，满洲作为一个部族称谓成为女真各部的通称。清代一直沿用满洲之名，辛亥革命后称为满族，直至今日。[①]

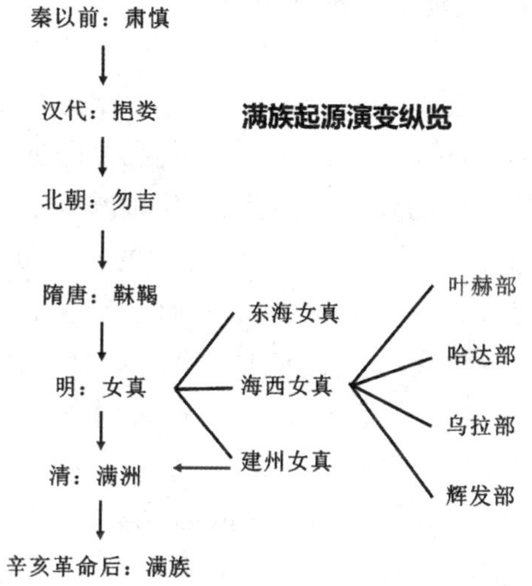

图5-1　满族起源演变逻辑图

叶赫部曾是扈伦四部之首，是满族一脉。叶赫部作为一个地方统治集团，出现于明代万历年间。叶赫部是扈伦四部之一，后逐渐成为扈伦四部的盟主，曾显赫一时，与建州女真抗衡，争分天下，后终被努尔哈赤所灭。叶赫是满族的重要发祥地之一，叶赫部是满族形成的一个重要组成部分。叶赫部原居住在松花江北岸塔鲁木卫，该卫建于永乐四年(1406年)三月，据明实录记载："女直野人头目塔剌赤、亦里伴哥等四十五人来朝，置塔山卫，以塔剌赤为指挥同知、卫所镇抚千百户，赐诰印、冠带、袭衣及钞币有差。"[②]史料记载，叶赫部始祖为星根达尔汗，在第四代祝孔革为左都督佥事时，他率众南迁来到叶赫河岸，以河为名，称叶赫部。1573年左右，祝孔革的孙子清佳努、杨

① 张云樵. 吉林满族的渊源及衍变考略. 社会科学战线，1992(2)：217
② 明太宗实录(卷四十). 北京：中华书局，1983

吉努征服了周围的一些小部落，在叶赫河两岸的山头上，选择险要之地筑起两座城堡。清佳努居西城，杨吉努居东城，都称贝勒(首领)。叶赫两座城池十分坚固，内三层、外三层，易守难攻。叶赫部修建了坚固的城堡，有了广阔的活动区域，且地处半山区，适宜耕作和放牧，这些都为叶赫的崛起提供了良好的条件。

海西四部形成且稳定后，叶赫同哈达、辉发、乌拉结成联盟，称作“扈伦联盟”，哈达为盟主。后来，叶赫向哈达发动军事进攻，随着哈达的衰败，明朝转而扶持叶赫，叶赫部从此便成为扈伦四部的盟主。叶赫部在南迁的过程中不断吸收毗邻蒙古族的成分，从而壮大了部落，与蒙古等部建立了相互有利的军事联盟关系，在经济上与邻近的蒙古部也有密切的往来。通过与蒙古人的联盟，叶赫获得了崛起的重要外部力量。同期，建州女真努尔哈赤也起兵统一了建州诸部，变得强大起来，这直接威胁到海西女真的兴亡。努尔哈赤灭了哈达、辉发、乌拉三部后，在1603年、1613年和1615年三次攻打叶赫，在1619年萨尔浒之战后，努尔哈赤率兵第四次征讨叶赫，最终攻破东城，西城投降。叶赫部的臣民跟随努尔哈赤的军队迁徙到建州，入籍编旗，成为满族成员中的一个重要组成部分。至此，叶赫部不复存在。

叶赫古城遗址东西据险，处于要道。1573年，清佳努与杨吉努在叶赫河两岸筑起两座城堡，称叶赫东城与叶赫西城。其中，叶赫西城因其内城修在一个比较平坦的山顶，故又称叶赫山城，其外城三面环山，一面临河，依险筑城，易守难攻。据《盛京通志》记载：“叶赫城周四里，东西两门，又有叶赫山城，在叶赫城西北三里，城周四里，南北两门。”①这说明叶赫东、西两城是相互可以望见的姐妹城，都在四平市梨树县叶赫满族镇境内。又据《柳边纪略》载：“老城在西，逞家奴居之。新城在东，仰家奴居之。”②可见清佳努居西城，杨吉努居东城。叶赫部商间府城的故址位于梨树县最南端，根据《大清一统志》

①② 张云樵.叶赫古城考察纪略.收录于：金基浩，葛阴山.满族研究文集.长春：吉林文史出版社，1990：69—70

载："又有叶赫珊延府城，距叶赫城里许，相传皆叶赫筑。"①《吉林通志》载："叶赫珊延府城(旧志珊延作商坚)与叶赫城相距里许，周围160步，门一，相传为叶赫所筑。"②经过考古调研的比较分析发现，此城与叶赫古城的遗址、遗物是同一时代的，由此可以认定此城与叶赫东、西古城都是明代后期女真族城堡，彼此应为姐妹城。叶赫部都城故址，不仅有叶赫东城遗址与叶赫西城遗址，还应包括叶赫商间府城遗址。叶赫商间府城与叶赫东、西两城分别坐落在一个不等边三角形的三个顶点上，可以互相支援，形成坚固的防御体系。商间府城南通辽东，北接蒙古，是女真各部与明贸易的必经之地。叶赫贝勒在此以"居停主人"身份，可以坐享其利。③

(3) 柳条边文化

柳条边的修筑大体经过了顺、康两朝。康熙时，杨宾在《柳边纪略》中说："今辽东皆插柳为边，高者三四尺，低者一二尺，若中土之竹篱，而掘壕于其外，人呼为柳条边，又曰条子边。"④其修筑方法就是挖沟取土，沟深宽各一丈，然后利用挖沟之土堆成宽三尺、高五尺的土堤，堤上每隔五尺插柳条三株，各株间再用绳连接横条柳枝，即所谓的"插柳结绳"。除了"插柳结绳"的边墙外，还有柳条边门。为了限制出入的行人车马，在边门又设置了门楼、兵丁房、大老爷府五品防御官府邸、二老爷府八品笔贴式府邸及老爷庙关帝庙等。因时间上的先后，柳条边有新边、老边之分。"老边"又叫"盛京边墙"，从顺治初年开始分段修筑，从山海关至凤凰城设十六座边门，"新边"从康熙九年开始修筑，在吉林省境内由西南向东北设四座边门。⑤

---

①② 张云樵.叶赫古城考察纪略.收录于：金基浩，葛阴山.满族研究文集.长春：吉林文史出版社，1990：70

③ 杨立新.叶赫古城考略.北方文物，1993(4)：42

④ 杨余练，王革生，张玉兴.清代东北史.沈阳：辽宁教育出版社，1991：159

⑤ 薛洪波，肖钢.浅谈清代柳条边.吉林师范大学学报，2004(5)：102

从总的形势看，柳条边是以山海关、威远堡、凤凰城和法特哈四个交通要塞为点所连成的一个“人”字形的封禁篱笆，清政府为了控制交通要道，将边门均设在主要交通要道上。根据边门设置可以看出对所经地方的保护和隔离以及对几个区域的划分。[①] 柳条边的修筑有四个目的。一是防“根本”，清朝将东北视为满洲根本之地，修建柳条边的意图是为了保卫盛京这一根本重地。由于盛京边墙建筑在辽东边墙的基础之上，因此也具备国防作用。二是防“汉化”，为保证满族的独立性，清政府不肯在东北改变骑马射猎的尚武习俗，宁愿土地荒废，也不准汉人开垦，归根结底是惧怕汉人流入太多，根本重地难保。三是保“特产”，满族贵族为了垄断东北特产的经济特权，设置了重重律例，禁止汉族对这些资源进行开发利用，所以这里有“禁中之禁”之称。四是界“盛京、宁古塔、蒙古”，柳条边威远堡一段，是盛京和宁古塔的分界地，而“老边”和“新边”连成的西边一线，则是内蒙古和盛京、宁古塔三个行政区的分界。东北土地肥沃，物产丰富，吸引了大批关外流民逃难至此。柳条边内的满蒙地主为了让大片游牧地能生金叶，不断招募关外汉人来开垦荒地。清政府的封禁政策只能妥协，使柳条边的隔断作用遭到严重破坏。在封禁之内，人们对边内的神秘感也渐渐消失，出入已不再受到严格的限制，最终的废弛也在所难免。清政府结束了长达200年的封禁，在咸丰十年(1860年)废弃了柳条边。新、老边20座边门中唯一保存下来的是四平市山门镇境内的布尔图库兵丁房。布尔图库边门是清代柳条边吉林边墙的第一座边门，满语原为布尔图库苏巴尔汉门，汉译为半拉山塔子门，始建于康熙二十年，光绪末年废弃，现仅存兵丁房。东北地区保存较好的柳条边遗址包括四平地区的三台子、四台子、五台子等地段。

(4) 二人转文化

“二人转”一词最早见于1934年大连市的《泰东日报》，是一种流行于辽宁、吉林、黑龙江三省和内蒙古部分地区的地方戏曲，因各地

① 薛洪波，肖钢．浅谈清代柳条边．吉林师范大学学报，2004(5):103

叫法不同，先后被称为小秧歌、双玩艺、蹦蹦、双条、边曲、风柳、春歌、小落子、棒棒戏、碰碰戏、半班戏等。二人转是在东北大秧歌和河北莲花落的基础上产生的，俗称“秧歌打底，落子镶边”。在其发展的过程中，又吸收了东北大鼓、皮影、太平鼓、民间笑话以及梆子、评剧等众多姐妹艺术的表演形式，最终成为一种具有鲜明特色的艺术样式。作为一种纯粹起源于民间，并为群众所创造、演进、传承、热爱的民间艺术，二人转最初的传承方式主要以民间艺人师徒相继、口口相传为主。[①] 从乾隆四十五年算起，梨树二人转在清代先后历经乾隆至宣统七朝，120 年间薪火相传。据考证，梨树已知最早、最著名的二人转艺人姓齐，以其为祖师而一脉相传，形成二人转艺人谱系——“齐家蔓”。齐某的第二代传人姓刘，于 1770 年以前出生于现在的梨树县林海镇。据《吉林二人转数据库》记载，吉林省的二人转大约形成于 1780 年，即清乾隆四十五年。据此可以断定，梨树县实为吉林省二人转发展的源头之一。刘某是齐某的单传弟子，其演出时间大约在 1790 年，而其师傅齐某最晚也应该在 1780 年前就开始在梨树境内表演初期的二人转了。1850 年前后，梨树二人转在县内已经形成了相当的演出规模；1870 年前后，梨树二人转流入周边县市，在群众中的影响形成了燎原之势。梨树县被中国曲艺家协会命名为“中国二人转之乡”，现正在建设二人转特色产业园区、二人转培训演艺基地等项目。

(5) 诗词文化

四平的诗词文化源远流长。“山一程，水一程，身向榆关那畔行，夜深千帐灯。风一更，雪一更，聒碎乡心梦不成，故园无此声。”这首动人的《长相思》的作者纳兰性德就是著名的叶赫那拉氏后人，他的曾祖父金台吉是叶赫部贝勒，其妹孟古格格即是皇太极生母。纳兰性德与辛弃疾、李清照并列为中国三大词人。近年来，四平积极发展

① 周兴安，廖春江. 梨花飘香、传承创新与弘扬——“中国民间文化艺术之乡”梨树二人转概览. 收录于：2011—2013 中国民间文化艺术之乡全集. 北京：中国戏剧出版社，2013：75—76

以满族著名词人纳兰性德为代表的诗词文化，以吉林师范大学文学院为依托，成立纳兰性德研究会，建设纳兰性德文化广场，兴建纳兰性德主题公园，修建纳兰性德诗词碑林，设立纳兰性德文艺奖，拍摄电视连续剧《纳兰性德》……通过扩大文化名人影响力，传承百年诗词文化，丰富城市文化底蕴，提升城市文化品位，四平已成为纳兰性德诗词的研究重地。

2. 特色文化资源的分类评估

古城址文化中有几座古城遗址发现年代较早，但遗址现场均遭到不同程度的破坏性挖掘，保存完好程度一般；古城遗址普遍位于公路等交通要道附近，区位可达性较好；古城遗址现多以保护为主，尚未充分开发，利用程度很低。以二龙湖古城遗址和偏脸城遗址为代表的四平古城遗址具有丰富的文化意涵和较高的历史地位，未来发展潜力很大。满族发祥文化，叶赫古城遗址已不复城堡形态，保存完好程度较低，但易址复建的叶赫那拉城具有一定的利用价值；叶赫那拉城与转山湖水库风景区相连，交通便利，区位可达性很好；满族发祥文化旅游多以口述历史和城址参观为主，文化性和体验性项目相对缺乏，利用程度一般。当地的满族风俗和传说保存较好，可以向满族风情文化游方向发展，未来开发潜力很大。在柳条边文化的传承中，柳条边大多已被废弃，部分农田中可见遗存，四平现仅存布尔图库边门旧址的兵丁房，保存完好程度较低；柳条边沿交通要道而设，区位可达性较好；柳条边相关遗址只在认识和保护的初级阶段，利用程度较低。柳条边是清代较早的生态工程、交通工程与政治工程，具有较大的历史意义，未来发展潜力一般。二人转文化作为自清代延续至今的活态民间文化，深受东北人民喜爱，普及传唱范围广，保存完好程度很高；目前，东北和四平境内都设有专门的二人转表演场所，可达性较好；二人转演绎出了丰富多样的表演形式，利用程度较高。二人转属于东北乡间地头的纯朴民间艺术形式，在东北地区具有很强的普遍性，其他地区已有成熟的二人转开发品牌，未来开发潜力一般。诗词文化以纳兰性德为主体，纳兰性德词作现存 348 首(一说为 342 首)，保存完好程度较高，但是相关历史实体遗存较少，多为现代复建的纳兰主题景观，历史意义有限。四平已从纳兰性德文化广场和纳兰性德文艺奖等多方面入手，进行纳兰诗词文化的开发，利用程度较高。纳兰性德词作虽然数量不多，但其词风清新隽秀，情感哀感顽艳，所以备受世人喜爱，对于打造四平的精致形象多有助益，未来发展潜力很高。伪满时期的铁路文化遗存和历史上著名的四战四平遗址，使得四平红色文化繁盛，保存完好程度很高；红色文化遗址多位于市区等交通通达处，区位可达性很好；红色文化做足了文化景观、遗址参观等开发，利用程度较高。红色文化多属解放战争遗存，历史意义维度单一，未来开发潜力较低。

3. 特色文化资源的量化统计

对四平特色文化资源进行系统统计，共计有近现代重要史迹及代表性建筑 30 处(见表 5－1)、古代遗址墓葬 259 处(见表 5－2)、民间习俗节庆与艺术 3 个(见表 5－3)、综合人文旅游地 2 个(见表 5－4)，可见四平文化资源数量较多，但类型集中，集约性较强，且现有旅游基础薄弱，文化演绎空间较大。

表 5－1　近现代重要史迹及代表性建筑统计

序号	名称	年代	地区	文保级别	评级
1	中东铁西路南满支线四平段接车修理库	1925 年	铁西区	全国重点	四级
2	四平解放烈士纪念塔	1949 年	铁西区	省级	三级
3	四平战役英雄纪念铜像	1955 年	铁西区	省级	三级
4	四洮铁路四平街车站旧址	1920 年	铁西区	省级	三级

（续表）

序号	名称	年代	地区	文保级别	评级
5	马龙潭公馆	1922 年	铁西区	省级	三级
6	四洮铁路发电厂旧址	1925 年	铁西区	省级	三级
7	四洮铁路东安里旧址	1917 年	铁西区	省级	三级
8	四洮铁路西安里旧址	1917 年	铁西区	省级	三级
9	四平街邮政支局旧址	1917 年	铁西区	省级	三级
10	四洮铁路工程局办公楼旧址	1916 年	铁西区	省级	三级
11	四平战役联军指挥所旧址	1933 年	铁西区	省级	三级
12	马仁兴烈士殉难地	1947 年	铁西区	市级	二级
13	问耻钟亭	1930 年	铁西区	市级	二级
14	四平街“满铁附属地”发电厂旧址	1917 年	铁西区	市级	二级
15	中央大戏院	1939 年	铁西区	市级	二级
16	日本朝鲜银行四平街支店	1914 年	铁西区	尚未核定	一级
17	仁兴路	1948 年	铁西区	尚未核定	一级
18	日本南满铁道株式会社四平街南官房	1917 年	铁西区	尚未核定	一级
19	国民党军 88 师师部旧址	民国	铁东区	市级	二级
20	四平市革命烈士陵园	近现代	铁东区	市级	二级
21	净业莲寺	近现代	铁东区	市级	二级
22	铁东清真寺	民国	铁东区	市级	二级
23	铁东烈士陵园	近现代	铁东区	市级	二级
24	杨木林子小南屯东山日俄战争堑壕	近现代	铁东区	尚未核定	一级
25	霍家沟南山日俄战争堑壕	清	铁东区	尚未核定	一级
26	叶赫城子山日俄战争堑壕遗址	近现代	铁东区	尚未核定	一级

（续表）

序号	名称	年代	地区	文保级别	评级
27	杨木林子西山日俄战争堑壕遗址	近现代	铁东区	尚未核定	一级
28	王家屯东山日俄战争堑壕遗址	近现代	铁东区	尚未核定	一级
29	梨树县革命烈士纪念碑	1949 年	梨树县	县级	一级
30	“四平保卫战”指挥部旧址	1946 年	梨树县	省级	三级

表 5－2　古代遗址墓葬（共 259 个）统计

序号	名称	年代	地区	文保级别	评级
1	赵家窑遗址	清	铁西区	市级	二级
2	致富四社寺庙遗址	金	铁西区	市级	二级
3	前坡林子遗址	金	铁西区	市级	二级
4	双榆树遗址	辽金	铁西区	市级	二级
5	赵家屯遗址	辽金	铁西区	市级	二级
6	条子河敬老院遗址	金	铁西区	市级	二级
7	果木园遗址	辽金	铁西区	市级	二级
8	居家大院遗址	辽金	铁西区	市级	二级
9	三道林子雷达站遗址	金	铁西区	市级	二级
10	三道林子寺庙遗址	金	铁西区	市级	二级
11	新发砖场遗址	辽金	铁西区	市级	二级
12	常家屯北山遗址	辽金	铁西区	市级	二级
13	条子河遗址	辽金	铁西区	市级	二级
14	双榆树墓群	金	铁西区	市级	二级
15	八家子遗址	辽金	铁西区	尚未核定	一级
16	杨小店遗址	辽金	铁西区	尚未核定	一级
17	杨小店后屯遗址	辽金	铁西区	尚未核定	一级
18	腰洼塘沟南山遗址	辽金	铁西区	尚未核定	一级

（续表）

序号	名称	年代	地区	文保级别	评级
19	腰洼塘沟南山寺庙遗址	辽金	铁西区	尚未核定	一级
20	团山子遗址	战国	铁西区	尚未核定	一级
21	景家粉房遗址	辽金	铁西区	尚未核定	一级
22	栾家屯遗址	辽金	铁西区	尚未核定	一级
23	牛城子东侧遗址	辽金	铁西区	尚未核定	一级
24	牛城子古城	辽金	铁西区	尚未核定	一级
25	大城子古城	辽金	铁西区	尚未核定	一级
26	项家屯遗址	辽金	铁西区	尚未核定	一级
27	陈家屯遗址	辽金	铁西区	尚未核定	一级
28	二龙湖古城遗址	战国	铁东区	全国重点	五级
29	叶赫部城址西城	明	铁东区	全国重点	五级
30	叶赫部城址东城	明	铁东区	全国重点	五级
31	叶赫部城址商间府城	明	铁东区	全国重点	四级
32	布尔图库苏巴尔汉边门衙门旧址	清	铁东区	省级	四级
33	石岭城子山山城	金、元	铁东区	省级	三级
34	于家沟抗俄斗争纪念地	清	铁东区	省级	三级
35	陡背子遗址群	战国	铁东区	省级	三级
36	杨木林子西山遗址	青铜	铁东区	市级	二级
37	老墩台遗址	青铜,明清	铁东区	市级	二级
38	解家沟遗址	青铜	铁东区	市级	二级
39	泉眼沟遗址	青铜	铁东区	市级	二级
40	壕子沟西山烽火台	明	铁东区	市级	二级
41	大西沟果园遗址	青铜	铁东区	市级	二级
42	焦家屯后山遗址	青铜	铁东区	市级	二级

（续表）

序号	名称	年代	地区	文保级别	评级
43	山咀子古城址	青铜	铁东区	市级	二级
44	焦家屯东山遗址	青铜	铁东区	市级	二级
45	前英城子遗址	宋辽金	铁东区	市级	二级
46	叶赫沟遗址	宋辽金	铁东区	市级	二级
47	大三合东沟遗址	青铜	铁东区	市级	二级
48	王家屯北道沟子遗址	青铜	铁东区	市级	二级
49	正北沟北山遗址	青铜	铁东区	尚未核定	一级
50	杨木林子东山烽火台遗址	明	铁东区	尚未核定	一级
51	杨木林子东山日俄战争堑壕遗址	近现代	铁东区	尚未核定	一级
52	杨木林子河东石棺墓群	青铜	铁东区	尚未核定	一级
53	胡家屯遗址	青铜、金、明清	铁东区	尚未核定	一级
54	胡家屯寺庙遗址	宋辽金	铁东区	尚未核定	一级
55	陈家屯后屯遗址	清	铁东区	尚未核定	一级
56	白木匠遗址	宋辽金	铁东区	尚未核定	一级
57	南河夹信子遗址	辽金	铁东区	尚未核定	一级
58	陆家沟小东沟石棺墓	青铜	铁东区	尚未核定	一级
59	蔡家园子遗址	清	铁东区	尚未核定	一级
60	刘家沟沟口遗址	宋辽金	铁东区	尚未核定	一级
61	白木匠大南沟遗址	清	铁东区	尚未核定	一级
62	吴老猫屯遗址	清	铁东区	尚未核定	一级
63	牛头山遗址	辽金	铁东区	尚未核定	一级
64	白木匠果园遗址	辽金	铁东区	尚未核定	一级
65	北砬子头遗址	青铜	铁东区	尚未核定	一级
66	霍家沟南山遗址	青铜	铁东区	尚未核定	一级

（续表）

序号	名称	年代	地区	文保级别	评级
67	霍家沟遗址	清	铁东区	尚未核定	一级
68	霍家沟石棺墓群	青铜	铁东区	尚未核定	一级
69	北大砬子石棺墓	青铜	铁东区	尚未核定	一级
70	霍家沟北山遗址	青铜	铁东区	尚未核定	一级
71	红花店子北山遗址	青铜	铁东区	尚未核定	一级
72	丘石砬子石棺墓	青铜	铁东区	尚未核定	一级
73	丘石砬子遗址	清	铁东区	尚未核定	一级
74	红花店子西山烽火台	明	铁东区	尚未核定	一级
75	砬子沟遗址	青铜	铁东区	尚未核定	一级
76	李家坟遗址	青铜	铁东区	尚未核定	一级
77	杨家坟遗址	清	铁东区	尚未核定	一级
78	王家大院遗址	清	铁东区	尚未核定	一级
79	坟茔沟沟口遗址	清	铁东区	尚未核定	一级
80	石柱沟沟口遗址	清	铁东区	尚未核定	一级
81	黑老爷坟遗址	清	铁东区	尚未核定	一级
82	网子沟沟口遗址	清	铁东区	尚未核定	一级
83	网子沟黄土坑遗址	明、清	铁东区	尚未核定	一级
84	网子沟果园遗址	金、清	铁东区	尚未核定	一级
85	东沟里小老爷庙遗址	清	铁东区	尚未核定	一级
86	西沟里老爷庙遗址	清	铁东区	尚未核定	一级
87	西沟里屯遗址	清	铁东区	尚未核定	一级
88	西沟里遗址	青铜	铁东区	尚未核定	一级
89	壕子沟西山遗址	青铜	铁东区	尚未核定	一级
90	壕子沟蔡家沟遗址	清	铁东区	尚未核定	一级
91	壕子沟二道沟遗址	辽金	铁东区	尚未核定	一级

（续表）

序号	名称	年代	地区	文保级别	评级
92	壕子沟三道沟遗址	宋辽金	铁东区	尚未核定	一级
93	板仓子西平台遗址	青铜	铁东区	尚未核定	一级
94	转山子遗址	青铜	铁东区	尚未核定	一级
95	兴隆店遗址	明清	铁东区	尚未核定	一级
96	蔡家沟口遗址	清	铁东区	尚未核定	一级
97	田前山遗址	宋辽金清	铁东区	尚未核定	一级
98	大脑袋山遗址	清	铁东区	尚未核定	一级
99	李家屯遗址	青铜、清	铁东区	尚未核定	一级
100	杨家屯遗址	民国	铁东区	尚未核定	一级
101	九道沟遗址	明、清	铁东区	尚未核定	一级
102	龙王庙遗址	清代	铁东区	尚未核定	一级
103	兰家坟遗址	青铜	铁东区	尚未核定	一级
104	马鞍山遗址	青铜	铁东区	尚未核定	一级
105	兰家坟后山遗址	青铜	铁东区	尚未核定	一级
106	大屯遗址	青铜、宋辽金、清	铁东区	尚未核定	一级
107	平安屯南山遗址	青铜	铁东区	尚未核定	一级
108	老爷庙南山墓群	明	铁东区	尚未核定	一级
109	高家店西屯遗址	金、清	铁东区	尚未核定	一级
110	高家店西沟遗址	青铜	铁东区	尚未核定	一级
111	高家店果园遗址	宋辽金清、近现代	铁东区	尚未核定	一级
112	高家店腰屯遗址	宋辽金清末	铁东区	尚未核定	一级
113	高家店朱家庙遗址	青铜	铁东区	尚未核定	一级
114	高家店北山遗址	青铜	铁东区	尚未核定	一级
115	高家店北沟遗址	清	铁东区	尚未核定	一级
116	高家店瞪眼岭遗址	宋辽金清	铁东区	尚未核定	一级

（续表）

序号	名称	年代	地区	文保级别	评级
117	高家店北沟岔道口遗址	清	铁东区	尚未核定	一级
118	高家店东沟沟口遗址	清	铁东区	尚未核定	一级
119	白永和屯遗址	清	铁东区	尚未核定	一级
120	徐有才屯遗址	清	铁东区	尚未核定	一级
121	段家坟遗址	清	铁东区	尚未核定	一级
122	张春沟遗址	清	铁东区	尚未核定	一级
123	荣家沟遗址	清	铁东区	尚未核定	一级
124	榆树沟遗址	青铜	铁东区	尚未核定	一级
125	三道沟遗址	青铜	铁东区	尚未核定	一级
126	金家屯遗址	青铜	铁东区	尚未核定	一级
127	小于家沟遗址	青铜	铁东区	尚未核定	一级
128	王家沟遗址	青铜	铁东区	尚未核定	一级
129	杨家沟西山遗址	青铜	铁东区	尚未核定	一级
130	燕子沟遗址	青铜	铁东区	尚未核定	一级
131	老爷庙遗址	清	铁东区	尚未核定	一级
132	哑巴沟遗址	青铜、清	铁东区	尚未核定	一级
133	团山子王家沟遗址	金、清	铁东区	尚未核定	一级
134	车道背岭遗址	清	铁东区	尚未核定	一级
135	宋西沟遗址	辽金、明清	铁东区	尚未核定	一级
136	宋西沟沟门遗址	清	铁东区	尚未核定	一级
137	杨家沟遗址	清	铁东区	尚未核定	一级
138	陈家大院遗址	清	铁东区	尚未核定	一级
139	团山子北山遗址	青铜	铁东区	尚未核定	一级
140	团山子遗址	青铜	铁东区	尚未核定	一级
141	团山子南山遗址	青铜	铁东区	尚未核定	一级

（续表）

序号	名称	年代	地区	文保级别	评级
142	吴家屯北沟遗址	金、明清	铁东区	尚未核定	一级
143	磨齿沟遗址	清	铁东区	尚未核定	一级
144	刘家坟遗址	青铜	铁东区	尚未核定	一级
145	费家坟遗址	明	铁东区	尚未核定	一级
146	牛样子沟遗址	辽金、明清	铁东区	尚未核定	一级
147	周家沟遗址	青铜	铁东区	尚未核定	一级
148	周家沟石棺墓群	青铜	铁东区	尚未核定	一级
149	韩家坟遗址	清	铁东区	尚未核定	一级
150	肖家坟遗址	青铜	铁东区	尚未核定	一级
151	小八家子遗址	青铜	铁东区	尚未核定	一级
152	小南屯北沟遗址	青铜	铁东区	尚未核定	一级
153	小南屯西山遗址	青铜	铁东区	尚未核定	一级
154	大架子山遗址	青铜	铁东区	尚未核定	一级
155	菅草沟遗址	青铜	铁东区	尚未核定	一级
156	头道沟遗址	青铜	铁东区	尚未核定	一级
157	把头沟遗址	青铜	铁东区	尚未核定	一级
158	宁家东沟遗址	青铜	铁东区	尚未核定	一级
159	小何屯后山遗址	青铜	铁东区	尚未核定	一级
160	东双岔子东沟遗址	清	铁东区	尚未核定	一级
161	大八家子遗址	青铜	铁东区	尚未核定	一级
162	西沟里沟口遗址	青铜	铁东区	尚未核定	一级
163	五间房遗址	青铜、清	铁东区	尚未核定	一级
164	韩荣南沟遗址	青铜、清	铁东区	尚未核定	一级
165	苫房草沟遗址	青铜、宋辽金、明清	铁东区	尚未核定	一级
166	韩荣北沟遗址	青铜、清	铁东区	尚未核定	一级

（续表）

序号	名称	年代	地区	文保级别	评级
167	潘家坟遗址	宋辽金、清	铁东区	尚未核定	一级
168	平安屯东沟遗址	清	铁东区	尚未核定	一级
169	赵家坟遗址	清	铁东区	尚未核定	一级
170	大南屯西山遗址	青铜	铁东区	尚未核定	一级
171	东升村陆家沟遗址	青铜	铁东区	尚未核定	一级
172	大南屯西沟遗址	青铜	铁东区	尚未核定	一级
173	焦家屯东山石棺墓群	青铜	铁东区	尚未核定	一级
174	杨家沟遗址	清	铁东区	尚未核定	一级
175	红花店子大西沟遗址	青铜	铁东区	尚未核定	一级
176	陆家沟遗址	宋辽金、明	铁东区	尚未核定	一级
177	坟茔沟石棺墓	青铜	铁东区	尚未核定	一级
178	花石头山遗址	青铜	铁东区	尚未核定	一级
179	苏家沟遗址	青铜	铁东区	尚未核定	一级
180	凤家屯遗址	清	铁东区	尚未核定	一级
181	刘家南沟遗址	清	铁东区	尚未核定	一级
182	坦克团射击场遗址	青铜	铁东区	尚未核定	一级
183	八里堡粮库遗址	青铜	铁东区	尚未核定	一级
184	山咀子东山头翁棺墓群	清	铁东区	尚未核定	一级
185	坦克团团部西山遗址	青铜	铁东区	尚未核定	一级
186	田家屯后山遗址	青铜	铁东区	尚未核定	一级
187	胡家屯后山遗址	青铜	铁东区	尚未核定	一级
188	胡家屯西山遗址	青铜	铁东区	尚未核定	一级
189	东甩湾子遗址	青铜	铁东区	尚未核定	一级
190	卧龙屯南遗址	清	铁东区	尚未核定	一级
191	卧龙屯北遗址	清	铁东区	尚未核定	一级

（续表）

序号	名称	年代	地区	文保级别	评级
192	营盘山遗址	清	铁东区	尚未核定	一级
193	教军场遗址	清	铁东区	尚未核定	一级
194	营盘西山后梁遗址	青铜	铁东区	尚未核定	一级
195	营盘西山遗址	青铜	铁东区	尚未核定	一级
196	大三合北山遗址	青铜	铁东区	尚未核定	一级
197	狼洞子沟遗址	青铜	铁东区	尚未核定	一级
198	大三合遗址	青铜	铁东区	尚未核定	一级
199	大三合西沟遗址	青铜	铁东区	尚未核定	一级
200	苏家沟张大老爷墓	清	铁东区	尚未核定	一级
201	刘家坟墓群	清	铁东区	尚未核定	一级
202	瓜地沟遗址	青铜	铁东区	尚未核定	一级
203	弯龙屯遗址	青铜	铁东区	尚未核定	一级
204	小弯龙沟遗址	青铜	铁东区	尚未核定	一级
205	曲家沟遗址	青铜	铁东区	尚未核定	一级
206	营盘村回民墓群	清	铁东区	尚未核定	一级
207	五棵松墓群	清	铁东区	尚未核定	一级
208	梨树沟遗址	青铜	铁东区	尚未核定	一级
209	梨树沟北山遗址	青铜	铁东区	尚未核定	一级
210	二等户遗址	清	铁东区	尚未核定	一级
211	永合村哑巴沟遗址	青铜	铁东区	尚未核定	一级
212	东双岔子南沟遗址	清	铁东区	尚未核定	一级
213	西山台子遗址	青铜	铁东区	尚未核定	一级
214	八里堡北山遗址	新石器	铁东区	尚未核定	一级
215	坦克团团部东山遗址	青铜	铁东区	尚未核定	一级
216	焦家屯遗址	清	铁东区	尚未核定	一级

（续表）

序号	名称	年代	地区	文保级别	评级
217	英城子遗址	辽金	铁东区	尚未核定	一级
218	城子山遗址	明	铁东区	尚未核定	一级
219	山门官井	清	铁东区	尚未核定	一级
220	高家大院井遗址	清	铁东区	尚未核定	一级
221	北周家沟遗址	宋辽金	铁东区	尚未核定	一级
222	塔山寺庙遗址	清	铁东区	尚未核定	一级
223	王家瓦房遗址	宋辽金	铁东区	尚未核定	一级
224	放牛沟遗址	宋辽金	铁东区	尚未核定	一级
225	小塔遗址	宋辽金	铁东区	尚未核定	一级
226	项家沟遗址	辽金	铁东区	尚未核定	一级
227	四家子遗址	宋辽金	铁东区	尚未核定	一级
228	广发玉遗址	宋辽金	铁东区	尚未核定	一级
229	房身沟遗址	宋辽金	铁东区	尚未核定	一级
230	河夹信子村果园遗址	宋辽金	铁东区	尚未核定	一级
231	河夹信子村果园西南遗址	宋辽金	铁东区	尚未核定	一级
232	小庙地寺庙遗址	宋辽金	铁东区	尚未核定	一级
233	盛京围场封堆遗迹（叶赫段）	清	铁东区	尚未核定	一级
234	虫王庙遗址	清	铁东区	尚未核定	一级
235	南岭遗址	明	铁东区	尚未核定	一级
236	叶赫西城东门外遗址	青铜	铁东区	尚未核定	一级
237	叶赫西城内城西门外遗址	青铜	铁东区	尚未核定	一级
238	叶赫西城北门外寺庙遗址	明	铁东区	尚未核定	一级
239	王家屯东山遗址	青铜	铁东区	尚未核定	一级
240	王家屯古墓群	青铜	铁东区	尚未核定	一级
241	于大背北山遗址	青铜	铁东区	尚未核定	一级

（续表）

序号	名称	年代	地区	文保级别	评级
242	宁家沟遗址	战国早期	铁东区	尚未核定	一级
243	叶赫驿站	清	铁东区	尚未核定	一级
244	北老壕遗址	唐初	梨树县	省级	一级
245	青石岭古墓群	辽—金	梨树县	省级	一级
246	于家屯遗址	辽金	梨树县	县级	一级
247	梨树镇小城子古城址	辽金	梨树县	县级	一级
248	南杏山獾子洞遗址	辽金	梨树县	县级	一级
249	大泉眼遗址	辽金	梨树县	县级	一级
250	南杏山遗址	辽金	梨树县	县级	一级
251	东平安遗址	辽金	梨树县	县级	一级
252	马地方遗址	辽金	梨树县	县级	一级
253	王家屯北岗子遗址	辽金	梨树县	县级	一级
254	高家堡子遗址	辽金	梨树县	县级	一级
255	李家屯遗址	辽金	梨树县	县级	一级
256	姜家屯遗址	辽金	梨树县	县级	一级
257	花园地遗址	辽金	梨树县	县级	一级
258	偏脸城城址	辽金	梨树县	国家重点	一级
259	风水山遗址	青铜	梨树县		

表 5－3　民间习俗、节庆与艺术统计

序号	名称	年代	地区	文保级别	评级
1	二人转	1780 年	梨树县	市级非遗	五级
2	评剧	20 世纪初		市级非遗	五级
3	李连贵熏肉大饼	1908 年	梨树县	市级非遗	四级

表 5-4　综合人文旅游地

序号	名称	地区	评级
1	霍家店太极度假区	梨树县	三级
2	东北亚休闲山庄		二级

二、城市文化发展的内外审视，文化之路在何方？

从辩证角度审视四平城市现阶段文化建设状况，明确优势与不足，同时从区域市场竞合关系上定位四平城市文化在与周边城市竞争时所处的地位，对标找差，从文化视域下分析四平城市文化建设的核心问题，从而确定未来发展的方向和战略，寻找文化发展之路。

1. 四平现阶段文化建设的辩证认知

换一个视角，同一个现象会有不同的理解。从城市文化资源、城市文化品牌、城市公共文化、城市文化性格和城市原生文化五大维度，辩证认知现阶段四平文化建设。

四平城市文化资源要素类型多样，但是开发利用不足。四平城市文化资源存量充足，可分为五大类型：以满族文化为代表的地方民族文化，以"四战四平"为代表的英雄文化与红色文化，以各类古城遗迹为代表的历史文化，以自然山水为代表的生态文化，以二人转等为代表的东北地方民俗文化。可是，四平城市文化资源开发利用尚处于初级阶段，产业化进程缓慢，对城市经济的带动力较弱。文化资源呈点状分散，且未系统整合；文化资源尚未形成系统化的体验空间；部分文化资源的保存完好度较低，地上显性的历史文化资源不多，如现阶段的偏脸城遗址，观赏价值不足，限制了后期文化旅游的深度开发。以叶赫镇的文化资源开发为例，皇后故里极具文化资源价值，但现阶段的开发尚停留在文化展示阶段，缺乏文化体验参与式的深入开发。

城市文化品牌已有一定知名度，但品牌载体并不健全。四平已形成一系列具有一定知名度的文化品牌，包括：叶赫满族文化品牌，以"皇后故里，凤翔之地"的叶赫古城为代表，拥有满族古镇特色建筑和活态满族生活样式；民间民俗文艺品牌，梨树二人转拥有300年的历史，为"中国二人转之乡"；红色文化旅游品牌，四平市的战役纪念馆、烈士陵园及战役纪念塔被列入全国100个经典红色旅游景区，是全国30条精品旅游路线中第26条的第一站。但是，四平城市文化品牌载体不足，城市"文化品牌序列"尚未形成。以叶赫满族文化品牌为例，外界对四平满族文化的认知多集中于叶赫古镇和叶赫满族民俗旅游节，而与此相连的"叶赫满族文化旅游品牌""叶赫满族文化娱乐品牌""叶赫满族传统手工艺品牌"等"文化品牌序列"尚未形成，文化品牌的可解读载体建设尚待提升。另外，部分文化品牌面临同质性竞争，并不具备独特的城市文化资本效应，如满族文化在东北地区就受到了来自伊通等多个地区的同质竞争，吉林市龙潭区乌拉街满族镇打出"满族文化发祥地之一"的品牌，辽宁永陵古镇打出"中华满族第一镇"的品牌。

城市公共文化需求上升，但文化供给滞后。四平市已进入文化消费需求不断上升的增长期，2012年，四平市人均GDP产值为35 023元，超过5 000美元；而根据国际一般经验，人均GDP接近或超过5 000美元后，人们对文化的消费会进入"井喷"阶段，文化消费层次也将向高层次的知识型、发展型、智能型方向升级。2011年，四平市人均可支配收入达到28 483元，超过4 000美元；而根据国际一般经验，家庭人均可支配收入达到1 000美元后，文化消费在总消费中的比例将不断上升，但是文化消费的刚性供给制约了文化消费的提档升级。如表5－5，2011年，四平市城镇居民人均教育文化娱乐服务支出为1 061.7元，低于吉林省平均水平，更远低于全国水平。文化消费的刚性供给制约了居民文化消费的增长，主要表现在高端文化设施不足、文化产品单一、文化市场的市场化程度不高等方面。

表 5－5　2011 年四平城镇居民人均教育文化娱乐服务消费支出统计(单元:元)

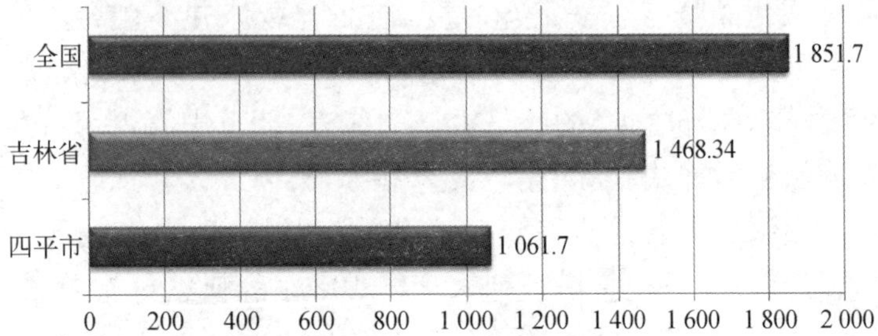

数据来源:四平市人民政府，国家统计局

四平城市的文化性格是淳朴质朴,但同时具有保守惰性的特点。四平农业文明深厚,黑土地文化孕育了淳朴质朴、豁达大气的民风;而长期与游牧民族的频繁交流,也使得四平人有了豪爽大气、豁达包容的性格因子。由于传统农业文化的“内卷心理”根深蒂固,计划经济体制带来了文化性格的“后遗症”。传统农民在自给自足的状态下劳作,所从事的农业种植的丰歉主要依赖年景好坏,靠天吃饭就成了一种习惯性的人文状态,“望天收、等待好天气的恩赐”等观念反映在思维习惯上就是自给自足、自我封闭、自以为是、因循守旧、小富即安的闭锁性思维,缺少开阔的视野和发散性思维。另外,受到高度统一的计划经济体制的影响,四平人变得缺乏自主性、竞争性,办事墨守成规,一切服从国家,残留着“等”“靠”“要”的思维模式。改革开放以来,四平的城市化发展速度较慢,市民阶层未能占据主流地位,缺乏现代文化意识。四平城市原生文化中的草根文化兴起,但精英文化缺失。以《四平青年》为代表的草根文化兴起,表现了基层原创文化的活力。由四平人民剧院青年二人转演员编排的网络微电影《四平青年》在发布 2 天后,就被很多网站转发,且在各大网站上点击量破万,引起了广泛关注——这表现了四平本地基层文化人员的文化创作活力,并逐渐构成城市原创文化的新兴力量。可是,由于四平对草根文化引导不足,致使城市文化原创中的精英文化缺场。《四平青年》中，爆粗口贯穿剧情始终，吸毒、无情无义、犯罪等内容也混杂在影片中，可能造成外界对四平人形象的错误认知，也反映了现阶段四平对草根文化引导的缺失。城市原生文化中缺少精英文化，全国一流的文化作品不足，全国知名的文化演艺团体与机构相对较少。

2. 区域文化版图中的四平角色

任何城市想要在区域竞争中取得胜利，必须与周边城市进行全方位、多层面的比较，对标找差，寻找本身具有独特性、优势性的元素，将其发展成为自身的核心竞争力。依据四平地理位置及与周边城市的竞合关系，选取部分城市，从城市文化竞争力、城市文化产业经济、城市文化旅游形象及载体三个方面来进行比较，更清晰地认识四平城市在区域版图中扮演的角色和产生的影响。

(1) 城市文化竞争力的区域比较

根据四平所处地理位置以及与周边城市的竞合关系，选取长春、吉林、白山、通化、白城、松原、辽源、铁岭、通辽共 9 个城市，与四平进行区域竞争力的比较(见表 5-6)。《中国城市竞争力报告 2013》对全国 294 个地级以上城市的综合竞争力进行比较后排出座次，从整体排名来看，该区域内城市在各项竞争力指数排名中大多位于 100 多位或 200 多位，表现出该区域城市在中国整体城市竞争力中相对较弱。从城市文化的内涵出发，选取文化城市竞争力、知识城市竞争力、信息城市竞争力、生态城市竞争力、宜商城市竞争力、宜居城市竞争力共六个维度，分析四平所处区域的文化竞争力(指数为 1 是理想值)。

表 5－6　9 个城市竞争力比较研究①

	文化城市竞争力		知识城市竞争力		信息城市竞争力	
	指数	排名	指数	排名	指数	排名
四平	0.132 74	234	0.266 55	155	0.249 25	158
长春	0.317 86	85	0.634 84	25	0.398 91	53
吉林	0.312 35	90	0.385 54	91	0.258 54	145
白山	0.154 23	218	0.180 46	224	0.118 35	260
通化	0.133 28	231	0.319 20	172	0.180 03	219
白城	0.119 41	245	0.193 81	212	0.171 12	226
松原	0.113 26	249	0.129 60	251	0.209 65	192
辽源	0.094 16	261	0.232 60	181	0.150 02	237
铁岭	0.235 86	151	0.242 89	169	0.237 05	167
通辽	0.062 76	272	0.209 83	202	0.253 91	148
	生态城市竞争力		宜商城市竞争力		宜居城市竞争力	
	指数	排名	指数	排名	指数	排名
四平	0.291 15	200	0.148 48	260	0.197 71	275
长春	0.620 32	85	0.502 42	32	0.424 51	134
吉林	0.458 52	90	0.344 98	104	0.380 82	171
白山	0.232 05	229	0.290 68	148	0.293 19	244
通化	0.319 18	172	0.227 97	212	0.345 78	199
白城	0.236 03	227	0.068 65	279	0.284 12	250
松原	0.507 65	52	0.069 15	278	0.283 35	253
辽源	0.559 48	34	0.165 34	247	0.315 14	229
铁岭	0.330 39	162	0.235 37	207	0.399 07	152
通辽	0.057 32	283	0.349 24	101	0.324 77	217

① 数据来源于《中国城市竞争力报告 2013》。

文化城市竞争力主要包括对城市文化的多元性与影响力、城市历史的现代与个性、城市文化的开放与交流的考察。城市文化竞争力指数中(见表5－7),四平排名第五,处于中游水平,与其区域内的城市地位不相匹配。就吉林省省域而言,四平处于中游水平,与吉林、长春相比,文化竞争力差距较大,甚至落后于白山与通化,与其城市地位不相匹配。周边城市铁岭表现相对突出,其对东北本土文化的现代运作与经营模式值得借鉴。总的来看,区域文化竞争激烈,四平不具明显优势。

表5－7 文化城市竞争力指数比较

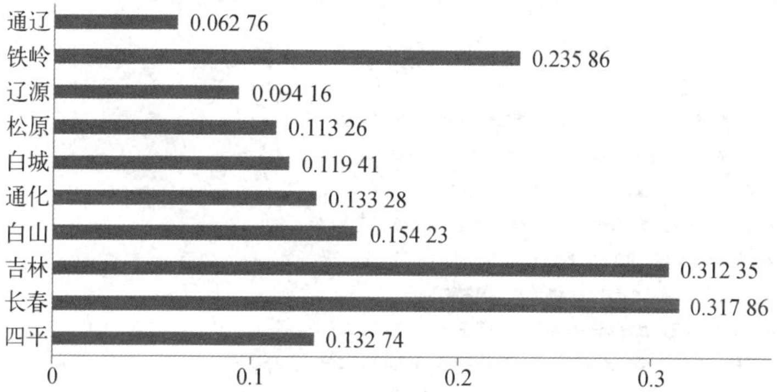

知识城市竞争力主要包括对城市公共文化的投入、知识人才的占比、知识产出的考察。知识城市竞争力指数中(见表5－8),四平排名第四,这源于四平相对较好的教育资源与职业培训业的发展。就吉林省省域而言,四平落后于长春、吉林与通化,但与吉林、通化的差距并不大;可以认为,四平的知识城市竞争力具有一定的比较优势,可利用良好的城市知识投入氛围,形成文化城市的核心推动力,就可使其成为实现文化突围的关键动因。

信息城市竞争力主要包括对城市信息交流和物质交流的考核。信息城市竞争力指数中(见表5－9),四平排名第四,但与前三名差距较小,表现良好。四平虽落后于长春、吉林与通辽,但差距较小,这说明其城市信息化建设在区域内相对较好;“全国智慧城市试点”建设也为四平在新一轮“智慧城市”的竞争中打下了坚实的基础;良好的交通区位条件为打造一个“互通互联”的、资源有效整合的城市创造了条件。

表 5-8　知识城市竞争力指数比较

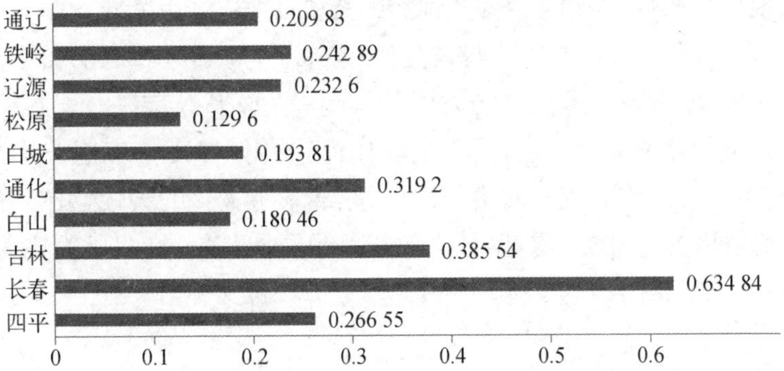

表 5-9　信息城市竞争力指数比较

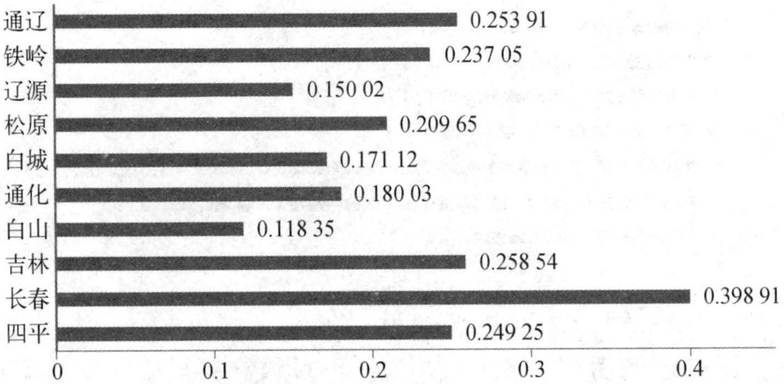

生态城市竞争力主要包括对城市资源节约状况、环境保护状况、生态状况的考核。生态城市竞争力指数中(见表 5-10),四平排名第六,相对靠后,这说明其城市生态文化建设亟须重视,尤其是在建设现代循环型社会,实现人与自然和谐相处方面。另外,利用丰富的自然生态资源,创造为城市居民共享的"生态空间",亦是创造生态城市的题中应有之义。

宜商城市竞争力主要包括对城市创业活力和居民消费动力的考量。宜商城市竞争力指数中(见表 5-11),四平排名第八。在六个维度中,四平在宜商城市中的表现较差,这说明其创业和营商环境较差,城市活力不足。因此,需要政府在创业服务创新、创业要素供给等方面进行提升,以全民创业带动福民富民经济发展,刺激消费需求，提高城市活力。

表 5－10　生态城市竞争力指数比较

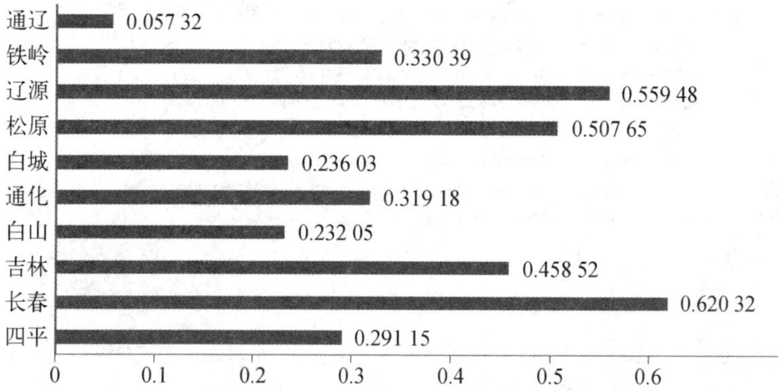

表 5－11　宜商城市竞争力指数比较

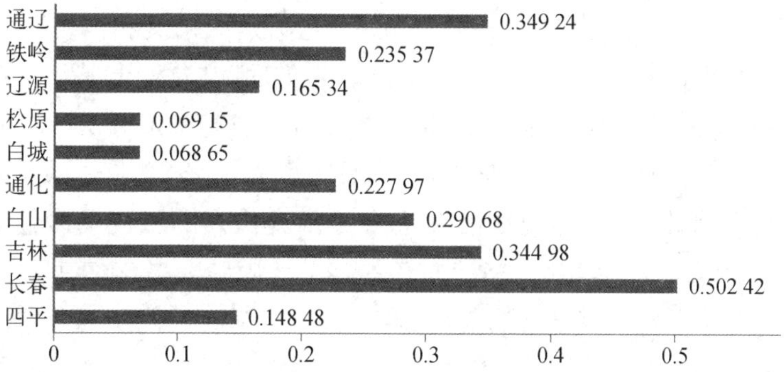

宜居城市竞争力主要包括对人口素质、生活条件、政府城市维护投入和气候舒适的考核。宜居城市竞争力指数中（见表 5－12），四平排名第十，亟须塑造城市的幸福生活。在六个维度中，四平在宜居城市中的表现最差，说明政府在城市经营能力上尚待提升，服务型政府的理念必须在宜居城市中予以贯彻。另外，必须将人们的幸福生活树立为城市发展的最终目标，使得人们学有所教、劳有所得、病有所医、老有所养、住有所居。

表 5 - 12　宜居城市竞争力指数比较

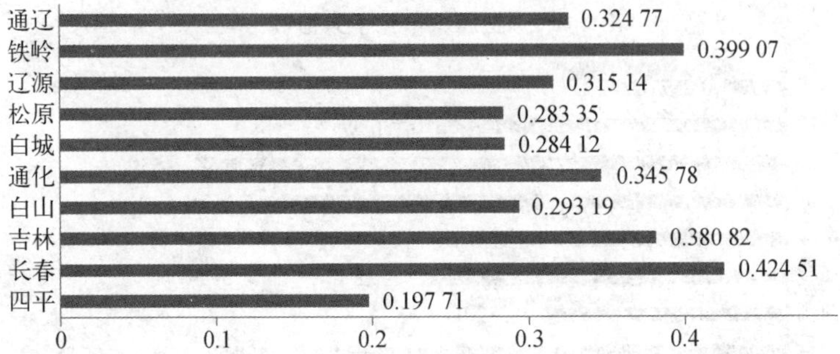

（2）城市文化产业经济的区域比较

文化产业处于快速成长的时期，区域内具备一定的比较优势。就吉林省省域内各城市的文化产业发展比较而言（见表 5 - 13、表 5 - 14），省域层面呈现出长春文化产业"一城独大"的发展态势，构成第一梯队。第二梯队由松原和四平领头，尤其是四平文化产业正处于快速成长的时期，未来发展潜力无限。一方面，文化产业基地日趋丰富，四平动漫产业基地、四平东北二人转培训演艺基地等文化产业园区的建设助力四平文化产业化发展；另一方面，文化产业体系日趋完善，以《七星传奇》等影视作品在央视播出为代表的影视动漫业异军

表 5 - 13　2011 年吉林省各市占全省文化产业增加值中的比重①

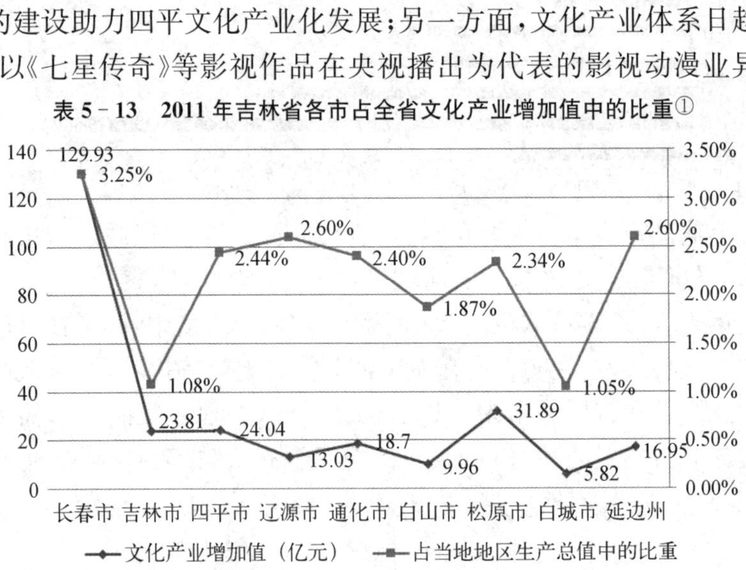

① 数据来源于吉林统计信息网。

突起，以红色旅游、满族生态文化旅游为内容的文化旅游业迅速升温，以东北二人转培训和演艺为特色的文化培训业渐成体系。

表 5-14 2011 年各市文化产业增加值及占比情况①

城市	文化产业增加值（亿元）	地区生产总值（亿元）	占当地地区生产总值中的比重	占全省文化产业增加值中的比重
总计	274.13	10 568.83	2.59%	100.00%
长春	129.93	4 003.08	3.25%	47.40%
吉林	23.81	2 208.05	1.08%	8.69%
四平	24.04	984.60	2.44%	8.77%
辽源	13.03	500.49	2.60%	4.75%
通化	18.70	780.23	2.40%	6.82%
白山	9.96	531.43	1.87%	3.63%
松原	31.89	1 360.97	2.34%	11.63%
白城	5.82	554.58	1.05%	2.12%
延边州	16.95	652.17	2.60%	6.18%

（3）城市文化旅游形象及载体的区域比较

吉林文化旅游产业有后发优势。2011 年时，吉林省有国家 A 级旅游景区 127 家，其中 5A 级 3 家，4A 级 18 家，3A 级 42 家，2A 级 39 家，1A 级 25 家。A 级旅游景区的分布情况为：松原地区 21 家、长春地区 20 家、白山地区 20 家、通化地区 16 家、吉林地区 15 家、延边地区 15 家、四平地区 10 家、白城地区 7 家、辽源地区 2 家、长白山管委会 1 家。② 根据表 5-15，将四平与周边城市的文化旅游形象进行比较后可以发现，四平城市文化旅游形象注重人文内涵，空间载体严重缺乏。与吉林省其他城市相比，四平在旅游形象定位上更加突出人文旅游形象的定位，区别于其他城市多注重生态旅游形象的定位，“皇后故

① 数据来源于吉林统计信息网。
② 数据来源于中国旅游年鉴 2012。

里”的文化品牌价值深厚，也具有区别于周边地区的独特性价值。可是，四平文化旅游载体不足，着重表现为4A级旅游景区不足，5A级旅游景区缺失，这说明其文化旅游的可感知空间尚待系统构建。2017年吉林省国民经济和社会发展统计公报对外发布，A级景区增长到238家，其中5A级旅游景区为6家(江苏省5A级景区为23家)。

表5-15 城市文化旅游形象的区域比较

城市	旅游形象宣传语
四平	皇后故里，魅力四平
长春	消夏名城，幸福长春
吉林	湖光山色，清爽之城
辽源	辽河之源，神州鹿苑
通化	酒城药乡，灵秀通化
白山	走进白山市，畅游长白山；休闲养生地，大美长白山
松原	幸福松原，美丽查干湖；生态松原，渔猎查干湖
白城	湿地风光，鹤乡白城
延边州	异域风情，多彩延边

3. 文化视域下的核心问题与战略方向

在文化视域的审视下，四平城市存在六大核心问题：一是如何形塑区域的文化增长极？四平提出建设成为“吉林省中南部的区域性中心大城市”，若从城市文化软实力的角度进行反思，也就是四平如何塑造区域的文化增长极。本课题组认为，四平如想形塑区域的文化增长极，必须打造区域性的文化资源整合中心、文化经济成长中心、文化品牌集聚中心，以此提高文化的集聚力、辐射力、整合力，实现在区域城市竞争中的突围。二是如何整合与营销四平的优势文化资源，塑造文化品牌？必须形成典型意义上的地域文化与城市文化品牌。四平的优势文化资源有皇后故里、满族发祥地、英雄城市等多种表述，然而，城市文化资源若缺乏资本化运作，则不能发挥城市文化品牌的效用，只可能在快速的城市化中遭到遮蔽。因此，对于四平而言，必须关注城市文化品牌的塑造，依托核心文化要素，从主体性文化空间营造、特色性文化产品塑造、标志性文化符号打造等方面，多维度地进行特定文化资源的立体阐释，形成典型意义上的、具有独特资本价值的城市文化品牌。三是如何创造四梨同城化的城市地点精神与认同感，培育文化认同？必须依托民众的集体记忆来构建区域文化形象。从理论上讲，每个城市都应有其独特的景观形态和文化肌理结构，以区别于其他城市。可是，伴随着城市化进程的加快，许多城市正在丧失千百年来形成的城市个性，“同质化”“西方化”的倾向日趋严重。对于四平而言，建设区域中心城市不可避免的是城市建设的快速发展，如何在追求经济的同时创造四平的地点精神与认同感，亦是四梨同城化文化破题的关键。本课题组认为，必须尊重四平的地方文脉，使民众拥有主体表达权，并从民众的集体记忆出发，构建四平区域的文化形象。四是如何运作四平各类历史文化遗存，传承地方文脉？必须实现对区域历史文脉的有机整合与合理利用。历史遗存不仅是过往历史文化的重要记忆，也是区域现在、未来不断演化发展的重要载体。对四平而言，具有真实性、独特性和完整性的历史文化遗存在现代四平城市文化发展中发挥了怎样的作用，实现了怎样的功能，是四梨同城化文化建设必须思考的问题。本课题组认为，应通过抢救性保护、原真性保护、生产性保护、整体性保护等策略来保护历史文化遗存，应通过文化创意产业的导入来丰富历史文化遗存的现代功能，从而使优秀的地方文脉成为四梨同城化文明生长的“根”。五是如何构建四梨同城化的区域文化空间体系，营造文化空间？必须形成区域文化空间的场所性与拼贴性。在四梨同城化的文化破题中，必须突出特色文化空间的营造。通过“文化场点＋文化区片”的建设模式，打造数个主题性的区域文化空间——每个主题文化空间将突出区域地方文化的场所性，各个主题空间又通过有机拼贴形成区域整体文化意象。主题性文化空间体系可包括：展现满族发祥文明的文化空间体系、传承皇后文化的文化空间体系、依据四平特定文化资源(如二人转文化)的文化空间体系等。六是如何有效加强四梨同城化区域的公共文化建设,普惠公共文化?必须形成整体民生意义层面上的惠民文化体系,形塑“新型城镇化”的文化价值。笔者认为,必须全面提升四梨同城化区域的公共文化载体建设,如打造特色文化博物馆群,提升现有的艺术馆、图书馆等公共文化设施,繁荣公共文化活动,从而实现经常化、常态化、体系化的城市公共文化服务,使得公共文化真正惠及所有四平人民。积极培育各类文化人才,鼓励文化创业,依托科教资源丰富的优势,培育一批本土文化人才,并出台相关文化人才激励政策,鼓励人才服务四梨同城化。

针对上述六大核心问题,全面实践文化视域下“四梨同城化”的多重价值内涵,提出五大战略方向,构建四平城市的文化资本。“强心展翅联动”战略——文化再造空间,形成“四梨同城化”的文化空间骨架。重点以中心城区为载体,打造“文城一体·区域文化增长极”,通过四平文化的多元汇集与立体呈现,形成四梨同城化的文化空间的发展核心;同时,以梨树县及现有农业产业化为基础,建设“文农交融·新型城镇化示范区”,以叶赫镇、三门镇为重点,打造“文旅联动·文化旅游型经济区”,形成文化发展两翼,通过农业文化产业、旅游产业的跨界融合发展,夯实四梨同城化的文化空间骨架。“文化福民富民”战略——文化普惠民生,形成“幸福城镇化”的发展样板。通过四梨文化同城化的发展,带动节庆产业、旅游产业、会展产业等一系列就业带动能力强、就业容量多的文化项目发展,促进居民就业与创业,增加居民收入,实现社会效益、文化效益和经济效益的和谐发展。由此,通过文化带动民生普惠,形成“幸福城镇化”的发展样板。“文化先导转型”战略——文化撬动转型,形成由区域文化转型带动的整体发展转型。通过四梨同城化的文化软实力的全面打造,撬动区域转型,实现从资源依赖型城市向文化驱动型城市的转型。通过文化产业的发展,促进区域产业结构的优化与产业能级的提升;通过文化人才的培育,实现区域综合文化素质的提升;通过公共文化的建设,丰富居民的文化消费,繁荣文化市场。由此,全面助推区域的整体发展转型。“文化强势介入”

战略——文化创造价值，形成直接面向都市圈、长白山的文化职能分工。积极参与长春都市圈、沈阳都市圈、长白山的文化职能分工，尤其积极参与区域的文化产业合作。在产业发展中，主动对接沈阳和长春，在更大范围内获得自身所需的资源，主动融入区域经济中，主动承接沈阳和长春的辐射，壮大自身实力，提升四平作为区域中心城市的辐射能力；在旅游发展中，积极联动长白山，建立区域旅游合作联盟。“文化资源整合”战略——文化塑造品牌，形成“四梨同城化”文化资源有机再造后的区域文化资本。围绕四平同城化区域的文化资源，形成资本化运作与系统化营销，建立皇后文化品牌、诗词文化品牌、满源文化品牌、英雄文化品牌、铁路文化品牌、餐饮文化品牌、产业文化品牌、艺术文化品牌和创业文化品牌等多个文化品牌，发挥文化品牌的独特性和增值性，形成区域发展的“文化动力因”与区域文化资本。

三、他山之石，助力四平城市文化创新发展

借鉴案例的选择从体量规模、资源类型、发展问题的可比性和政策融入发展经验、旅游开发模式经验、项目改造提升方法的参考性两个维度进行考量。依据上述标准，四平城市对标案例选择了内蒙古自治区额尔古纳市、安徽安庆、山东台儿庄、德国波鸿、法国波尔多五个城市的发展建设经验，来进行分析借鉴。

1. 国内案例借鉴

内蒙古自治区额尔古纳市是蒙古族的发祥地，也是多民族聚居地。其中，蒙兀室韦苏木是蒙古族祖先——蒙兀室韦部落的发祥地，曾被评为“中国十大魅力名镇”之一。同时，恩和俄罗斯族民族乡是全国唯一的俄罗斯族民族乡。额尔古纳境内有包括蒙古祖先穴居遗

址、室韦部落传说、黑山头古城遗址、三河原和金界壕等在内的多种文化资源。额尔古纳依托历史、人文、生态资源，构建特色民族文化资本；通过借助蒙古族发祥史、俄罗斯族民族文化和全生态自然资源三大王牌，打造全生态夏季旅游胜地，开拓了民俗风情游、生态森林游、自驾游、骑马游等一系列高端旅游产品，极大地提高了旅游文化品位。额尔古纳提出“生态立市、工业强市、口岸兴市、农业稳市、旅游活市、文化名市”六大发展战略，与周边海拉尔、满洲里等地区合作开发市域外旅游环线，完善市域内特色旅游线路，打造文化名市和高端旅游城市，把旅游业作为强市富民的支柱产业来培育和打造，以旅游带动产业综合发展。

安徽安庆素称“千年古城、文化之邦、百年省会、戏剧之乡”，是黄梅戏的发源地和传承地，也是京剧的来源之一——徽剧的发源地。清末，湖北黄梅县的“采茶调”传入安庆，清代中叶后形成民间小戏“黄梅调”，近代发展成为安徽的地方大戏，形成了“出门三五里，处处黄梅声”的特色奇观，黄梅戏和京剧也成了安庆的城市名片。安庆自1992年开始，连续举办了六届中国安庆黄梅戏艺术节，成功打造了具有代表性的文化品牌，并使其成为安徽省五大节庆活动之一。安庆以黄梅戏为平台，不断加强艺术基地建设和文化产业发展。安庆拥有专业艺术剧团和艺术院校：安庆市黄梅戏艺术剧院的前身为安庆市黄梅戏剧团，是一代宗师严凤英等人的母团，这一平台使得昔日田间地头的“草根艺术”得以广泛传播，跻身五大剧种之一；安庆黄梅戏艺术职业学院是以培养黄梅戏表演艺术人才为主的高职院校，对黄梅戏的艺术传承与人才培育具有重要意义。

山东台儿庄的特色城市文化定位是中华古水城，英雄台儿庄。台儿庄形成于汉，发展于元，繁荣于明清，是一座文化底蕴深厚的秀美古城。1604年，京杭运河泇河段开通，台儿庄成为漕运枢纽、水旱码头；1938年，中国军队在此打破了日军不可战胜的神话，台儿庄因战而名，被誉为“中华民族扬威不屈之地”——运河文化与大战文化交相辉映，赋予了台儿庄独特的城市文化内涵。2008年，台儿庄遵循存古、复古和创古的原则，实施了古城重建项目，通过恢复古城的水系、水街、水巷，保留和展示了大战的遗迹和场景，还原了古城的历史风貌和民俗风情，全力打造了大战故地、运河古城的经典景区。台儿庄依托历史资源，发展文化创意产业。台儿庄建有许多传统寺庙和博物馆，号称“东方小佛城”，每周都有传统皮影戏表演和篝火晚会；建立了以台儿庄古城为核心的文化产业园区，是全国第六家、全省首家试验园区，具有广阔的成长空间。

2. 国外案例借鉴

德国波鸿位于西部鲁尔区，19 世纪起成为重要的产煤区和工矿业中心，市内众多的博物馆讲述了波鸿长达 200 年的工业化历史。威斯特法伦工业博物馆坐落在曾经是世界上最先进的煤矿上，其中的汉诺威矿区展示了鲁尔工业区的产生史，在克尼尔普斯矿区可以体验一座矿山的作业流程。在德国采矿博物馆，人们可以在地下参观昔日真实的矿井；人们还可以乘坐鲁尔河谷列车，进行怀古列车旅行。波鸿位于鲁尔河和埃姆施河之间的丘陵上，利用水系与自然景观，打造市民的生态休闲空间。作为自然修养地的、位于内城的波鸿城市公园、于明格湖，以及提供多样化植物景观的波鸿植物园都是市民散步修养、亲近自然的绝佳空间。波鸿市拥有丰富的城市文化艺术设施和文艺节庆活动。全市剧院超过 20 家，波鸿博物馆常年展出优秀的艺术单品，鲁尔艺术节、鲁尔钢琴节和波鸿综合音乐节等都是在欧洲具有巨大声誉和影响力的艺术节庆活动。波鸿已发展成为鲁尔区乃至德国重要的文化艺术中心。

法国波尔多利用农旅联动，带动波尔多发展观光农业。波尔多是世界上最大的美酒之乡，葡萄种植面积为 12 万公顷，居法国三大葡萄酒产区之首。波尔多设计了多条葡萄酒区旅游路线，让来这里品酒的旅客可以同时观光，使得农业和旅游业协同发展。波尔多把老屋改建成乡村酒庄，结合乡村的自然生态和老旧建筑，带动周边城镇游客来旅游及体验文化。市区建有波尔多葡萄酒之家，游客可以得到有关波尔多的葡萄酒信息。波尔多葡萄酒市场协会下设葡萄酒学校，为有兴趣学习的游客提供为期数小时至数天的葡萄酒课程。产业催生特色文化，文化推动产业链化。葡萄酒业为波尔多带来了种植文化、节日展会文化、行业标准文化及特色酒庄文化，成为其特色城市文化名片。波尔多每一个葡萄酒庄园的葡萄园和酒窖都各有特色，讲述着各自悠久的历史。这里产的葡萄酒口感柔顺雅，使这一城市名称成了世界红葡萄酒最优品质的代名词。

3. 案例经验总结

城市文化资源整合可以从民族文化提升和历史故事演绎两方面入手。城市具有多层次的文化资源，应统筹谋划，以核心主题整合各类型文化资源，形成特色的城市文化名片。四平传承了悠久的历史文脉，可以仿效额尔古纳，将民族发祥文化做大做强，开拓民俗风情游，以绿色环保的生态旅游为依托，以历史文化为演绎，打造高端文化名市。

城市文化品牌塑造从优势文化定位和特色活动营销切入。台儿庄以“中华古水城，英雄台儿庄”定位，依托水乡古城文化和战争英雄文化，塑造了独特的城市文化品牌；安庆素称“千年古城、文化之邦、百年省会、戏剧之乡”，围绕黄梅戏开展了系列文化活动，形成特色城市文化形象。四平可以围绕满族文化、二人转文化等塑造独特的城市文化品牌，辅以特色的节庆活动和营销方案，建设文化强市。

城市文化景观打造包括生态空间保护和文化资源具象化两个方面。城市文化形象通过城市空间内的景观群直观地展现出来。波鸿通过市内的博物馆群和怀古列车诉说着昔日辉煌的工业历史，依托水系、山势打造城市公园等生态绿化空间，市民有艺术剧院等休闲文化去处。四平应充分发掘地方文化，将历史文化资源具象化、常态化、普及化，在市内打造历史与现代相结合的立体文化景观，塑造城市文化形象。

城市文化集群发展以农业文化提升和旅游环线开发为基础。波尔多葡萄酒区开辟有专门的旅游路线，把老屋改建成乡村酒庄，结合乡村的自然生态和老旧建筑，带动周边城镇游客来旅游及体验文化。四平是粮食大市，拥有植根于东北黑土地的农业文化，可以借助都市农庄，形成独特的城市文化集群，与周边地域合作开发旅游线路，形成文化旅游的协同发展。

第六章

四平城市文化资本的构建与空间布局

四平城市文化资源五大类型——以满族文化为代表的地方民族文化、以“四战四平”为代表的英雄文化与红色文化、以各类古城遗迹为代表的历史人文、以自然山水为代表的生态文化、以二人转等为代表的东北地方民俗文化——已经划定，高度凝练城市特色文化，以文化创新发展为核心，对四平城市未来发展进行全新定位，让文化资源转化成为有助于城市持续发展的文化资本。城市空间是文化的载体，是一个充满文化信息的场域，“整合城市中政治、经济、社会、文化和心理资源”，[①]“对城市所有的可传达信息的载体和媒体进行再开发、再建设”，[②]包括对自然资源的保护开发和利用、对历史人文资源的创新型演绎，以及从文化视角重塑城市产业结构、文化结构、社会心理结构。四平特色文化落实到城市空间上，即将四平中心城区的功能分区与文化分区进行整合，划分成对应不同文化主题的三大核心空间——区域文化增长极、文化旅游型经济区、新型城镇化示范区，通过文化项目设计布局，形成城市文化符号，实现文化再生产。

---

①② 张鸿雁.城市文化资本论.南京：东南大学出版社，2010：48—49

一、四平城市特色文化的整体定位

德国学者斐迪南·滕尼斯在《共同体与社会》一书中指出："城市从根本上说是人的共同生活的最高的，即最复杂的形态。"①城市的复杂性在一定意义上决定了城市定位的复杂性，城市定位是一个复杂的体系。城市特色是当地居民共同文化认知和发展理念的集中表现，是城市长期发展的历史产物和深层积淀，是此城市有别于彼城市的核心性标志。四平城市的特色体现在其独特的古遗址文化、满族发祥文化、英雄文化、二人转文化等文化类型中，通过挖掘、传承上述特色文化，依据城市定位连续性原则（对历史与资源的把握能力）、可行性原则（与现实相结构的地方性建构）、唯一性原则（垄断性功能的创造）、导向性原则（消费心理和市场需求导向）、差异化原则（比较优势的放大）、个性化原则（城市灵魂载体）、认同性原则（普遍认同的精英战略）七大原则，对四平城市进行战略定位，塑造城市的个性与灵魂，促进四平城市可持续发展。

1. 首推定位——"四立四美，魅力四平"

基于四平文化资源的梳理与整合，精致城美、自然景美、红颜人美、历史文美，借势基础导向"四美四平"的文化定位；基于四平文化发展的远景与看图，为天下立母仪、为叶赫立源初、为英雄立不朽、为生民立福祉，明确建构导向"四立四平"的文化定位，最终得出"四立四美，魅力四平"的整体文化定位。

从四平自身独有的文化要素出发，以四美为逻辑，对四平文化进行整体定位。"城美"是指精致文化空间。意在表现四平城区悠久

---

① 斐迪南·滕尼斯．共同体与社会．林荣远，译．北京：商务印书馆，1999：333

的历史文化魅力（如旧工业文化）以及目前四平城区的空间景观建设与文化内涵打造，以此来彰显四平在特色城乡文化上的尝试。“景美”是指自然农业特色。四梨同城化区域坐拥特色的自然资源与农业景观，是东北少有的将山、水、农业风光较好结合的城市，四平应该以此为基础，成为东北独具一格的特色景观旅游城市。“人美”是指红颜英雄俱佳。本区域是叶赫那拉氏的故乡，是慈禧太后的故乡，是清朝三代皇后的故里，但同时又“满山水土出红颜，处处方寸埋忠骨”，英雄与红颜皆是人美。“文美”是指特色历史文化。四平文化底蕴深厚，华彩飞扬，既是叶赫一族的发源地，具有多个重要的历史文化遗址，同时也是纳兰性德的祖籍所在，更是闻名全国的东北二人转的发源之地。

从四平独有的文化要素出发，对四平城市性格与精神进行探析，得出四平乃是“四美浪漫之地、平和行健之城”。“四美”是指精致的城市文化要素。以四平“城美，景美，人美，文美”这四大文化要素为抓手，形成对四平文化的总结和再梳理，通过四美，让四平对内对外都可以形成鲜明的文化认知，也便于在整体定位中完整呈现四平文化的特色。“浪漫”是指浪漫悠久的城市气质。四平的浪漫是阳刚而又多情的，是山水的浪漫，自然馈赠的礼物；是革命的浪漫，“四打四平”的红色革命理想；是历史的浪漫，柳条边旁叶赫与建州之间的爱恨情仇；是文学的浪漫，纳兰词中那沁人的珠玉。“平和”是指交融并存的城市性格，意在表现四平整体文化当中多元、融合、和谐与温暖的独有气质。既包含了温和、不偏激的中国文化传统智慧，《礼记·乐记》中有“感条畅之气而灭平和之德”，又包含了调和、融洽与和谐的新时代中国文化诉求，《左传·昭公元年》中有“慆堙心耳，乃忘平和，君子弗听也”。“行健”是指自强不息的城市精神，取自《周易》“天行健，君子以自强不息”。强调四平作为长春与沈阳两大都市圈的交界，并不依靠任何一个都市圈进行发展，而是以天行健的姿态，运用自身的独特文化资源与功能组成，形成东北中部重要的跨区域协调中心乃至区域独立的功能中心。

“四立四平”，一为天下立母仪，二为叶赫立源初，三为英雄立不朽，四为生民立福祉，最终实现“以文脉再造四平，以创新引领东北”的目标。“四立四平”是将传统中国文化的本质内核与四平自身文化特质及中国新型城镇化背景下的发展新要求相结合而形成的创新文化定位。“四立四平”创造性地兼备了中国古代文化意蕴与四平地点精神诉求的文化定位，将中国5000年文脉传承之下对生命、文化、责任的思考重新审视并“一以贯之”，以实现中国传统文化“根柢”在四平这片美丽土地上的复苏与传承。让文化成为四平转型的核心着力点，通过对文化资源的挖掘与运作，让地方文化资本成为四平再发展的推动力，成为东北地区同类型城市发展转型的样本和典范，形成一个在新型城镇化背景下，依托自身独有资源实现跨越式发展的“四平模式”。“为天下立母仪”以叶赫的皇后文化为核心，提出四平的皇后文化具备唯一性，是唯一具备连续性、集聚性和重要性的皇后文化资源。四平应该成为中国皇后文化的旅游目的地，最终实现母仪天下的文化定位。“为叶赫立源初”，四平是满族发祥地之一，可却是叶赫女真真正的源头，是叶赫女真历史遗迹的重要保留地，作为清朝皇室重要组成部分的叶赫女真具有很高的文化研究价值，四平应该以此为资源，与其他满族发祥地形成错位。“为英雄立不朽”，“四打四平”闻名中国，四平应该将革命的英雄文化作为重点进行突出，实现对英雄文化内涵的深层次挖掘，使自己真正成为“东方马德里”。“为生民立福祉”，四平的文化发展离不开人民的支持，四平文化定位的重要部分也应该是以文化来实现对居民福祉的全方位提升，应该旗帜鲜明地将“富民福民”作为整个四平特色文化建设的重要方向和关键抓手。宋代大儒张载曾撰写过传世名言——“横渠四句”，即“为天地立心，为生民立命，为往圣继绝学，为万世开太平”，进行创新变革；《左传》也曾提出过三不朽：“太上有立德，其次立功，其次立言，经久不废，此之谓三不朽。”

2. 区域定位——东北亚多元文化集聚与开放中心

四平文化的重要特征是多元文化的长期和谐共存，在这片土地上,汉族、满族、蒙古族都有着非常悠久的居住和奋斗历史,也都在这里留下了非常宝贵的历史文化遗产,从古燕国的城市遗址到叶赫那拉古城,真正驱动四平发展的是这片新兴的土地对各种不同类型文化从一开始就具有的包容与开发的心态。在当下,要实现四平从两大都市圈交界位置的洼地突围,必须大胆从文化上实现开发,这也是新时代四平、东北乃至中国所需要的时代精神。在这种意义上,我们提出四平的文化定位应该是东北亚多元文化融通中心。

根据四平文化的民族性、包容性特点,将"东北亚多元文化集聚与开放中心"的定位进行细分,分为多元共生的民族特色文化集聚区和开放包容的东北亚文化发展特区。"多元共生的民族特色文化集聚区"的定位强调多元共生与民族特色两重特点,已有的区域发展多半是强调单一民族为主的文化资源集聚,这很容易形成消费者刻板的文化认知,也易于形成不稳定的政治局面。在四平,我们倡导的是多元共生的民族文化资源集聚,以已有的叶赫那拉镇、古燕国遗址等为重点,打造以满族风情为核心,以汉族古文化为辅助的多民族特色文化集聚区。四平在整个吉林省都处于发展的"洼地"当中,再加上长春和沈阳目前都不具备向外辐射带动区域发展的极核能力,因此,四平只能依靠自身的创造性城市定位和开发路径选择实现突围。我们认为,四平应当大胆运用文化创新,依托自身的文化资源,在发展较为滞后的东北区域率先形成"东北亚的文化发展特区",以此形成整个城市的特殊定位,并形成与周边同质化东北区域的差异化竞争。

3. 唯一性定位——中国皇后故里,世界浪漫之都

将四平文化定位为"中国皇后故里",是因为在四平所有的文化资源当中,只有皇后文化是在某种意义上具备唯一性特征的文化资源,因为中国虽然有很多文化,但同时具备皇后的集聚性、重要性和连续性的,只有四平叶赫满族皇后文化。在此基础之上,应当将皇后

故里的文化充分放大，形成文化意义与产业意义双重意义上的链条延伸，将皇后文化与女性文化、浪漫文化相结合，着力打造东北乃至世界的浪漫之都，而这种浪漫一方面以皇后文化所代表的尊贵女性文化为核心要素，另一方面也可以将革命文化、自然文化等多类型文化资源集聚，形成浪漫文化的集聚区。

“世界浪漫之都”中的“浪漫”表现在皇室浪漫、爱情浪漫、革命浪漫、自然浪漫四个方面。皇室浪漫主打以皇后故里为代表的宫廷文化，以女真、后金以及清朝历史背景下，叶赫那拉与爱新觉罗的皇室浪漫为主基调，将后宫文化、贵族爱情、精美器物、历史礼仪等相融合，形成全国独一无二聚焦于皇室浪漫主题的主题文化。浪漫的爱情不仅仅属于皇室，更属于每一个人。以皇室浪漫为基础，重点融合纳兰性德的爱情诗词文化，打造东北的爱情浪漫文化旅游目的地，通过特色的产品设计与文化挖掘，让四平成为中国情侣出行不得不来的目的地之一。革命也是一种浪漫，所谓的“革命浪漫主义情怀”，是将文化、战役文化、英雄红色文化等放入其中，以革命浪漫主义的视角，审视战争当中的战役战术、英雄文化、红色精神等可以超越特定历史环境的文化要素。自然浪漫在于将上天的恩赐与“天人合一”的打造手法相结合，四平应以自身的山水文化为基础，充分利用四平强大的农业基础，通过多样化项目设计，为游客呈现出充满田园风光与山水风情的四平。

4. 功能性定位——五环文化驱动，助力四梨同城

基于四平城市现有文化资源和自然资源，总结出叶赫满族风情史、皇后女性主题、革命英雄文化、历史遗迹文化、农耕休闲文化五种类型文化。叶赫满族风情史是以叶赫女真为核心的满族文化，将满族文化礼仪、宗教习俗、建筑风格、叶赫女真的起源与发展、满族特色餐饮等文化要素包含在内；皇后女性主题是以叶赫那拉三位皇后为代表的皇后女性文化，将中国历朝历代的皇后文化、后宫文化、礼仪文化、皇室爱情文化等纳入其中；革命英雄文化是以“四

打四平”系列战役为主要文化基础，在保留已有文化的要素之外，引入战争艺术、英雄文化、攻防文化、革命情怀等创新文化要素；历史遗迹文化是以历史遗址为重要文化资源，通过核心强保护、主题化开发、多功能布局、历史文化创新设计等手段，实现对历史遗迹文化的创新式保护；农耕休闲文化重点以梨树县特色农业休闲文化为基础，引入二人转、休闲农业、生态观光、创意农业等联系紧密的要素。

除上述定位外，可按照不同定位方法，为四平文化寻求多种文化定位。首席定位法强调区域具有“唯一”特色，突出定位的唯一性与不可替代性。

比附定位法以领先品牌为参照物来进行自身定位，借势提升自身的品牌价值与知名度。

东方马德里，中国四平城

优势定位法主要表现了自身的优势和特点，并把优势与特点凸显出来，作为定位因子。

英雄魅力城，皇后故里地

历史文化定位法凸显了历史文化底蕴，并将历史文化内涵作为品牌来打造。

满族风情里，传世柳条边

叶赫那拉凤栖枝，纳兰性德文故里

城市空间是文化的载体，将四平中心城区的功能分区与文化分区进行整合，划分为三大核心空间，以对应不同的文化主题：以中心城区为载体，打造“文城一体·区域文化增长极”，核心是展现四平城市的历史文脉；以叶赫镇、三门镇为重点，打造“文旅联动·文化旅游型经济区”，展示叶赫满族皇后风情；以梨树县和现有农业产业化为基础，建设“文农交融·新型城镇化示范区”，核心文化是都市农业休闲文化。

二、文城一体之区域文化增长极

基于四平市中心城区的文化资源设施，放大演绎英雄文化、铁路文化、红色文化，以“精雅四平，灵韵之城”为定位，重新布局城市文化空间序列，设计十四大核心文化产品，打造文城一体的区域文化增长极。

1. 四平中心城区空间文化变迁脉络

战国时期，四平市区是东胡，或称山戎，秦汉属匈奴东部，西晋时属于高句丽的西境。唐建渤海国，属渤海国西南境，四平市区为长岭府。辽金时期隶属通州，金灭辽后，今四平地区一部分属于北京路，元时隶属开元路咸平府。明初，四平市区大部分属辽东都司的三万卫，后随兀良哈三卫南移，四平地区又属该卫辖区，明末，四平大部分地区隶属科尔沁左翼中旗。清初被分给达尔罕王作牧地。康熙二十年(1681 年)，“柳条新边”告竣，今四平市区为“边外”，即蒙王领地。到了近代，四平经历了铁路主导、附属建设和多元博弈三个阶段。1899—1905 年，是铁路拉来的四平，从“五站”到“四平街站”，开始向铁路交通枢纽发展，铁路租借地区空间结构略现雏形。1905—1931 年，是附属建设的四平，从“铁路租借地”到“满铁附属地”，开始了附属地城市建设，使一道街至五道街的市井空间初具规模。1931—1948 年，多方力量在四平角逐。1949—1983 年，是四平战火重生、城脉涅槃的阶段，四平从辽西省划归吉林省，再到吉林省设“四平地区”，改四平市为专区辖市。自 1983 年至今，满汉交融，形成多民族聚居、多文化融合的新格局。

2. 城市文化空间现状特征与整体评判

基于四平市中心城区的文化资源设施，将四平划分为英雄攻防文化空间（见表6-1和图6-1）、特色铁路文化空间（见表6-2和图6-2）和综合性文化产业空间（见表6-3和图6-3）三个部分，从整体特征、文化特征和空间特征三个方面对其进行评判。

表6-1　英雄攻防文化空间现状与评判

整体特征	文化特征	空间特征	省级和市级重点文物保护单位		
			序号	文保单位	级别
集中体现了四平的历史沿革和重要战略地位	体现了四平特色“英雄城”的城市文化和地域精神	主要位于四平中心城区，功能单一，缺乏内部互动	1	四平解放烈士纪念塔	省级
			2	四平战役联军指挥所旧址	省级
			3	马仁兴烈士殉难地	市级
			4	四平革命烈士陵园	市级

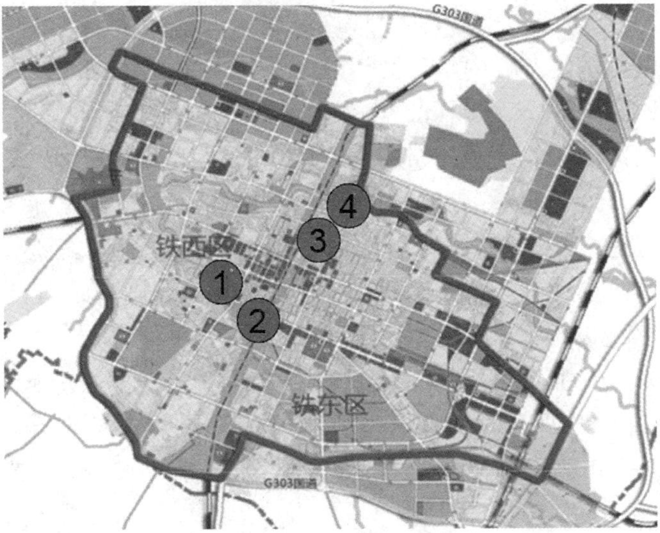

图6-1　四平文化地图之英雄攻防文化空间分布

表 6－2　特色铁路文化空间现状与评判

整体特征	文化特征	空间特征	省级和市级重点文物保护单位		
			序号	文保单位	级别
特色铁路文化贯穿近现代城市发展脉络，但缺少与铁路文化相对应的特色城市文化空间体系与序列	表现了依托铁路兴起的城市文化，但没有形成特色铁路文化场域	铁路文化空间碎片化，缺少特色铁路文化空间的整体构建。	1	中东铁路建筑群四平机车修理库旧址	国家
			2	四洮路铁路局旧址	省级
			3	中东铁路南满支线四平站机车司机公寓	省级

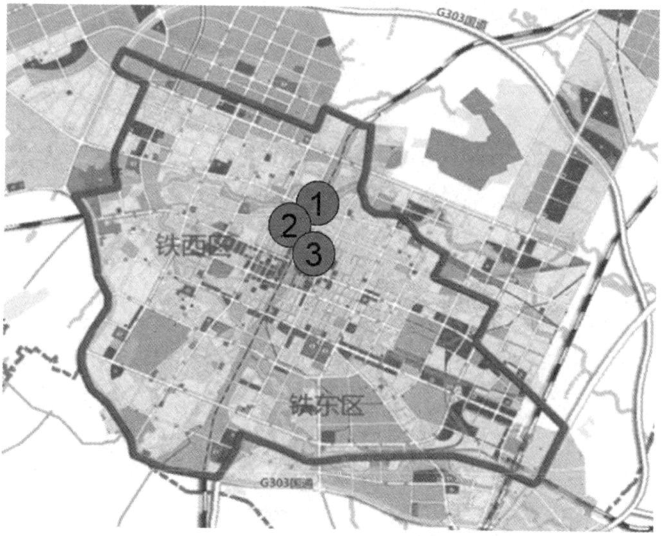

图 6－2　四平文化地图之特色铁路文化空间分布

表 6-3　综合性文化产业空间现状与评判

整体特征	文化特征	空间特征	工业遗存及文化创意产业集聚区	
文化创意产业集聚区已有初步成果，整体定位仍需进一步明确	工业遗存的再开发未形成创意产业化和商业化趋势；产业发展模式单一，以依托四平红嘴经济技术开发区为主	集聚区数量较少且分布分散，工业遗存在空间上改造难度大	序号	遗址基地
			1	"满铁附属地"发电厂旧址
			2	新发砖场遗址
			3	中国·四平动漫产业基地

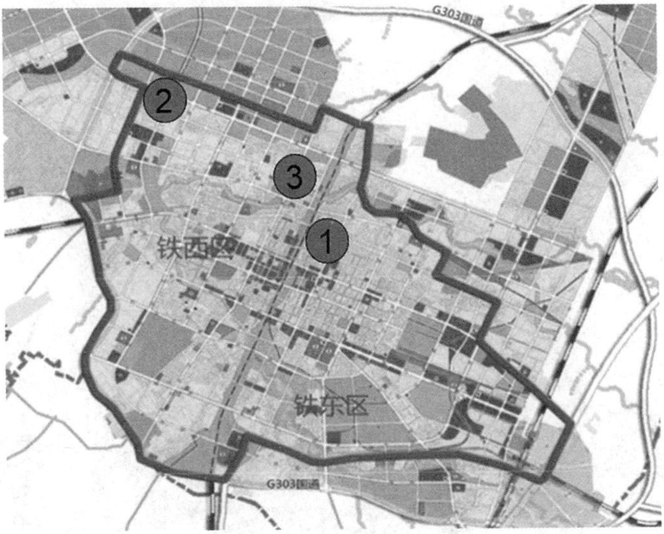

图 6-3　四平文化地图之综合性文化产业空间分布

3. 城市文化空间的序列化构建

(1) 区域文化增长极的整体定位与空间结构

文城一体·区域文化增长极是以四平中心城区为载体打造的城市文化空间。作为中心城区，区域文化增长极主要进行四平城市文化的多元汇集、立体呈现，并承担相应的区域公共文化服务等功能。建议从整体城市文化塑造的角度，将文城一体·区域文化增长极定位为“精雅四平，灵韵之城”的城市文化核心空间（见图6-4）。

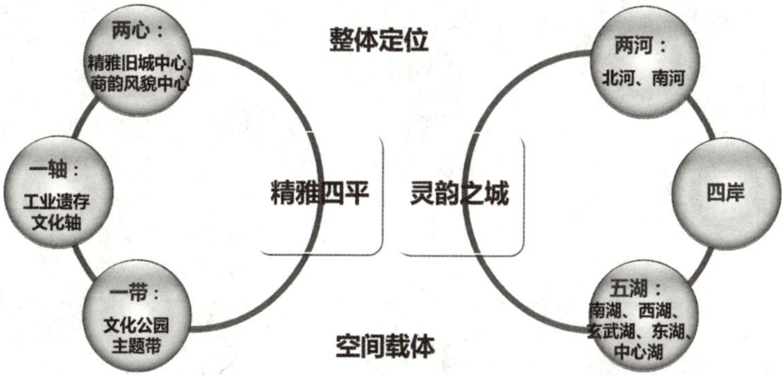

图6-4　文城一体·区域文化增长极“精雅四平，灵韵之城”定位逻辑图

在空间结构上表现为一轴、一带、两心，两河、四岸、五湖（见图6-5），十四大核心文化空间联动（见表6-4）。

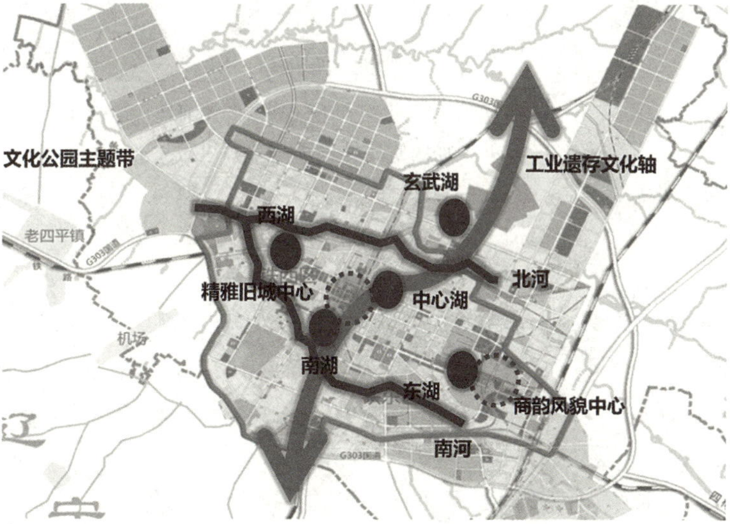

图6-5　文城一体·区域增长极空间结构图

表 6-4 文城一体·区域增长极十四大核心文化空间联动

空间结构名称	序号	核心文化空间	主题功能
两心： 精雅旧城中心、 商韵风貌中心	1	精致北国·四平八坊	复合型历史文化街区
	2	四平铁道馆——铁路文化馆	四平火车站改建的文化综合体
	3	四平城市规划展览馆整体提升	公共文化服务空间 旅游体验空间
一轴： 工业遗存文化轴	4	四平铁路文化公园	铁路文化主题的休闲体验带
	5	中国·四平动漫产业基地整体提升	动漫及周边产品创意园区
一带： 文化公园主题带	6	四战四平攻防公园——英雄广场改造提升	攻防文化的复原与体验
	7	烈士塔广场整体提升	英雄文化与生态主题广场
两河四岸	8	枕河人家主题公园带——北河休闲娱乐段落示意	北河休闲娱乐段小型文化中心
	9	精美四平·私人博物馆群——南河文化创意段落示意	南河文化创意段艺术展示交流平台
五湖	10	南湖	人文主题亲水公园
	11	西湖	休闲和运动养生主题湖
	12	玄武湖	公园式高端居住社区
	13	东湖	俄罗斯风格商业水街
	14	中心湖	生态环保街心公园

（2）十四大核心文化空间产品序列

1）两心——精雅旧城中心、商韵风貌中心

精雅旧城中心、商韵风貌中心是对现有两个市级综合性中心——旧城商业中心和高铁商务中心的整体提升和优化，全面提升城市窗口形象，为四平创造良好的首因效应。如图 6－6，两个市级综合中心均为四平“精雅”城市定位的载体，是四平城市形象的窗口。精雅旧城中心集中体现了四平的传统文化，如满族文化和铁路老工业文化；商韵风貌中心则展现了国际化、商务化的新四平，依托两心推行“城市窗口明亮计划”。

图 6－6　精雅旧城中心、商韵风貌中心落点图

表 6－5　精雅旧城中心、商韵风貌中心产品序列

序号	城市文化空间名称	主题功能	拟包括产品
1	精致北国·四平八坊	体现四平传统文化的复合型历史文化街区，突出了鲜明的东北特色和浓郁的满汉文化氛围。以一道街至五道街格局为蓝本，采用“前店后坊”的形制，每一坊既是展示空间，也是购物空间，具备文化展示、文化体验、文化消费、文化旅游等多重功能	曲艺坊——二人转之乡，实至名归 旗装坊——满族服饰，梦回盛清 五谷坊——黄金产粮，绿色安全 鹿宝坊——鹿身百宝，吉祥福寿 柳编坊——编筐编篓，处处都有 人参坊——百草之王，益气养生 刺绣坊——八旗针绣，生动秀丽 剪纸坊——满族剪纸，妙剪生花

（续表）

序号	城市文化空间名称	主题功能	拟包括产品
2	四平铁道馆——铁路文化馆	四平火车站改建而成的文化综合体，并引入了时尚文艺的火车餐厅、咖啡馆、书吧等业态	火车博物馆——珍奇火车大全 铁道小舍——特色铁路餐厅 火车模型DIY——互动体验专区
3	四平城市规划展览馆的整体提升	将东部现有的展览馆提升为集展览和体验于一体的公共文化服务场馆，建议扩展为多维度、多功能的公共文化服务空间和旅游体验空间	入口序厅——微缩四平铜雕 第一展厅——历史四平 第二展厅——当代四平 足下四平——下沉式沙盘模型 第三展厅——未来四平
4	国际商域文化港	集中突显四平在东北及东北亚的区域交通优势，展现商业文化的新动力	以商贸文化中心为核心，以电子商务、现代物流、仓储为平台，以城市商业文化功能服务配套为支撑

两心空间中的重点提升产品是四平铁道馆和四平城市规划展览馆（见表6-5）。四平铁道馆是在精雅旧城中心的四平站打造的，由火车站改建而成的铁路文化博物馆，展示了四平悠久的铁路文化传统，并引入了时尚文艺的火车餐厅、咖啡馆、书吧等业态，打造成多功能、多业态，文化、商业、休闲、旅游紧密结合的文化综合体。铁道馆内细分产品设计，火车博物馆是整个铁路文博苑的核心片区，展示了四平及世界不同时期、不同类型的珍奇火车；铁道小舍是特色铁路餐厅，在火车车厢风格的餐厅内售卖铁路便当，体验铁路特色餐饮文化；火车模型DIY是互动体验专区，设置火车模型DIY、火车面塑泥塑等互动体验项目。四平铁道馆参考法国奥赛博物馆，由废弃多年的奥赛火车站改建而成，巧妙利用原有车站的玻璃拱顶以及丰富多变的采光环境，让游客在自然的光线下欣赏艺术作品。四平城市规划展览馆内进行功能与体验的双重导入，运用多媒体数字影片，将其分区打造成以不同展示内容为主的序厅、第一展厅、第二展厅、第三展厅等，将规划展示馆从现有的展览空间扩展为多维度、多功能的公共文化服务空间和旅游体验空间。展览馆内部细分产品设计，入口序

厅设微缩四平铜雕，作品以等比例真实再现了四平市东南高、西北低的地形地势，宏观展现了四平的地理环境特征；第一展厅展示了四平的城市变迁、历史文化保护、城市规划及相关多媒体数字影片等；第二展厅包括四平的历次总体规划介绍，有交通、环保、水务、建筑节能等专题展区等，采用高科技影音的立体化展示，凸显四平的现代化建设；足下四平是在第二展厅展出的等比例制作的四平沙盘全景模型，建议打造为下沉式模型，让游客可以隔着玻璃站在沙盘上，实地感受当代四平的建设规划；第三展厅包括四平城市规划模型设计大赛作品展区，有 3D 多媒体数字立体影片《新四平青年》及 4D 动感数字影片《游历四平》等。

2）一轴——四平的工业遗存文化轴

工业遗存文化轴是城市南北向的主要空间轴线，穿过四平中心城区，向十家堡镇方向延伸，突出了工业遗存文化和创意产业的新老工业文化主题功能。工业遗存文化轴按照主题功能分为十段，形成了“四平工业遗存十景”。工业遗存十景从南至北按照出现年代依次排列，体现了工业文明从近代到现代的变迁。依托每段的主题，定期举行会展等活动，打造工业文明年代秀。

表 6－6　四平工业遗存文化轴的产品序列

序号	城市文化空间名称	主题功能	拟包括产品
1	四平铁路文化公园	铁路文化公园对四洮路铁路局旧址等三处特色铁路文化空间进行串联，按照公园文化架构，划分为文化区、休闲区、风情区、生活区四个功能分区	绿皮小火车——怀旧铁路专线 铁路之家——铁轨变身休憩空间 铁路文化特色景观设计
2	中国·四平动漫产业基地整体提升	是轴线上创意产业功能的重要节点，向相关创意衍生品、动漫周边产业和动漫制作人才的职业教育拓展，打造创意引领、多业融合的动漫文化产业全产业链	四平梦工厂——动漫制作及动漫人才培养 年年创意市集——动漫产品展销与设计交流 动漫小站——周边衍生品门店群

（续表）

序号	城市文化空间名称	主题功能	拟包括产品
3	卡子门老场坊	基于三道平行的卡子门遗址大院落的改造项目。它的整个内核还是由混凝土墙体构成的，保留了浓厚的工业时代质感，但时尚的秀场、话剧、创意品商店等一应俱全	摩登艺术秀场 1917 剧院 老场坊创意餐厅

一轴重点提升的产品是四平铁路文化公园和中国·四平动漫产业基地（见表 6－6）。铁路文化公园①对四洮路铁路局旧址等三处特色铁路文化空间进行串联，按照公园文化架构，划分为文化区、休闲区、风情区、生活区四个功能分区。公园内细分产品设计，开通四平站—杨木林站的绿皮小火车怀旧铁路专线，可在市区内乘坐小火车，进行短途观光，体验铁路旧工业文化；结合铁轨，打造包括休闲咖啡屋、茶吧、餐厅等休憩场所在内的铁路之家，例如将车厢内部改建成咖啡厅；设计铁路文化特色景观，将原本老旧的铁路道班房改造成铁路特色售货亭，增添小月台、小车厢等景观小品和设施。中国·四平动漫产业基地及其所属的红嘴经济开发区是轴线上创意产业功能的重要节点。基地属于四平年年文化传媒有限公司，目前虽已有原创三维“城市名片”动画片《七星传奇》的初步成果，但基地整体并未形成产业园区的规模效应和辐射效应。应在已有成果《七星传奇》的基础上，进一步发展动漫产业，并主要向相关创意衍生品、动漫周边产业和动漫制作人才的职业教育拓展，打造创意引领、多业融合的动漫文化产业全产业链。

① 铁路文化公园参考厦门市铁路文化公园进行设计。作为鹰厦铁路的延伸线，这段老铁路荒废多年，2011 年，厦门市对这段长 4.5 公里的老铁路进行适度改造，把它建设成一个供市民娱乐休闲、健身，并串联周边景点、步道的带状公园。公园从北到南分为铁路文化区、民情生活区、风情体验区和都市休闲区四个区块。

3）一带——文化公园主题带

文化公园主题带是城市东西向的生态景观轴线，由多个文化公园组成，包括现有英雄广场、烈士塔广场等的整体提升，以及配合城市文化分区新建的主题公园。将现有的城市公园配上线状、点状等多种绿色空间，共同构成连续性的城市生态景观轴线。在四平绿脉上打造十个文化主题公园，以攻防文化和英雄文化为主题，并配套带状城市绿色空间等节点，形成“一带十园”的城市景观轴线。

表 6－7　文化公园主题带产品序列

序号	城市文化空间名称	主题功能	拟包括产品
1	四战四平攻防公园——英雄广场改造提升	依托英雄广场现有空间，复原四战四平战争的局部场景，并向游客开放部分碉堡、战壕等，增加攻城与守城的体验，让游客亲身感受战争中的攻防文化	四平老街——四战四平实景复原 攻防体验园——守城攻城，躬亲征伐和平绿地广场
2	烈士塔广场整体提升	烈士塔广场是四平“英雄城”的象征性标志。建议对烈士塔广场进行文化广场和生态主题性质的整体提升，增设植被景观长廊等粘滞性空间，形成爱国主义知识竞答等常态化、规模化的广场活动	英雄群雕——讲述先烈故事 绿色景观长廊——融入城市绿脉 广场市民集体活动设计
3	四平绿色客厅	四平绿色客厅是市民和八方来客共享休闲时光的公共空间，“城市客厅”的慢文化体现了四平独特的待客之道	慢生活文化区 音乐水幕观景区 休闲步道活动区

一带重点提升的产品是四战四平攻防公园和烈士塔广场（见表 6－7）。四平市正是因为解放战争中的“四战四平”而被中外史学家誉为“东方马德里”，文化公园主题带上的英雄广场改建为集中体现攻防文化的四战四平攻防公园。公园复原了四战四平的局部场景（见

表 6－8)，并向游客开放部分碉堡、战壕等，增加攻城与守城的体验，让游客亲身感受战争中的攻防文化。公园内细分产品设计，等比例复建一条战争中的四平老街，街道两旁复原四战四平时的建筑遗迹和防御工事，还原历史上战火硝烟的真实场景；在攻防公园中开辟小片空地作为攻防体验的园中园——攻防体验园，开放部分战壕、碉堡等工事，让游客可租用枪支、军装等道具，亲身体验攻防文化；种植大片草坪作为和平绿地广场，让游客可在草坪上休憩、野餐、露营，体现了现今和平年代的可贵。

表 6－8　四战四平性质时间统计

一战四平	四平解放战	1946 年 3 月 15—17 日
二战四平	四平保卫战	1946 年 4 月 18 日—5 月 18 日
三战四平	四平攻坚战	1947 年 6 月 17 日—6 月 30 日
四战四平	四平收复战	1948 年 3 月 4—13 日

烈士塔广场是四平“英雄城”的象征性标志，目前主要作为祭扫先烈的地点和爱国主义教育基地。对烈士塔广场进行文化广场和生态主题性质的整体提升，完善广场服务设施，增设特色座椅、植被景观长廊等粘滞性空间，形成常态化、规模化的广场活动。广场内细分产品设计，在烈士塔周围增设一组讲述四平烈士生前事迹的英雄群雕，对先烈故事进行立体呈现；在广场外围打造绿色植被的景观长廊，进行生态主题提升，使烈士塔广场成为四平城市绿脉的特色节点；在烈士塔广场定期举办爱国主义知识竞答等常态化的广场市民集体活动。

4）两河四岸——一河一岸多节点

如图 6－7，连接贯通北河、南河两条水系，两河四岸按照主导功能分别打造不同类型的城市文化空间，并向两河各自的河岸延伸，形成网络状的城市文化空间。南北两河及沿河四岸是四平“灵韵”城市定位的载体，也是城市功能重组的重要载体。贯通南北两河以形成环状水系，围绕商业办公、休闲娱乐、文化创意、商贸物流等多个节点，打造“一段一主题”、具有活力的复合型滨水开发地区(见表 6－9)。

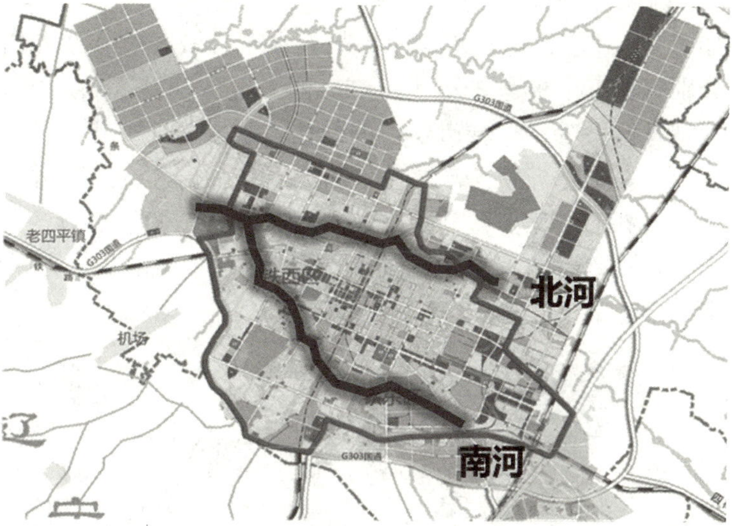

图 6-7　两河四岸

表 6-9　两河四岸产品序列

序号	城市文化空间名称	主题功能	拟包括产品
1	枕河人家主题公园带——北河休闲娱乐段落示意	枕河人家主题公园带是北河休闲娱乐段的文化中心，全部采用木质建筑，周围种植了四平特色的春榆、白桦等景观植被，建议打造水上餐厅、咖啡馆、茶舍等业态，采用轻便的木质公共座椅，带水元素的路灯和路牌，形成亲近自然的建筑风格，将北河休闲娱乐段打造成多元全方位的休闲游憩风光带	枕河竹坞——北河休闲娱乐段河滨商业中心 凌波栈道——木质景观浮桥、水上步道、观景走廊 河滨小雅——水上旋转餐厅 人文河川——借水造景
2	精美四平·私人博物馆群——南河文化创意段落示意	为迎合“私人美术馆时代”需求，打造了私人定制的博物馆聚落，使其具有展示创作成果、艺术交流和分享等多重功能，以此推进城市文化生活品质的提升，各个私人博物馆之间通过园林风景过渡，打造成主题公园式的私人博物馆聚落	炎黄博物馆——私人定制，专属收藏空间 四平鉴宝交流平台 北方园林十景——博物馆群过渡空间设计

5）五湖——一湖一品一主题

如图6-8，结合城市整体空间结构，在中心城区东南西北中五个方位分别打造五个主题湖公园，形成“四平五珠”的城市文化空间布局。五湖是四平“灵韵”城市定位的载体，一湖一品，一湖一主题，通过不同业态来强化五湖各自的主题，推进“四平五珠，五湖联动”的行动计划。五湖的文化主题分别是涉水泛舟、曲院风荷、梦泽安居、俄风水街、城市绿岛，从五个不同维度阐释四平的“灵韵”，契合旧城和新城两大中心的文化功能（见表6-10）。

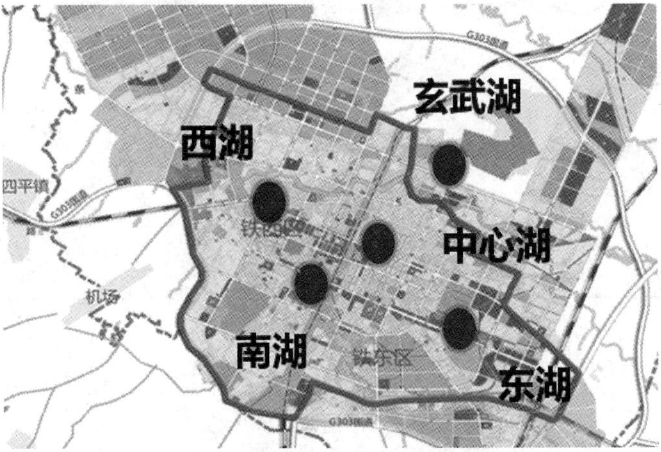

图6-8　五湖落点图

表6-10　五湖产品序列

序号	城市文化空间名称	主题功能	拟包括产品
1	南湖——亲水公园主题湖	打造为多层次、多业态的，观光、教育、休闲、游憩的亲水公园风光带，突出“亲近水、轻旅游”的理念	涉水池塘——延伸式亲水平台、亲子游玩戏水区 龙舟艇库——水上船库＋观景平台

(续表)

序号	城市文化空间名称	主题功能	拟包括产品
2	西湖——休闲养生主题湖	仿照杭州西湖曲院，打造“北国小西湖”，通过万亩莲塘、采莲池、莲藕药膳等项目，依靠多维养生方式，重点突出休闲和运动养生的主题湖	万亩莲塘——休闲养生 采莲池——运动养生 莲藕药膳——食疗养生
3	玄武湖——高端居住主题湖	体现“公园式”的城市滨水生活方式，在完善生活配套设施的基础上，注重塑造高端社区内在的人文环境	“玄武风情，人文十典”，建立在整体人文环境基础上的高端社区
4	东湖——商业服务主题湖	东湖为新建湖之一，位于商韵风貌中心圈，是俄罗斯水街风格的商业服务主题湖。东湖上散布着俄罗斯风格的水网体系，水街上多种业态散布其中	俄罗斯精品馆——特色工艺品、美食特产、创意饰品、军用纪念品等展销 普希金文化宫——芭蕾舞剧院、电影院、艺术沙龙 莫斯科餐厅——正宗俄式西餐
5	中心湖——生态环保主题湖	中心湖同为新建湖，位于精雅旧城中心圈。通过热成像图测地表温度可知，比起周围的柏油马路，城市绿地处的表面温度大约下降了 8 摄氏度。中心湖的主要功能是缓解城市热岛效应，推动建设绿色生态环保型城市	运动园中园 花卉园中园 雕塑园中园 音乐园中园 美食园中园

三、文旅联动之文化旅游型经济区

在文化旅游型经济区片区内，自然、人文旅游资源较为丰富，以叶赫满族文化和清朝皇后文化为核心，糅合山水诗词、浪漫女性等文化，将其定位为“叶赫满族皇后乡，山水清音浪漫城”，进一步增强地方文化与旅游业发展的融合度，构建差异化竞争力，塑造独特的旅游品牌，营造内生型自我成长的区域性标杆。

1. 文化旅游现状诊断与文化品牌定位再思考

千峰叠翠，一水环城，二龙戏珠玉带明，两山飞峙柳条新。

在文化旅游型经济区片区内，文化旅游资源可以用上述这句话来概括，水是指转山湖，城是指叶赫古城，二龙是指二龙湖，珠是指燕国古城，玉带是指叶赫河，两山是指杏花山、德仁堂山，柳条是指柳条边。根据调研，片区内的文化资源现状存在四大问题，一是资源同质性，片区内满族文化、山水文化等与周边地区同质性过高；二是空间碎片性，资源碎片化现象严重，缺乏系统整合；三是开发表层性，片区内的资源尚未得到深层次的开发利用，导致吸引力不足；四是配套缺位性，片区内相关旅游配套严重缺失，旅游产业链条尚未形成。从四平文化旅游整体定位来看，最关键的问题是差异化竞争亟待解决。满族源起于长白山之东北，目前主要分布在中国东北的辽宁、吉林、黑龙江三省，其中，以辽宁省最多。在东北三省中，许多城市均将自身定位为“满族发源地之一”，以下梳理了东北三省中明确提出过“满族发源地之一”定位的市和县（见表 6－11）。对于四平而言，满族文化并非是具有唯一性的文化资本，必须对四平的文化定位进行全新思考。

表 6－11　明确提出“满族发源地之一”定位的市和县

省	市/县	定位
辽宁省	抚顺市新宾县	满族的故乡，清王朝的发祥地
	抚顺市清原县	女真族的发祥地
	本溪市桓仁满族自治县	（五女山）满族文明的发祥和启运之地
吉林省	伊通满族自治县	满族发祥地之一
	吉林市乌拉街满族镇	满族主要发祥地之一

（续表）

省	市/县	定位
	四平市叶赫那拉城	满族的重要发祥地之一
黑龙江省	哈尔滨市阿城	女真族的兴起地和金朝的早期都城
	集贤县	满族历史文化的重要发源地之一

基于上述分析，且深入厘清四平地方文脉内涵后可知，四平市在文化定位上应以叶赫满族文化和清朝皇后文化为双核，并可糅合山水文化、诗词文化、浪漫文化、女性文化等。将这些文化进行深入演绎，确定其为四平文化旅游资源开发的主脉，从而将其打造为四平市的城市文化资本，塑造世界知名的文化旅游品牌，使其具有全国乃至全世界的独特特征。文化旅游型经济区首推的文化定位是“叶赫满族皇后乡，山水清音浪漫城”（见图 6－9），以叶赫为源，满族为根，皇后为核，山水为骨，清音为翼，浪漫为魂（见图 6－10）。

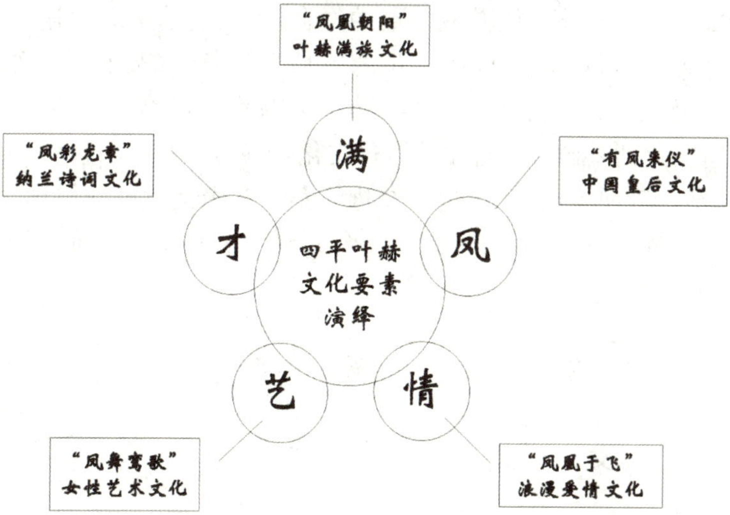

图 6－9　四平叶赫文化要素演绎“四平之魂”图示

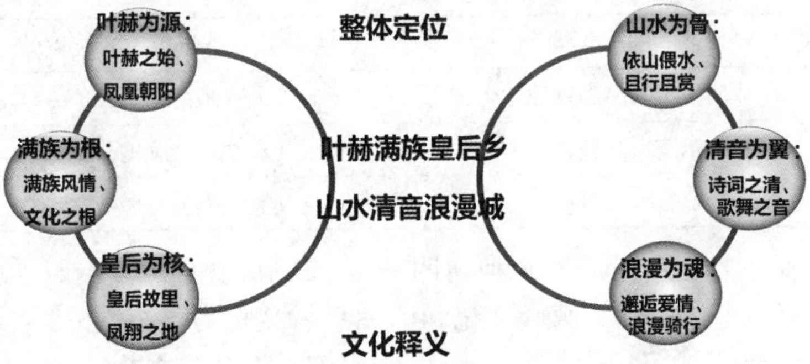

图 6－10　“叶赫满族皇后乡，山水清音浪漫城”文化定位演绎图示

2. 文化旅游型经济区的战略建构

为了强化项目的差异性和竞争力，塑造特有的旅游品牌，同时进一步提升地方文脉与旅游业发展的融合度，构建完整的文化与旅游联动体系，营造内生型自我成长的区域性标杆，需要构建“文旅联动 • 文化旅游型经济区”的战略目标。在文化旅游型经济区片区中，在原有文化的基础上整合塑造五环文化，即叶赫满族文化、中国皇后文化、纳兰诗词文化、浪漫爱情文化和女性艺术文化，同时导入吃住行游购娱的旅游六大要素，形成一个文旅联动的文化旅游型经济区（见图 6－11）。

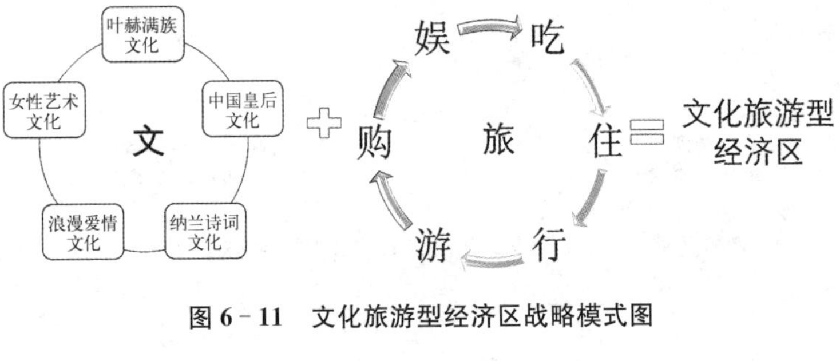

图 6－11　文化旅游型经济区战略模式图

3. 城市文化空间的序列化构建

文化旅游型经济区的整体布局是“一心四组团”和十七大核心文化旅游项目(见表6-12)。一心即“凤凰朝阳”叶赫满族文化核心区,四组团即“有凤来仪”中国皇后文化组团、“凤彩龙章”纳兰诗词文化组团、“凤凰于飞”浪漫爱情文化组团和“凤舞鸾歌”女性艺术文化组团。

表6-12　文化旅游型经济区整体空间产品序列

空间结构名称	序号	核心文化空间	主题功能
一心:“凤凰朝阳”叶赫满族文化核心区	1	叶赫古城	叶赫古城的复原与体验
	2	“叶赫之心”叶赫满族风情小镇	满族文化游乐体验空间
	3	“叶赫之魂”转山湖满族运动公园	满族运动旅游体验空间
	4	“叶赫之界”边塞景观带	清朝边塞古迹景观体验带
	5	“叶赫之墟”古迹观赏带	叶赫古迹景观观赏带
	6	“寻根叶赫”叶赫世系馆	叶赫寻根与传承文化空间
组团一:“有凤来仪”中国皇后文化组团	7	慈禧行宫	叶赫名人文化旅游体验
	8	“凤仪天下”中国古代皇后博物馆	中国皇后文化主题展示体验空间
	9	“四季清廷”皇后养生度假山庄	养生主题度假体验中心
组团二:“凤彩龙章”纳兰诗词文化组团	10	纳兰性德文化园	叶赫名人文化旅游体验
	11	“纳兰吟”爱情湿地公园	诗词文化主题生态湿地
组团三:“凤凰于飞”浪漫爱情文化组团	12	“双雁绾”爱情元素园	爱情主题文化展示体验空间
	13	“倾城之恋”浪漫爱情庄园	爱情主题休闲旅游度假中心
	14	“满族情思”婚俗博物馆	满族婚俗集中展示体验空间

(续表)

空间结构名称	序号	核心文化空间	主题功能
组团四:“凤舞鸾歌”女性艺术文化组团	15	霓裳羽衣馆	古代装束文化体验消费空间
	16	四艺阁	女性艺术文化展示交流平台
	17	太常寺	宫廷剧院

(1)“凤凰朝阳”叶赫满族文化核心区

叶赫那拉,汉译为“向往海东青飞翔的天空”,与汉语“凤凰朝阳”之义略同,故打造“凤凰朝阳”叶赫满族文化组团,融合与满族、叶赫、皇后文化相关的元素,集中展示满族特色文化和叶赫族孝慈高皇后、慈禧太后、孝定景皇后三代皇后的风采,以及叶赫满族的非凡魅力。“凤凰朝阳”叶赫满族文化组团是集满族文化体验、观赏、游览、休闲等于一体的独具风情的人文旅游目的地。

叶赫满族文化核心区的重点产品是叶赫古城、叶赫满族风情小镇和转山湖满族运动公园(见表 6-13)。

表 6-13 叶赫满族文化核心区产品序列

编号	项目名称	内容简介	拟包括产品
1	叶赫古城·城垣区	根据“叶赫东城”和“叶赫西城”的考古记录,将叶赫古城进行等比例复建,力求恢复其历史原貌,展现原汁原味的叶赫古城	护城河 木、土、石三座城墙 点将台 烽火台 马面 瓮城 八角明楼
2	叶赫古城·宫殿区	叶赫古城的宫殿区集中展示了叶赫的历史,以及孟古、慈禧、隆裕三代皇后出生、成长到最后母仪天下的历史,也包括相关文物的展出	叶赫历史博物馆 孟古宫 慈禧宫 隆裕宫

(续表)

编号	项目名称	内容简介	拟包括产品
3	“叶赫之心”叶赫满族风情小镇	将叶赫镇打造为叶赫满族风情小镇,以多样的生活状态与特色风物还原千古之城,并在此片区融入满族民居、满族饮食、满族节庆、满族礼仪文化的游乐体验功能	海东青图腾广场 叶赫民俗一条街 满汉全席美食街 萨满文化园 叶赫满族风情度假村
4	“叶赫之魂”转山湖满族运动公园	将其打造为具有浓郁满族风情的运动公园,提供冰嬉、骑马、射箭、摔跤等满族传统赛事活动,供游客体验	射箭场 跑马场 冰嬉场 摔跤场 珍珠球场
5	“叶赫之界”边塞景观带	复原清朝时在四平设立的边界建筑,部分复建叶赫历史上著名的柳条边墙、边门和古驿站等节点,形成一条边塞景观带	柳条边景观带 布尔图库边门 叶赫古驿站
6	“叶赫之墟”古迹观赏带	将叶赫考古历史遗迹,包括叶赫东西城遗址等串联成一条古迹观赏带,为游客展现最原始的叶赫风貌	叶赫东城遗址 叶赫西城遗址 叶赫珊延府城遗址 康熙井遗址
7	“寻根叶赫”叶赫世系馆	以人物塑像、照片、图片、文物、族谱等历史资料为内容,从不同角度展现叶赫历史、叶赫名人等,并将其打造成为中国叶赫后人的寻根之所,可在此寻根,祭祖,研究和传承叶赫文化	叶赫起源馆 叶赫名人园 叶赫世系图 叶赫基因图谱馆 叶赫祭祖广场 叶赫研究院

根据考古资料记载,叶赫古城城垣结构严谨,城内建筑布局井然有序。根据“叶赫东城”和“叶赫西城”的考古记录[①],将叶赫古城进行等比例复建,力求恢复其历史原始面貌,展现原汁原味的叶赫古城。为了更好地展示“皇后故里”叶赫的历史,对叶赫古城宫殿区进行细分产品设计,叶赫历史博物馆将史料、文字、图片以高科技展示手法,详细展示了扈伦四部之叶赫部的形成、发展及衰落历史,使游客能够

---

① 刘景文.叶赫古城调查记.文物,1985(4):80—84

深入了解叶赫的历史文化；孟古宫将摆放孟古姐姐的塑像，并以史料、文字、画像等为游客展示孟古的生平，以及与努尔哈赤、皇太极的故事等，使游客能多角度了解这位大清国母；慈禧宫将摆放慈禧太后的塑像，并以史料、文字、画像、考古文物等为游客展示慈禧太后的生平，使游客能全方位了解这位曾经盛极一时的传奇女性；隆裕宫将摆放隆裕皇后的塑像，并以史料、文字、画像、图片等为游客展示隆裕皇后的生平，使游客能更深入了解这位结束了一个时代的清朝皇后。

叶赫满族风情小镇是满族符号与满族风情的集中演绎地。小镇细分产品设计，海东青是满族图腾，在满族文化中具有独特地位，故在小镇入口处打造了一个海东青图腾广场；叶赫民俗一条街是以满族独特的建筑风格来进行打造的，民俗街展示与售卖满族独具特色的服饰、书画、乐器、工艺品，以及充满满族风情的纪念品如满族香荷包、香佩袋等，并融入满族歌舞表演；满汉全席美食街，满汉全席是我国一种具有浓郁民族特色的巨型宴席，既有宫廷菜肴之特色，又有地方风味之精华，游客可在此挑选不同菜品来进行品尝，体验满汉全席中的“翻台”“翻桌”等礼仪；萨满文化园介绍了萨满文化的起源、发展及分布状况，游客可观赏到萨满神服、萨满神偶和面具、萨满祭祀和祭祀神器、萨满占卜和预测、萨满医疗和药物、萨满艺术、萨满天文和地理等内容，并观赏到萨满祭祀表演；叶赫满族风情度假村，游客需穿着满族服饰，在此体验满族民居、品尝满族食物、参与满族节庆与满族赛事活动、观看满族歌舞表演、体验满族礼仪文化等。

转山湖满族运动公园是满族运动的集中体验地。公园细分产品设计，跑马场，满族人擅长骑射，游客可以在此体验策马奔腾的感觉；围猎是满族贵族不可或缺的活动，打造一个射箭场，射箭的对象不是动物，而是以箭靶替代；冰嬉在清朝是皇家冬季的消遣，冬季的转山湖本身就能成为绝佳的冰嬉场地，既可供游客体验，也可安排冰嬉演出；摔跤是满族人非常喜欢的一项运动，故建议打造一个摔跤场，有专人表演和指导，游客可以在此学习摔跤的技巧；珍珠球是满族人民的传统体育项目，游客可在珍珠球场上体验源于满族人民生活的体育运动。

(2)“有凤来仪”中国皇后文化组团

“有凤来仪”中国皇后文化组团以四平“皇后故里，凤翔之地”的文化定位为核心，进行发散式演绎，采取叶赫皇后文化到清朝皇后文化，再到中国皇后文化的演绎路径(见表 6-14)，聚焦于中国皇后的日常起居与饮食文化，依托规划区原有山水资源，打造集文化展示、宫廷养生、休闲旅游于一体的养生度假组团(见表 6-15)。建议选址在山门镇半拉水库区域。

表 6-14　中国历代皇后名录

朝代	皇后列表
西汉	高祖吕皇后　吕雉 孝惠张皇后　张嫣 后少帝刘弘皇后　吕氏 高祖薄皇后 孝文窦皇后　窦漪房 孝景薄皇后 孝景王皇后　王娡 孝武陈皇后　陈阿娇 孝武卫皇后　卫子夫 孝武李皇后　李夫人 赵太后　钩弋夫人(赵婕妤) 孝昭上官皇后 孝宣许皇后　许平君 孝宣霍皇后　霍成君 孝宣王皇后 孝元王皇后　王政君 孝成许皇后 孝成赵皇后　赵飞燕 孝哀傅皇后 孝平王皇后
东汉	光武郭皇后　郭圣通 光烈阴皇后　阴丽华 明德马皇后 章德窦皇后 和帝阴皇后 和熹邓皇后　邓绥 安思阎皇后　阎姬

（续表）

朝代	皇后列表
	顺烈梁皇后　梁妠 孝崇匽皇后 桓帝懿献梁皇后　梁女莹 桓帝邓皇后　邓猛女 桓思窦皇后　窦妙 孝仁董皇后 灵帝宋皇后 灵思何皇后 献帝伏皇后　伏寿 献穆曹皇后　曹节
三国	曹魏 武宣卞皇后　卞夫人 文昭甄皇后　甄宓 文德郭皇后　郭女王 蜀汉 先主甘皇后　甘夫人 先主糜皇后　糜夫人 先主孙皇后　孙夫人 先主穆皇后　吴氏 后主敬哀皇后　张飞长女 后主张皇后 张飞次女 东吴 孙权王皇后 孙权潘皇后 孙权步皇后 孙亮全皇后 孙休朱皇后 孙皓滕皇后
西晋	宣穆张皇后　张春华 景怀夏侯皇后　夏侯徽 景献羊皇后　羊徽瑜 文明王皇后　王元姬 武元杨皇后　杨艳 武悼杨皇后　杨芷 武帝王皇后　王媛姬

（续表）

朝代	皇后列表
	惠帝贾皇后　贾南风 惠帝羊皇后　羊献容 怀帝梁皇后　梁兰璧
东晋	元敬虞皇后　虞孟母 元帝简文太后　郑阿春 明穆庾皇后　庾文君 成恭杜皇后　杜陵阳 康献褚皇后　褚蒜子 穆章何皇后　何法倪 哀靖王皇后　王穆之 废帝孝庾皇后　庾道怜 简文顺王皇后　王简姬 简文文李太后　李陵容 孝武定王皇后　王法慧 孝武德陈太后　陈归女 安僖王皇后　王神爱 恭思褚皇后　褚灵媛
南北朝	刘宋 孝穆赵皇后　赵安宗 孝懿萧皇后　萧文寿 武敬臧皇后　臧爱亲 武帝张皇后　张阙 武帝胡皇后　胡道女 少帝司马皇后　司马茂英 文帝袁皇后　袁齐妫 刘劭皇后　殷玉英 孝武文穆王皇后　王宪嫄 前废帝何皇后　何令婉 明帝王皇后　王贞风 后废帝江皇后　江简珪 顺帝谢皇后　谢梵境 ……
隋朝	文献帝独孤皇后　独孤伽罗 炀帝萧皇后

（续表）

朝代	皇后列表
唐朝	高祖太穆皇后窦氏　窦皇后 太宗文德皇后　长孙皇后 高宗废后王氏　王皇后 高宗皇后武氏　武曌 中宗和思皇后　赵氏 中宗韦皇后　韦庶人 睿宗肃明皇后　刘氏 睿宗昭成皇后窦氏　窦德妃 玄宗废后王氏 玄宗贞顺皇后武氏　武惠妃 玄宗元献皇后　杨氏 肃宗张皇后 肃宗章敬皇后　吴氏 代宗睿真皇后　沈氏　沈珍珠 代宗贞懿皇后　独孤氏 德宗昭德皇后　王氏 顺宗庄宪皇后　王氏 宪宗懿安皇后　郭氏 宪宗孝明皇后　郑氏 穆宗　恭僖皇后　王氏 穆宗　贞献皇后　萧氏 穆宗　宣懿皇后　韦氏 宣宗元昭皇后　晁氏 懿宗惠安皇后　王氏 昭宗积善皇后　何氏
北宋	太祖孝明王皇后 太祖孝章宋皇后 太宗淑德尹皇后 太宗懿德符皇后 太宗明德李皇后 太宗元德李皇后 真宗章怀潘皇后 真宗章穆郭皇后 真宗章献明肃刘皇后　刘娥 仁宗郭皇后 仁宗慈圣光献曹皇后

（续表）

朝代	皇后列表
	英宗宣仁圣烈高皇后　高滔滔 神宗钦圣献肃向皇后 神宗钦成朱皇后 神宗钦慈陈皇后 哲宗昭慈孟皇后 哲宗昭怀刘皇后　刘清菁 徽宗显恭王皇后 徽宗郑皇后 钦宗朱皇后
南宋	高宗宪节邢皇后　邢秉懿 宪圣慈烈吴皇后　吴芍芬 孝宗　成穆郭皇后 孝宗　成恭夏皇后 孝宗　成肃谢皇后 光宗慈懿李皇后　李凤娘 宁宗恭淑韩皇后 恭圣仁烈杨皇后　杨桂枝 理宗谢皇后　谢道清 度宗全皇后　全玖
元朝	太祖光献翼圣皇后　弘吉剌氏　孛儿台旭真 太宗昭慈皇后　乃马真氏　脱列哥那 定宗钦淑皇后　斡兀立海迷失 睿宗显懿庄圣皇后　怯烈氏　唆鲁和帖尼 宪宗贞节皇后　弘吉剌氏　忽都台 世祖昭睿顺圣皇后　弘吉剌氏　察必 世祖皇后　弘吉剌氏　南必 裕宗徽仁裕圣皇后　弘吉剌氏　伯蓝也怯赤　即阔阔真 成宗贞慈静懿皇后　弘吉剌氏　失怜答里 成宗卜鲁罕皇后　伯岳吾氏　卜鲁罕 顺宗照献元圣皇后　弘吉剌氏　答己 武宗宣慈惠圣皇后　弘吉剌氏　真哥 武宗皇后　弘吉剌氏　速哥失里 武宗献章圣皇后　亦乞烈氏 武宗文献昭圣皇后　唐兀氏 仁宗庄懿慈圣皇后　弘吉剌氏　阿纳失失里 英宗庄静懿圣皇后　亦启烈氏　速哥八剌

（续表）

朝代	皇后列表
	显宗宣懿淑圣皇后　弘吉剌氏　普颜怯里迷失 泰定帝皇后　弘吉剌氏　八不罕 明宗贞裕徽圣皇后　迈来迪 明宗皇后　八不沙皇后 文宗皇后　弘吉剌氏　卜答失里皇后 宁宗皇后　弘吉剌氏　答里也忒迷失皇后 顺帝皇后　钦察氏　答纳失里皇后 伯颜皇后　弘吉剌氏　忽都皇后 完者忽都皇后　奇氏　奇皇后
明朝	太祖　孝慈高皇后　马秀英 惠帝　马皇后 成祖　仁孝徐皇后 仁宗　诚孝张皇后 宣宗　恭让胡皇后　胡善祥 宣宗　孝恭孙皇后　孙贵妃 英宗　孝庄钱皇后　钱锦鸾 英宗　孝肃周太后 景帝　汪废后 景宗　肃孝杭皇后 宪宗　吴废后 宪宗　孝贞王皇后 宪宗　孝穆纪太后 纪淑妃 宪宗　孝惠邵太后 孝宗　孝康张皇后 武宗　孝静夏皇后 世宗　孝洁陈皇后 世宗　张废后 世宗　孝烈方皇后 世宗　孝恪杜太后 穆宗　孝懿李皇后 穆宗　孝安陈皇后 穆宗　孝定李太后 神宗　孝端王皇后 神宗　孝靖王太后 光宗　孝元郭皇后 光宗　孝和王太后 光宗　孝纯刘太后

（续表）

朝代	皇后列表
	熹宗　懿安张皇后　张嫣 庄烈帝愍周皇后
清朝	孝慈高皇后　叶赫那拉·孟古 孝端文皇后　博尔济吉特·哲哲 孝庄文皇后　博尔济吉特·布木布泰 顺治废皇后　（静妃）博尔济吉特氏 孝惠章皇后　博尔济吉特氏 孝康章皇后　佟佳氏 孝献皇后　董鄂氏　董鄂妃 孝诚仁皇后　赫舍里氏 孝昭仁皇后　钮祜禄氏 孝懿仁皇后　佟佳氏 孝恭仁皇后　乌雅氏 孝敬宪皇后　乌拉纳拉氏 孝圣宪皇后　钮祜禄氏 孝贤纯皇后　富察氏 乾隆继皇后　乌拉纳拉氏 孝仪纯皇后　魏佳氏 孝淑睿皇后　喜塔腊氏 孝和睿皇后　钮祜禄氏 孝穆成皇后　钮祜禄氏 孝全成皇后　钮祜禄氏 孝慎成皇后　佟佳氏 孝静成皇后　博尔济吉特氏 孝德显皇后　萨克达氏 孝贞显皇后　钮祜禄氏　慈安太后 孝钦显皇后　叶赫那拉氏　慈禧太后 孝哲毅皇后　阿鲁特氏 孝定景皇后　叶赫那拉氏　隆裕太后 逊帝溥仪皇后　郭布罗·婉容

表 6-15 中国皇后文化组团产品序列

编号	项目名称	内容简介	拟包括产品
1	慈禧行宫	慈禧太后作为清朝后期的实际统治者，是中国历史上最具影响力的皇后之一，慈禧行宫将以慈禧太后所居住的“西六宫”为蓝本来进行适度仿建，复原慈禧太后的日常起居与饮食文化，游客可在此体验慈禧太后的宫廷生活	启祥宫（宫廷复原展介） 永寿宫（药膳饮食体验） 储秀宫（宫廷住宿体验） 翊坤宫（玉容散养颜体验） 咸福宫（健体养生体验） 长春宫（京戏戏曲体验）
2	“凤仪天下”中国古代皇后博物馆	在片区内打造中国第一个皇后博物馆，呈现最全的中国皇后谱系，且集中展示中国历代皇后的画像、凤袍、凤冠、凤履等	“一朝一凤”皇后谱系馆 “一凤一画”美人廊 “一凤一袍”绮华馆 “一凤一冠”凤冠馆 “一凤一履”仙履馆
3	“四季清廷”皇后养生度假山庄	“四季清廷”皇后养生度假山庄将汇集清朝不同的宫廷养生方法，集养颜、养心、养气、养生于一体，打造一个宫廷养生的集中体验场所，游客可在此健体养生、清心修身，体验宫廷养生的魅力	御茶坊（宫廷茶道） 御膳坊（宫廷御膳） 御酒坊（宫廷贡酒） 御药坊（宫廷汗蒸） 御养坊（宫廷针灸） 御颜坊（宫廷养颜）

中国皇后文化组团的重点产品是慈禧行宫。慈禧太后作为清朝后期的实际统治者，是中国历史上最具影响力的皇后之一，慈禧行宫将以慈禧太后所居住的“西六宫”为蓝本来进行适度仿建，复原慈禧太后的日常起居与饮食文化，游客可在此体验慈禧太后的宫廷生活。慈禧行宫细分产品设计，启祥宫复原慈禧太后日常居住的宫殿和场景，全面展示清朝宫廷内景与慈禧太后生平，游客可在此感受了解慈禧太后的一生；永寿宫是清朝宫廷药膳饮食的体验空间，不仅为游客提供了色、香、味、形、养俱佳的各色清宫美食，还为游客提供了清宫茯苓糕、八珍膏、五味子膏、明目延龄膏等慈禧太后喜爱的养生美食糕点，解密慈禧太后的食疗秘方；储秀宫是清朝宫廷住宿的体验空间，从家具设计到装饰摆件，无不体现出浓郁的清宫特色，为游客提供了独具风格的清朝宫廷住宿体验；翊坤宫是慈禧太后美容养颜秘

方的体验空间，如为游客提供了慈禧太后钟爱的玉容散养颜体验；咸福宫汇集了慈禧太后的健体养生方法，为游客打造了具有清宫特色的健体养生体验，如宫廷针灸、汗蒸、八段锦等中国传统保健功法；长春宫是一个京戏戏台，京戏是慈禧太后茶余饭后最喜爱的节目，可邀请专人在此表演京戏，让游客领略国粹。

(3)“凤彩龙章”纳兰诗词文化组团

“凤彩龙章”比喻文辞美妙，有不凡的文采、风采。“凤彩龙章”纳兰诗词文化组团将全面呈现叶赫那拉氏后人纳兰性德的非凡魅力和诗词文化。纳兰性德在清初词坛独树一帜，词风“清丽婉约，哀感顽艳，格高韵远，独具特色，直指本心”，被誉为“国初第一词人”“北宋以来，一人而已”。“凤彩龙章”纳兰诗词文化组团将融合纳兰性德的生平事迹、诗词文集、爱情故事，打造一个可观、可感、可叹、可亲的“纳兰性德”。“凤彩龙章”纳兰诗词文化组团是集文化展示、湿地旅游等于一体的人文旅游区，是中国第一个最全面、最详细解读纳兰性德的文化旅游目的地(见表 6 - 16)。建议选址在转山湖区域。

表 6 - 16　纳兰诗词文化组团产品序列

编号	项目名称	内容简介	拟包括产品
1	纳兰性德文化园	全面系统地展示了清朝第一词人纳兰性德的生平事迹及其流传诗词《饮水词》《渌水亭杂识》等，以及其爱情故事，成为中国第一个最全面、最详细解读纳兰性德的文化园	明珠府(纳兰性德生平展介) 饮水廊(纳兰性德诗词长廊) 渌水亭(纳兰性德住所展介) 鸳鸯馆(纳兰性德与卢氏爱情故事展介) 珊瑚阁(纳兰性德书画馆)
2	“纳兰吟”爱情湿地公园	以清朝第一词人纳兰性德所作“纳兰词”及其与卢氏的爱情作为爱情湿地公园的主题，糅合纳兰性德的词作，并将其词牌名和词曲名作为景点名称串联整个景区，以唯美、浪漫、温馨的诗词文化，歌颂纯洁美丽的忠贞爱情	“寻芳草”湿地生态区 “蝶恋花”情花迷宫 “木兰花慢”风车小道 “御带花”倾心码头 “踏莎美人”情人桩 “长相思”归人桥 “相见欢”双雁亭 “金缕曲”卢氏草居 “虞美人”婚纱摄影基地

纳兰诗词文化组团的重点产品是"纳兰吟"爱情湿地公园，也是中国首个诗词主题生态湿地公园。以清朝第一词人纳兰性德所作"纳兰词"及其与卢氏的爱情作为爱情湿地公园的主题，糅合纳兰性德的词作，并将其词牌名和词曲名作为景点名称串联整个景区，以唯美、浪漫、温馨的诗词文化，歌颂纯洁美丽的忠贞爱情。公园细分产品设计，"寻芳草"湿地生态区，重点打造美轮美奂的湿地景观，以纳兰词《寻芳草》为文化内涵，为整个湿地公园的核心景观游览区；"蝶恋花"情花迷宫是个独特的花海迷宫，迷宫中处处可见纳兰词中描述爱情的词句，让游客在迷宫中品味诗词之美；"木兰花慢"风车小道是一条迷人的鲜花小径，小径上放置了不同风格的风车，形成了一条令人流连忘返的风车小道；"御带花"倾心码头是湿地公园打造的一个延伸至水面的木质码头，是公园水陆交通切换的枢纽，扩大了湿地公园的活动面积；"踏莎美人"情人桩，采用心形木桩在水上打造大型的心形过道，并在夜晚用灯光进行亮化，形成大心融小心的浪漫意象；"长相思"归人桥，在湿地公园水面打造的一座"归人桥"，以纳兰词为点缀，以纪念古往今来那些"送君往，盼君归"痴情女子的爱情；"相见欢"双雁亭，大雁是满族文化中爱情的象征，"相见欢"双雁亭正是一座纪念纳兰性德与爱妻卢氏之间爱情的双亭；"金缕曲"卢氏草居，在湿地公园内设卢氏草居，是为了纪念纳兰性德的妻子卢氏，草居内展示有纳兰性德写给卢氏的所有诗词，同时可售卖明信片和提供慢递服务，游客可写下自己的爱情寄语，由公园负责未来寄送；"虞美人"婚纱摄影基地，湿地公园内可打造"虞美人"婚纱摄影基地，公园内每一个景点都可成为婚纱摄影拍摄点，为新人们提供唯美的婚纱摄影外景地，营造最真实的婚纱摄影大片，让新人们在公园内感受与众不同的婚纱拍摄体验。

(4)"凤凰于飞"浪漫爱情文化组团

"凤凰于飞"出自《诗经·大雅·卷阿》中的"凤凰于飞，翙翙其羽"，凤和凰相偕而飞，比喻夫妻幸福恩爱，"凤凰于飞"浪漫爱情文化组团将打造为一个汇集中国浪漫、爱情元素，同时凸显地方文化和地点精神，融入满族爱情故事、爱情符号等，且以浪漫爱情为主题的，可赏、可观、可玩、可憩的休闲旅游目的地(见表6-17)。建议选址在山门镇。

表6-17　浪漫爱情文化组团产品序列

编号	项目名称	内容简介	拟包括产品
1	“双雁绾”爱情元素园	选取能够代表爱情的元素,如满族的大雁,以及其他具有代表性的元素如鹣鲽、鸳鸯、同心结金鱼、龙凤、红豆、比翼鸟、玫瑰等,打造中国第一个爱情元素园	“比翼双飞”爱情元素馆 “鹣鲽情深”爱情雕塑园 “情有独钟”爱情电影院 “花好月圆”浪漫花语园 “心心相印”祈愿月老林 “红豆相思”情书慢递邮局
2	“倾城之恋”浪漫爱情庄园	打造“倾城之恋”浪漫爱情庄园,选取中西方历史上著名的爱情故事进行演绎和展现,如壁画、雕塑等,配以红酒、玫瑰等爱情元素,营造浪漫、温馨的氛围	“一阁一情”爱情主题酒店 “浪漫之光”烛光会所 “清风之露”葡萄酒庄 “爱神之箭”玫瑰花园
3	“满族情思”婚俗博物馆	“满族情思”婚俗博物馆展示了满族独特的婚俗习惯和婚俗礼仪,并为游客提供了满族婚礼的全程体验	满族婚俗展览馆 满族爱情故事园 满族婚礼体验厅

浪漫爱情文化组团的重点产品是“双雁绾”爱情元素园,也是中国第一个爱情元素园。园内细分产品设计,“比翼双飞”爱情元素馆,选取能够代表爱情的元素,如满族的大雁,以及其他具有代表性的元素如鹣鲽、鸳鸯、同心结金鱼、龙凤、红豆、比翼鸟、玫瑰等,进行展示并配以文字解说;“鹣鲽情深”爱情雕塑园,选取中国古代最具代表性的爱情故事,以雕塑的形式展出,如梁祝等,同时可以将满族爱情故事融入其中来进行演绎;“情有独钟”爱情电影院,选取世界著名的浪漫爱情电影进行播放,如《泰坦尼克号》《魂断蓝桥》等;“花好月圆”浪漫花语园,花有不同花语,选取能够代表爱情的花如玫瑰、风信子等来进行栽植,形成一片浪漫花海;“心心相印”祈愿月老林,游客可在祈愿月老林写下对爱情的祈愿和祝福,情侣们可以一起挂上同心结

与同心锁,祈愿爱情长长久久;“红豆相思”情书慢递邮局,在爱情元素园中打造一个情书慢递邮局,游客可在此写下情书寄给心爱的人,并指定寄出时间,邮局工作人员将在指定时间寄出。

(5)“凤舞鸾歌”女性艺术文化组团

“凤舞鸾歌”出自唐朝宋之问的《太平公主山池赋》“凤舞鸾歌兮俨欲飞,披烟弄月兮宵未归”,用于形容美妙的歌舞。“凤舞鸾歌”女性艺术文化组团集中展示了中国传统女性的艺术文化以及具有满族风情的高雅艺术。“凤舞鸾歌”女性艺术文化组团融合声乐、歌舞、妆容、才艺、服饰等众多元素,是集观赏、体验、参与、消费于一体的女性艺术文化体验区(见表6-18)。建议选址在梨树县。

表6-18 女性艺术文化组团产品序列

编号	项目名称	内容简介	拟包括产品
1	霓裳羽衣馆	中国古代的衣裳、冠帽、鞋袜等装束在世界上自成一系,故打造最全的中国古代装束展示体验馆,不仅可供游客体验,同时还承担着中国满汉服饰文化传播者的重任	“轻纱罗裙”古代服饰展示体验馆 “青丝云髻”古代发饰展示体验馆 “姣花红妆”古代妆容展示体验馆 中国古代装束文化研究所
2	四艺阁	打造展示古代传统女性“琴棋书画”四艺阁,用于展览、体验、售卖特色的乐器、典籍、书画等,同时设置体验与休憩场所	抚琴阁 弈棋阁 望书阁 品画阁
3	太常寺	太常寺为清朝早期宫廷音乐机构,根据清朝宫廷音乐机构的设置,全面展示清朝宫廷音乐艺术与满族歌舞艺术,同时可以作为剧院提供演出场地	神乐署(清朝/满族歌舞演出) 和声署(满族音乐沿革展介) 什帮处(演出剧院)

太常寺产品设计可以参考承德避暑山庄“承德清音会”清宫廷音乐演出案例。承德清音会早在1920年就于热河成立了,后经过几代乐师的努力,整理出几十首包括佛教、道教音乐在内的古老优雅的清

音乐，使清宫廷音乐得以延续。清宫廷御用音乐融入了明代宫廷乐曲、清代南北方各民族音乐、民间十番音乐、宗教音乐等，已有300年历史。《浪淘沙》《月下海棠》《普天乐》《水龙吟》等古典乐曲，让听众们欣赏到了古老的清音。在中国首部大型原创皇家歌舞诗《帝苑梦华》中，就融入了大量的宫廷音乐和舞蹈，其典雅的宫廷风格、浓郁的民间特色、古典的音乐遗风、优美的民族风情，得到了广大观众的高度赞扬，至今已演出130余场，接待观众10余万人次。女性艺术文化组团的重点产品是霓裳羽衣馆，是中国古代装束妆容的集中展示和体验场所。馆内细分产品设计，"轻纱罗裙"古代服饰展示体验馆，中国古代服饰具有独特的魅力，建议打造"轻纱罗裙"古代服饰展示体验馆，供游客感受衣袂飘飘、裙裾飞扬的汉服魅力，体验穿越到古代的新奇之感；"青丝云髻"古代发饰展示体验馆，中国古代女性的发髻多种多样，各个朝代都有独特的发髻造型，如明代茴香髻、清代旗头等，建议打造"青丝云髻"古代发饰体验馆，让游客自己选择钟爱的发髻进行体验；"姣花红妆"古代妆容展示体验馆，中国古代女性的妆容多样，颇多讲究，如敷粉、画眉、贴花钿等，建议打造"姣花红妆"古代妆容展示体验馆，让游客自己选择喜欢的妆容，并由专人帮助上妆，体会东方女性古典妆容之美；中国古代装束文化研究所，中国古代装束在世界上自成一系，成立中国古代装束文化研究所，对中国古代装束进行研究、创新，承担中国满汉装束文化传播者的重任。

四、文农交融之新型城镇化示范区

新型城镇化示范区主要是指梨树县，该片区的农业资源与文化资源呈碎片分散状，以文农融合为理念，以农业文化为核心，糅合民族、古城、民俗文化，拓宽农业产业层次，发展现代农业、生态农业、休闲农业，提升农业发展品质，打造农业产业与文化体验相融合的片区。

1. 梨树文脉诊断与整体评判

梨树县现有自然人文旅游资源丰富，但是大多资源成散乱分布且范围较小，从整体上看，大致可以从以下五个角度来进行分类描述（见表6-19）。

表6-19　梨树县五大文脉梳理

序号	分类	代表性文化资源	概述
1	现代农业文化旅游	霍家店经济园区	“乡村小都市” 省级经济开发区
2	特色民族文化遗存	偏脸城遗址	辽金时代古城重镇 国家级重点文物保护单位
		友谊村辽墓群	辽金时期贵族砖室古墓群 国家级重点文物保护单位
3	原始部族文明寻根	长山遗址	跨越新石器到青铜时代的生活遗址 省级古遗址文物保护单位
4	民间艺术文脉沿承	二人转之乡	省级非物质文化遗产
5	英雄之城红色记忆	四平保卫战指挥部旧址	省级重点文物保护单位
		梨树县革命烈士纪念碑	县级重点文物保护单位

梨树县经历了从古城重镇到农业大县的转变，在梨树县域上，人类的历史踪迹可以追寻到5000年前，辽金时代发展成为辽、宋、金往来贸易的重要小镇，即“偏脸城”，游牧民族的畜牧渔猎文化影响深远。2012年，梨树县农林牧渔业总产值达157.4亿元，粮食产量实现九连增，梨树县已从辽金时期的游牧民族小镇发展成为我国东北地区的重要农业大县，农耕文化也已成为梨树县最重要的文化脉络。梨树县可依托其丰富的农业资源禀赋，变传统农业为现代农业，以农业现代化推动工业化、城镇化，以特色民族文化丰富农业发展内涵，提升农业文化

品质，开辟区域城镇化的创新模式。以农业为基，文化为魂，梨树文脉提升入径可以细分为五个方面：一是农业产业提升，从传统农业到现代农业；二是农庄文化提升，从基础农业到休闲农业；三是农家村落提升，从县郊小村到美丽乡村；四是民俗传统提升，从二人转到民俗荟萃；五是地方文脉提升，从古城遗址到风情小镇。

2. 城市文化空间的序列化建构

从原始人类足迹到辽金重镇，再到国家重点商品粮基地县，在充分把握了梨树县历史文化发展脉络的基础上，以农业文化为核心，糅合民族文化、古城文化、民俗文化等，通过对各类文化的挖掘、演绎与创新，拓宽梨树农业产业层次，提升农业发展品质，以“文农交融”开创新型城镇化示范。新型城镇化示范区的整体定位：

休闲农业典范，新型城镇样板
醉美田园，休闲山庄
民俗文化之乡，农业旅游新城
辽金古城重镇，休闲农业新城
魅力农庄，清雅小镇

以这五个定位为依据，构建“五团立轴”的结构布局（见表6-20）。

表6-20　“五团立轴”结构布局

组团序列	组团名称
1	国家农业科技园组团
2	“生态农庄”休闲农业组团
3	“绿韵乡约”农家乐组团
4	霍家店民俗文化村组团
5	偏脸古城辽金遗址组团

（1）国家农业科技园组团

梨树县是国家重点商品粮基地县，素有“东北粮仓”“松辽明珠”

的美誉，建议梨树县依托其雄厚的农业基础，大力发展现代农业，以科技渗透农业生产、加工、销售等各个环节，以文化提升农业层次，打造一个集生产加工、科技研发、教育培训、休闲观光等功能为一体的国家农业科技园区（见表6-21）。建议选址在四平市市郊（沿四梨公路延伸）。

表6-21　国家科技产业园产品序列

编号	项目名称	内容简介	拟包括产品
1	现代农业示范区	广泛应用现代科学生产技术、生产资料和管理方法，建立一系列现代农业示范基地，具备科技实验示范、休闲观光、农业技术实训等功能	智慧农业示范基地 设施农业示范基地 有机农业示范基地 生态农业示范基地 生物农业实验基地
2	绿色食品加工区	集聚稻麦、玉米、蔬菜、渔牧生产加工企业，延伸产业链，形成绿色食品加工产业集聚区，并发展农副产品工业旅游	绿色生态厂房 透明玻璃车间 舌尖梨树品购专区
3	农副产品物流园	建设质检、仓储、配送、展销、交易等多个中心，构建冷链物流系统，打造集仓储、运输、加工、整理、销售、配送等功能为一体的综合性物流服务园区	质量检测中心 仓储中心 配送中心 交易办公中心
4	农业科技孵化区	集聚农业科技研发力量，汇集最新农业科技成果，构造农科园的神经中枢，为整个园区提供技术支撑	花园式研发总部楼群 诺亚方舟种子银行 农业科技成果展览馆 特色果品展销中心 农业人才培训基地 农业科技咨询服务站
5	公共文化服务区	建设科技园区的休闲娱乐、卫生服务中心，完善配套服务功能，满足生活需求	会议餐饮功能区 休闲娱乐功能区 医疗卫生功能区

国家农业科技园的重点产品是现代农业示范区、绿色食品加工

区和农业科技孵化区。现代农业示范区是一系列以科学技术为支撑的现代农业示范基地群，具有示范展览、观光、培训等功能。示范区细分产品设计，智慧农业示范基地，通过引入信息技术、自动监控等一系列高新技术，在园区内建设智慧感知、智慧预警、智慧监测、智慧控制等农业生产设备，展示智慧农业生产全过程，打造智慧农业观光示范基地；设施农业示范基地，建设一批以环境安全型温室、环境安全型畜禽舍、环境安全型菇房为核心设备，采用无土栽培、工厂化育苗等技术手段的设施农业示范基地；有机农业示范基地，遵照有机农业生产标准，建设采用有机肥为农作物提供养料，而非利用人工合成农药、生长调节剂化合物品进行生产的有机农业示范农田；生态农业示范基地，依照“综合利用，化害为利”的原则，将节能温室、沼气技术与种养殖技术结合，通过生物转换，形成产气、积肥同步和种养并举的新型生态农业生产模式示范基地；生物农业实验基地，开辟一片农业生物技术实验田，专门为农业良种培育、病虫害防治、新型化肥、绿色农药、生长剂等技术提供实验场所。绿色食品加工区集聚稻麦、玉米、蔬菜、渔牧生产加工企业，延伸产业链，发展农副产品工业旅游，形成绿色食品加工产业集聚区。加工区细分产品设计，绿色生态厂房，兴建一批标准化生态厂房，用爬藤植物对特色厂房周身进行绿化覆盖，并以优惠政策吸引涉农企业入驻租赁或购买，打造农副产品精深加工产业集聚区；透明玻璃车间，允许游客进行参观、拍照，将农副产品整个加工程序、生产线完整展现，让游客直接感受食品生产、加工、检验的全过程，形成特色工业旅游；舌尖梨树品购专区，绿色食品品尝购买专区，既可为游客带来舌尖味蕾上的美食体验，又可促进绿色食品的销售推广。农业科技孵化区集聚农业科技研发力量，汇集最新农业科技成果，构造农科园的神经中枢，为整个园区提供技术支撑。孵化区细分产品设计，花园式研发总部楼群，在园区内兴建三十栋花园独栋办公楼，五栋高层办公楼，引进如天然日化、生物科技、绿色营养品等各类涉农企业，形成农业科技研发、管理、销售中心；农业科技成果展览馆，通过电子信息技术等手段，以图片、文字、视频等手段，向游客展示、讲解各种农业科学技术，彰显其农业技术展览、示范、交流、培训、普及等功用；特色果品展销中心，定期举办农业科技园新成果会展，主要是新型良种、特色果品及各种应季农产品等，邀请企业、专家交流，现场进行订单销售。

(2)“生态农庄”休闲农业组团

四梨公路是联结四平市与梨树县镇的重要通道，沿线分布多为自然村落和农田，沿四梨公路方向，在国家农业科技园北边建设一片生态休闲农庄，围绕农业、农庄、农技、农俗等农业文化，打造一片兼具休闲娱乐、观光体验、科普教育、度假养生等多功能的生态休闲农庄(见表6－22)。建议选址在国家农业科技园北方。

表6－22 “生态农庄”产品序列

编号	项目名称	内容简介	拟包括产品
1	农耕文化博览馆	围绕五大农业文化主题，从多角度阐释农耕文化，全面展示农业文明从原始的刀耕火种到现代科技农业的发展历程	农耕技术展区 农耕制度展区 农耕民俗展区 农耕文学展区 农耕名人展区
2	农庄屋栈	通过稻草屋住宿、竹木廊亭等一系列木质建筑的建设，实现整个农庄与大自然的融合与统一	生长的稻草屋 生态餐厅 枕水钓台 烟渚画船 竹木廊亭
3	万国花卉馆	用温室大棚培植世界各地的花卉名种，打造一个集花卉生产、观展、加工、销售于一体的万国花卉馆	百花仙境 “花”语花艺 花茶餐厅
4	农事体验园	开辟一片田园，让人们体验果蔬栽培、采摘等农事劳动，在体验田园生活的同时，增进感情、增加知识	开心农场 农田领养 亲子生态鱼塘 识稼园
5	生态游乐场	以运动和童趣为主题，通过绿植雕塑、童趣秋千等，打造一个生机勃勃的生态乐园	绿植雕塑 童趣乐园 体能训练营

(续表)

编号	项目名称	内容简介	拟包括产品
6	创意 DIY 工坊	以游客为主体,以创意 DIY 为理念,让游客制作专属的 DIY 产品,制作成果可以自行带走,同时还可以举办精美 DIY 成品的展销活动	专属味道——食品 DIY 专属园艺——花木 DIY 专属日化——化妆品 DIY 专属工艺——手工 DIY
7	致远养心园	中国古人很注重修身缮性,建议通过健检、茶修、沐疗、禅悟等项目设计,打造一片集养身、养颜、养德、养气、养性、养心于一体的度假疗养胜地	国际健检中心 田园 SPA 花艺阁 品茗斋 养颜馆 禅修堂
8	慢游观光道	以"慢"旅游、"轻"旅游为主题,通过果蔬雕塑、彩色纸风车、自行车小站等设计,打造一条步行观赏、自行车游览的"慢"旅游通道	果蔬雕塑 迎客风车 创意自行车小站 特色游览车

"生态农庄"的重点产品有农耕文化博览馆、农庄屋栈、农事体验园和创意 DIY 工坊。农耕文化博览馆围绕五大农业文化主题,从多角度阐释农耕文化,全面展示农业文明从原始的刀耕火种到现代科技农业的发展历程。馆内细分产品设计,农耕技术展区以农具改进、农作物品种、耕作技术等展现了从原始的刀耕火种到铁犁牛耕,再到现代科技农业的发展演变;农耕制度展区利用图文展示了土地制度(如井田制)、赋役制度(如摊丁入亩)的重大历史变革;农耕民俗展区展示了与农业文明有关的农耕谚语、十二节气、天干地支、十二生肖、祈福禳灾等民俗文化;农耕文学展区展示了与农业相关的农业典故、诗文、图画、著述(如《齐民要术》);农耕名人展区展示了与农业相关的重要人物故事,如《嫘祖教》《"水稻之父"袁隆平》。农庄屋栈通过稻草屋、竹木廊亭等一系列木质建筑的建设,实现了整个农庄与大自然的融合与统一。其细分产品设计,生长的稻草屋是一片木质稻草建筑,融合农业五谷文化,整体风格上突出自然、清新的主题,借助四季不同的美景,营造出不同的田园风情;生态餐厅以花草竹木、茅草

木屋、纱帐帷幔等元素，在农庄稻田之间开辟出一片别具风味的生态餐厅，为游客提供餐饮、休憩场地；枕水钓台，开辟一片水域，沿水塘周围铺设木质廊道，打造一个自然钓鱼台，游客可在此休憩、赏景、垂钓；烟渚画船是钓鱼台附近的游船码头，游客可以泛舟游玩、赏花、采莲；竹木廊亭是农庄内用木头、竹子建造而成的廊道、栅栏、凉亭等，作为空间连缀性节点。农事体验园是为满足长期处于都市生活状态下的人们对自然田园生活的向往与怀念所开辟的一片田园，让人们可以体验农耕生活。园内细分产品设计，开心农场，游客可体验果蔬栽培、田地除草、种瓜点豆、花果授粉、果蔬采摘等农事劳动；农田领养，在示范区开辟一片可供市民认领的农田，农田根据农主意愿，交由园区代为种植管理，产出的农产品也由管理人员邮寄给农主；亲子生态鱼塘是在水田农作物旁开辟一处浅水鱼塘，供游客垂钓、捉鱼为乐；识稼园是开辟一片农田，分别播种稻、麦、菽、稷、黍五谷及各类果蔬，旁立木牌说明品种属性，让游客分辨识别，增长农业知识。创意DIY工坊以游客为主体，以创意DIY为理念，让游客制作专属的DIY产品，并展销精美的DIY成品。工坊细分产品设计，食品DIY，游客可自助选取食材，亲手制作水果沙拉、鲜榨果汁、茶叶、巧克力、冰激凌、面包、馒头等，品尝自己的专属味道；花木DIY，游客可以根据自己的创意想法来修剪盆栽树木，制作属于自己的小花簇、小盆景；化妆品DIY，游客可以自己动手萃取植物精华，自制香水、手工皂等，打造属于自己的天然化妆品；工艺DIY，游客可以利用农庄的竹子、稻草、藤蔓等来编制各种手工艺品，如手链、稻草娃娃等，也可利用植物的叶脉纹路来绘制叶脉T恤。

（3）“绿韵乡约”农家乐组团

乡村文化是农业文化的重要组成部分，以大烟筒村为试点，启动美丽乡村建设工程，充分发掘乡村农事生活文化，让居民、游客在望得见山、看得见水的自然生态中体验悠久的乡村文化，感悟遥远的乡愁（见表6-23）。建议选址在梨树县大烟筒村。

表 6-23 “绿韵乡约”产品序列

编号	项目名称	内容简介	拟包括产品
1	“农家乐”餐饮园	推出有机餐饮、特色农家菜、自助烹饪等多种餐饮形式，形成一片“农家乐”主题餐饮民宿区	有机果蔬餐饮 东北农家宴 东北特色民宿
2	“青石街”手工作坊	以传统手工艺为基础，建设豆腐坊、油酱坊等，展示传统酿制、染织工艺，供游客参观、品尝、购买	豆腐坊 酒浆坊 油酱坊 茶坊 染织坊 糕点坊
3	农家村貌提升计划	从居民房屋风格统一、配套服务设施完善、环境治理等方面对农家乐主题村村貌进行整体提升	民居村容提升 设施服务提升 生态环境提升 大地景观提升

“绿韵乡约”的重点产品是农家乐餐饮园，通过有机餐饮、特色农家菜、自助烹饪等多种餐饮形式，形成一片“农家乐”主题餐饮民宿区。园内细分产品设计，有机果蔬餐饮，突出“有机果蔬”主题，以有机蔬菜、瓜果为原料，用绿色健康餐饮特色吸引游客；东北农家宴，突出具有东北特色的农家菜系，如酸菜粉丝、葱油大饼等，制定标准菜单，以地域特色吸引游客，为游客带来别样的舌尖体验；东北特色民宿，以农家院落为基础，突出土坯、火炕、大烟囱等特色元素，打造具有东北农家特色的民宿群落。

(4) 霍家店民俗文化村组团

梨树县霍家店经济园区有“乡村小都市”之美称，在霍家店现有基础上进一步发掘当地特色民俗文化，以梨树县二人转特色文化为基础，打造一个具有明显地域文化特色的民俗休闲文化村（见表 6-24）。建议选址在霍家店经济园区。

霍家店民俗文化村的重点产品是二人转文化提升项目。梨树县是二人转之乡，二人转文化源远流长，建议通过建设二人转展览馆、民间剧院、培训学校等，更好地传承和提升二人转特色文化。细分产品设计，二人转文化展览馆，从二人转的发展溯源、重大历史事件、师徒代际传承关系、著名演艺人物、经典剧目、著名剧场分布等角度，全面展示二人转的历史、现状与未来走向；二人转俱乐部，供二人转民间爱好者、民间剧团聚会、交流、创作、排戏、演出使用，二人转爱好团体可定期为市民免费演出经典或自创剧目；梨树二人转学院是一所二人转职业学校，培养专业的二人转创作、演艺人才，形成二人转人才培育和剧目创作基地；地方戏剧论坛邀请著名戏剧大师讲学表演，打造"地方戏曲文化名镇"。

表 6－24　霍家店民俗文化村产品序列

编号	项目名称	内容简介	拟包括产品
1	二人转文化提升	梨树县是二人转之乡，二人转文化源远流长，建议通过建设二人转展览馆、民间剧院、培训学校等，更好地传承和提升二人转特色文化	二人转文化展览馆 二人转俱乐部 梨树二人转学院 地方戏剧论坛
2	传统民俗园	糅合十二生肖、二十四节气及民谣农谚、农事礼仪等农业文明元素，建设民谣广场，并设立民俗街，汇集民间手工艺人表演传统民俗（如剪纸、吹糖人、跑旱船、扭秧歌、走高跷等）	民谣广场 传统工艺秀 民俗表演街

（5）偏脸古城辽金遗址组团

偏脸城原为辽代九百奚营故地，是具有民族特色的古城遗址，在旧址的基础上，以古驿道为轴线，打造以辽金文化、游牧民族文化为主题的特色小镇（见表 6－25）。建议选址在偏脸城遗址。

偏脸古城辽金遗址的重点产品是偏脸古城·九百奚营。偏脸城是辽金时代的古城遗址，北宋徽宗、钦宗曾被囚禁于此，建议在偏脸城遗址上复建偏脸古城，突出辽金游牧民族文化。细分产品设计，复原偏脸古城南门城楼，包括城门、吊桥、城楼、角楼、瓮城等，打造偏脸古城入口区域；风尘古驿道，以古驿道原址为基础，用青石板铺设修建古驿道；买卖街，以古驿道为轴线，两边修建突显辽金特色的古街商铺、巷陌楼台，包括酒楼、茶社，街上的商铺人员都着辽金衣饰；君王阁是两座面南的仿宫室阁楼建筑，可担任茶饮功能，供游客游玩、休憩，于塞北之地向南眺望中原城都。

表 6-25　偏脸古城辽金遗址产品序列

编号	项目名称	内容简介	拟包括产品
1	偏脸古城·九百奚营	在偏脸城遗址上复建偏脸古城，还原古城的城楼、瓮城、驿道等，并建设一条突出辽金游牧民族文化的买卖街	偏脸城楼 风尘古驿道 买卖街 君王阁
2	辽金风情园	依托偏脸古城的文化底蕴，通过塞北美食、跑马射猎、民族舞蹈表演等活动设计，打造一个集观赏性、体验性、参与性于一体的辽金风情园	塞北美食街 绿色跑马场 可汗射猎场 民族歌舞 蒙古包民宿

第七章
四平城市文化发展的创新与系统创意

文化是一座城市的独特印记，更是一座城市的根与魂。通过上文对四平城市的文脉梳理、特色文化挖掘、空间文化序列设计，四平城市文化的精神与风貌得到了全新的彰显，城市空间识别度得到了提升。四平城市文化创意发展不仅要体现在静态展示上，更要通过城市文化人才的培育，将特色文化资源用更富生命力的动态展现出来，让文化在各色各样的活动中变得亲切、灵动、让人喜爱。无论是文化的静态呈现，还是动态体验，最终要打造的是特色鲜明、具有独特特质的文化品牌，即城市文化品牌战略，它包括城市传统文化中的品牌文化、城市企业品牌文化、城市产品品牌文化、城市服务窗口品牌文化、城市精英与英雄人物品牌文化、城市旅游产品品牌文化等，“品牌效应是城市经济与社会发展、城市形象宣传与推广、城市文化资本运作最重要和最基本的途径之一，是现代城市间竞争的重要表现形式和手段”。[①] 从城市文化人才培育、城市文化品牌体系构建和城市文化创意活动推广三个方面来阐述四平城市特色文化创新与创意发展的路径。

---

① 张鸿雁.城市文化资本论.南京:东南大学出版社,2010:364

一、城市文化人才培育

文化项目设计是空间上的落点布局，属于城市文化硬件植入，要将上述文化创意项目真正运营下去，最核心的是文化人才培育。结合四平已有人才工程，从技术型人才、创新创业人才、文化艺术人才、公共文化人才四个角度，为四平培育真正符合市场需求的人才队伍。

1."纳兰英才"计划的目标导向

四平已有三项人才工程，《四平市中长期人才发展规划纲要（2011—2020年）》，计划性人才的引进与培育，是整体性人才培育方案；《四平市引进高层次人才试行办法》，聚焦引入各类型紧需人才，是人才培育前沿项目；《四平市高层次人才引进计划》，聚焦外来优秀人才的引进，是人才计划的基础性抓手工程。四平人才工程现存在诸多问题，首先是以引进人才为主，自主培育人才不足，各个人才计划过度依赖外来人才吸引，本土化人才培养力度不够；其次是专项文化人才引进计划"缺席"，现有人才主要侧重工业技术型人才，缺乏以文化为核心的专项文化人才的引进和培育；最后是人才引进手段单一，且创业人才培育力度不够，多采用常规性的人才引进方式，缺少针对创业型人才的引进与培育机制。"纳兰英才"计划的"纳兰"取自纳兰性德的复姓，寓意接纳贤德，纳兰英才意指接纳四方人才，汇聚四平，共铸文化人才高地。纳兰性德本人又是"文武双全"的完美诠释，与四平英雄文化和女性文化并存的城市文化性格相契合。因此，可借助纳兰性德的文化名人效应，吸引各方文化人才的汇聚。四平"纳兰英才"计划的总体目标是实现从"人才净输出地"到"文化人才高地"的根本转变，使四平成为东北地区最具文化气息、创新精神、人文激情和充满活力的"文化之城"。

2. “纳兰英才”计划的四大核心工程

(1) 职业技术人才教育工程——实施多梯度、复合型专业技能人才培养计划

四平市自身拥有良好的职业教育和培训体系，这是四平建立多梯度和复合型职业技术人才的优势。因此，四平必须充分利用这一优势基础，为四平各个产业的不同发展需要，培养多样化的技术人才。培育“多业一体”复合型职业人才，依托四平职业大学等教育平台，打造集工业、农业、文化服务业等多业一体化的教育培训体系，培育四平本土复合型的职业技术人才；构建高中低多梯度职业技术人才体系构建，根据四平现阶段和长远发展规划，构建高级工程师、中高级技工和普通技工等多梯度人才体系，为各级产业发展提供完备的技术人才支撑；企校结合，建立现代化学徒制度，通过政府对接收学徒企业的资助，围绕装备制造、文化旅游和换热器等行业，建立现代化的学徒教育制度。

职业技术人才教育工程可以参考日本的“集合体”职业教育体系和韩国的“2+1”学徒制。日本创办了一种集合农业、工业和家政商业各个学科于一体的大型职业学校，旨在培养复合型的职业技术人才。通过建立职业学校间组成的联络会议性质的组织，来实现不同领域职业教育学校间的协作。韩国为了加强职业技术学校与企业之间的联系，培养社会适应性更好的职业技术人才，从1994年就实施了“2+1”形式的学徒制度，即职业技术学校学生头两年在学校接受职业技术教育与培训，第三年则在企业接受为期一年的现场实习培训，由企业为实习学生配备专职导师。

(2) 创新创业人才培育工程——四平打造“全民创业型城市”的“四个一”抓手

四平市在区域性人才流动中一直处在“人才净输出地”的状态，这在很大程度上制约了城市的发展。为了从根本上改变四平人才缺乏的困境，可以通过内生性的创业激励，在全市营造全民创业的氛

围。现阶段，可以从以下“四个一”抓手来实现四平全民型创业城市的打造：一个组织，由市委、市政府牵头，成立“全民创业城市领导小组”，直接负责领导四平全民创业城市打造，并上升到市级一把手工程；一批载体，建立市、县（区）创业孵化基地、乡镇创业基地和创业示范街区，为初始创业者提供共享服务空间、经营场所技术鉴定和人才培训等服务；一个模式，依托四平的职业技术教育和职业技术人才集聚的优势，实行“创新在职校、创业在园区”的创业人才培育模式，充分实现校企合作；一批典型，定期举办“青年创业计划大赛”，并通过奖励和媒体宣传方式塑造一批创业典型，形成示范带动，营造全市创业的热情和氛围。

创新创业人才培育工程可以参考宿迁市全民创业计划。江苏省宿迁市属于典型的发展中城市，通过实施全民创业三年行动计划，在全市范围内形成了强大的创业热潮和创业激情，带来了良好的社会效益。其可以借鉴的做法包括：成立全民创业领导小组办公室、制定清晰的发展目标（成为国家级创业型城市）、实施“五个一批”创业推进计划、打造中国青年创业国际计划（YBC）服务专区、开通宿迁全民创业网，以及定期举办宿迁创业节、定期评选全市十大创业人物等一系列举措，为全市不同群体的创业者提供全方位的资金、政策、平台、咨询等系统化服务。

（3）文化艺术人才培养工程——打造以二人转为核心的文化艺术人才体系

四平市梨树县是我国的二人转之乡，也是吉林省知名的文化艺术品牌。可实际情况是，四平市的二人转人才挖掘与培养工作相对滞后，尚没有形成完整的二人转人才培养和培训体系。四平市应围绕二人转之乡这个文化资源优势，打造集文学、影视、舞台艺术、美术等类型于一体的文化艺术人才体系。文化传承人才资助与培训工程，在四平全市范围内开展“优秀民间文化艺术传承人”评选措施，包括四平二人转、四平戏等传统文化艺术种类，并建立完善的文化艺术传承人培训与教育体系；设立四平“非物质文化遗产人才传习所”，由市文化局牵头，邀请老一辈文化艺术家到四平开设传习所，通过传帮带的效应，来培育四平当地文化艺术人才；培育本土化二人转人才队伍，与刘老根大舞台开展合作，依托现有文化场馆或者新建场馆，打造刘老根大舞台在四平的直营连锁演绎场所，借助大平台资源，培育二人转文化演艺人才；培育一批大众性文化艺术人才队伍，围绕二人转、四平戏等当地特色文化艺术形式，在市、县（区）、乡镇培育一批群众性文化艺术人才队伍，增强文化艺术的群众性基础，进而提升整体的文化艺术水平。

（4）公共文化人才引进工程——文化普惠性人才系统的构建

普惠性文化人才队伍的打造根植于人民群众的公共文化水平。就目前来看，四平市公共文化水平相对较低，没有形成系统的公共文化人才培育措施。四平市需要将文化普惠性人才的打造作为行动抓手，从以下三个方面来促进公共文化人才队伍的建设。一是定期举办四平市“文化大讲堂”，邀请高校知名专家、学者和文化名人，每月一次，为四平市政府机关、企事业单位、大专院校、中小学生和普通群众等不同群体开设相应的主题讲演和讲座，并使之成为四平文化建设和对外宣传的名片。二是设置“文化四平”相关课程的必修课模式，依托四平职业大学等一批职业技术学校和中小学校，编制“文化四平”相关教材，形成课程，使之成为在校学生的必修科目。与长春市相关高校开展合作，实行学分互认，从而将四平的公共文化建设深入到课堂，深入到教育，为文化四平建设打下坚实的基础。三是市、县（区）级文化单位教育培训计划，面向全市、县（区）各级文化单位人员，在文化单位内部开展文化挖掘工程和主题教育活动，要求各个行业内部做到“周周有讲座，月月有活动”，从而在从事文化活动工作的相关人员中确立文化的学习意识和创新意识。

3. 四平“纳兰英才”计划的八大支持系统

四平文化人才的八大支持系统是实现四大文化核心工程的抓手和基础性保障，这八大支持系统主要包括资金、住房、融资、医疗等各个方面。设立专项文化人才扶持资金。在加强对文化人才引进的过程中，应该拿出一定的专项资金，主要用于重点人才和重点文化项目的投入。如结合四平市现有财政的基本情况，针对职业技术人才、创新创业人才、文化艺术人才和公共文化人才等不同层次的文化人才，提供不同额度的启动扶持资金。另外，应给予急需、紧缺文化人才专项扶持资金。专项资金设立可以参考南京市紫金人才计划（资金扶持）：南京市紫金人才计划拿出的资金扶持，包括给予顶尖人才（团队）创新创业启动支持资金 300 万—500 万元，根据项目情况，最高支持可达 1 000 万元；给予领军人才（团队）创新创业启动支持资金 100 万—200 万元；给予急需、紧缺人才创新创业启动支持资金 50 万—100 万元等。

办公用房和住房免租金支持。在文化人才的吸引中，可将住房支持作为一个重点引力政策，如向高层次文化人才提供不少于一定面积的办公用房和公寓住房，或者通过免租金、提供住房补贴的方式激励文化人才，通过这些“安居工程”来吸引人才的到来。人才安居工程可以参考上海浦东人才激励的“安居工程”。上海市浦东区在 2009 年提出，由政府、企业、社会共同参与人才公寓建设，三年内规划建设各类人才公寓 37 000 套，并给入住的人才提供房租补贴，优先安排符合浦东重点文化及产业发展要求的外来人才入住。这一政策的出台，对浦东人才的吸引与激励产生了非常好的效果。

开设创业风险投融资“绿色通道”。在对文化创业人才的支持中，要将投融资支持服务作为一项重要的举措。如对于那些入选“纳兰英才工程”的文化创业者和已创办企业，市政府和各个创业园区应优先推荐创业风险投资基金，并给予配套资金支持。对担保机构为“纳兰英才工程”入选者提供融资担保服务的，予以补贴。设置发展式人才“双导师”制度。借鉴一些企业的人才发展激励措施，联合本地高等教育资源，对文化人才提供再教育、再培训的机会。如根据人才需要，实行“双导师”制度，邀请全国或者省内知名企业家担任文化创业人才导师。智力支持工程可以参考无锡市人才计划的“导师服务机制”。无锡市市政府为了让人才尽快成长，建立了创业导师服务机制，聘请 50 名左右的成功企业家，组建无锡市海外科技领军型创业人才创业导师理事会，推进国有企业集团、民营大企业集团与海外人才创办企业的合作，积极发挥“海外科技创新交流联盟”的作用，在企业管理、市场开拓、融资等方面提供帮助。

提供文化人才引进的特殊福利津贴。针对引进的高端文化人才，采取四平“纳兰绿卡”制度，获得绿卡的文化精英人才在三年内，可以在创办企业、税务服务、社会保险、住房公积金等方面享受特殊优惠政策支持。针对引进的高端人才，采取四平“纳兰蓝卡”制度，即对于符合要求的高级文化人才，由四平市高校或科研机构提供（客座）教授、研究员岗位或相应待遇。子女入园入学支持服务政策。在文化人才的引进中，为了让高层次人才安心创新创业，“纳兰英才工程”还应包括各种“体贴”内容，如高端文化人才的适龄子女入园和义务教育阶段入学的，可在四平市教育部门主管的公办幼儿园、小学或初中选择入学；其子女在四平市参加中考的，录取时可享受高层次人才子女入学政策。

个性化和定制化医疗服务。“纳兰英才工程”采用个性化和定制化医疗服务支持，可分三个层面予以实施。第一层面是针对入选“纳兰英才工程”的文化人才，按国家和省、市有关政策参加基本医疗保险；第二层面是针对文化人才及企业落户的区县或者园区在履行国家有关基本医疗保险政策的同时，还应提供补充医疗保险；第三层面是对入选“纳兰英才工程”的人才实行个性化和定制化的医疗服务。家属就业优先安置支持政策。在人才引进的工作中，应该将人才的家属安置工作列在“纳兰英才工程”的支持系统之中。如对于人才户籍迁来四平市的家属，市人社部门应帮助协调解决家属就业中遇到的问题。对于有工作技能和工作经验的文化人才家属，由人社部门负责联系工作单位，帮助落实工作；对于没有工作技能和工作经验的人才家属，由四平市人才部门负责专业技能培训。

二、城市品牌体系构建

城市文化品牌是指用来识别城市文化的一种名称、标志、符号或设计等相关要素，其作用是用以识别一个城市与另一个城市在文化上的区别，是构成城市个性的核心要素，同时也是形成独特性城市文化资本的核心要素，具有增值性。“城市形象自然通过品牌的运作得到有效传播，而且一旦创造出了城市所属的新品牌体系，城市的品质就会提升。”①分析四平现有文化品牌存在的问题，构建以特色文化为基础的公共文化品牌体系，公共文化品牌的塑造对提升全民素质具有重要意义和作用。

1. 文化品牌现状及存在问题

就目前来看，四平城市文化品牌建设主要面临以下几个问题：一是文化品牌整体数目较少，特别是具有创造性与可持续发展性的文化精品不足，还没有形成城市文化品牌系列；二是缺少系统化挖掘与提升，像皇后文化、英雄文化和二人转文化挖掘不够；三是品牌的商品化程度较低，四平对于品牌的商品化运营力度不够，很多文化资源如李连贵熏肉大饼的商品化运营程度尚处在初级阶段；四是文化品牌运作机制缺失，针对城市的文化品牌建构和推广，还没有形成有效的运作机制和专门的管理机构，对品牌缺乏战略规划与设计；五是品牌宣传推广力度不足，一些地域性的文化品牌还没有突破地域空间的限制，尚没有全国性和国际性的知名品牌。

① 张鸿雁.城市文化资本论.南京：东南大学出版社，2010：363

2. 九大文化品牌构建

基于上述对四平文化品牌资源梳理分析的基础上，本篇提出四平市九大文化品牌构建（见表 7－1）。

表 7－1 四平市九大文化品牌

品牌名称	独特性表述	核心内容
皇后文化品牌	中国“皇后故里”	做足皇后文化和女性文化，打造女性一生至少要去一次的地方
诗词文化品牌	纳兰诗词集中展示体验之地	将纳兰性德及其纳兰词作为四平的文学品牌名片
满源文化品牌	叶赫满族发祥地之一	围绕叶赫满族镇，打响满族文化发祥地的文化品牌
英雄文化品牌	“东方马德里”	做足英雄、攻防等文化，打造地标性的英雄文化空间
铁路文化品牌	中国最大的城市铁路文化公园	依托城市中心区的废旧铁路，打造铁路文化公园
餐饮文化品牌	李连贵熏肉大饼连锁	充分做足李连贵熏肉大饼品牌，打造跨区域的连锁店模式
产业文化品牌	中国首家女性养生文化产业区	围绕女性养生保健，打造中国首家女性养生文化产业集群
艺术文化品牌	“中国二人转之乡”	体现了“中国二人转之乡”的艺术文化品牌的独特性
创业文化品牌	国家级创业型城市	营造全民创业、全城创业的氛围，创建国家级创业城市

城市公共文化是一种普惠性的文化，既具有文化福民的价值意义，又在一定程度上构成了城市文化品牌体系的一部分。国家和各

个省市层面也都把公共文化建设作为民生文化建设的重要内容。结合四平市已有的公共文化发展现状，提出四平市公共文化建设的"八个一"工程：一部城市舞台艺术剧，以四平二人转等地方曲艺创作、创意为主题，宣传四平文化，展现四平气质与特色，雅俗共赏；一套四平城市文化精品丛书，四平城市介绍、诗词文化、城市文明宣传系列丛书，分多册出版，各有主题脉；一套城市科研系列成果，是四平经济、政治、文化等各类与四平相关的学术研究成果；一个大型文化产业集团，分为四平城市文化研究、四平城市发展研究等多个子机构；一个城市文化宣传系列，主要包括城市文化宣传片、城市主题歌曲、城市微电影、城市历史纪录片等；一个城市形象塑造工程，建设四平城市特色标志建筑、雕塑等实体性工程，将城市精神与价值融入实体建筑中；一系列城市文化艺术展示平台，主要包括平台创建——网站、杂志、协会等为二人转、四平戏等提供展示宣传平台；一系列市民素质提升工程，主要包括市民手册、四平文化千问简册、四平市民日和"小人物，大四平"百姓网站等。

城市公共文化是一种普惠性的文化，既具有文化福民的价值意义，又在一定程度上构成了城市文化品牌体系的一部分。国家和各个省市层面也都把公共文化建设作为民生文化建设的重要内容。四平城市文化品牌运作入径从四个方面展开：文化品牌建设纳入城市发展战略规划，将品牌建设与四平两河四岸五湖建设工程、城市标志性建筑的设计、节庆活动的策划等相结合。以文化产业为品牌建设的核心抓手，依托叶赫古镇文化、二人转、铁路文化、农业生态文化等文化资源，形成文化产业集群发展效应。培育和发展多层次的系列产品和服务品牌，形成以餐饮产品、旅游商品和文化产品为特色的产品品牌系列，不断提高城市的竞争力和影响力。做强做大龙头企业品牌，形成区域影响力，重点培育几家大型文化龙头企业，最好形成区域性，然后是全国性，甚至是国际性的企业品牌。

以青岛市城市文化品牌建设为参考案例（见表 7－2）。截至 2009 年，青岛拥有 2 个中国世界名牌产品、36 个中国驰名商标、68 个中国名牌产品，驰名商标总数居全国副省级城市首位，中国名牌数量仅次于上海,位居全国第二位。

表 7 - 2　青岛市中国驰名商标一览表(部分)

商标	商标注册人	使用范围
青岛	青岛啤酒公司	啤酒
琴岛—利勃海尔	海尔集团公司	电冰箱
海尔	海尔集团公司	电冰箱
双星	双星集团公司	胶鞋
澳柯玛	澳柯玛集团公司	电冰箱
海信	青岛海信公司	电视机
即发	青岛即发集团	针织服装
喜盈门	喜盈门集团公司	毛巾被、枕巾等
英派斯	青岛英派斯集团	健身器材
亨达	青岛亨达集团	皮鞋

3. 全民素质提升工程

居民素质是城市文明文化水平的一个标杆,从文明四平、精美四平、睿智四平、感动四平四个维度,面向四平市全体市民,从文明礼仪、城市环境、读书计划、市民英雄等方面进行全方位的素质提升。

文明四平(见表 7 - 3)主要是对四平全市人民文明礼仪进行培训,包括市民日常生活礼仪、机关公务人员礼仪、"窗口"服务礼仪和在校学生文明礼仪。市民日常生活礼仪,针对全体市民开展文明用语、文明行路、文明乘车、文明购物、访友礼仪、家庭礼仪等基础礼仪培训活动,形成人人讲文明的社会风气;机关公务人员礼仪,开展个人礼仪、公务交往礼仪、会议礼仪、媒体礼仪、电话礼仪、接待礼仪、商务礼仪等内容的礼仪培训;"窗口"服务礼仪,以"文明礼仪、从我做起"为主题,大力倡导爱岗敬业、诚实守信、办事公道、服务群众、奉献社会的职业道德;在校学生文明礼仪,通过学校、社会、家庭三方合作，切实加强对学生学校礼仪、学生礼仪、家庭礼仪和公共场所礼仪等的教育培训。

表 7-3 文明四平工程概述

侧重对象	以全体市民、公务人员、服务人员和在校学生为重点
项目主题	四平全民文化礼仪培训
重点时段	常年活动，每年 4 月重点培训
培训形式	课程教学，社会公开课
负责单位	市文明办、文广新局

精美四平（见表 7-4）是精致城市环境营造计划，总体目标是遵循精致文化主导的城市发展模式，形塑四平市“人文、生态、精致、宜居”的城市特质。包括六大核心内容：空间布局精当紧凑、城市环境精美宜人、城市建筑精工建造、城市设施精致完备、城市管理精细有序、城市服务精心温馨。精美四平营造的核心抓手有三个：一是营造园在城中、城在园中的生态宜居形态，在全市开展垃圾分类、水资源循环、乡村生态治理等活动；二是打造客户服务型政府，从增强公共服务意识和提高公共服务效率等角度出发，引入主动服务体系，如 365 天 24 小时全时间服务；三是创造城市艺术生活体系，如大力发展屋顶绿化和窗台文化、精致餐饮生活、精致休闲生活、精致交通生活，使精致艺术渗透到城市的街巷角落和市民的日常生活之中。

表 7-4 精美四平工程概述

侧重对象	四平市各级企事业单位、全体市民
项目主题	四平精致城市环境打造
重点时段	常年活动，定期评比
活动形式	网络宣传，市民参与
负责单位	市宣传部、县环保局、卫生局等

2014 年 3 月 5 日，李克强总理首次明确将“倡导全民阅读”写

入政府工作报告。睿智四平(见表 7-5)就是启动全民读书学习计划。出台四平市《全民读书促进计划》,由四平文明办牵头,制订并推出市民每日读书促进计划,用于督促和指导市民阅读;建立全民终身教育机制和学习型组织,整合基层党校、社区学校、企业学校和市区高等教育资源,为广大市民提供终身教育服务;塑造市民读书典型,形成核心带动,针对不同的群体,开展"读书明星"评选活动,以及开展"流动的图书馆"和"家庭书屋"等互动活动。睿智四平工程参考了日本的"亲近读书"计划。"亲近读书"计划是日本义务教育的重要内容。2001 年,日本制定了针对 18 岁以下未成年人的《儿童读书推进相关法律》,规定每年 4 月 23 日为"儿童读书日"。日本的《图书馆法》《学校图书馆法》明确规定了各级政府和学校设立图书馆的责任,设置了针对不同群体的读书指导人员。

表 7-5　睿智四平工程概述

侧重对象	四平市各级企事业单位、全体市民
项目主题	四平市民读书计划
重点时段	常年活动,每年 8 月组织集中活动
活动形式	网络宣传、市民参与
负责单位	宣传部、县图书馆、教育局、文广新局

感动四平(见表 7-6)是启动"寻找身边的英雄"的市民公益活动。评选人物类别主要包括创业英雄、农民英雄、工人英雄、助人英雄、教育英雄、少年英雄等。评选标准有五个,在各行各业有杰出贡献或重大表现的贡献者;爱岗敬业,在平凡的岗位上作出了不平凡事迹的人;以个人的力量,为社会公平正义作出了突出贡献的人;个人的经历,代表了社会价值观取向及时代精神的人;个人在生活、家庭、情感上的表现特别感人,体现了中国传统美德和良好社会风尚的人。感动四平工程从三个方面展开,四平市年度"十大英雄人物事迹"评选,由四平文明办和宣传部牵头,通过网络投票的公开方式,评选出

全市年度十大英雄人物事迹；为了使英雄文化成为一种真正的地域性文化精髓，可建立全市英雄事迹“光荣名人堂”，收录各种英雄人物事迹；形成直播晚会、网络和媒体多元化宣传方式，对评选出的英雄人物事迹进行大规模的宣传，从而在社会中形成较大的影响力。

表 7－6　感动四平工程概述

侧重对象	四平市各级企事业单位、全体市民
项目主题	寻找身边的英雄
重点时段	定期活动，每年举办一次
活动形式	媒体宣传，市民参与
负责单位	市宣传部、文明办、文广新局

4. 城市形象广告语

每个城市的具体情况千差万别，要素的分类也可以多种多样，但最终目标都是要能提炼出具有操作性和能被市民认同的代表性文化主题。为便于提炼要素，可将影响城市特色的要素大致分为两类：一类是外在要素，包括建筑形式、空间形式、城市色彩以及符号和标志；另一类是内涵要素，包括城市精神、传统文化以及市民生活。四平城市形象外在要素主要包括标志性建筑空间、城市绿化、城市色彩、特色文化空间、道路景观和城市街道“家具”等符号化元素；内涵要素主要包括英雄之城（东方马德里）、满族文化发祥地之一、皇后故里、二人转之乡等城市特色文化要素，同时还包括市民精神、市民文化生活等城市精神要素。

表 7－7　国内特色城市整体形象广告语(部分)参考

城市	形象广告语
广州市	一日读懂两千年
中山市	伟人故里，锦绣中山

（续表）

城市	形象广告语
福州市	福山福水福州游
诸暨市	西施故里，美丽诸暨
徐州市	楚汉雄风，豪情徐州
扬州市	诗画瘦西湖、人文古扬州，给你宁静、还你活力
宜昌市	金色三峡、银色大坝、绿色宜昌
东营市	黄河与大海相约的地方
昆明市	昆明天天是春天
杭州市	古有清明上河图，今有杭州白马湖
南京市	江南佳丽地、金陵帝王洲
威海市	拥抱碧海蓝天，体验渔家风情
麻城市	人间四月天，麻城看杜鹃
哈尔滨	冷酷冰城
承德市	游承德，皇帝的选择
许昌市	曹魏故都、宜居花城
南宁市	绿城寻歌壮乡情

国内特色城市多有整体形象广告语（见表7－7），令人印象深刻。可是，四平及周边城市普遍缺少形象的广告语，且形象名片具有同质性（辽源也打“中国二人转之乡”的牌）（见表7－8）。因此，率先推出四平形象广告语，可以抢占先机。从人文内涵视角推，四平整体形象特色广告语设计如下：

皇后故里，英雄之城

东方马德里，精美新四平

一城英气，两水柔情，三分文运，四平新城

从自然生态视角推，四平整体形象特色广告语设计如下：

北方皇后镇，四平英雄城

走进田园绿城，拥抱大美四平

金色麦浪·银色北国·古色满源·绿色文城

诗画叶赫镇,柔情纳兰词,人文新四平,给你平静、还你活力

从旅游休闲视角推,四平整体形象特色广告语设计如下:

四时四美四方归来,平实平静平易迎宾

北方江南韵,刚柔并济城

寻满源之根,游田园绿城,品文武之韵,道不尽的英雄史诗,忘不了的四平柔情

养生养心到四平,美食美景看四平

从心理诉求视角推,四平整体形象特色广告语设计如下:

世界告诉你:四平是平的

四平——四时美景,平古开今

四平,中国最平易近民的城市

漫步刚城品柔情,客到四平思不归

表 7-8 四平周边城市形象广告语(部分)

城市	形象名片
松原市	查干湖、冰雪渔猎文化旅游节和蒙古族民俗旅游节
辽源市	中国梅花鹿之乡、中国琵琶之乡、中国农民画之乡、中国二人转之乡、中国剪纸之乡等
铁岭市	小品艺术之乡、红楼文化、银冈书院
公主岭市	中国玉米之乡
双辽市	—

三、城市创意活动推广

从静态上看,城市特色文化突出体现在城市建筑、空间形态、广告标语等形式上,表现为鲜明的城市意象;从动态上看,城市特色文

化载体是各式各样、市民群众亲身体验的文化创意活动。根据四平现有文化创意活动和城市形象营销,以特色文化展示为核心,提升现有文化活动,创造有吸引力的新活动,让文化不只停留在静态展示上,让文化活起来。

1. 城市文化活动现状分析

中国玉米节和中国玉米产业博览会曾是四平市主打的核心文化活动,具有一定的影响力。但是,自从2013年行政区划调整,公主岭市分出四平市之后,四平市就失去了继续举办这两个文化活动的机会,使得四平品牌性文化活动资源流失。在四平现有的文化节庆活动中,叶赫满族文化表现不足,空间上也较为依赖叶赫镇地区,文化节庆活动类型单一化,尚没有多元化的文化节庆活动。四平现有的主要节庆活动是叶赫满族民俗旅游节和叶赫冰雪旅游节(见表7-9),无论是活动规模,还是辐射范围,都仅限于周边地区,缺少具有跨区域甚至是全国影响力的大型品牌节庆活动,且现有活动的形式和内容表现出创新性不足。

表7-9　四平市主要文化节庆活动现状

活动名称	活动简介	活动特色	主要内容
中国·叶赫满族民俗旅游节	自2009年起,已连续举办了三届,现已成为铁东区核心文化活动品牌	围绕满族文化、皇后文化和叶赫古镇文化形成的文化体验	生态观光、满族民俗、历史文化、乡村休闲、体育健身等
中国·叶赫冰雪旅游节	自2011年起,已连续举办了两届,现已成为四平市旅游发展新亮点	利用叶赫的品牌和冰雪旅游资源,打造生态、民俗旅游品牌	汽车冰雪短道拉力赛、群众业余滑雪大赛、转山湖渔猎体验

2. 现有文化活动提升

整合现有文化活动资源,实现从"文化资源"到"城市文化品牌"

的观念转变。目前来看，四平的文化节庆活动主要还是县(区)级层面的活动，资源分布相对分散，不具有资源整合的效果。因此，将叶赫民俗旅游节和叶赫冰雪旅游节上升到市级层面，通过资源整合打包，将其打造为四平市“城市文化品牌”意义上的节庆活动，放大其文化品牌价值。对现有文化活动进行大胆创新，打造差异化和特色化的活动形式与内容。叶赫满族文化是四平具有独特性价值的文化资源，现有的主要文化活动也都是借助这一特色文化品牌效应来打造的，但是这些活动仅仅是名称挂了叶赫文化名号，其活动内容大多与叶赫满族文化关系不大。因此，需要对现有的形式和内容进行创新，形成差异化、特色化和多样化的活动形式与内容。实现文化活动的主题化、系列化设计，实现“月月有活动、一月一主题”，对四平城市文化活动的再设计要做到主题化和系列化，并且有计划、有步骤地开展每一期的主题活动，这样不仅可以提高活动本身的质量和深度，而且也可以对参与者形成持续的吸引力。

3. 城市文化活动创新

四平主要文化活动的碎片化、类型单一以及形式和内容创新不足，使得四平依托现有文化品牌资源难以形成城市文化品牌系列。四平需要进一步挖掘现有文化资源，创新出文化节庆系列活动，打造不同主题、常年化、创新性的文化活动品牌(见表7-10)，进而形成四平新的城市文化资本。

表7-10　四平城市九大创新文化活动

序号	主要活动	活动内容
1	中国·叶赫满族民俗旅游节(提升)	满族文化和皇后文化等体验
2	中国二人转之乡文化艺术节	巡回展演和新人新剧评选
3	中国(四平)女性健康养生节	女性保健产品展销与养生文化
4	生态农业科技节暨农产品交易	农业科技成果展销与技术交流

（续表）

序号	主要活动	活动内容
5	中国·叶赫冰雪旅游节（提升）	传统民俗冰雪文化和生态文化
6	“创业在四平”全市青年创业节	青年创业大赛和创业项目展演
7	国际职业技术教育交流大会（承办）	技能培养、职业教育与产业融合
8	“纳兰性德”杯中国诗词文化节	诗词论坛、诗词演讲和舞台剧
9	“寻找身边的英雄”四平全民感恩节	人物评选与颁奖晚会

下篇　通江达海

——多文化类型融合助力南通城市进化

第八章
南通城市背景关照与基础参照

南通,江苏省地级市,位于江苏南部,长江三角洲北翼,“据江海之会,扼南北之喉”,集黄金海岸与黄金水道优势于一身。南通是上海大都市圈北翼门户城市,也是中国首批对外开放的 14 个沿海城市之一,但南通并未抓住改革开放的契机,尤其是旅游发展仍然停留在传统观光旅游阶段,缺乏旅游目的地的打造。随着“一带一路”、长江经济带、扬子江城市群多重利好战略机遇的出现,南通旅游发展再次站在了转折点上。从南通城市发展的外部宏观背景条件着手,分析目前南通城区旅游发展现状,选择对标城市案例,学习借鉴其城市文化和旅游发展的成功经验,探索适合南通城市旅游转型发展之路。

一、区域发展综合背景审视

随着中国经济的飞速发展和人民生活水平的日益提高,中国旅游业发展迎来了新的机遇,大众旅游时代已然来临,旅游业发展呈现多样化、大众化趋势,文化旅游和休闲旅游逐渐成为主流。南通旅游业发展面临怎样的外部环境?现有旅游业发展能否与未来旅游趋势导向相契合？本节将从南通面临的战略机遇、核心理论基础、旅游导向趋势和形象竞合视角四个方面来审视南通旅游发展的宏观背景。

1. 战略机遇阶段

南通当前城市发展面临良好趋势，多重国家战略叠加，区域一体化进入深水区。从全国层面来看，“一带一路”和长江经济带战略进入全面深化落实阶段，各省市加快融入，南通位于“一带一路”和长江经济带交会点，深化、优化地区协作分工需求迫切，以上海为龙头，依托江苏，借力“一带一路”，参与长江经济带。从长三角城市群层面看，南通位于沿海发展带，紧邻一核（上海城市群）一圈（南京都市圈），旅游一体化趋势明显，高铁游和自驾游成为长三角旅游的主要方式，营销一体化、双向客源一体化是未来南通的发展方向。从扬子江城市群层面看，省发改委联合扬子江8市相关部门，起草“1＋X＋8”的规划实施体系，推动跨江融合发展，南通应融入以联盟形式设计“扬子江名城之旅”水路特色交通线路，串联景点。从省域层面看，沿海地区整体开发，编制《江苏省“十三五”沿海发展规划》，成立江苏沿海发展联合会，南通的定位是打造成以山海奇观、生态湿地、江风海韵为特色的一流旅游目的地，利用空港建设发展日韩入境游客源地。

面对多重良好形势，南通需要主动对外融入与承接机遇（特别是与上海达成一体化合作），利用区域辐射（特别长三角区域优势）来共享机遇，最终通过自身升级来把握跨越式发展机遇。从承接机遇上看，南通需要主动融入长江国际黄金旅游带和沿海旅游带，承接上海优势，发挥南通深水大港优势，成为长江一线沟通国际的关键节点。以与国际邮轮进行旅游合作等形式，参与旅游带分工，借此拓展旅游目的地市场，把握基础设施联通带来的旅游可达性，从而提升机遇。从共享机遇上看，南通一方面加强大区域内合作，与其他城市互为目的地，以区域联盟为平台和依托，与更先进地区就新趋势、新思路达成合作；一方面提升交通通达性，凭借位置和思路成为江苏沿海地区的区域性旅游枢纽和增长极；一方面在长三角旅游联盟中占据重要位置，以此在长三角旅游整体对外营销推介活动中获得最大效益。从跨越式发展机遇上看，南通当前正面临多重国家战略叠加，加之上海已迈向“全球城市”，要求各地全面深化改革，激发新的经济增长点。面对新趋势、新要求、新政策，南通需抓住机遇，制定新的发展战略和举措，在相对后发的位置上，与先发地区对话合作，以跨越式发展实现弯道超车。

在机遇面前，南通面临着诸多挑战，如何正面应对阶段挑战，变当前挑战为发展机遇，是南通将文化资源转化为文化资本，实现文化再生产的关键环节。南通如何加入上海城市群，并同步加强与江苏省内各市的互动，最终建设成为长三角地区富有江海特色的、美丽的全域旅游目的地？如何深度对接上海，融入“1小时经济圈”，成为上海经济社会旅游发展的新腹地？如何在省内城市旅游业发展中独树一帜，塑造唯一性南通IP？如何借力全域旅游大环境，引爆经济新增长点，重点突破旅游风情小镇？如何协调不同战略之间的要求和定位差异，分清全局性、基础性以及战略性的不同定位要求？如何差异发展，成为区域旅游独具特色的新增长极，发挥协同效应，进行差异化竞争？如何避免相对后发位置对下一阶段发展的限制，实现弯道超车？

2. 核心理论基础

核心理论基础脱胎于张鸿雁教授的“城市文化资本”概念体系，在该概念的基础上，国内逐渐形成“城市文化资本”研究热潮，以此为基础聚焦城市旅游文化资本角度，进行本次项目的深入研究。张鸿雁教授所著的中国第一部完整研究城市文化资本再生产和城市文化生产场域的专门著作——《城市形象与城市文化资本论——中外城市形象比较的社会学研究》，是进行南通城市研究的重要理论基础和源头。布尔迪厄最早提出“文化资本”[①]概念，其“理论框架是建立在

① 布尔迪厄.文化资本与社会炼金术——布尔迪厄访谈录.包亚明，译.上海：上海人民出版社，1997：166

几种不同类型(1984)的差别之上的,最明显的就是经济、文化和社会资本。……文化资本指的是对某种文化资产的占有,并表现为文化知识实体,这个实体是为卓越的文化消费模式服务的,就像表达权力关系网的经济关系可以被当作经济资本那样,那些表达不同层次的知识和文化权威潜力的文化关系构成了文化资本”。[①] 张鸿雁教授将其与城市发展相结合,提出“城市文化资本”,在南通城市研究中,将其进一步深化为旅游文化资本。

“城市文化资本”一旦建构成立,城市社会内部就会形成一种内驱力,城市社会的结构与功能便会出现循环累积性增长,并转化为内在结构与功能,通过城市文化的涵容、创造、扬弃与创新性建构,形成一种以人文精神为象征的城市“文化动力因”,可谓是取之不尽,用之不竭。城市形象系统包括三大系统,分别是城市理念系统,即制度文化层面;城市行为系统,即行为文化层面;城市视觉系统,即器物文化层面。旅游文化资本系统作为其中重要的子系统和整合工具,至少具有五大效力:一是旅游自我认知力,城市是文化的容器,文化是城市的灵魂,城市是文化的共同体,该理论的应用,有助于强化城市共同认知、集体记忆和社会凝聚力;二是旅游文化增值力,其有助于提高城市文化的开发深度和产业价值,引导繁衍新的文化意义与价值符号,实现城市文化增值和文化产业突破;三是旅游资源重构力,以“旅游文化资本”核心理论,解构城市文化要素,获得结构化的要素集合,实现城市文化资源的资本化,推动城市文化资源复活创新;四是旅游品牌竞争力,作为“内容文化”的城市文化资本,拒绝模仿和复制,形成了城市品牌的独特性;五是旅游发展永续力,运用城市文化资本,创造城市发展永续动力,该理论将成为城市文化与城市经营的新生长点。从五大路径构建城市旅游文化资本:其一,精准定位城市经济社会文化属性,制定城市文化资本的指导性战略;其二,建构城市精神理念系统,确定城市发展目标愿景;其三,生活方式、消费方式、交往方式、思维方式、生产方式等文化行为的建构;其四,建构城

① 薛晓源,曹荣湘.全球化与文化资本.北京:社会科学文献出版社,2005:251

市视觉景观符号体系，包括天际线、城市家具、雕塑、色彩、空间和识别符号等；其五，城市形象与城市品牌的营销、推广、传播策略。

3. 旅游导向趋势

一是旅游建设品牌化：搭建体系、加强经营，品牌化进程向纵深发展。互联网时代愈发重视旅游品牌建设，旅游目的地品牌建设向纵深发展。旅游建设品牌化强调覆盖旅游建设的全过程、多层次、多内容，《江苏省"十三五"旅游业发展规划》中也将"打造旅游品牌"作为一个关键点单独提出。旅游品牌体系包括旅游目的地品牌、旅游产品品牌、旅游企业品牌、管理服务品牌四个维度。旅游目的地品牌建设，需要打造一批城市旅游、特色小镇旅游、乡村旅游目的地品牌。南通现已有濠河风景区（5A 级）、狼山名胜风景区（4A 级）、通州金土地生态园（国家级）等具备城市和乡村旅游目的地的品牌，暂无旅游风情小镇品牌。旅游产品品牌包括景区、旅游路线、休闲度假、旅游节庆、旅游美食、旅游商品等。南通现已有 A 级景区景点 13 个（4A 级以上 3 个）、品牌节庆 2 个、旅游美食系列 1 个（江海食珍）、国家地理标志产品 2 个、中华老字号商标 1 个。旅游企业品牌是指引进旅游集团餐饮、交通、购物、娱乐等的旅游企业品牌。南通旅游企业以饭店为主（应税 20 强），星级饭店 31 家（五星级 1 家），旅行社 105 家（出境旅行社 17 家），民宿 243 家（城镇家庭旅馆 208 家），旅游车船企业 12 家（其中游船企业 1 家）。[1] 管理服务品牌，强调发展智慧旅游，提高管理服务水平，提升旅游"软实力"。南通是首批"国家智慧旅游试点城市"，中国南通"智慧城市 2.0"建设样本以独立章节被写入《2014—2015 中国智慧城市发展年度报告》，其智慧交通和智慧养老也成为年度报告的典型案例。南通开发区规划建设了南通国际数据中心产业园，目前已完成基础设施建设，并形成大数据产业发展规划、三年行动计划，聚焦金融电商、手游电竞、智能制造、医疗健康等

---

① 数据来源于南通市旅游局政务网、《2017 年江苏民宿发展报告》。

细分门类，加快推进数据大厦、数据交易中心、数据小镇等平台建设。

二是旅游消费大众化：四个基本导向，大众化进程带动旅游升级。国家《"十三五"旅游业发展规划》提出旅游业发展的一大趋势："消费大众化——随着全面建成小康社会持续推进，旅游已经成为人民群众日常生活的重要组成部分。自助游、自驾游成为主要的出游方式。"消费大众化主要体现在休闲度假成主导、鼓励特色旅游方式、细分旅游市场和"三自游"的发展四个方面。大众化旅游时代，旅游成为常态消费，休闲度假成主导需求。南通旅游发展由山水观光旅游向江海生态休闲度假转型，重视家庭化产品开发。旅游方式愈加多样，海洋旅游、冰雪旅游、低空旅游等特色旅游是南通重点培育对象。南通挖掘地方自然文化资源，也已发展特色的长寿养生旅游、森林湿地旅游、里下河水乡旅游等。消费大众化意味着市场细分化，将发展银发游、商务游、家庭游等针对性产品。面对细分消费市场，南通需要制定针对性营销策略、细分社群化旅游产品、扩展延伸细分产业链。自助游、自驾游、自制游畅销于大众旅游市场，成为新潮流。自助游是个性化匹配，自驾游是人加车的全方位服务，而自制游是高端定制。

三是旅游发展全域化：五大基本特征，积极推进全域化进程。国家《"十三五"旅游业发展规划》提出旅游业发展的一大趋势："发展全域化——以抓点为特征的景点旅游发展模式向区域资源整合、产业融合、共建共享的全域旅游发展模式加速转变。"如皋入选第二批国家全域旅游示范区，可带动引领南通全域旅游建设。全域旅游强调全域统筹规划、全域共享共建、全域配置资源、全域协调管理，尤其需要全域产业融合，即全域开展"旅游＋"，促进旅游和相关产业的深度融合，催生新的生产力和竞争力。《南通市"十三五"旅游业发展规划》提出，"十三五"期间，全域旅游的发展目标是建设四块牌子——江海牌、上海牌、文化牌、生态牌，打造长三角富有魅力的著名旅游目的地，但未利用南通近代工业城市品牌。从 2018 年旅游新思考来看，南通的战略落点相对落后，未来旅游发展应该更加丰富、更加深刻、更加广阔。

四是旅游产业融合化：以“旅游＋”为方向，幸福产业为核心，两个方向为支撑。国家《“十三五”旅游业发展规划》指出旅游业发展新趋势——产业现代化。科学技术、文化创意、经营管理和高端人才对推动旅游业发展的作用日益增大。云计算、物联网、大数据等现代信息技术在行业应用更加广泛。产业体系的现代化成为旅游业发展的必然趋势。落实“旅游＋”战略，逐渐形成以旅游为核心，以文化、体育、健康、养老等周边产业为外延的大旅游产业，促进旅游业与农业、林业、工业、互联网等产业的深度融合，实现旅游上下游产业链的延伸、跨界、融合。国家“十三五”规划重点的战略方向是“旅游＋”，通过业态创新，发展“旅游＋城镇化”“旅游＋新型工业化”“旅游＋农业现代化”“旅游＋现代服务业”四个战略方向；南通“十三五”政策重点突出“旅游＋农业现代化”，其他三个战略方向业态融合则缺失。目前，南通已有20个乡村旅游特色村、10个旅游扶贫村、一批农业观光园区，实施了旅游村“8＋2标准化工程”。国家“十三五”规划发展的核心是幸福产业，将旅游作为五大幸福产业的首位和驱动力，融合文化、体育、健康、养老，推进幸福产业提质扩容；南通“十三五”规划强调“旅游＋健康”“旅游＋体育”，“旅游＋文化”“旅游＋养老”则缺失。目前，开沙岛运动主题休闲度假区正在逐步建设中，而南通于2014年被国际自然医学会、世界长寿乡科学认证委员命名为“首个世界长寿之都”的品牌则未被有效利用。国家“十三五”规划提出以“旅游＋互联网”和“旅游＋交通”为基础支撑，提升旅游业信息化和智能化程度；南通“十三五”规划强调“旅游＋互联网”，智慧南通和智慧旅游建设皆取得了阶段性成果，但弱化了“旅游＋交通”。

五是旅游发展智能化：三个维度，引导旅游全产业链升级。2014年，我国已进入“智慧旅游年”时代，并计划到2020年，我国智慧旅游服务能力、大数据挖掘能力和智慧营销能力明显提高，电子商务、大数据分析、人工智能等在旅游业应用更加广泛，培育若干以智慧旅游为主营业务的企业，形成系统化的智慧旅游价值链网络。南通是首个进入“中欧绿色智慧城市”“国家智慧城市”两个国家级试点的城市，智慧城市建设步入2.0，进入国家前沿方阵(见图8－1)。

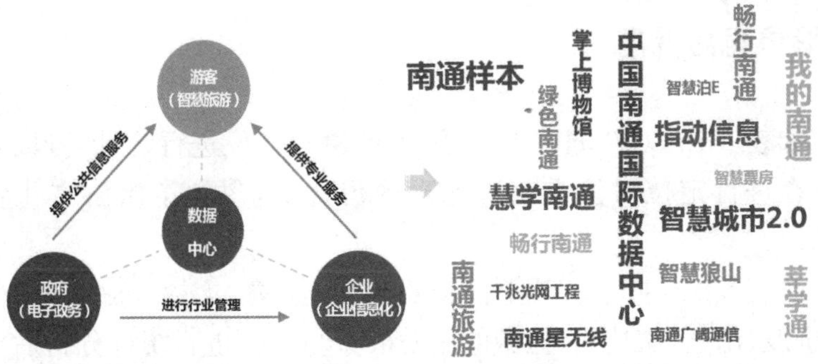

图 8-1　南通智慧旅游价值链网络图示

六是旅游发展国际化：六位一体，加速国际化接轨。我国将发展旅游业作为参与国际市场分工、提升国际竞争力的重要手段，出台促进出入境旅游业发展的政策措施，推动旅游市场全球化、旅游竞争国际化。我国游客境外消费居世界第一，旅游业外汇收入增速连续多年跑赢世界经济增速，已成隐形支柱产业。2017 年联合国世界旅游组织大会在成都召开，我国享有更多的国际旅游话语权。旅游发展国际化具体从六个方面展开：国际化旅游产品，需要挖掘城市特质文化，塑造具有国际化特质的旅游产品，包括旅游景区和旅游商品；国际化营销手段，需要加强城市旅游国际口号和国际形象宣传，重视新媒体营销渠道；国际化服务体系，需要提升和优化软件服务，注重服务细节的国际化针对性；国际化旅游功能，需要提升国际和区域旅游交通的通达性和舒适度；国际化旅游管理，需要提升旅游公共管理的国际化水平，加大对国外资本和国际组织（机构）的引入力度；国际化环境建设，需要强化语言、人才、金融、法治、应急等方面的环境建设。目前，南通已有 10 家国际旅行社，两项具有国际影响力的节庆活动——南通江海国际旅游节和中国通州开沙岛国际体育旅游节，此外，“十三五”期间计划筹办国际风筝大会、国际盆景大会、国际龙舟邀请赛和国际帆船邀请赛。需要正视的是，南通目前国际旅行社数量少，国际旅游业务有待拓展，现有旅游节庆国际影响力和品牌知名度不足，南通旅游发展国际化亟待进一步深化和提升。

4. 形象竞合视角

如表8-1,对江苏省13市旅游形象与定位进行统计,可以发现各市在进行定位时注重突出地理区位优势,忽视了旅游文化资本建构。

如表8-2,对“1+6”上海大都市圈(上海、无锡、苏州、嘉兴、舟山、宁波、南通)和杭州、盐城的旅游形象与定位进行统计分析后可以发现,这6个城市的符号化IP均不显性,缺乏独立性和认知性。

表8-1　江苏省13市旅游形象及定位统计分析

序号	城市	形象定位	阐述
1	南京	天下文枢,博爱之都	突出明文化、古都文化、遗产文化、红色文化等文化资源载体,以及温泉、美丽乡村等休闲度假资源,打造国际知名、国内一流的文化休闲旅游胜地
2	无锡	太湖明珠,中国无锡	挖掘大运河、太湖、佛教、吴文化、民族工商业、影视文化等资源,依托旅游度假区,打造环太湖旅游圈重要的文化旅游休闲目的地,建设国际知名、国内一流的旅游休闲度假目的地
3	徐州	走遍五洲,难忘徐州	突出楚汉、军事、彭祖文化,打造淮海经济区旅游中心城市
4	常州	乐在常州	发挥主题公园、旅游装备制造业的突出优势,探索主题公园与生态休闲度假有机结合,打造长三角娱乐休闲度假目的地
5	苏州	人间天堂,自在苏州	依托苏州古城、工业园区以及园林、古镇、太湖等资源载体,发挥吴文化优势,打造国际一流的旅游目的地,成为具有中国古典文化特色的国际化旅游城市
6	南通	江海明珠,灵秀南通	突出江海风光特色,承接上海优质市场辐射,主打文化休闲特色产品,打造全国一流的江海旅游门户城市

（续表）

序号	城市	形象定位	阐述
7	连云港	大圣故里花果山，西游胜境连云港	依托山海资源和西游记文化品牌，发展海洋休闲游和山岳生态游，建成“一带一路”交汇点重要旅游节点城市
8	淮安	有恩有爱，心福口福	依托河湖资源和生态农业优势，打造中国漕运之都、环洪泽湖旅游圈核心城市
9	盐城	东方湿地，鹤鹿故乡	围绕珍稀野生动物和潮坪湿地生态资源，建设生态湿地休闲旅游目的地
10	扬州	诗画瘦西湖，人文古扬州	挖掘运河、盐商、园林、饮食文化，彰显世界遗产精品资源优势，打造长江及大运河游客集散中心、中国国际运河文化旅游目的地
11	镇江	美得让你吃醋的城市	突出“城市山林”“天下第一江山”的形象，发挥宗教优势，建设旅游度假城市、生态休闲养生城市
12	泰州	泰州太美，顺风顺水	结合养生、名人、水乡湿地等元素，打造大健康旅游示范城市、长江旅游带区域节点城市
13	宿迁	心宿宿，情迁迁	西楚文化之都、白酒品鉴之都、河畔体验之都、生态休闲之都，建设区域性知名旅游目的地

表 8-2 上海都市圈及杭州、盐城旅游形象及定位分析

序号	城市	形象定位	阐述
1	无锡	太湖明珠，中国无锡	挖掘大运河、太湖佛教、吴文化、民族工商业、影视文化等资源，依托旅游度假区，打造环太湖旅游圈重要的文化旅游休闲目的地，建设国际知名、国内一流的旅游休闲度假目的地

（续表）

序号	城市	形象定位	阐述
2	苏州	人间天堂，自在苏州	依托苏州古城、工业园区以及园林、古镇、太湖等资源载体，发挥吴文化优势，打造国际一流的旅游目的地，成为具有中国古典文化特色的国际化旅游城市
3	南通	江海明珠，灵秀南通	突出江海风光特色，承接上海优质市场辐射，主打文化休闲特色产品，打造全国一流的江海旅游门户城市
4	嘉兴	运河水城，秀美嘉兴	建设运河国际旅游休闲城市和长三角区域旅游集散中心地
5	舟山	海天佛国，鱼都港城	深入推进大东海旅游发展，加快建设国际著名的海岛休闲旅游目的地和世界一流的佛教文化旅游胜地
6	宁波	东方商埠，时尚水都	提升在海上丝绸之路和长江经济带建设中的作用，加快山海城协调发展，建设全国一流的休闲旅游目的地
7	杭州	爱情之都，天堂城市	迎合G20峰会和亚运会的契机，促进旅游空间均匀化分布，建设成“国际重要的旅游休闲中心”和“国家全域旅游示范城市”
8	盐城	东方湿地，鹤鹿故乡	以发展生态休闲度假旅游为重点，发展度假旅游、“旅游+”、大众旅游、“全域旅游”，将盐城打造成国内一流、特色鲜明的生态旅游目的地城市

根据江苏省13市的形象定位来看，省内旅游发展整体水平较高，各市旅游均聚焦休闲游，且兼具生态和人文的双重属性。较南通而言，大多省内城市文化底蕴更深厚、旅游业基础更扎实、资源资本化程度更高。故从省域层面看，高水平竞争激烈，突围困难。对比上海大都市圈6个周边城市旅游形象后可以发现，它们的定位差异性较强，但嘉兴的“秀美”和南通的“灵秀”存在一定的同质性。除南通外的城市，基本已脱离以上海市场为主的发展阶段，当前已向更大范围扩展目标市场。从江苏沿海城市连云港、盐城、南通3市定位来看，它们皆以海洋为共同关键词，但分别侧重于山海、湿地、江海；同

时文化资源各有特色，均有自己明确独特的文化休闲立足点，既有合作切入点，又不存在强同质竞争。在江苏沿海城市层面，可以考虑依托共同形象来促进联合。

分析江苏省域和上海大都市圈两个层面的形象定位后可知，南通旅游文化资本有待构建。江苏省内和上海大都市圈的各城市旅游形象相对清晰，而南通的旅游形象与定位仅强调江海一个关键词，独特资源未充分挖掘，且南通城市文化资源未进行综合再生产，故旅游资源缺乏生存生长的文化场域。当然，南通也拥有自己独特的竞合优势，即发展空间大，可以通过区域合作形成竞争优势。南通自身旅游形象虽未完全成熟，但也因此发展空间较大，可避免同质化竞争，侧重特色化资源开发和形象打造，开辟新市场空间。周边城市旅游形象与定位差异性明显，可加强区域合作，以谋求在大上海都市圈的竞争优势。

二、城市旅游意象文化认知

南通城市旅游意象包括人文空间区位、景区节点布局、政策规划导向、旅游发展素描四个方面，通过数据比较、政策分析、个案剖析等方法，对此次研究范围进行细致的研究。

本篇的研究对象并非是整个南通市，而是以南通市中心城区，即崇川区、港闸区、通州区三个行政区范围为研究对象（如图 8－2）。北至刘桥镇米三桥村，南至张芝山镇竖积洪村，西至五接镇开沙岛，东至南通滨海园区北侧，研究总面积为 1 759.19 平方公里。除陆地部分外，江海部分主要是东侧的半个长江航道和西侧部分海域。

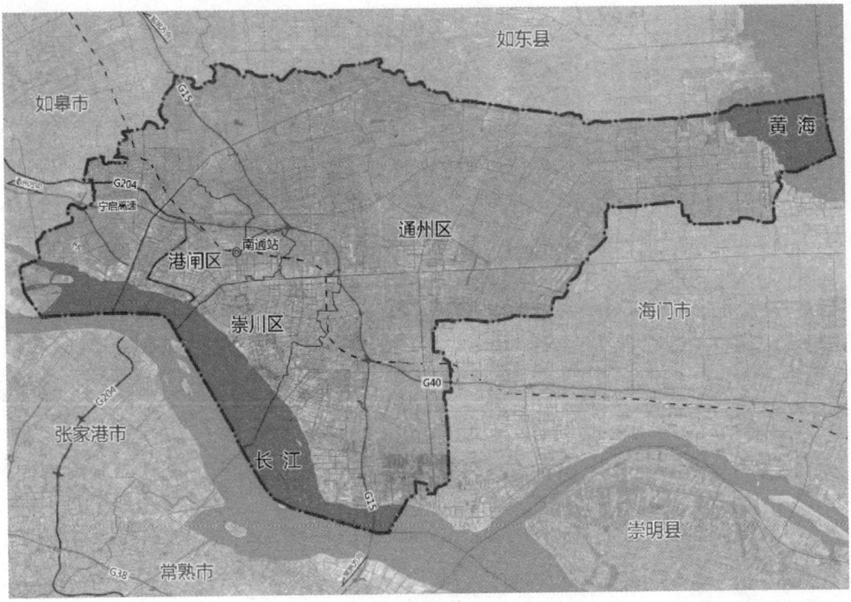

图 8-2　南通研究范围四至图

1. 人文空间区位

南通城市人文空间区位优势明显,但城市特色和综合竞争力均有不足。就地理区位而言:南通滨江滨海滨沪,地处中国黄海南部,长江入海口东岸,江海通达;隔江与中国经济最发达的上海及苏南地区相依,被誉为"北上海"。就经济区位而言:南通位于长江三角洲城市群,地处长江经济带和沿海经济发展带"T"型交汇点,同时也是"1+6"上海大都市圈的组成部分,周边环绕杭州、南京、合肥和苏锡常等发达都市圈;南通一方面受到周边发达城市的经济带动发展,另一方面区域自身特色和综合竞争力不足。就交通区位而言:南通外部交通可达性不强,区域内仅有 G15 沈海高速、G204 烟沪线、G40 宁通高速三条高速连接外部交通,通行上海目前有苏通大桥和崇启大桥两条高速通道,交通压力大;沪通铁路在通州区设南通西站,待 2021 年高铁通车后,南通才真正进入上海 1 小时交通圈、长三角 3 小时交通圈。

从研究范围内交通来看，整体发展不均衡，东部、北部交通路网待完善；港闸区和崇川区路网密集，省道和城市主干道纵横交错，多条高速穿城而过，交通枢纽较多，交通便利；通州区除城区交通较通达外，北部和东部以县道、乡道为主，路网稀疏，缺乏交通枢纽，交通欠发达；强沿江、弱沿海特征明显，即沿江港口较多，沿海港口较少。在整个研究范围内，共有 10 个交通枢纽，包括 4 个汽车客运站、1 个火车站（包含动车组）、1 个国际机场（覆盖东亚和东南亚）、3 个重要集散港口和 1 个客运轮渡。

2. 景区节点布局

如图 8－3，江苏省 13 市 4A 级及以上景区和省级度假区资源中，南通综合数值最低，景区竞争力弱。如表 8－3，景区资源多数集中在崇川区，资源质量较低，未评级但有影响力的景点分布较平均，旅游资源潜力待进一步挖掘。

表 8－3 研究范围内有影响力的旅游资源

景区级别	序号	景区名称	辖区
5A 级	1	南通濠河景区	崇川区
4A 级	2	南通狼山名胜风景区	崇川区
	3	啬园景区	崇川区
3A 级	4	南通城市博物馆	崇川区
	5	南通市军山景区	崇川区
	6	南通世外桃源休闲农庄	开发区
	7	南通城市绿谷	港闸区
	8	南山寺	通州区
	9	忠孝文化园	通州区
省级度假区	10	南通开沙岛旅游度假区	通州区
	11	南通狼山旅游度假区	崇川区

（续表）

景区级别	序号	景区名称	辖区
未评级但有影响力的景区	12	唐闸镇	港闸区
	13	寺街—西南营	崇川区
	14	通州进鲜港	通州区
	15	金土地生态园	通州区
	16	洲际绿博园	通州区
	17	南通方特水上乐园	港闸区
	18	南通探险王国	港闸区
	19	南通园艺博览园	崇川区
	20	中华灵芝文化馆	开发区
	21	南通蓝印花布博物馆	崇川区
	22	南通风筝博物馆	崇川区

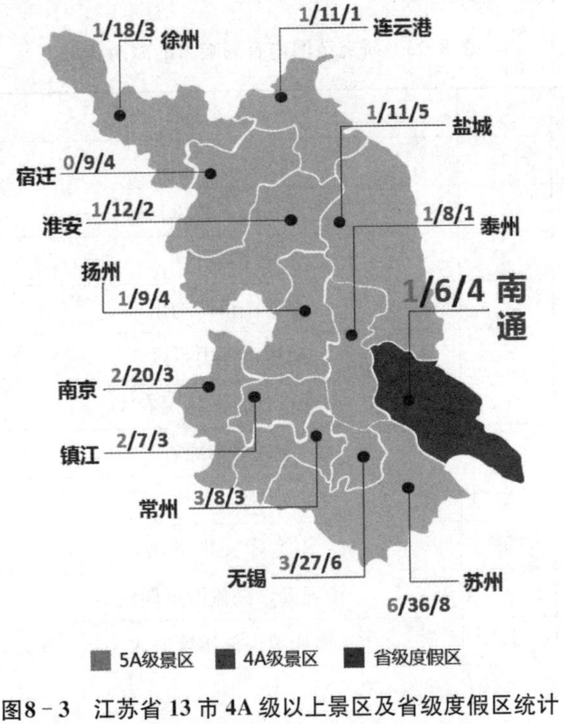

图8－3　江苏省13市4A级以上景区及省级度假区统计

3. 政策规划导向

从国家层面看，南通应以全域旅游为导向，城市双修为着力点，打造历史文化名城。2016 年 2 月 5 日，国家旅游局公布了《国家全域旅游示范区认定标准(征求意见稿)》并正式向社会公开征求意见，该《标准》提出国家全域旅游示范区八大认定条件(见表 8－4)。南通市如皋入选第二批“国家全域旅游示范区”，以如皋带动南通市全域旅游发展。2017 年 3 月，住建部印发《关于加强生态修复城市修补工作的指导意见》，在全国全面开展城市双修(生态修复、城市修补)工作；2017 年 7 月，南通市成功跻身第三批“城市双修”试点。截至 2017 年 7 月 3 日，国务院已将 132 座城市列为国家历史文化名城，并对这些城市的文化遗迹进行了重点保护；2009 年 1 月，南通市被列入国家历史文化名城。根据南通城市特点及城市双修政策，南通应围绕城市双修目标任务，进一步凸显江海、平原、水网、濠河、五山等元素，在治理城市病、补齐城市短板上下功夫，规划和建设更具南通历史文化风貌特点的宜居之城。

表 8－4　国家全域旅游示范区八大认定条件

1. 创新力度	2. 政策支持	3. 综合贡献	4. 产品特色
旅游发展综合协调，体制机制改革创新，旅游综合执法改革创新等	成立全域旅游小组，编制全域旅游规划等	旅游业对当地 GDP 的综合贡献比重，旅游业对当地就业和新增就业的贡献等	有特色鲜明、市场号召力强的核心吸引物，旅游产品、业态类型的多样等
5. 基础设施	6. 服务配套	7. 旅游环境	8. 资源生态
旅游交通覆盖便捷程度，旅游厕所覆盖便捷程度等	旅游住宿配套完善程度，旅游餐饮配套完善程度等	旅游安全状况、旅游市场秩序，文明旅游程度、游客满意度等	旅游资源遗产保护、生态环境保护，重点旅游景区最大承载量核定与控制等

在省级层面上，南通应突出文化休闲特色，打造全国一流的江海旅游门户城市。根据《江苏省城镇体系规划(2015—2030年)》，南通位于江苏省城镇结构“一带两轴、三圈一极”中的沿海城镇轴，城市定位是国家历史文化名城、江海交汇的现代化国际港口城市、长三角北翼的经济中心和门户城市。根据《江苏省“十三五”旅游业发展规划》，南通位于省域旅游发展格局“四带两圈一网”中的“沿海生态旅游带”上，要求突出南通江海风光特色，承接上海优质市场辐射，主打文化休闲特色产品，打造全国一流的江海旅游门户城市；同时发挥南通首批“国家智慧旅游试点城市”优势，树立江苏智慧旅游标杆；在旅游产品开发方面，构建海滨休闲度假产品、通州湾低空飞行旅游产品等多元旅游产品体系。需要指出的是，江苏省本轮规划中未重视南通与上海联动发展、上海南通一体化趋势，也未提出依托近代工业文化和田园乡村资源，发展近代工业旅游、乡村旅游和特色小镇建设。

在市级层面上，南通应以全域旅游为导向，打造长三角著名旅游目的地和休闲度假胜地。根据《南通市旅游发展总体规划(2006—2020年)》，南通城市的旅游定位是以城市风貌和自然风光为依托，以江海旅游为特色，国内外有较高知名度的旅游目的地和休闲度假胜地，接轨上海，融入苏南，联动苏北；在空间布局上，形成了一个旅游中(核)心[城区旅游中(核)心]、两大旅游带(沿江、沿海旅游带)、四大重点景区(狼山、濠河、苏通大桥、如皋古城)。根据《南通市“十三五”旅游业发展规划》，需要打好江海牌、上海牌、文化牌和生态牌，将南通建设成为长三角富有魅力的著名旅游目的地，构建“全域旅游、全境休闲、全时度假、全新生活”的新格局；在空间布局上，形成“一核两带、三门户、四组团”的旅游休闲空间布局；推进“旅游＋农业”“旅游＋工贸”“旅游＋体育”“旅游＋健康”“旅游＋教育”等产业融合创新发展。本轮市级规划未能充分挖掘南通市已有历史和生态资源，忽视了近代工业文化的优势，未提出打“工业牌”；且偏向城区旅游建设，忽视了乡村旅游的发展潜力；也未与省旅游规划中的“智慧旅游”战略相衔接，进行相关规划。

在区级层面上，南通应当打造长三角著名文化旅游和都市休闲旅游目的地。《崇川区国民经济和社会发展第十三个五年规划纲要》指出，老城区大力发展环濠河高端旅游，将狼山风景区打造成长三角著名的休闲文化旅游胜地和江苏旅游新地标，沿河功能带推进休闲旅游产业的发展；大力发展都市休闲旅游的特色产业，推动智慧旅游发展，加快农业、工业与旅游业的融合发展。《港闸区国民经济和社会发展第十三个五年规划纲要》指出，开发沿江沿河生态游、古镇文化游、农业休闲游项目，发展文旅产业；利用区内老字号、老技艺，开发民间旅游创意产品，形成旅游产品规模，打造旅游产品品牌。《通州区国民经济和社会发展第十三个五年规划纲要》指出，以生态旅游为重点，立足地方文化和自然资源，推动旅游业品牌化发展；同时将整个区域分为五个板块，中部文化旅游区、东部乡村旅游集聚区、西部体育运动休闲度假区、北部湿地旅游区和南部工业旅游区。三个区级规划各自为政，未与南通市旅游规划紧密衔接，均未提出与上海、苏南等区域旅游联动发展；港闸区和崇川区未提出智慧旅游发展规划；港闸区未充分挖掘区域近代工业资源，应加快工业特色小镇创建。

4. 旅游发展素描

南通旅游总体发展较缓，缺乏优质旅游。2012—2016 年，南通市国内游客人次和旅游收入均保持年增幅 10%以上，南通旅游经济温和上升，缺乏爆发式增长（见表 8－5 和表 8－6）。境外游客数量在 2013—2015 年大幅下降，2016 年实现正增长，与南通市参与香港国际旅游展览和举办江海国际旅游节有关，国际旅游市场待拓展。据表 8－7 可知，2015 年南通市规模以上旅游行业单位中，旅游购物占据了旅游业的半壁江山，南通市规模以上旅游游览、住宿单位少，持续性消费不足。在项目地块中，只有 1 家五星级酒店，7 家四星级酒店，尚无精品民宿。[①] 2014—2016 年，南通市年旅游收入分别占江苏省年旅游收入的

① 数据来源于南通市统计局和 2016 年《南通市国民经济和社会发展统计公报》。

5.05%、5.12%、5.20%，比例较小且增长缓慢(见表8-8)。[①] 综上所述，南通市旅游各项指标上升趋势较缓，缺乏爆发式增长；营销宣传待加强，国际旅游市场待拓展；目前，游客还停留在观光游览阶段，缺乏深度游，且旅游配套设施不完善，缺乏高端服务业态。

表8-5 2012—2016年南通市国内外游客接待人次统计表

表8-6 2012—2016年南通市年旅游收入统计表

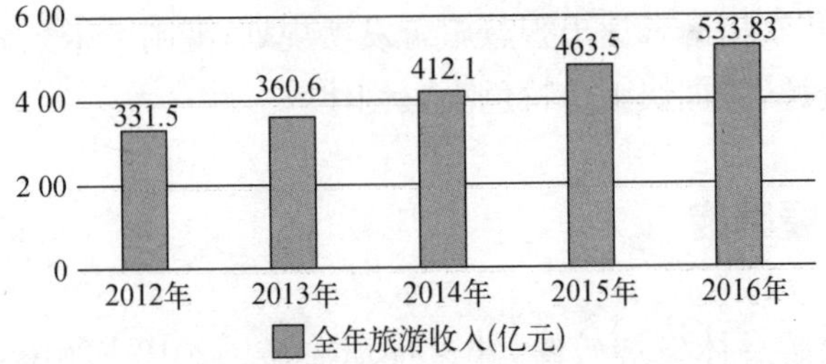

表8-7 2015年南通市规模以上旅游行业单位数分布情况

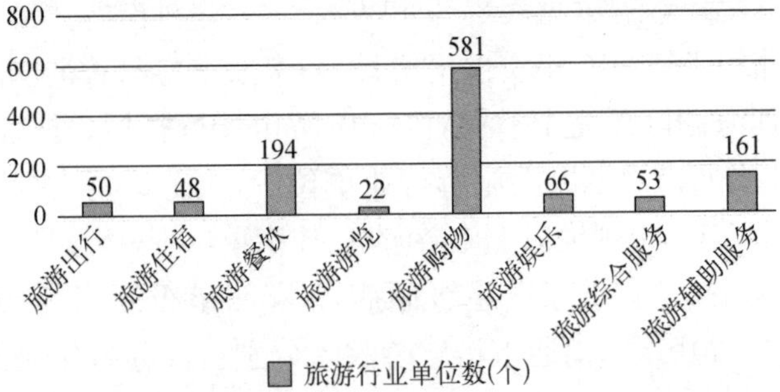

① 数据来源于江苏统计局、中商产业研究院整理《2016年江苏省旅游业年度报告》。

表 8－8　2016 年江苏各市旅游收入占江苏省总旅游收入比例

城市	人数(万人)	收入(亿元)	占比(%)	城市	人数(万人)	收入(亿元)	占比(%)
全省	6 779.99	9 952.47	—	徐州	4 515.48	565.90	5.69
苏州	1 062.57	2 082	20.92	南通	3 792.11	521.98	5.24
南京	10 657.32	1 803.45	18.12	连云港	3 011.08	391.58	3.94
无锡	8 586.03	1 518.91	15.26	淮安	2 610.54	305.64	3.07
常州	5 989.56	820.04	8.24	盐城	2 573.70	265.56	2.67
扬州	5 622.02	681.91	6.85	泰州	2 282.22	278.22	2.80
镇江	5 348.34	706.19	7.09	宿迁	1 491.12	160.60	1.61

与江苏省其他城市相比，南通旅游附加值较低，缺乏国际知名度。南通旅游总收入居于 GDP 和三产比重的最低梯队(见表 8－9)，旅游产业贡献率比较值低，且旅游人均消费(1 361.4 元)与苏州、无锡、南京相差较大(见表 8－10)。根据 2017 年《江苏上半年旅游大数据分析报告》，对国内外游客偏好占比、接待入境客流量进行统计分析后发现，省外游客对南通偏好较低，仅有 5%的游客选择来南通旅游，24%的游客选择去苏州旅游(见图 8－4)；从各城市接待入境客流量看，2017 年上半年，南通入境客流仅占江苏省的 4.48%，超过半数的境外游客前往南京、苏州旅游(见图 8－5)。① 总体而言，当前南通市旅游人均消费偏低，商务会展、休闲度假等深度游市场广阔，亟须发展高端旅游消费，提高人均消费。需要充分发挥江海区位优势，提升南通旅游国际知名度，拓展国际旅游市场。

① 注：数据来源于南通市统计局和 2017 年《江苏上半年旅游大数据分析报告》。

表 8－9　2016 年江苏省各城市旅游收入占 GDP 和三产比重

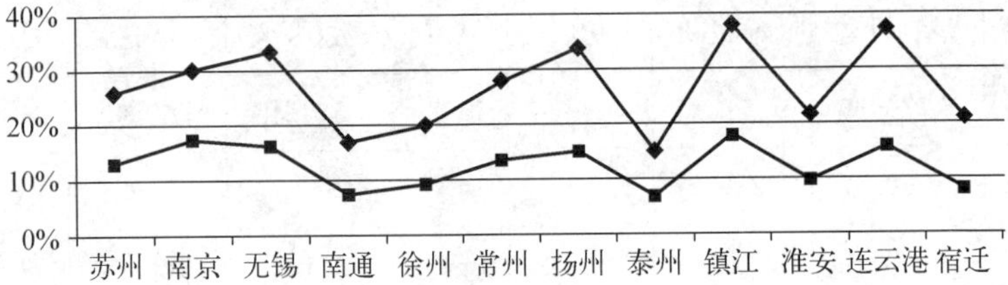

表 8－10　2016 年江苏省各城市旅游人均消费统计(单位:元)

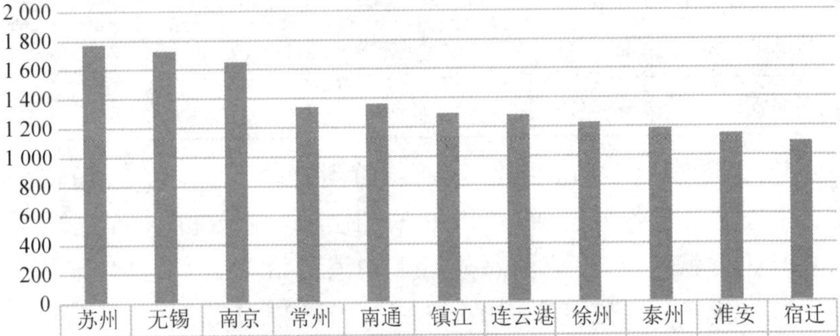

	苏州	无锡	南京	常州	南通	镇江	连云港	徐州	泰州	淮安	宿迁
■ 列1	1 772.7	1 727.3	1 649.5	1 339.9	1 361.4	1 293.5	1 281	1 227	1 185.6	1 148.4	1 095.8

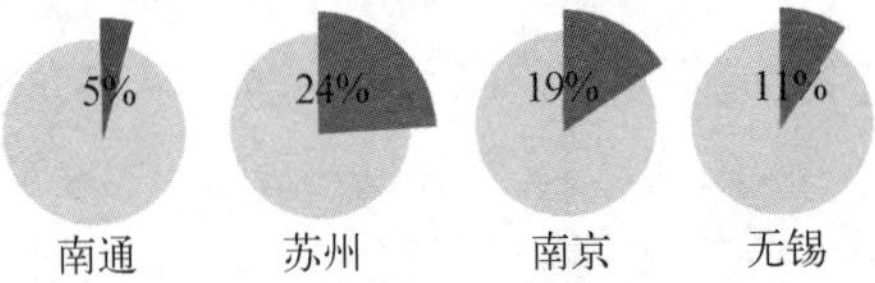

图 8－4　国内外游客对江苏省各城市偏好占比

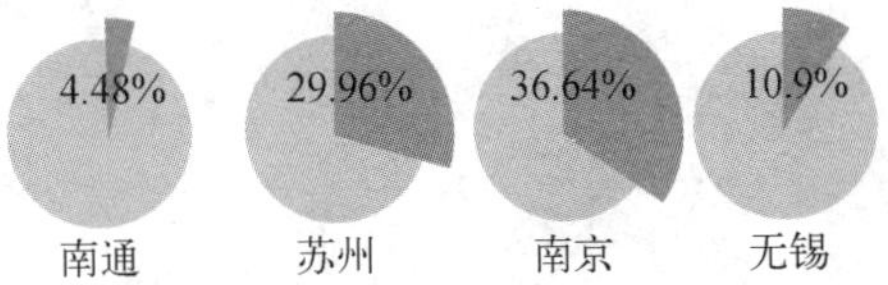

图 8－5　江苏省各城市接待入境客流量占比

新中产阶级正逐步成为旅游消费市场的中坚力量,最新数据给这个人群的画像是,主要分布在国内一二线城市,人群相对年轻,以“80

后”“90后”为主，具有良好的教育背景，收入较高且稳定，追求生活品质，热爱运动和旅游。《全球自由行报告2015》提出，全球自由行市场达到60亿人次，其中，“80后”“90后”占到近80%；“95后”“00后”因出生就具有较好的经济条件和生活品质，在旅游市场上愈加活跃。从新中产阶级消费观来审视南通旅游发展存在的问题，可以发现：新中产阶级注重个性化需求，而南通旅游资源特色不足，现有景区景点形式功能单一，缺乏亮点，如狼山、濠河风景区作为区域性旅游产品，以观光游览景点为主，缺乏内在文化串联和个性化旅游路线，难以满足游客的个性化需求；新中产阶级要求品质与体验至上，而南通现有景区品质较低，硬件设施陈旧，环境卫生较差，且旅游产品形式单一，缺乏互动性、参与性项目，无法满足游客的多元化旅游需求；新中产阶级更加关注品牌，而南通旅游营销不足、品牌缺失，南通市旅游在国内、国际知名度较低，拥有近代工业第一城的文化底蕴，却无法与省内其他历史名城齐名，区域内旅游资源丰富，但尚未形成鲜明的城市形象和旅游品牌。综上所述，南通现有景区硬件设施陈旧，安全隐患突出，服务功能不完善，景区体验性差；景区“老龄化”现象突出，旅游产品单一，缺乏年轻人喜爱的体验性、参与性项目；宣传营销力度不足，城市形象、旅游品牌不鲜明，知名度待提升。

三、经典城市案例要素撷取

借鉴案例的选择从体量规模、资源类型、发展问题的可比性和政策融入发展经验、旅游开发模式经验、项目改造提升方法的参考性两个维度进行考量。依据上述标准，选择惠州、成都、利物浦、高雄四个城市作为对标案例，学习它们在城市转型发展过程中积累的成功经验。

1. 惠州——长效的区域合作机制

从区位条件看，惠州是珠江三角洲地区中心城市之一，处于深莞惠经济圈和粤港澳大湾区城市群，距深圳和广州均在2小时车程和1小时高铁范围内，现正致力于打造珠三角东岸“半小时都市圈”和珠三角“1小时经济生活圈”。惠州城市本身具有优质的自然历史资源，是国家历史文化名城，素有“岭南名郡”“半城山色半城湖”之誉，兼有山、河、湖、海、岛等资源要素，城市工业基础扎实。地理位置和历史条件决定了惠州区域合作的旅游发展机制和精准定位的旅游客群市场，以适应珠三角旅游的一体化趋势。惠州城市发展经验中有三点值得推敲学习：一是都市圈旅游一体化尝试，二是区域资源主题性开发，三是工业旅游跨界式合作。

都市圈旅游一体化有三层含义：顶层规划一体化，持续推进以深莞惠经济圈为基础的旅游合作，与深圳共同编制《环大亚湾滨海旅游发展总体规划》，面向粤港澳大湾区的旅游合作即将全面展开，以打造粤港澳休闲旅游度假胜地为惠州旅游发展总体目标；经营营销一体化，由深莞惠旅游局牵头，旅游企业签署旅游经营战略合作协议，深莞惠汕河合编自驾游地图，参加广东国际旅游产业博览会、海外旅游推介会，并联合举办“万人互游深莞惠汕河”；基础设施一体化，开通大鹏湾—大亚湾—巽寮湾海上观光通道，开辟水上旅游巴士专线，深惠汕共建海上旅游航线，形成三地联动的海上旅游码头体系。

区域资源主题性开发，四东文化（东江、东坡、东征、东纵）和滨海生态是惠州独具特色的资源，也是区域范围内的共有资源。在保证差异化的基础上，充分联合其他市县，进行同质化资源的主题性旅游开发，形成区域主题线路，发挥集聚效应。惠州区域资源开发现包括三个方面：千里客家文化旅游长廊，包括广东梅州、深圳、惠州、河源以及福建龙岩和江西赣州等客家地区连成的客家文化旅游带；东坡宦游城市联盟，2010年10月，16座城市共同签署《苏东坡生命之旅城市友好联盟合作框架协议》，以东坡文化为纽带，物化东坡文化成果，共同打造“东坡旅游”品牌；环大亚湾滨海生态游，全面对接深圳东部黄金海岸带、汕尾红海湾建设，合力建设百里国际滨海旅游长廊，与深圳共建深圳东部—环大亚湾新区黄金海岸旅游带，建设世界级的滨海生态旅游度假基地。

工业旅游跨界式合作，惠州作为工业城市，政府主导“工业＋旅游业”的跨界合作，引导工厂开放参观体验，打造“趣玩工业”的城市旅游专题，将工业旅游纳入惠州市区重点旅游推介路线。目前，惠州已拥有众多工业旅游景点和线路，包括两家省级工业旅游示范基地，三家3A级景区。工业旅游产品主要是三类：其一，生产线的透明化参观，如参观景田百岁山矿泉水是如何制造并自动打包输送到成品仓的，亲历仙水的诞生；其二，博物馆式的知识普及，TCL电视博物馆是中国首个以电视机为藏品的博物馆，在这里，可以看到各个时期中国以及世界的电视机，如世界第一台电视机、第一台国产黑白电视机、第一台国产彩色电视机等；其三，亲子互动的体验游览，惠州伊利“奶香四溢”的旅程，孩子们在这里可以了解牛奶的饮用知识，见证含乳饮料的生产工序，以及参加动画电影主题活动。

2. 成都——精致的城市包装策略

近年来，成都城市飞速发展，这得益于其精致的包装策略，包括宣传口号、城市定位、宣传片、大型综艺活动等。2000年成都提出“第四城”概念，2003年张艺谋拍摄的宣传片提出“西部之心、休闲之都”的定位，2005年“超级女声”效应将成都的知名度进一步提高，2008年汶川地震后，成都提出“震后治愈——因为有你，成都更美好”的口号，2010年启动“全球熊猫守护使”活动，2011年借力《功夫熊猫》夺得国际旅游大奖，2017年成都首创全球声光艺术大道。成都曾被评为“中国十大最具经济活力城市”“中国城市品牌营造大奖”“中国内地十佳商务城市”“国家中心城市”，成都的城市定位与包装一直处在变化和升级当中。在成都城市的营销过程中，有三大特色：一是由政府主导，带动产业发展与城市开发；二是精准城市定位，先找魂，后营销；三是强大的营销力度。

由政府主导，带动产业发展与城市开发。成都城市营销的成功与政府的“有为而治”密切相关，为有效地推进城市营销工作，成都市委宣传部实质上变身为“城市营销部”，整个城市的营销过程，从概念和定位的打造，逐渐过渡到主题化的事件营销。“成都，一个来了就不想离开的城市”“成功之都，多彩之都，美食之都”都是成都定位和宣传的口号。

精准定位，先找魂，后营销。成都找到了在全国范围内都“叫得响亮”的资源——休闲，从而最大限度地提升城市的影响力。成都自古以来是旱涝保收的天府之国，具有休闲传统，旅游基础较好，资源丰富、产品市场多元、场所设施完善，市民文化与休闲深度融合，如大众休闲心理、茶馆休闲、农家乐休闲、川菜休闲等。在找到“休闲”这一独特性资源后，成都挖掘出了具有代表性的文化元素：熊猫、川菜和川剧，三者互融，大到城市景观、地铁内景，小到泥塑手工，无不体现着文化资源的资本化。

强大的营销力度，在于多样化成果、持续性更新和国际化视角。首先，政府民间齐发力，利用多样化成果进行强大营销。文学方面，《文艺成都书系》全方位展现了成都印象，“书香成都·百姓大书市”书展吸引了众多游客，文学大本营巴金文学院是城市形象宣传的文字之窗。影像方面，2016 年时代广场宣传片，张艺谋导演的《成都城市形象宣传片》——“一座来了就不想离开的城市”，三宝执导的大型原创音乐剧《金沙》。音乐方面，官方宣传与民间创作相结合，2008 年汶川地震后创作了城市形象主题曲《I LOVE THIS CITY》，创作歌手赵雷的《成都》走红。其次，成都营销持续化更新，长时段发展。从 2000 年《新周刊》提出成都成为中国“第四城”开始，每年不断涌现各类营销活动，至今已持续了近 20 年。交易展览会、文化年、非物质文化遗产节等节庆活动层出不穷，城市活动一直在开展；宽窄巷子等成为成都地标，城市形象一直在更新；从第四城、休闲之都到中心城市，城市定位一直在推进。再次，成都还致力于打造国际知名城市。利用“熊猫外交”作为打开国际交流的突破点，例如国际宣传语，熊猫故乡、“骨子里的中国——中国成都”；开展熊猫营销，组织全球招募熊猫守护使、大熊猫野放等。

3. 利物浦——开放的文化空间建构

利物浦位于英格兰西北部，默西河口的东岸，市中心距离爱尔兰海大约8公里。利物浦是一个美丽的港口城市，位于英格兰的西北部，是默西塞德郡的首府，曾一度号称英国的第二大港，随着英国重工业的逐渐没落和产业结构的调整，作为老工业基地的利物浦面临着严峻的挑战。自2008年起，城市推进一系列发展转型措施，突破既有城市形象，打造城市文化新空间，塑造城市旅游新形象，经过改造，利物浦成为文化都、节日城、旅游地。

文化都：“欧洲文化之都”，多元文化成为城市旅游的活招牌。基于开放包容的市民传统、丰富多样的世界各族文化和城市本身的音乐和足球因素这三点，2008年“欧洲文化之都”花落利物浦，这一年也因此成为利物浦城市转型的关键期。文化旅游成为城市发展的主要方向。

节日城：全年活动覆盖，节庆旅游打开城市旅游新局面。利物浦节庆形式多样，囊括了街头表演、光影派对、手工作坊、产品展览，涉及音乐、舞蹈、雕塑、戏剧等范畴；文化多元，利物浦文化、爱尔兰艺术、阿拉伯文明、非洲加勒比节庆等文化元素融入；受众多样，LGBT（同性恋社群）、残疾人、传统艺术家和街头青年等成为活动观赏者与参与者；历时弥久，除了一年一度的传统活动外，还有两年一次的大型节庆，大多拥有20年以上的历史（见表8-11）。

表 8-11　利物浦重大节庆活动统计

名称	性质	名称	性质
LOOK / 17	利物浦国际摄影节	On The Verge Festival	创意展示
WoWFest 2017	文学艺术节	Liverpool Pride	LGBT 游行活动
Sound City	音乐节	The Liverpool Comedy Festival	喜剧节
LightNight	深夜艺术节	Liverpool Irish Festival	爱尔兰音乐节
Physical Fest	戏剧节	Homotopia	LGBT 艺术和文化节
Africa Oyé	非洲音乐节	DaDaFest	残疾人艺术节
ARAB ARTS FESTIVAL	阿拉伯艺术狂欢节	LEAP DANCE FESTIVAL	舞蹈节
Brouhaha International	全球城市节日活动	Liverpool Biennial	当代艺术展

旅游地：工业遗产保护，地区活化再造城市旅游目的地。2009 年利物浦海港贸易城市世界遗产保护规划通过，将保护规划分为世界遗产保护区和外围的缓冲区，如今工业元素成为城市的一道风景线。空间项目改造升级，阿尔伯特港成为现代美术馆、披头士乐博物馆、默西塞德海洋博物馆，以及各色精品商店、咖啡馆、酒吧和餐厅，斯坦利港成为办公空间和 930 套公寓的共建项目；利物浦一号是一个集购物、居住、休闲于一体的综合开发项目，被命名为“天堂计划”，成为英国最大的开放购物中心，并使利物浦成为英国零售业目的地排名前 5 的城市。

4. 高雄——全方位的城市形象构筑

高雄位于中国台湾地区的西南部，是一个重工业的港口城市，扼台湾海峡南口，是台湾南部的海路大门。高雄从城市形象宣传营销、观光游线设计、本土文化资源挖掘、交通等角度，全方位进行城市文化的营造和城市形象的构建。

河海资源资本化，发展一河一海都市观光休闲。随着工业的衰退，进入发展瓶颈期的高雄港以产业观光和休闲旅游作为新的发展点，实现了从“臭水沟”到“黄金爱河”的华丽转型。通过全线开放、引入活水、串联沿河各城市景点等方式，成功成为城市之心、城市景观主轴；同时设计了丰富的水上观光形式，引入太阳能爱之船、鸭子船（水陆观光车）、贡多拉（水上出租车）、文化游艇等各具特色的水上游船，特别打造了包含军舰参观、货轮集装箱参观在内的海上游线，举办了海洋首都杯帆船赛、海洋通识教育课程讲习会等活动，集观光休闲、运动参与、军事旅游、城市历史体验、海洋教育于一体。利用城市光廊、高雄灯会艺术节，实现了全时旅游，开发夜间经济。

农渔资源资本化，营造部落乡村深度度假体验。对原生文化进行延续性保护，传统的渔村风光，多纳部落的巡礼，随处可见的图腾艺术，等等。开拓产业链条的盈利模式，传统渔村转型为观光渔港及鱼市场，南部乡村成为特色体验带，提供冷冻厂和乌鱼节参观体验，进行 DIY、烹饪、采摘等手工制作，等等。设计文创活动的参与式体验，例如梓官区渔会以拍卖吸引渔船来卸鱼交易，游客可参与拍卖，蚵寮渔村摇滚节以报废渔船为舞台，展现台式创意。

城市文化形象化，多维举措构建城市品牌。高雄设计了“阳光之都，动感高雄”的标识标语，主要是因为高雄位于中国台湾地区的西南部，全年阳光普照；2009 年高雄世界运动会是中国台湾首次举办的国际综合运动会，吉祥物以台湾黑熊为设计原型，国际代言人为五月天；通过影视剧《痞子英雄》《转角遇到爱》，提高城市知名度，高雄已成为台湾旅游的品牌。有针对性地推出多国语言、多种风格的影音材料、主题手册、景点桌布，利用传统营销手段玩出新花样。

通过分析借鉴上述四个典型城市的发展案例，在南通城市形象与旅游发展的过程中，可以遵循"'1＋N'力量，两核心思路，三体系共建"的行动框架。"1＋N"力量是指以政府为主导，提高对顶层设计的重视，担当起城市旅游发展转型的主要角色，特别是在推进区域旅游合作中发挥作用。调动多方民间力量，鼓励市场主体和市民团体参与，发挥民间创造性，适应社会化媒体时代。两核心思路是指资源活化和空间再造，资源活化是要实现文化资源的资本化、旅游产品的度假化、工业遗产的旅游化、基建资源的智慧化和艺术化，从而推进资源开拓一体化进程；空间再造是要立足本地文化，吸纳全球文化，构建开放式、参与式、体验式的共享文化空间。三体系共建，一是城市形象识别体系，挖掘本地历史和文化性格，提取关键要素，设计标识、口号、吉祥物等；二是旅游品牌名片体系，代表性景点、景观、游线、旅游商品、基础设施等都可打造成旅游名片；三是整合营销宣传体系，开展观念营销、事件营销、竞合营销和体验式营销等整合营销。

第九章 南通城市旅游资源盘点与"文化根柢"重构

林奇说:"城市可以被看作是一个故事,一个反映人群关系的图示、一个整体分散并存的空间、一个物质作用的领域、一个相关决策的系列或者一个充满矛盾的领域。而且暗喻着包括有很多价值的内容:历史的延续,稳定的平衡,运行的效率,有能力的决策和管理,最大限度的相互作用,甚至政治斗争的过程。某些角色会从不同的角度成为这个运转过程的决定性因素,如政治领导人、家庭和种族、主要投资者、交通技术人员、决策精英、革命阶层等。"[①]想要看清南通城市的故事,必须对南通城市发展历史、文化脉络、人文底蕴进行系统认知梳理,对相似文化类型进行整合,并从中寻找具有地域特色的独特性资源,从而对南通城市赖以生存和未来转型发展所倚仗的文化"根柢"进行重缀与重构。本章将对南通旅游文化资源、历史文化和城市旅游形象发展现状进行研究,研判南通城市文化形象与旅游文化形象建设所取得的成就与缺失,为南通城市文化资本战略设计奠定基础。

---

① 凯文·林奇.城市形态.林庆怡,等译.北京:华夏出版社,2001

一、旅游文化资源认知评价

南通地处"淮南江北海西头"，是一座有着数千年文化遗存的苏中古城，历史与现实、古老与时尚、外地文化与本地文化在这里兼容并蓄、交汇互存，形成了极具特色的江海文化、海派文化和地方文化，积淀了深厚的人文历史、源远流长的民间文艺、传承千年的狼山濠河……要对根植于这方水土的"文化根柢"进行重缀，首先需要对南通文化资源进行系统梳理、认知和评价。

1. 资源全面盘点建库

对研究范围内的自然文化资源进行全面盘点建库，根据国家旅游局2010年旅游资源分类表编制了表。经过系统归类整理和统计可知，研究范围内的旅游资源总量丰富，有165个旅游资源单体（见表9-1和图9-1）；资源类型多样，共计6个大类（6/8），14个亚类（14/31），34个基本类型（34/155）；其中以建筑与设施为主，人文资源占据主导，自然资源较弱，三级资源所占比重最大，提升空间较大。

表9-1　南通旅游资源分类表①

主类	亚类	基本类型	序号	资源单体	级别
A地文景观	AA综合自然旅游地	AAA山丘型旅游地	1	狼山	五级
			2	马鞍山	三级
			3	黄泥山	三级
			4	剑山	三级

① 本表根据国家旅游局2010年旅游资源分类表编制。

（续表）

主类	亚类	基本类型	序号	资源单体	级别
			5	军山	三级
	AE 岛礁	AEA 岛区	6	开沙岛	五级
B 水域风光	BA 河段	BAA 观光游憩河段	7	濠河	五级
E 遗址遗迹	EB 社会经济文化活动遗址遗迹	EBA 历史事件发生地	8	女红传习所旧址	三级
			9	军山气象台遗址	三级
			10	伶工学社旧址	三级
			11	南通农科大学校舍	三级
			12	中共江北特委机关旧址	三级
			13	江谦耕读处	二级
		EBD 废弃生产地	14	大生纱厂	五级
			15	大达内河轮船公司	三级
			16	近代纺织车间	三级
			17	大有晋垦区格局	三级
		EBF 城与聚落遗迹	18	北极阁城墙遗址	三级
			19	钟秀山遗址	三级
F 建筑与设施	FA 综合人文旅游地	FAB 康体游乐休闲度假地	20	南通海底世界	三级
			21	南通探险王国	二级
		FAC 宗教与祭祀活动场所	22	天宁寺	五级
			23	南山寺	五级
			24	广教禅寺	四级
			25	文庙	四级
			26	香光寺	三级
			27	城隍庙	三级
			28	静业庵	三级
			29	兴化禅寺	三级

（续表）

主类	亚类	基本类型	序号	资源单体	级别
			30	狼山天主教堂	三级
			31	南山五帝观	三级
			32	峨眉山普贤寺	二级
		FAC 宗教与祭祀活动场所	33	南通世外桃源休闲农庄	五级
			34	南通城市绿谷	五级
	FA 综合人文旅游地	FAD 园林游憩区域	35	怡园	三级
			36	南公园	三级
			37	南通盆景园	三级
			38	濠西书苑	三级
			39	濠东生态绿地	三级
			40	南通洲际绿博园	三级
			41	南通园艺博览园	三级
			42	南通滨江公园	三级
			43	金土地生态农业园	二级
			44	文峰公园	二级
			45	唐闸公园	二级
	FB 单体活动场馆	FAE 文化活动场所	46	南通城市博物馆	五级
			47	南通啬园	五级
			48	忠孝文化园	五级
			49	南通市劳动人民文化宫	三级
		FB 聚会接待厅堂(室)	50	太平兴国教寺大殿	四级
			51	张氏宗祠旧址	三级
		FBB 祭拜场馆	52	张氏墓祠	三级
			53	南通博物苑	五级
		FBC 展示演示场馆	54	中国珠算博物馆	五级
			55	南通城市博物馆	五级

（续表）

主类	亚类	基本类型	序号	资源单体	级别
			56	中华慈善博物馆	五级
			57	中国审计博物馆	五级
			58	南通气象博物馆	三级
			59	南通佛教文化展览馆	三级
			60	濠阳小筑	三级
			61	蓝印花布艺术馆	三级
			62	南通风筝博物馆	三级
			63	南通纺织博物馆	三级
			64	南通民间艺术馆	三级
			65	南通建筑博物馆	三级
			66	王个簃艺术馆	二级
			67	沈寿艺术馆	二级
			68	给水技术博物馆	二级
	FC 景观建筑与附属型建筑	FCA 佛塔	69	文峰塔	四级
			70	光孝塔	二级
			71	支云塔	二级
		FCC 楼阁	72	玄妙观玉皇楼	三级
			73	虞楼	三级
		FCH 碑碣（林）	74	狼山天祚崖题刻	四级
			75	抚台平倭碑	四级
			76	军山普陀别院碑	三级
		FCI 广场	77	环西文化广场	二级
		FCK 建筑小品	78	钱氏牌坊	三级
	FD 居住地与社区	FDA 传统与乡土建筑	79	丁古角明代住宅	四级
			80	南关帝庙巷明清住宅	四级
			81	掌印巷清代住宅	三级

（续表）

主类	亚类	基本类型	序号	资源单体	级别
			82	冯旗杆巷明代住宅	三级
			83	富贵巷明代住宅	三级
			84	陈家小园清代 56 号别墅	三级
			85	人民西路 38 号别墅	三级
		FDD 名人故居与历史纪念建筑	86	钟楼谯楼	四级
			87	濠阳小筑	四级
			88	通崇海泰总商会大楼	四级
			89	赵绘沈绣之楼及林溪精舍	四级
			90	赵丹故居	三级
			91	金沧江故居	三级
			92	李方膺故居	三级
			93	白雅雨故居	三级
			94	濠南别业	三级
			95	唐闸红楼	三级
			96	城南别业	三级
			97	启秀别业	三级
			98	张謇祖居	三级
			99	顾儆基故居	三级
	FE 归葬地	FEB 墓（群）	100	张謇墓	五级
			101	曹顶墓	四级
			102	沈寿墓	四级
			103	倭子坟	三级
			104	骆宾王墓	三级
			105	刘南庐墓	三级
			106	金应墓	三级
			107	金沧江墓	三级

（续表）

主类	亚类	基本类型	序号	资源单体	级别
			108	白雅雨墓	三级
			109	特来克墓	三级
	FG水工建筑	FGD堤坝段落	110	三门闸	三级
G旅游商品	GA 地方旅游商品	GAA 菜品饮食	111	颐生酒	五级
			112	西亭脆饼	四级
			113	石港腐乳	四级
			114	南通甜包瓜	四级
			115	南通嵌桃麻糕	四级
			116	南通花露烧酒	四级
			117	正场熏糕	四级
		GAA 菜品饮食	118	烹籽鱼	二级
			119	白汁鮰鱼	二级
			120	蜜糕、水蜜糕	二级
		GAB 农林畜产品与制品	121	军山茶	三级
			122	狼山鸡	二级
		GAC 水产品与制品	123	风尾鱼罐头	五级
		GAE 传统手工产品与工艺品	124	南通仿真绣	五级
			125	南通蓝印花布	五级
			126	南通板鹞风筝	五级
			127	南通色织土布	五级
			128	南通木版年画	四级
			129	南通灯彩（角斜灯彩）	四级
			130	红木雕刻	四级
			131	南通彩锦绣	四级
			132	南通丝绸剪贴	四级

（续表）

主类	亚类	基本类型	序号	资源单体	级别
			133	南通绛丝	四级
			134	南通瓷画烤制	四级
			135	南通竹艺	四级
			136	南通藤编	四级
			137	南通棕编	四级
		GAF 日用工业品	138	南通铜香炉	四级
			139	柞榛家具	四级
			140	玉木镶嵌家具	四级
			141	四安木杆秤	四级
			142	刘桥菜刀	四级
		GAG 其他物品	143	通派盆景	四级
H 人文活动	HA 人事记录	HAA 人物	144	张謇	五级
			145	沈寿	五级
	HB 艺术	HBB 文学艺术作品	146	魏二郎	四级
			147	红娘子	四级
			148	花子街	四级
			149	南通范氏世家诗文	四级
	HC 民间习俗	HCA 地方风俗与民间礼仪	150	放烧火	二级
			151	都天会	二级
		HCB 民间节庆	152	灯节	二级
		HCC 民间演艺	153	梅庵派古琴艺术	五级
			154	童子戏	五级
			155	陆家锣鼓	四级
			156	通州民歌	四级
			157	跳财神	四级
			158	抬判	四级

（续表）

主类	亚类	基本类型	序号	资源单体	级别
			159	荷花盘子舞	四级
			160	通剧	三级
			161	南通僮子会	三级
		HCD 民间健身活动与赛事	162	石港戏曲谜盘	五级
			163	南通灯谜	四级
			164	南通长牌	四级
			165	王家拳	四级

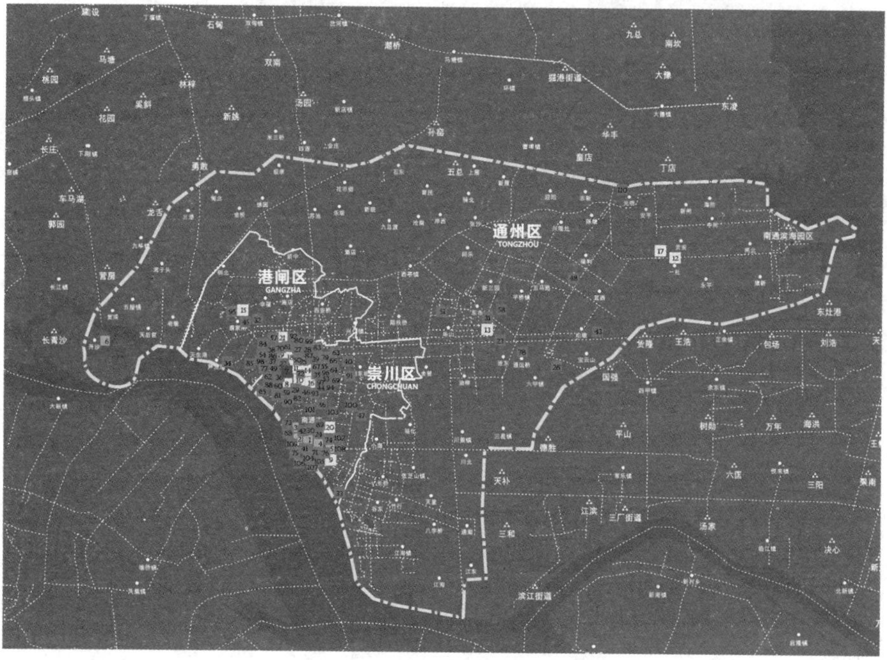

图 9－1　南通文化资源落点图

在研究范围内，文保单位总量较多，共有 61 个：其中国家级最少，占 10%（见表 9－2）；省级占 18%（见表 9－3）；市级最多，占 72%（见表 9－4）。三级文保单位在崇川区、港闸区、通州区的分布并不均匀(见图 9-2),80%都集中在崇川区。

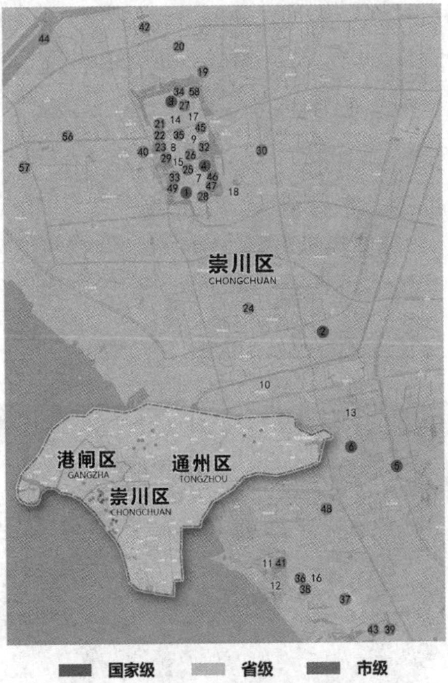

图 9-2　南通三级文保单位地域分布

表 9-2　研究范围内国家级文物保护单位统计

级别	序号	文物保护单位	所在地域
国家级 6 个	1	南通博物苑	崇川区
	2	张謇墓	崇川区
	3	南通天宁寺	崇川区
	4	大生纱厂	港闸区
	5	通崇海泰总商会大楼	崇川区
	6	广教禅寺	崇川区

表 9-3　研究范围内省级文物保护单位统计

级别	序号	文物保护单位	所在地域
省级 11 个	1	太平兴国教寺大殿	崇川区
	2	南关帝庙巷明清住宅	崇川区
	3	丁古角明代住宅	崇川区
	4	曹顶墓	崇川区
	5	抚台平倭碑	崇川区
	6	狼山天祚崖题刻	崇川区
	7	沈寿墓	崇川区
	8	钟楼、谯楼	崇川区
	9	濠阳小筑	崇川区
	10	赵绘沈绣之楼及林溪精舍	崇川区
	11	文庙	崇川区

表 9-4　研究范围内市级文物保护单位统计

级别	序号	文物保护单位	所在地域
市级 44 个	1	城隍庙	崇川区
	2	静业庵	崇川区
	3	掌印巷清代住宅	崇川区
	4	冯旗杆巷明代住宅	崇川区
	5	富贵巷明代住宅	崇川区
	6	倭子坟	崇川区
	7	赵丹故居	崇川区
	8	金沧江故居	崇川区
	9	李方膺故居	崇川区
	10	白雅雨故居	崇川区
	11	女红传习所旧址	崇川区

（续表）

级别	序号	文物保护单位	所在地域
	12	濠南别业西楼	崇川区
	13	唐闸红楼	港闸区
	14	城南别业	崇川区
	15	兴化禅寺	崇川区
	16	北极阁城墙遗址	崇川区
	17	玄妙观玉皇楼	崇川区
	18	骆宾王、金应、刘南庐墓	崇川区
	19	金沧江墓	崇川区
	20	白雅雨墓	崇川区
	21	军山气象台遗址	崇川区
	22	特来克墓	崇川区
	23	虞楼	崇川区
	24	钟秀山遗址	崇川区
	25	军山普陀别院碑	崇川区
	26	大达内河轮船公司	崇川区
	27	伶工学社旧址	崇川区
	28	南通农科大学校舍	崇川区
	29	启秀别业	崇川区
	30	狼山天主教堂	崇川区
	31	南通市劳动人民文化宫	崇川区
	32	近代纺织车间	港闸区
	33	中共江北特委机关旧址	通州区
	34	张謇祖居	通州区
	35	张氏宗祠旧址	通州区
	36	南山五帝观	通州区

（续表）

级别	序号	文物保护单位	所在地域
	37	钱氏牌坊	通州区
	38	陈家小园清代 56 号别墅	崇川区
	39	人民西路 38 号别墅	崇川区
	40	顾儆基故居	崇川区
	41	张氏墓祠	通州区
	42	江谦耕读处	通州区
	43	大有晋垦区格局	通州区
	44	三门闸	通州区

研究范围内的非物质文化遗产资源丰富，共计 7 大类型(7/8)，48 个子项(见表 9－5)；从非物质文化遗产等级上看，国家级资源比重最少(18%)，市级资源比重最多(43%)，省级资源比重居中，有很大的提升空间；从非物质文化遗产分类上看，以传统技艺为主(占总数的 48%)，传统技艺占绝对优势(见图 9－3)。

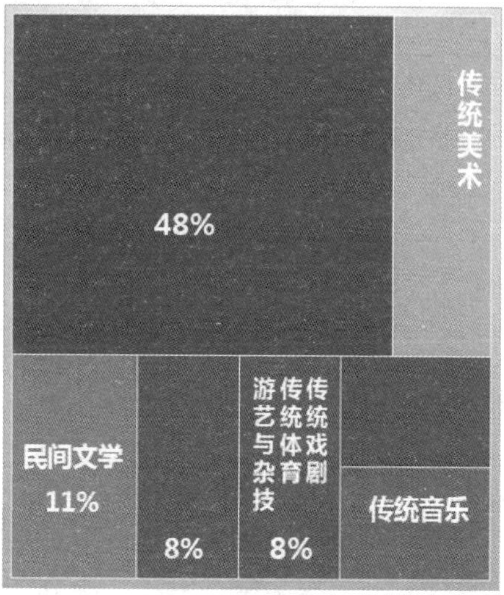

图 9－3　非物质文化遗产分类占比

表 9－5　研究范围内非物质文化遗产一览表

类型	序号	项目名称	级别
民间文学	1	南通范氏世家诗文	省级
	2	南通灯谜	省级
	3	花子街	省级
	4	魏二郎	市级
	5	红娘子	市级
传统音乐	1	梅庵派古琴艺术	国家级
	2	陆家锣鼓	省级
	3	通州民歌	省级
传统戏剧 传统体育 游艺与杂技	1	僮子戏	国家级
	2	石港戏曲谜盘	市级
	3	南通长牌	市级
	4	王家拳	市级
传统医药	1	季德胜蛇药制作技艺	国家级
	2	王氏保赤丸制作技艺	省级
	3	朱良春益肾蠲痹法	省级
	4	金荞麦合剂研制技艺	市级
传统舞蹈	1	抬判	省级
	2	荷花盘子舞	省级
	3	跳财神	市级
传统美术	1	南通仿真绣	国家级
	2	南通木版年画	省级
	3	南通灯彩(角斜灯彩)	省级
	4	红木雕刻	省级
	5	南通彩锦绣	省级
	6	南通丝绸剪贴	市级

（续表）

类型	序号	项目名称	级别
传统技艺	1	南通蓝印花布印染技艺	国家级
	2	南通板鹞风筝制作技艺	国家级
	3	南通色织土布技艺	国家级
	4	西亭脆饼制作技艺	国家级
	5	通派盆景技艺	国家级
	6	南通扎染技艺	省级
	7	石港腐乳酿制技艺	省级
	8	南通缂丝织造技艺	省级
	9	南通铜香炉浇铸技艺	省级
	10	南通古典家具仿旧技艺	省级
	11	通作家具拐儿纹制作技艺	省级
	12	南通甜包瓜腌制技艺	市级
	13	南通嵌桃麻糕制作技艺	市级
	14	南通瓷画烤制技艺	市级
	15	南通竹艺	市级
	16	南通藤编制作技艺	市级
	17	南通老船木制品制作技艺	市级
	18	南通花露烧酒酿制技艺	市级
	19	玉木镶嵌家具制作技艺	市级
	20	南通棕编	市级
	21	四安木杆秤制作技艺	市级
	22	刘桥菜刀制作技艺	市级
	23	正场熏糕制作技艺	市级

2. 文化类型特色整合

南通地处淮吴交界之地，滨江临海，与上海隔江相望，多种类型地域文化交织在一起，形成了各具特色的江海风情、淮吴风韵、海派封神三类文化形态。

江海风情，濒江临海，烙印深刻（见图 9－4）。南通濒江临海，长江、黄海的交互运动，诞生和发展了胡逗洲文化圈和沙地文化圈，这与南通本土的海陵文化圈、通东文化圈相互交融，形成了全国范围内罕见的多元文化共存的格局（见表 9－6）。南通也因此形成了坚苦自立、力求精进、聪明睿智、大气谦和、宽厚而灵动、豪爽而内敛的城市性格。

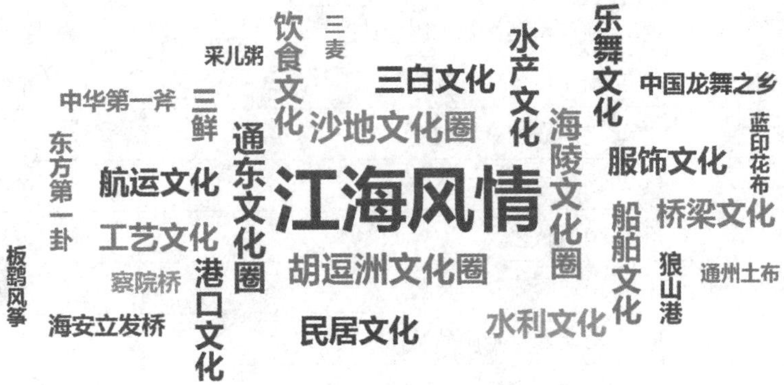

图 9－4　江海风情文化关键词云图

淮吴风韵，地处交界，共存共荣。吴越文化传入南通始于唐朝，明清以后，吴地居民的迁入达到高峰。吴越文化在南通境内形成沙地和通东两个文化圈，形成了淮吴文化共存共荣的局面，这种特征使得南通文化兼具南北文化的优点，柔顺而坚韧，敦厚而雅秀。受这种文化氛围的影响，南通人接受异域文化的能力特别强，能够适时调整，寻找到融进当地文化的方式方法。南通文化在方言文化、节日习俗、婚姻习俗、民居风格、民间艺术等方面也体现了其兼容并包的特点。

表 9－6　南通文化圈概况表

文化圈	地域范围	形成时期	受何文化影响	通行方言
海陵文化圈	今海安县、如皋市以及如东县的大部分	东晋	江淮文化	如皋话（江淮方言）
胡逗洲文化圈	今南通市崇川区（含开发区）、港闸区和通州区的大部分	唐末	江淮文化	南通话（江淮方言）
沙地文化圈	今海门市、启东市和通州、如东、海安的近海地区	明清	吴越文化	启海话（吴方言）
通东文化圈	金沙至吕四段的通吕运河的两侧	明清	吴越文化	通东话（吴方言）

海派风神，兼容并蓄，变革创新。南通文化的海派风神主要体现在上海元素与海外元素在南通文化题材和文化精神中的渗透（见表 9－7）。南通与上海隔江相望，南通居民中有一大批来自吴越文化区，热衷上海文化，受张謇影响，南通与上海渐通商贸，海派文化随之传入南通。与此同时，海外文化尤其是日本文化也开始传入。从近代到当代，南通的建筑、舞台艺术、绘画艺术、饮食等领域，都深受上海文化和海外文化的影响，有“小上海”之称。

表 9－7　海派风神文化表现形式

类型	表现形式
建筑	中式庭院、中西合璧建筑、哥特式教堂
戏剧	芭蕾舞、爵士乐、京剧、越剧、扬剧、通剧、梅庵琴韵等
绘画	国画、油画、抽象派
餐饮	江海菜、淮扬菜、上海菜、川菜、湘菜、西餐馆、西式快餐
艺术	篆刻、现代雕塑

在对南通城市自然与文化资源进行全面盘点建库和分类后，绘制文化地图（见图 9－5、图 9－6、图 9－7、图 9－8、图 9－9、图 9－10、

图 9-11)，从而更加详细地认知资源落点。

图 9-5　南通文化地图之山水风光

图 9-6　南通文化地图之历史遗址

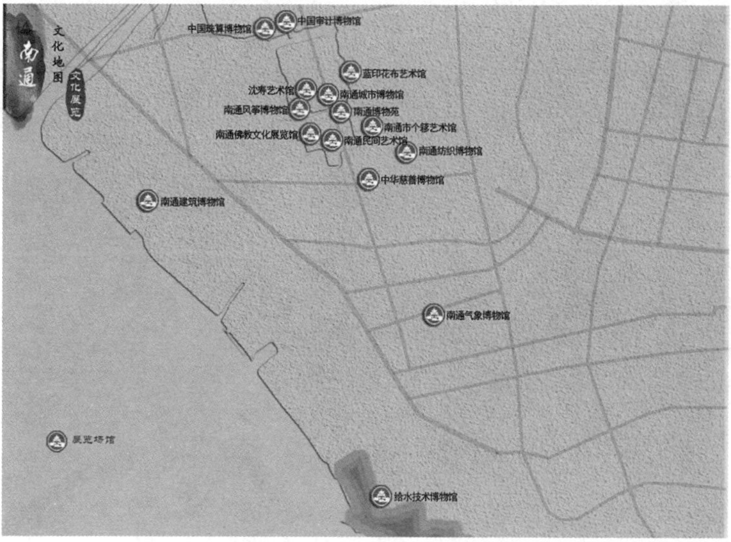

图 9－7　南通文化地图之文化展馆

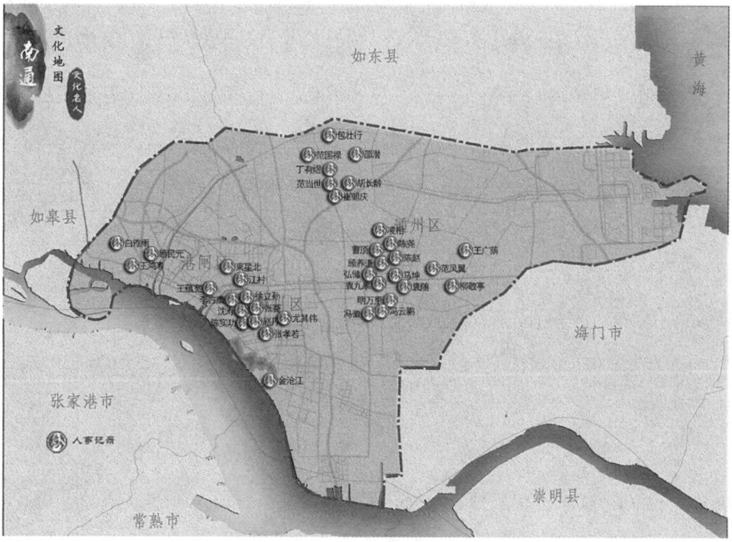

图 9－8　南通文化地图之文化名人

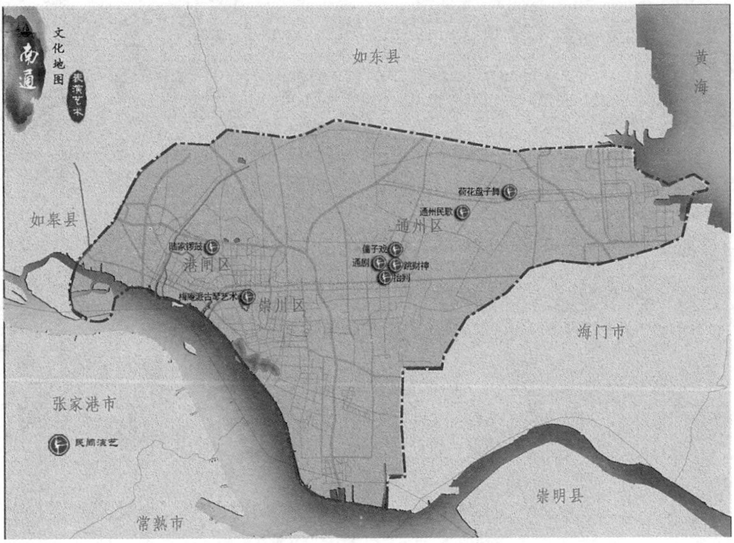

图 9-9　南通文化地图之表演艺术

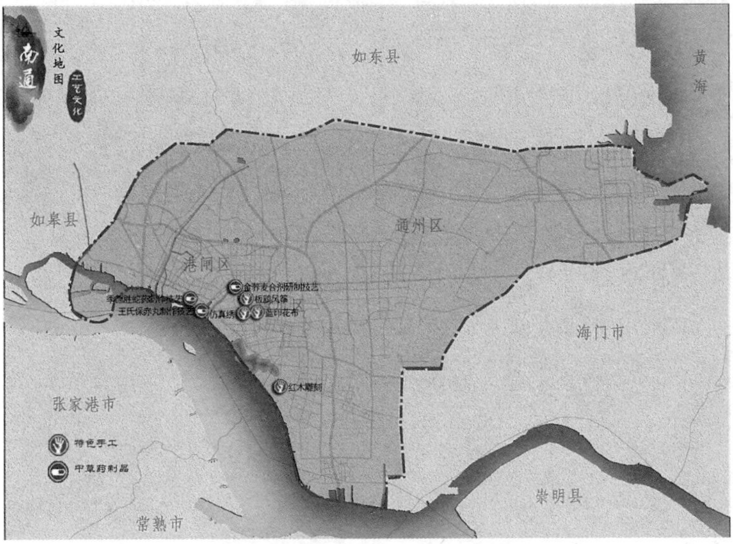

图 9-10　南通文化地图之工艺美术

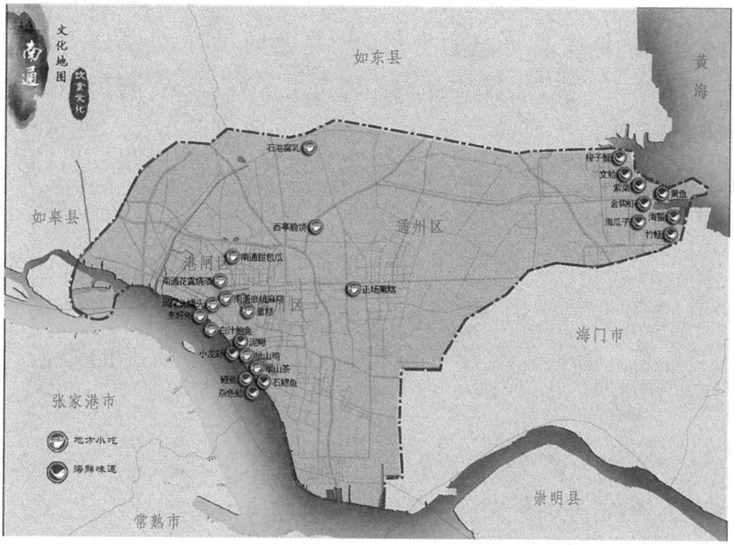

图 9－11　南通文化地图之饮食文化

3.“中国近代第一城”的核心价值

清末民初，南通人的杰出代表张謇在南通办实业、兴教育，开风气之先，实现了中国近代史上的一次惊世崛起，使南通成为近代第一个由中国人自己全面规划并实施建设的城市。中国城市规划与设计大师吴良镛院士曾说过：“张謇先生经营的南通堪称‘中国近代第一城’，南通城市建设虽然不是最早、最大，但是属最好，是近代城市建设的典范。”①“中国近代第一城”是南通区别于其他城市的独特性资源，具有自己独特的文化内涵。与一般城市发展历史相比，南通城市具有三化同时起步、自主规划设计、全方位自治、社会功能共担四个特点。南通未遵循工业化、城市化、现代化循序渐进发展的过程，而是三位一体同时起步，南通早期现代化包括了经济、政治、文化甚至

① 吴良镛. 张謇与南通. 城市开发，2004(6)：17

人的现代化，是一个多方整合、全面发展的中国早期现代化的雏形。张謇经营南通完全靠自己的力量，自主规划设计，并结合本地实情实践，以城区作为生活区主体，唐闸为工业区，天生港为港口区，狼山为风景区，形成"一城三镇"的格局。南通仅用了30年，就由一个偏僻落后的小城一跃成为闻名世界的"全国模范县"，其发展体现在经济、文化、教育、社会公益、慈善、城建等方面，可以说是全方位地突出了其主体性，即"南通自治"。南通近代经济、文化、教育、社会公益、慈善等一切活动，资金来源主要依靠大生集团的营利，工作主持主要靠张謇。这种个人和企业承担社会功能的做法，在中国近代史上也是少见的。

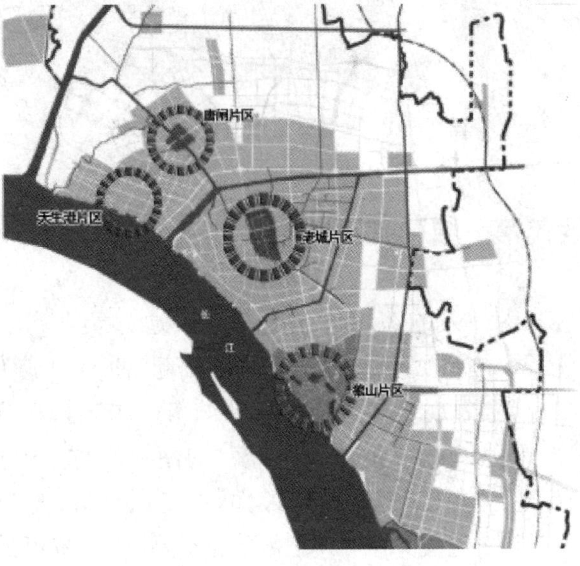

图9－12　南通"一城三镇"的空间格局

南通城市空间布局形态独特，城市建设则追求合理宜人。张謇在南通城外开辟了新的工业区和港区，形成以老城区为中心，唐闸工业区、天生港港口区和狼山风景区环绕的"一城三镇"的城镇组团体系（见图9－12），使南通从单一城墙围合的封建州城，发展成有功能分区的近代工商业城市。张謇于1985年提出的"一城三镇"的城镇组团体系，比霍华德的田园城市理论早了3年。“一城”既包括历经了唐、宋、元、明、清的旧城，又包括近代形成的濠河南岸、桃坞路一带的经济文化商贸中心，三镇呈现“三鼎护香”的格局，城乡相间，可以各自合理发展，又能够相互弥补城市功能。

南通经济建设的模式是实业领衔其他行业发展，形成自主生态循环产业链（见图9－13）。近代，中国工业主要集中在沿海地区，1895—1913年，江苏工业资本额约占全国的10.5%，其中5.7%又集中在南通、无锡、镇江、苏州。南通在当时是亚洲产棉胜处，其纱锭数在1913年占全国华商纱锭的8.4%，位列纺织城市第三，[①]南通的经济地位远远超过省内其他城市。大生集团因地制宜、多方位地繁衍发展，兴办的实业几乎涵盖了近代经济的所有行业，成为21世纪初中国民族资本集团中最大的企业体系，形成了一个以棉纺织业为主体，其他上下游行业环环相扣的生态循环产业链，被经济史学者称为“南通模式”。

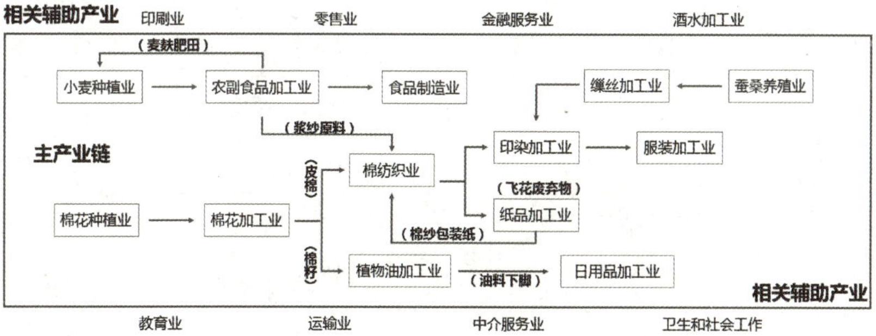

图9－13　棉纺织业生态循环产业链图示

张謇认为：“实业、教育，富强之本也。以实业辅助教育，以教育改良实业；实业之所至，即教育之所至。国何为而须教育？教育者，期人民知有国而已。师范为教育之母……欲普及教育而不求师，则无导。”[②]所以说，南通社会事业注重崇教扬德，而经济的发展带动了南通

① 卢建汶．中国近代第一城——南通在中国近代史上的地位．江苏地方志，2003(4)：33

② 张孝若．南通张季直先生传记．上海：上海书店，1991：297

文化、教育等社会事业的快速发展。在“父教育母实业”“以实业辅教育”思想的指导下，张謇力排众议，从企业所获利润中拿出相当部分资金来办学，大生纱厂曾规定每年提十分之一的利润作为师范资金，并从垦牧公司拨600万平方米地作为师范的资产。南通的近代教育体系紧密配合南通实业发展的需要，具有学科完备、层次齐全、由简单到高级、有计划发展的特点，南通也成为当时全国教育最发达的地区。地方公益方面，“只认定凡自治先进国应有的事，南通地方应该有”①，南通有第一座中国人自己创办的博物苑、气象台，拥有图书馆、公园、体育场、更俗剧场，兴办了新育婴堂、养老院、医院、贫民工厂、残疾院、公墓等（见表9-8）。社会事业的发展为南通增添了文明气息，提高了南通人的文化素质，成为南通城市近代化的又一重要标志。

表9-8　近代南通18个“全国第一”统计

序号	名称	性质	建立时间
1	通海垦牧公司	第一个招股集资农业公司	1901年
2	南通师范学校	第一所私立师范学校	1902年
3	南通州商务总会	第一个商会	1902年
4	吕四渔业公司	第一个渔业公司	1903年
5	南通博物苑	第一所博物馆	1905年
6	江浙渔业公司	第一个官办民营渔业公司	1905年
7	唐闸工人俱乐部	第一个为工人服务的俱乐部	1905年
8	颐生茵陈酒	第一个世博会酒类金奖	1906年
9	巡警教练所	第一所警察专业学校	1906年
10	大生集团	第一个民营股份制企业集团	1907年
11	南通纺织专门学校	第一所纺织专业学校	1912年

① 张孝若.南通张季直先生传记.上海：上海书店，1991：297

（续表）

序号	名称	性质	建立时间
12	南通医学专门学校	第一个医学院	1912年
13	南通图书馆	第一个县级图书馆	1912年
14	河海工程专门学校	第一个水利高等院校	1914年
15	南通盲哑师范传习所	第一所培养盲哑师资的学校	1915年
16	军山气象台	第一个民办气象台	1916年
17	南通狼山盲哑学校	第一所国人独办的聋盲学校	1916年
18	南通伶工学社	第一所戏剧学校	1919年

张謇之于南通，就如奥斯曼之于巴黎。一个人，一座城；一个人和一个城市的发展息息相关，这个城市的角角落落都浸润在这个人的气息中，他们彼此成就（见图9-14）。

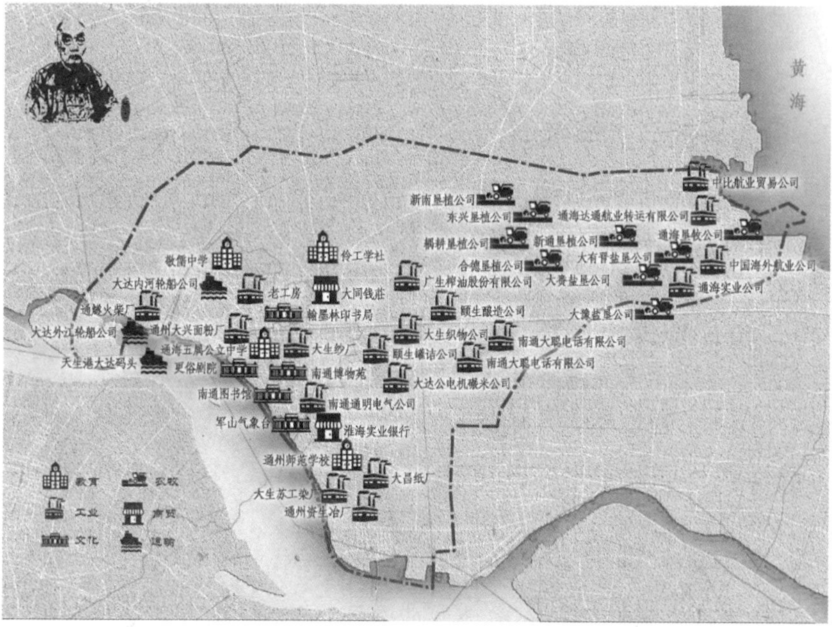

图9-14　张謇在南通活动轨迹落点图

二、城市历史文化整合梳理

南通建城历史可以追溯到汉代，汉武帝元狩六年（公元前117年）设立的海陵县，东汉时，海陵县并入东阳县，属广陵郡，隶徐州。三国时，海陵地历属魏、吴，南北朝时期，今南通市区一带逐渐涨沙成洲，世称壶豆洲。唐末设盐亭场、狼山镇，五代设郡，称静海，后周显德五年（公元958年）筑城，定名通州，辖静海、海门两县。北宋天圣元年（1023年），改名崇州，又名崇川，明道二年（1033年），复名通州。1912年改称南通县，隶江苏省，被称为“中国近代第一城”，1949年2月，南通全境解放，成立南通市，隶属苏北南通行政区。1953年改为省辖市，1983年南通地区与南通市合并，实行市管县体制。

1. 重要历史节点梳理

历史地段是城市文化资本表现过程的“痕迹”与“记忆”之一，有些历史地段可直接演化成城市文化资本价值，有些历史地段可集中反映城市自然与人文景观的演变、城市文脉、城市肌理和城市历史文化发展，是社会人文精神和历史文化精华的载体之一，并且是包含着城市历史特色、特质和景观意象的地区，是城市的价值与人的心理归宿的要素之一，经过再建构，可能会在城市文化资本层面形成一种全新的城市文化产业和城市的新增长点。历史地段往往与某一特定时段的特色文化发展联系在一起，从南通城市历史与集体记忆中撷取最具代表性和独特性的历史地段或时段，来整体把握历史发展的脉络与个性。

南通城市发展历史上有五个重要的历史节点，远古青墩遗址、西汉海盐文化、唐宋市镇初兴、明清纺织兴镇、近代民族工业。

新石器时代，南通气候温润、草木茂盛、麋鹿成群，先民以狩猎、捕捞和采集来获取食物，原始的农业、畜牧业及纺织业开始出现。从青墩遗址考古发现来看，夹杂着贝壳碎屑的陶器具有明显的滨海地区特征，玉器反映了当时的等级、宗教观念，可看到该处先民与外地部落交往的痕迹，骨角上的刻画痕迹被认为是最早的卜筮的留存，是先民意识的一种体现。青墩文化中有五个第一，出土带柄穿孔陶斧，解决了学术界“石斧如何装柄”的难题，被称作“中华第一斧”；第一次发现我国原始先民五等分圆的实例；刻纹麋鹿角被认定是易卦起源的初始符号，被称作“东方第一卦”；国内首次发现狩猎工具鹿角回旋镖；国内首次发现长江北岸五六千年前的“干栏式”建筑。

到了西汉初年，吴王刘濞“煮海为盐”，其在扬州开通的运盐河直达今如皋境内。唐代，南通市区还是海中沙洲时，已渐成为重要的海盐产地。五代文献记载有“鹾峙(cuó zhì)山岳，专漕运，副上供”①的描述，可见当时盐业已颇具规模。宋代以来，本地盐场逐渐增多，至清朝已有12个盐场，年总产量高达12万吨，是我国重要的海盐生产基地。丰盛的盐产、上佳的盐质，带来了商贸运输业的勃兴，各盐场也逐渐发展成为市镇(见表9－9)。

表9－9　明嘉靖年间南通境内盐场概况表②

盐场	草荡面积(顷)	灶户数(户)	人口(人)	年产盐(引)	今所在行政区
角斜场	433	79	581	7516	海安县角斜镇

① 姜平，著. 姜光斗，主编. 江海耕织文化之根：南通土布. 苏州：苏州大学出版社，2012：26

② 表格依据《南通盐业志》整理。

（续表）

盐场	草荡面积（顷）	灶户数（户）	人口（人）	年产盐（引）	今所在行政区
栟（bēn）茶场	3 223	280	2 218	21 658	如东县栟茶镇
丰利场	10 088	167	468	12 140	如东县丰利镇
掘港场	10 053	235	1 052	23 618	如东县掘港镇
马塘场	1 121	120	504	11 344	如东县马塘村
石港场	1 061	296	1 949	19 062	通州区石港镇
西亭场	409	133	788	10 353	通州区西亭镇
金沙场	1 093	193	1 602	16 236	通州区金沙镇
余西场	738	145	1 313	10 745	通州区余西镇
余中场	589	254	933	22 210	海门市余中街
余东场	1 317	399	1 851	42 512	海门市余东镇
吕四场	2 839	261	1 545	31 760	启东市吕四港
合计	32 964	2 562	14 804	229 154	

后周显德五年（958 年），静海制置巡检副使王德麟在通州筑城。“立四门，周六里七十步，六年甃以陶甓，以北门地僻多盗，立壮健营镇之。”[①]将天然水系改造成护城濠河，流入城内的部分为市河，供居民用水及商贸运输。《南通市市志》记载：“濠河绕城四匝，与市河（市内之河）相通，城北、东、南、西南阔凡几十丈，北接淮水，西汇江河，东达诸场（沿海多盐场）……州城仅周六里，而濠特深广，望之汪洋，足称巨观。”[②]明万历年间，为防治沿海倭寇骚扰，通州城南增筑新城，因而形成了“葫芦城”的格局。南通一带地处江

① 应岳林，巴兆祥. 江淮地区开发探源. 南昌：江西教育出版社，1997：304

② 秦纪民. 濠河的变迁. 收录于：秦纪民. 绿满天涯. 北京：高等教育出版社，2005：320

海交汇之僻角，每逢战事都可成为避难者的桃源，城市的发达使得迁入的商户日益增多，外来文化与本地文化相交融，蕴生出南通深厚的人文。

随着沿海滩涂的淤涨，原有盐场距离海安县渐远，制盐业渐趋衰落。海岸线的外移带走盛极一时的制盐业，却留下大片渐次成熟的土地。明朝时，棉花种植业开始兴盛，入清以后，松江府、通州、海门一带成为全国最大的棉产区。乾隆年间，通州农村种稻者“不过十分之二三”，种棉者则是“十分之七八”，所产“通花”闻名天下，每年秋季，闽粤人“抵通买花衣，巨舶千百”，而通州每年口粮则“全赖客商贩运”。甘熙《白下琐言》中记载：“道光庚子(1804)林静斋捐赀备棉纱于孝陵卫一带，设机织布，令绒机失业男女习之……惟织布所用棉纱，必得崇明通州所产者，绪理紧密绵绵不断，若孝陵卫乌江之花，只可作衣棉，所望有力者，赴崇明、通州等处，广为采买，轻其值以鬻之，则习织益多，流通以广。”[①]棉花种植衍生出棉纺与棉织，南通的“花、纱、布”成为闻名全国的品牌。1895年，南通人张謇抱爱国之忧，利用本地优势，开始创办大生纱厂，南通的近代民族工业时代由此开始。张謇通过20多年的时间，先后创办了40多个公司(见表9－10)，行业涉及工业、教育、文化、慈善及市政建设等，使得城市的形态发生了翻天覆地的变化，原本过于依赖自然、乐享安宁的南通，在不到30年的时间里，蜕变成一个充满文明气息、积极求新的现代化城市，成为中外闻名的“模范县”。

表9－10　张謇创办实业公司统计

序号	公司名	序号	公司名	序号	公司名	序号	公司名
1	大生轮船公司	12	泽生水利(船闸)公司	23	大生公司	34	南通绣品公司

① 甘熙. 白下琐言. 收录于：谢国桢，著. 谢小彬，杨璐，主编. 谢国桢全集. 北京：北京出版社，2013：351

（续表）

序号	公司名	序号	公司名	序号	公司名	序号	公司名
2	广生油场	13	资生铁厂	24	通隧火柴厂	35	大达公电机碾米厂
3	大兴面厂	14	资生冶厂	25	大达通靖码头	36	新通贸易公司
4	大中通运公行	15	上海大达轮步码头	26	通明电气股份有限公司	37	南通交易所
5	大隆皂厂	16	达通航业转运公司	27	南通大储堆栈打包公司	38	南通实业总管理处
6	大达内河轮船公司	17	外江三轮	28	海门大达趸步公司	39	染织考工所
7	阜生蚕桑染织公司	18	通海实业公司	29	上海大储堆栈股份有限公司	40	颐生罐诘公司
8	翰墨林书局	19	大昌纸厂	30	大同钱庄	41	南通房产公司
9	天生港大达轮步公司	20	复兴面粉公司	31	闸北房地公司	42	中比行业公司
10	懋生房地产公司	21	大聪电话公司	32	天生港发电厂	43	左海实业公司
11	颐生酿造公司	22	惠通公栈	33	淮海实业银行	44	中国海外航业公司

注：本表根据南通市档案馆资料、《论张謇主要经济思想及实践》编制，按时间先后排列，其中39—41创办时间不详，42—44因故搁浅。

2. 多元文化圈共存格局

上文中曾提到，由于南通地理区位的特殊性，故本地区域文化受到淮、吴、越等文化的影响，逐渐形成了海陵文化圈、胡逗洲文化圈、沙地文化圈和通东文化圈相互交融重合的格局。

海陵文化圈深受江淮文化的影响。东晋年间，晋安帝分广陵郡设海陵郡，五个辖县中有四个涵盖了今南通北部三县的地域，南通境内的海陵文化圈到东晋时范围基本定型。南北朝时期，中原大批民众为避战乱，南迁至江淮地区，并定居于此，不同区域文化在此大交汇，南通境内的第一个文化圈——海陵文化圈初步形成。海陵文化圈在民俗上拥有地域特色，如除夕中午祭祖，晚上“烧利市”，年夜饭要多煮，剩余的留作新年吃“陈饭”；正月初一要“陈火”烧锅煎鸡蛋、温果子茶、烧白汤猪肉，让家中老人坐在床上吃；立夏时，妇女头上戴皂角叶或瞌睡草，防止夏季瞌睡；立秋当天要吃西瓜，有“烂(肚内)猪毛”的说法，海安一带有用南瓜煮馓子食用的习俗；中秋节要食用月饼、藕饼及鸭子；冬至前一日为“小冬”，家家要祭祖烧纸。

胡逗洲文化圈是孤岛内部的融合。胡逗洲大致包括今南通市区和原通州市西北部一带的地域，“上多流人，煮盐为业”，是一个近海产盐的沙洲。因空间相对封闭，各地迁入的人相互影响，形成了独特的方言、生活习俗和社会心理。到唐末天佑年间(904—907 年)，横江日渐淤塞，胡逗洲与海陵县连接成陆，胡逗洲文化圈也就成为南通文化板块的一部分。孤岛效应加上齐鲁、两淮和吴越等地人的聚居，形成了胡逗洲独特的方言——“南通话”。该方言在古胡逗洲范围(今南通市区大部分地域，主要在通州区)内通行，其他县(市)民众听不懂，被方言学界称为“方言岛”。由于南北融合，八方人口杂处，南通话往往一字多音、有音无字或字面意思与字义毫无关联，混合了北方方言和吴方言底层成分，与北方方言亲缘关系更密，兼受了吴方言和江淮方言的影响。

沙地文化圈是淮风中有吴味。清康熙以后，大批崇明等江南居民移居至海门沙地。移居至新沙洲的民众本土意识非常强烈，保持了崇明等地原有的方言和风俗，他们因居住在沙洲上，被称为“沙地人”。沙地人的文化根系在江南，沙地文化的本质是江南吴文化向江北滨海地区的拓展，是吴文化伸向江北的分支，是通行吴语系的“启海话”。崇明、启东、海门以及黄海沿岸一带流传的沙地山歌就是受吴地文化影响的典型代表，是吴歌的支脉，曲调优美朴实，清新流畅，乡土气息浓郁，具有鲜明的地方特色。它以朴实生动、情趣盎然的歌词，悠扬婉转、优美动听的曲调使人流连忘返，那浓郁的乡土气息与鲜明的棉乡特色洋溢着江海风情。

通东文化圈方言近吴语，习俗近胡逗洲。因大致范围在金沙至吕四段的通吕运河的两侧，地处通州以东，故名“通东文化圈”。这一带民众多来自常州地区，同时处在胡逗洲、沙地两个文化圈的交合部位，因而方言和习俗明显体现出两者的交融，只是方言更接近吴语，习俗则更体现胡逗洲特色。例如：春节前沙地流行炒花生、蒸年糕，通东地区则要蒸馒头；沙地祭灶神是腊月二十三，通东则是腊月二十四；除夕沙地要上坟祭祖，通东每户人家要“烧利市”；沙地婚嫁程序简约，通东程序繁杂；沙地庙会一般有农历二十九的“观音菩萨”出会，五月十三的“关帝菩萨”出会，十月初一或十五的“城隍菩萨”出会，以及祭拜吴越守护神东岳刘王正神刘猛的“猛将会”，通东地区除“观音会”外，另有“都天会”“元帅会”。

3. 张謇，南通城市设计师

张謇是中国近代史上的一位传奇人物，被史家誉为“中国近代化的开拓者之一”。[①] 早年以读书科举为业，其间曾担任过随军幕僚，此后五次应乡试不举，四次会试失败，自1868年起，在入仕道路上跌跌撞撞走过了26个年头，终于于甲午年(1894年)恩科一举夺魁，状元及第。不久，他弃官从商，创立了大生纱厂，开始了他传奇的一生，南通自此迎来了自己的城市设计师。张謇从实业、教育、水利、交通、慈善、公益等方面着手，致力于地方自治，凡20余年，终将南通从一个经济落后、交通不便、风气闭塞的小县城，建设成一个经济繁荣、民生富足、文化发达的模范县，一个新世界雏形，一个近代城市样本，而张

① 章开沅.开拓者的足迹——张謇传稿.北京：中华书局，1986：1

謇在经营南通时所采取的种种措施和方法被概括为中国早期现代化道路的“南通模式”。对于南通来说，“张謇早已超出一位实业家应该为国家社会所尽的责任，他对南通一域之事几乎全盘包揽，甚至代行部分政府职权，成为实际意义上的地方领袖”。[①] 上文已对张謇在南通所作的建设工作进行了阐述，接下来将从思想层面来探讨其对当下南通城市文化建设与旅游形象的重要意义。

“以人为本”是张謇经营南通的基本原则。张謇饱读诗书，深受儒家思想熏陶，他曾说“我们儒家，有一句扼要而不可动摇的名言‘天地之大德曰生’；这句话的解释，就是说一切政治及学问最低的期望要使得大多数的老百姓，都能得到最低水平线的生活……换句话说，没有饭吃的人，要他有饭吃；生活困苦的人，使他能够逐渐提高，这就是号称儒者应尽的本分”。[②] 这是张謇作为一个儒者的本能，也是儒家民本思想的再现。为此，他关注与农民切身利益最相关的土地问题，创办通海垦牧公司，就是为了使当地农民有地可种，“我已发一个愿心：在通州、如皋、东台、盐城、阜宁五县境内，开辟垦荒棉田一百万或二百万亩。加入变通通海垦牧公司办法，每户农民领田二十亩，可供给十万或二十万户之耕种。以每户五口计，可供五十万或一百万人之生活。这种事业，我如不做，恐怕没有第二个人肯负责任”。[③]张謇以民众福祉为己任，其胸怀和气魄依然值得今天的南通城市经营者们学习，发展旅游不仅仅是产业的发展，更是利用旅游业的发展来为南通市民营造更加自然、生态、干净、美好的城市环境，让更多群众参与到旅游城市的营造中来，从而增加收入，提高生活水平，让旅游产业发展的实惠真正落实到城市居民的身上，福民富民才是旅游产业被称为“幸福产业”的根本所在。“以人为本”的另一层含义是地方民众自治，张謇“目睹世事纷纭，以为乡里大夫，苟欲图尺寸以自效这，当以地方自治为务”。[④] 在清晚时期，朝局动荡，政府软弱，地方自

① 周秋光，李华文．达则兼济天下：试论张謇慈善公益事业．史学月刊，2016(11)：79

②③ 刘厚生．张謇传记．上海：上海书店，1985：251—252

④ 曹从坡，等．张謇全集(第四卷)．南京：江苏古籍出版社，1994：426

治表达的是一种不指望政府的自救决心和魄力。在当下南通城市发展的过程中，依然需要这样的魄力和决心，地方自治在如今南通城市文化建设中的表达应该是市民成为城市文化行为的行动者，创造新的城市文化行为。在汤姆·R.伯恩斯等著的《结构主义视野：经济与社会变迁》一书中，对“行动者”进行了研究，他认为：“人类行动者，包括个体、组织化群体、组织和国家，在行动时要受物质、政治、文化条件的限制。同时他们又具有能动的且常常是创造性的力量，能够塑造和再塑造物质环境和社会结构、社会制度，因而行动者能够有意地和无意地（通常是试错和失误）改变活动和交易条件。”[①]南通市民应该成为南通城市的经营者，发挥城市居民的主体性和创造性，同样，南通城市发展尤其是旅游业发展将为市民创造出新的生活空间与新鲜体验。

协调发展观是张謇经营南通的基本方略。[②] 在对南通城市的谋划中，张謇既立足于南通实地情况，但又不局限于南通一域，常常站在高位战略的思路上，他说：“一人办一县事，要有一省的眼光，办一省事，要有一国的眼光，办一国事，要有世界的眼光。”[③]这种高瞻远瞩和超前思维尤其体现在他对产业和区域的谋划中。大生集团是一个包含了棉花全产业链和其他相关辅助产业的综合型企业，1899 年大生纱厂建成，为了解决棉纺织原料的供应问题，张謇创办了通海垦牧公司，开垦苏北沿海滩涂荒地，从根源上解决了棉花的供给问题。此后，又相应创办了染织工业、服装加工业、食品加工业、电力业、机器制造业、轮船运输业等企业，构建了完整的棉纺织业上下游产业链，将大生集团经营成一家横跨农业、工业、商业的庞大集团。除了经济生产类产业，张謇亦十分重视教育、文化、交通等公共事业的经营，如普及推广新式教育、师范学校、交通

① 汤姆·R.伯恩斯，等.结构主义的视野：经济与社会变迁.周长城，等译.北京：社会科学文献出版社，2000：171

② 马敏.营造一个和谐发展的地方社会——张謇经营南通的启迪.华中师范大学学报，2006(2)：43

③ 张孝若.南通张季直先生传记.上海：上海书店，1991：297

警察养成所、伶工学校等，实现了一、二、三产业的协调发展。区域协调体现在城乡协调和“一城三镇”格局上。南通具有近代城市特征的区域主要集中在濠河两岸，如上海银行、城南别业、南通县教育会等建筑均分布在岸边，但张謇对于南通的经营绝不仅仅停留在南通的城区范围，通海垦牧公司的开办，通过棉纺织产业链将棉花种植农户和乡村纳入经营范围中，棉纺织相关工厂又将南通周边的农民吸纳进城市成为工厂员工，为农民在城区和农村之间赢得了较有弹性的生存空间。可见，张謇为南通设计的是城市带动乡村的道路，“依据本地物产和市场，开发工业，以工带农，以农援工，以点带面，城乡一体化的发展之路，与之并行的，是工业化启动了传统城市的近代化，再则启动了农村的市镇化”。[①] 张謇对南通进行了以老城为中心的“一城三镇”的空间布局，这种一城多镇、分片布局的规划模式与霍华德的田园乡村有异曲同工之妙，但前者是乡村集聚，后者则是对大城市的疏散，这是两个相反的过程。[②] 协调发展观在南通城市旅游发展中同样适用，2018 年是全域旅游年，未来旅游发展的趋势同样是以全域旅游为导向。全域旅游要求以旅游业为优势产业，通过对区域内经济社会资源尤其是旅游资源、相关产业、生态环境、政策法规和文明素质等方面进行全方位、系统化的提升，实现区域资源有效整合、产业融合发展、社会共建共享。在全域旅游建设的过程中，不仅仅要实现区域空间布局上的全域化，更要各相关部门齐抓共管，居民全程参与，充分利用目的地全部吸引物要素，为前来旅游的游客提供全过程、全时空的体验产品，从而全面地满足游客的全方位体验需求。

---

① 章开沅，田彤.张謇与近代社会.武汉：华中师范大学出版社，2001：583

② 邵耀辉，王倚海.张謇与霍华德建城思想比较研究.收录于：周新国.中国近代化先驱：状元实业家张謇.南京：江苏古籍出版社，1994

三、城市旅游形象发展大数据比较

南通城市旅游形象发展大数据比较基于两个话语体系：官方话语体系，搜集整理现有旅游形象建设进展情况，包括目标定位、旅游口号、精神内涵、标志标识、信息平台、宣传系统等，获得形象建设现状；市场话语体系，包括基于国内搜索引擎百度的检索人群画像，以及利用内容分析法进行词频分析的游客感知度。对两个话语体系进行比较分析，总结评价南通市旅游形象的发展情况。

1. 形象建设现状

一是旅游目标定位。南通城市旅游总体定位趋于具体化、缺乏层次性，各区定位缺乏辨识度。"十二五"期间，南通的总体定位是"江海福地，休闲港湾"，"十三五"期间则改为长三角富有魅力的著名旅游目的地，从"近代第一城"更新为"近代休闲城"。通州区的定位是"大美通州"，该区旅游资源丰富，是鱼米之乡、纺织之乡、建筑之乡、崇学之乡、平安之乡；崇川区的定位是"崇川福地"，山水人文资源兼备，一山一水，历史悠久，是教育之乡、体育强区、文博之城；港闸区的定位是"魅力港闸"，该区地理位置优越，靠江靠海靠上海，位于长江北入口，拥有港区。

二是旅游宣传口号。南通宣传口号定位多而杂，缺乏统一性和知名度。2002 年的宣传口号是吴良镛先生提出的"中国近代第一城"。"十二五"期间提出了众多宣传口号，有综合类：① 江海南通鲜天下，② 驰骋江海，放飞心灵，③ 通江通海通天下，通道通业通人和；有文化类：① 近代第一城，养生长寿地，② 情定江海福地，运通南北一生；有美食类：① 南接大上海，通吃江海鲜，② 八"鲜"过江，好吃南通，③ 江海八"鲜"，荟萃南通。"十三五"期间，南通又提出了“江风海韵北上海”“追江赶海到南通”“江海明珠、灵秀南通”三个宣传口号。

三是城市精神内涵。南通城市精神内涵为包容会通、敢为人先，相对而言统一明确，持续传承下来。包容会通意指胸怀宽广，眼界开阔，包容万物，兼收并蓄，融会贯通；敢为人先则是敢于做别人没有做过的事，走前人没有走过的路。

四是城市标志标识。南通城市标志标识呈现出有标识、少应用，有元素、无衍生的局面，知名度与影响力较小(见图 9－15)。

图 9－15　南通城市标志标识

五是旅游信息平台。南通旅游信息网建设体系相对完整，基本框架完善，可满足基础信息需求。网站内容有待提升，主题性、地域性、个性化不足，内容缺乏吸引力；当前 UI 相对传统，UI 设计有待提升；信息更新保证一定频率，对城市旅游动态有一定关注和展示。通州区设有旅游官网，承担旅游政务网和旅游信息网双重职能，内容以政务公开为主，游客信息服务功能不足。以“通江达海第一州”为口号，内容框架相对完整，更新频率有所保障。港闸区和崇川区无专门的旅游官网，区政府官网覆盖自然地理、地方文化、名胜古迹等少量旅游相关板块，无法满足基本旅游信息服务功能。

六是旅游宣传系统。南通城市形象宣传系统形式多样，包括传统媒体和互联网平台，但宣传内容亟须创新，宣传手段亟待更新。南通传统媒体宣传有以下三个渠道：在央视、凤凰卫视、江苏卫视、江苏广播电台均有广告投放；通过旅游报、华东旅游报等平媒宣传；制作城市形象宣传片，如《江苏・南通》《江海南通》《中国南通》等曾亮相央视、凤凰卫视和星尚等频道。互联网平台宣传也有三个渠道：旅游微电影，2013年，《南通记忆》获得江苏旅游视频大赛“最佳旅游微电影”称号；新媒体官方账号，南通现仅拥有一个微信公众号“南通旅游”，在2017年4月新媒体指数排名中，南通在江苏旅游政务公众号榜单上位列22位（共68个），在全国旅游政务公众号榜单上，南通未入前100；城市宣传手册，如《2017中国南通》《2016中国南通》《2015中国南通》。

2. 检索人群画像感知分析

基于2014年1月1日—2017年10月15日“南通旅游”的百度搜索指数，对搜索人群的地域分布进行分析。“南通旅游”检索频率较高的人群集中在长三角地区和京津冀地区，省份分布上以江苏、上海、浙江、北京为主，城市分布上以上海、南通、苏州、北京、南京为主。“南通旅游”的感兴趣人群与区域地理位置分布之间有着密切关系，江苏省内和上海地区游客是核心目标客源，北京和杭州市场存在一定潜力。南通旅游当前辐射面有限，但潜力巨大，可在树立自身形象的基础上适度向周边扩展市场，并基于地理空间，强调短期度假游。

基于2014年1月1日—2017年10月15日“南通旅游”的百度搜索指数，对搜索人群的年龄和性别分布进行分析。如图9-16，从年龄分布上看，对“南通旅游”检索频率较高的人群中，30—39岁的壮年群体占比超过50%，其次是20—29岁的青年群体和40—49岁的中年群体。如图9-17，从性别分布上看，男女比例接近2:1，搜索人群以男性为主。针对30—49岁群体占比约70%，可以考虑以家庭游、商务游等类型为主，且该年龄层消费能力较高，可发展中高层次旅游；20—29岁群体在提高区域知名度、参与品牌互动建设中作用重大，需重视该群体客群，提高旅游营销宣传创新力。

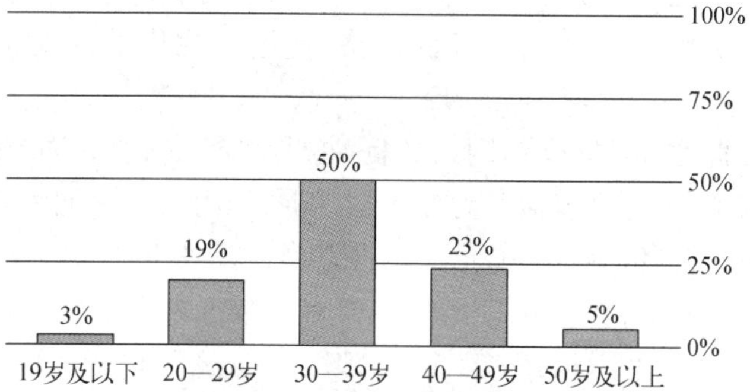

图 9－16　高频检索年龄分布图

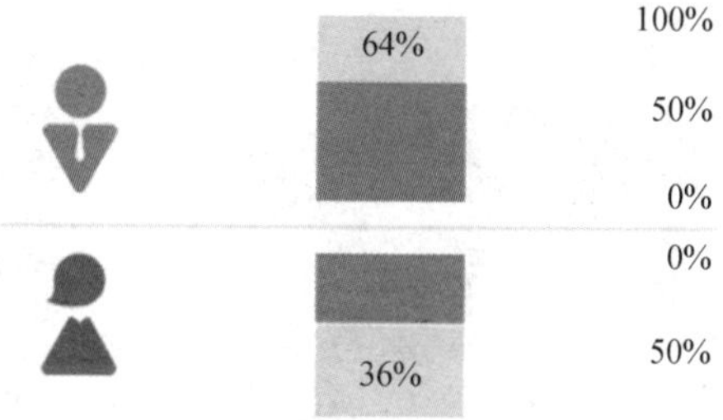

图 9－17　高频检索性别分布图

3. 游客感知分析

基于内容分析法，应用大数据思维，通过三类六大平台，从原始数据获取、数据再处理、数据分类分析、数据综合呈现四个步骤进行词频分析，得出三个维度的游客感知高频词的结论。首先，利用搜索引擎百度、社交平台微博和南通旅游旗舰店所在 OTA 平台(携程、同程、途牛、去哪儿)，以“南通旅游”为关键词进行搜索，获取原始数据；其次，以 2014 年 1 月—2017 年 9 月为时间范围，将 OTA 平台上 150 篇内容详实的可供分析的游记导入 TXT 文本，进行数据再处理；再次，利用软件 Rost content mining 6 对百度、微博和 OTA 平台进行特定内容挖掘和分类分析；最后，综合三个来源的数据分析结果，过滤掉无关高频词（明显无关旅游、明显属于下辖县域的关键词），得到高频词表格，使用可视化工具 WordArt 呈现结论。

分析百度、微博、微信网站数据，得出城市关注度。如图 9－18，以江苏省 13 个地级市地名为搜索关键词（如南京关键词为“南京”），查找各市在百度、微博和微信中的搜索量或提及量，统计时间范围为近 3 个月（2017 年 6 月 1 日—8 月 31 日），数据来源平台分别为百度指数、微博指数和微信指数。13 个地级市在三个平台的关注度情况如下，南通在三个平台的搜索关注度居于全省中部，江北前三。南通在江苏省 13 个地级市中总体存在感偏低，关注度较弱，在江北地区占优势。

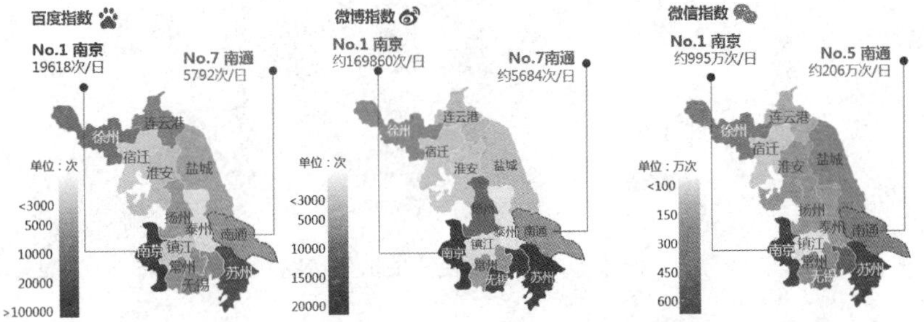

图 9－18　江苏省 13 个地级市近 3 个月在百度、微博、微信的全网关注度

注：数据来源于百度指数、微博指数、微信指数官网，截取时间段为 2017 年 6 月 1 日—2017 年 8 月 31 日。

分析百度指数、微博、四大 OTA 网站数据，得出游客感知高频词表（见表9－11）。

表 9－11　南通游客感知高频词表（百度指数、微博、四大 OTA 网站）

排序	百度指数高频词	微博高频词	微博高频词频次（次）	OTA 高频词	OTA 高频词频次（次）
1	景点	南通	98	南通	7473
2	旅游攻略	旅游	82	旅游	4915

（续表）

排序	百度指数高频词	微博高频词	微博高频词频次（次）	OTA 高频词	OTA 高频词频次（次）
3	狼山	上海	30	濠河	2586
4	旅游公司	博物馆	24	狼山	2560
5	旅游景点	推介会	16	风景	2428
6	好玩的地方	景区	14	博物馆	1917
7	住宿	江海	12	园艺	1883
8	探险王国	旅游节	10	温泉	1654
9	天气	非遗	8	景点	1401
10	旅行社	畅游	8	钟楼	1398
11	濠河风景区	游客	8	大桥	1397
12		度假	6	江海	1193
13		生态农业	6	广场	992
14		江海	5	特色	872
15		休闲	4	长江	771
16		桂花	4	安静	666
17		长寿	4	自由	626
18		快乐	4	喜欢	611
19				美食	558
20				乡村	548
21				闲	484
22				风筝	447
23				美丽	443

综合多渠道数据，整理出资源、个性、情感三个维度的高频词表，如表 9－12。从资源维度高频词表可知，狼山、濠河、博物馆、园艺博览园遥遥领先，钟楼、长江大桥等经典地标建筑亦榜上有名。综合来

看,各大网站搜索南通高频词以自然生态资源为主,博物馆作为代表性人文资源表现突出,休闲娱乐型资源仅游乐园一项。从个性维度高频词表来看,南通旅游给人的整体印象以安静、美丽、自然的乡村环境为主,美食、娱乐、儿童等象征休闲度假型旅游的词汇亦有体现,其他特色要素如风筝、长寿也榜上有名。从情感维度高频词表看,整体来说,游客对南通旅游的感受均是积极情绪,“自由”频次最高,或与江海南通的空间特征关系密切,因此“闲”游南通作为整体定位有一定基础。

表 9-12　基于资源、个性、情感维度的高频词表

排序	资源维度高频词	个性维度高频词	情感维度高频词
1	南通	旅游	自由
2	濠河	风景	喜欢
3	狼山	特色	闲
4	博物馆	安静	畅游
5	园艺	美食	快乐
6	温泉	乡村	休闲
7	景点	风筝	
8	钟楼	美丽	
9	大桥	娱乐	
10	江海	儿童	
11	广场	长寿	
12	长江	自然	
13	乐园	非遗	
14	推介会		
15	旅游节		
16	生态农业		
17	桂花		

基于四大平台150篇游记，应用RCM6软件进行文本语义分析，通过分析语言结构和语言逻辑，得出关键词之间的关联性。通过对150篇可分析的游记进行整理，得出公园、旅游、旅行、景区、景点、园艺、上海、地方、风景区、风景、狼山、南通12个关键词，对这些关键词进行分析后发现，除“南通”和“旅游”外，“狼山”和“公园”是两个重要的节点词(见图9-19)。上海是南通重要的客源市场，狼山是南通旅游在上海的重要引力景点。南通旅游目前仍然停留在主要依靠几个核心景点吸引游客的阶段，有待从“景区游”向“全域游”转变。从游记中看，南通旅游缺乏事件营销，缺乏游客兴趣爆点，也缺乏年轻游客核心吸引物。

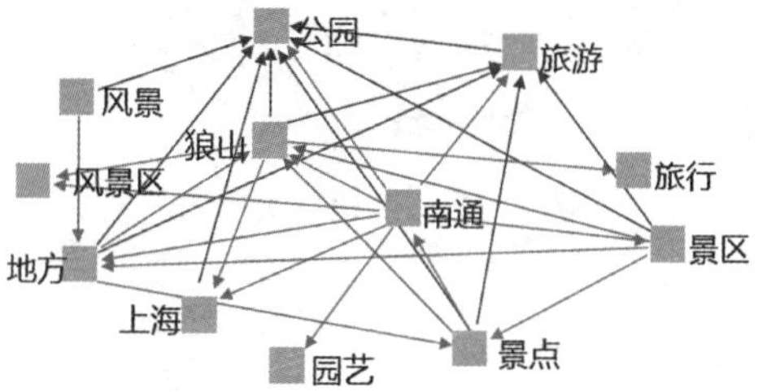

图9-19　150篇游记文本语义分析

通过对南通游记、微博、百度内容的词频综合分析统计后发现：游客对南通旅游的基本印象以几个核心景点景区为主，包括濠河、狼山、博物馆、园艺博览园等(见图9-20)，其他景点存在感不强，没有形成梯度化旅游产品序列；游客认可南通通江达海的地理环境和江海兼具的自然资源，但存在感不突出；对自然环境的认可和对乡村风情的热衷程度较高，对南通城市面貌没有特别深刻的印象；对南通休闲氛围相对认可，亲子游具有一定基础，美食、非遗等资源开发空间较大。

图 9－20　南通旅游词云

4. 旅游文化形象研判

通过对南通城市形象建设、人群检索画像、游客感知三个方面的分析，来研究判断南通城市旅游及形象存在的优势与劣势，总的来说有四点。其一，有转变意识和基础，无项目依托和入径。“天下第一闲城”定位的提出体现了休闲旅游的发展意识，游客印象高频词“闲”也反映了此转变基础，但资源维度高频词中未体现足够的休闲度假项目，整体旅游形象构建也缺乏打造第一闲城的配套措施。其二，有基本视觉形象，无具体应用演绎。有视觉标识而未获得广泛应用和认知，同时，现有标识中的古塔也未成为游客感知中的关键资源，缺乏对自身旅游要素的准确提炼和具体演绎，城市旅游形象相对模糊，两个话语体系中的要素错位。其三，有核心景点印象，无城市文化感知。游客对南通旅游的感知仍然停留在表层，如狼山、濠河等著名景点，没有延伸到城市文化内核和性格精神层面。文化旅游潜力有待挖掘，南通没有通过自身形象塑造，成为一个具有号召力的旅游目的地。有纷杂的宣传口号，无同步的游客认同。根据“近代第一城”，提出了众多侧重点不同的城市或旅游宣传口号，但不仅口号本身有待商榷，口号所设计的鲜味、长寿、灵秀等印象并未获得游客的认同，仅江风海韵有一定知名度，但也有待深化。其四，有营销宣传体系，无创新宣传内容。南通已采用形式多样的传统媒介来进行城市和旅游宣传，基本形成自身营销宣传体系，但存在新媒体营销不足、影响力不足、针对性不足等问题，特别是旅游形象建构和宣传传播内容创新有待提升。

第十章 南通特色文化城市建设与城市文化身份的识别

旅游文化资本是将城市文化资本进一步与城市旅游发展相结合，城市旅游文化形象系统包括三类，分别是城市理念系统，即制度文化层面，城市行为系统，即行为文化层面，城市视觉系统，即器物文化层面，南通城市旅游文化资本也要从上述三个层面着手。根据对旅游发展趋势、南通城市文化和旅游发展现状的分析，对南通城市整体旅游形象进行定位，针对南通旅游存在的核心问题制定提升路径，构建全新的城市旅游空间格局和旅游产品体系，形成南通城市独立IP并进行全方位的营销，将南通打造成一个有国际影响力的全球城市。

一、城市文化资本战略构建

任何一个中国的城市，哪怕是一个城镇，都应该在全球范围内寻找自己的定位，这是世界经济一体发展的一种必然性竞争结果。在全球范围内，每一个国家都在寻找自己的发展方式，在国家主体战略的前提下，城市是国家主体战略实施的主要实体，也是国家力量的表现，一个发展中的城市，也必须在全世界寻找自己的发展道路和发展定位。针对南通城市文化形象建设存在的核心问题，重新对南通城市和文化形象进行定位，根据南通旅游存在的缺失与不足，探索能够指导未来南通城市旅游发展的路径。

1. 核心问题研判

作为未来全国一流的江海旅游门户城市和长三角著名的旅游目的地，南通旅游缺什么？缺符号化的江海旅游城市门户形象，缺作为上海经济腹地联动上海发展旅游的战略，缺增强旅游综合竞争力的"旅游＋产业模式"，缺打入旅游高端价值链的国际旅游品牌序列，缺区域文化内涵向旅游文化资本的转换和溢价，缺本土化集体记忆和文化资源的整合创新，缺建设城市旅游目的地的全域旅游环境。这七大核心问题直切南通旅游发展的七大痛点。

2. 旅游文化资本定位

提取南通显性自然与文化资源符号，进行深度凝练和整合，得出整体定位，即依托江海风光，立足淮吴文化，传承近代工业文明，营造诗意田园生活，树立生态智慧旅游新标杆，打造具有独特品质的国际都市休闲旅游目的地。

南通城市形象定位共有三套方案，第一套方案是新鲜南通，"新来与世界为缘"；第二套方案是江海南通，新鲜生活；第三套方案是一个人，一座城，一种新鲜，一样幸福。将"新鲜"二字拆开来，"新"在古语中有多种释义，新代表初生事物，《诗・小雅・采芑》道"于彼新田"；新可以指未曾使用，《古艳歌》中有"衣不如新，人不如故"；新还可以指刚刚发生的事物，梁启超《饮冰室合集・文集》曾道"新来与世界为缘"。"鲜"同样有三个释义，一是烹鲜味美，《老子》道"治大国若烹小鲜"，《左传》中也曾写"惟君用鲜"；鲜也指鲜艳活力，陶渊明《桃花源记》中有"芳草鲜美"的描述；鲜还可指稀有珍贵，《诗・大雅・

荡》载“靡不有初，鲜克有终”。将二字合在一起，亦有多种释义：其一，清洁美好，清新鲜洁，《文子·上仁》中有“不敢清明者，处浊辱而不敢新鲜也”，杨雄在《太玄·务》中写“次二，新鲜自求，珍絜，精其芳，君子攸行”，朱淑真《中春书事》里有“乍暖还寒二月天，酿红酝绿斗新鲜”的语句；其二，新鲜是指一种鲜美状态，李咸用《谢僧寄茶》里有“倾筐短甑蒸新鲜，白纻眼细匀於研”；其三，推陈出新，别具一格，张以宁《题绿绕青来卷》中有“南阳使君喜此卷，银钩玉唾相新鲜”；其四，珍稀可贵，欧阳修在《初食鸡头有感》中感叹“都城百物贵新鲜，厥价难酬与珠比”。

南通旅游客源市场定位是以南通、上海为核心市场，长三角为辅助市场，辐射全国乃至全世界。一级核心市场是南通和上海，客源以都市人群为主，为避免与周边城市同质化竞争，主打工业特色小镇游和乡村游；该客群消费能力强，对品质要求高，需提升现有旅游资源品质，增强互动体验性，延伸旅游产业链，增加旅游附加值；游客以短周期和自驾游为主，需加强交通路网的通达度，设计短周期产品，满足周末度假需求。二级辅助市场是长三角地区，客源以团体、商务为主，需完善相关旅游配套，尤其提高住宿、餐饮品质；停留周期较长，需构建多样化旅游产品体系，迎合客户长周期休闲度假的特色旅游需求；该市场对旅游功能要求更加多样化，需打破单一观光休闲旅游，集商务、度假、研学、会展等功能于一体。三级机会市场是国内外热点城市，客源以个人、团体为主，需要增加旅游客户拓展渠道，主打特色游，增加吸引力；客群更加关注旅游品牌，需加强城市旅游形象和品牌的建设与营销，提升国内外知名度和影响力；该群体旅游需求更加依赖网络，从信息查询到交通住宿预订，因此需完善智慧旅游平台建设，提高服务、管理和营销的智慧化水平。

3. 旅游文化资本提升路径

南通城市自然与文化资源丰富，且具有独特性资源，把握沿海城市旅游带和上海大都市圈发展机遇，积极联动沿江沿海城市，加快与上海一体化进程，将南通文化资源转变为城市文化资本。基于南通旅游发展现状，制定旅游文化资本提升的八大战略：联动上海2020战略、“1+4”沿江城市旅游联盟战略、133智慧温度城市战略、都市田园战略、中国近代第一城战略、南通年轻态旅游兴市战略、南通“5+3”江海岸线战略和南通IP集群战略。

联动上海2020战略。“2017南通对接服务上海大会”提出推动南通“服务大上海，建设‘北大门’”，旅游发展联动上海。到2020年，南通实现交通通信、旅游产品、文化活动、营销推广等多维度接轨上海，引领带动旅游业发展。在联动上海2020战略下制订四大计划。其一，双城旅游交通一体化。完善南通与上海之间的铁路、高速公路网，建立1小时交通圈；建立南通综合性交通枢纽，力争不同运输方式换乘时间不超过10分钟；一卡通计划，实现双城交通一卡通行；制定双城之间换乘高铁半价补贴或全补政策，吸引游客双城流动。其二，双城文化推广计划。与上海旅游局、旅游企业开展双城文化推广计划，推出“南通文化上海推广月”和“双城文化旅游专线计划”，挖掘双城文化联系，借力上海旅游平台，促进南通文化旅游营销推广，吸引上海旅游客源。其三，双城长寿旅游补贴计划。面向上海老年人旅游市场，与各大旅行社合作，凡上海65岁以上老年游客来南通旅游的，享受二免一补贴；凡老年游客携第三代旅游的，享受五折优惠；自由行老年游客可凭车票享受车补；所有补贴由旅游局设立专项拨款。其四，双城旅游门票联动计划。与上海旅游机构、旅行社开展合作，推出多种双城旅游门票优惠方案，如双城旅游套票、上海公园联票附送南通公园联票、双城旅游景点优惠年票年卡、亲子游联票等，借力上海旅游优势，吸引游客来南通旅游。

“1+4”沿江城市旅游联盟战略。苏州、无锡、常州、镇江4个城市与南通都是沿江城市，且深受吴越文化影响。建立“1+4”沿江城市旅游联盟，以南通引领吴越文化区旅游建设，挖掘五城共同的文化“根柢”，增加互动、交流与合作，通过串珠成链来扩大旅游影响力和知名度。在“1+4”沿江城市旅游联盟战略下制订三大计划。其一，吴越文化“1+4”旅游联盟。以吴越文化为基础，建立五城旅游联盟，挖掘吴语、昆曲、越剧、园林、评弹等吴越文化因子，设计四个“一”五城宣传项目，一组城市形象画册、一个五城旅游网站、一部美食纪录片、一组串联五城核心景点游线，全面打造吴越文化旅游区。其二，沿江城市旅游联合会。南通市旅游局主导，与4个城市旅游局、企业、协会等组建沿江城市旅游联合会，搭建旅游交流合作平台，开展系列联合活动，如旅游城市考察、组团式营销、系列会议论坛、权威数据发布，为五城旅游联合发展建言献策。其三，漫游长江风情江轮度假计划。面向亲子游热门市场，以镇江为出发点，江轮依次经过四城，设计丰富江轮活动和30条上岸游览路线，如迷你音乐节、江鲜盛宴、昆曲演出、红酒宴会、文化讲坛、运动健身等，让游客体验吴越文化和沿江城市风情。

133温度智慧城市战略。引入“互联网＋城市”概念，构建“1＋3＋3”南通旅游大数据工程，提升景区管理和资源利用效率，建立主客共享的智慧公共服务系统，以政府为主导，调动企业、科研教育机构和城市居民多方力量共同参与，打造更有温度的智慧旅游城市。在133温度智慧城市战略下制订四大计划。其一，南通旅游经济大数据计划。构建“1＋3＋3”结构的南通旅游经济大数据中心。通过对在线旅游用户、来南通游客、旅游企业等多种信息数据的收集、整理和分析，为政府、企业决策和公众旅游需求提供全方位信息支撑与服务。南通旅游经济大数据工程包括一个数据中心——南通旅游大数据中心，三个支撑体系——数据采集体系、数据分析体系、数据应用体系，三大服务平台——政府决策平台、企业服务平台、公众服务平台。利用数据中心搜集原始数据，对客源城市分布、游客行为轨迹、过夜逗留时间、景区景点流量、旅游企业经营等进行分析，形成阶段性旅游调查报告，通过旅游APP、微博、微信和途牛等OTA平台进行传播。其二，“互联网＋智慧景区”计划。利用移动互联网进行景区智慧化建设，开发智慧旅游网页和移动客户端。从游客服务、景区管理两方面着手，提高游客体验性和参观服务质量，增强景区突发事件处理能力和能源资源利用效率。智慧景区提供景区门票网上预订、电子门禁、多国语言智慧导游播报、VR3D全景展示、景区景点图文介绍、定制路线、手绘地图七项游客服务，在景区管理上，建设景区实时流控告警、应急指挥调度智能平台、智慧电表、景区能源管理系统、电子商务平台、智慧停车场。其三，智慧美丽乡村计划。乡村旅游智慧化正成为乡村旅游可持续发展的一种旅游形态。建立基础公共设施网络系统，包括景点交通、餐饮住宿、医疗卫生网络基点设置，搭建资讯服务、电子商务、网络营销等乡村旅游服务平台，引入互联网众筹、互联网招商平台等新型互联网投融资方式，推广O2O模式，与旅游网站、知名农业开发公司合作开发乡村闲置资源，完成线上线下无缝对接。其四，全球社交网络柔性推广工程。以"南通印象"为主题，在著名国际网站上设立"南通印象"官方主页，将南通的历史人文、美景美食、城市建筑等要素以软文、故事、影像等形式进行呈现，并定期进行优惠回馈活动和留言互动，充分发挥新媒体宣传营销作用，让原本官方、正式的地方宣传活力、亲切起来，真正讲好南通的故事，将南通推向世界。

都市田园战略。依托通州区田园景观和原始村落资源，利用"旅游＋""生态＋"模式，迎合都市人群度假休闲需求，推进农业、林业与旅游业结合，发挥乡村旅游在带动农民就业、扶贫致富等方面的优势，提升农业产业价值链。吸引上海都市人群体验原生态田园生活，避免同质化竞争。在都市田园战略下制订四大计划。其一，乡村旅游精品示范计划。3年内通州区建设50个精品乡村旅游区，依托自然景观、传统村落、特色民俗等资源，设计乡村文化创意、特色乡村菜体验、康体养老、青少年农业科普、骑行驿站、婚庆基地等主题，满足游客的不同需求，实现"一村一品"，避免千村一面的状况。其二，101特色民宿计划。101间乡村民宿，根据区域特色设计不同的主题，营造"一宿一品"格局。充分挖掘乡村自然和人文资源，提取田园风光、传统建筑、特色菜肴、风俗民情等各类元素，在民宿中进行多元化表达，为游客提供最具地域特色的乡村住宿体验。其三，乡村伴手礼计划。开发100种乡村特色伴手礼，推广土特产"后备箱"工程。选择100种土特产进行加工配料和创意设计包装，制成精致伴手礼。搭建电子商务平台，利用微信、微博等进行网络营销宣传，线上线下双轨并行，延伸旅游产业链，增加盈利点。其四，郊野公园计划。以“回归田园生活，放飞都市心灵”为主题，依托通州区丰富的山、林、田、湖等自然资源，在交通便捷的城郊地段，打造15个集自然风光观赏、农事体验、康体养生、户外运动、绿色餐饮、特色住宿等功能于一体的郊野公园，盘活现有资源，延伸旅游产业链。

中国近代第一城战略。南通被誉为中国近代第一城，近代城市文明、工业文化和张謇是显性文化符号，也是区域差异化竞争的关键点。深度挖掘近代文化资源，与当前南通城市旅游发展创新相结合，使中国近代第一城的概念定位成为核心竞争力。在中国近代第一城战略下制订四大计划。其一，塑文化·百家创意店铺计划。打造100间具有城市地域特色的店铺，包括南通老字号（颐生酒、老天宝等）、咖啡馆、书店、手工作坊、艺术吧、小品博物馆、健身馆等，提取名人、风俗、非遗、工业文化等元素，融入店铺设计中，提升城市整体文化氛围。其二，明产权·百品商标保护计划。梳理出100个具有当地特色且尚未注册商标的农副产品，对产品进行注册保护，提高产品知名度和消费者信赖感。通州乡村旅游配以农副产品“后备箱”工程，将自驾游用户与农产品对接起来，由游客来做产品自发的检验者和宣传者。其三，寻历史·百个城市印记计划。在南通城市历史发展中选择100个节点，包括工业遗址、名人故事、历史建筑、手工工艺、尖端产业等，采用纪录片、百人说南通、城市印记系列丛书、摄影大赛等形式，展现南通作为中国近代第一城的深厚历史底蕴和风采。其四，敬张謇·百个轨迹传承计划。梳理张謇在南通城市发展中的100个活动轨迹，如企业遗址、教育场所、文化机构、人物故事、文学作品、经典名言等，绘制张謇名人地图，开发环城“张謇带你读南通”的旅游线路，听张謇讲过去的故事。

南通年轻态旅游兴市战略。旅游年轻化趋势是未来南通发展的方向，引进国内外青年旅游管理人才，创新思维模式和营销模式，打造全新旅游体验，将南通建设成年轻人喜爱的旅游目的地。在南通年轻态旅游兴市战略下制订三大计划。其一，青年创客空间计划。5年内建设10个以旅游及相关行业为主题的青年创客空间，为青年创业者和艺术家提供创业、交流、学习、分享的平台，创新旅游人才培养模式，打造南通创客聚集高地。政府为创客提供小额贷款、企业缴税等方面的优惠补贴，组织创业政策讲解、指导培训等活动，吸引高端商务和年轻创业团体。其二，青年旅游人才培育计划。依托网络媒体营销平台，以“青春·活力·运动”为主题，依托南通体育场馆、王牌景区等公共文化空间，引入真人秀、户外挑战、美食节目等网络综艺节目，全方位推介南通城市历史人文和美景美食，增加城市形象的曝光度和知名度，吸引年轻消费群体，为旅游积聚人气。其三，年轻化网络营销平台计划。对接国家“旅游业青年专家”培养计划，将旅游人才纳入市领军和拔尖人才培养工程。与南通大学地理科学学院（设旅游管理专业）合作，建立“旅游人才输送基站”；推行旅游部门与院校师资、企业互相挂职锻炼，开展实习实训等形式的人才合作；加强景区运营、市场营销、酒店管理等紧缺型、专业型人才的培养和引进。

南通“5＋3”江海岸线战略。南通市江海禀赋优良，江岸线全长167公里，海岸线全长220公里。研究范围地块中，江岸线长约50公里，海岸线长约30公里，拥有丰富的水域和美食资源，以“鲜活力·鲜味觉”为主题，整合江海资源，开发多元江海旅游产品体系，延伸旅游产业链，提升旅游附加值，打造特色江海旅游模式。在南通“5＋3”江海岸线战略下制订三大计划。其一，通州湾飞行基地计划。《江苏省“十三五”旅游业发展规划》提出通州湾地区空域资源具备发展低空飞行运动的条件，在通州湾地区建设5个飞行基地，开发航空体育竞赛、运动类飞行培训、青少年航空知识科普、热气球飞行体验等多元旅游产品体系，打造低空旅游和低空运动品牌。其二，海鲜百味计划。以推广海鲜美食、打造海鲜品牌为主题，开发100个海鲜小吃序列。推出海鲜美食文化节、海鲜产品展销会、海鲜电商平台、海鲜商标注册、海鲜小吃街、传统渔村建设等系列活动，为海鲜美食背书，聚集旅游人气，使“江海”符号深入人心。其三，海滨休闲度假区计划。依托良好的海滨环境，与海门市合作开发沿海资源，建设一批海滨休闲度假区。深入挖掘海滩、海岛、渔家文化等，丰富产品内涵；设计文化体验、美食品尝、海上竞技、休闲养生等主题，开发多元海滨旅游度假产品，形成空中—滨海—海面—海底的多层次、立体式产品体系，满足多样化需求。

南通 IP 集群战略。城市是文化的容器，文化是城市最根本、持久、难以替代的核心竞争优势。南通城市发展中沉淀了张謇、近代工业文化、江海等显性文化符号，张謇于南通的意义是一个人创造了一座城，故将张謇作为南通的主 IP。通过精准定位 IP 特性、系统构建 IP 产品体系、立体打造全渠道营销矩阵来全面释放 IP 的市场价值。在南通 IP 集群战略下制订四大计划。其一，城市文化形象塑造计划。聘请专业营销团队对城市文化形象进行整体设计，挖掘 IP 文化内涵，设计 IP 品牌形象，在街道家具、广场雕塑、指示标牌、收费站等公共空间植入 IP 形象符号，通过创意设计，将 IP 符号融入文创产品、伴手礼等各类旅游衍生品中，塑造统一的城市文化形象。其二，国际系列论坛计划。依托南通突出的文化因子和尖端产业资源，与高校相关领域专家学者、产业协会等合作创办系列论坛，“一个人·一座城”张謇国际论坛、“律动江海”江海旅游论坛、“云端酣睡”家纺工业旅游论坛和“航母世界”船舶工业旅游论坛四大论坛，探索“旅游+产业创新”模式发展，吸引高端商务消费群体。其三，国际“南通周”计划。在国家“文化走出去”战略的指导下，开展以推动“传播城市形象，提升国际影响”为目标的城市推介活动。与巴黎结成友好城市联盟，每年选择一座世界知名城市，设计系列宣传推广活动，如南通影像集、张謇人物展、家纺云端秀、品牌 SHOW、工业创意设计大赛等，全方位展示城市文化形象。

二、空间重组与产品体系构建

依托南通现有自然人文旅游资源的分布，在区界、路网、水系等现有边界的基础上，对南通城区进行旅游文化空间重组，重新划定片区，确定不同片区主题，以引导旅游未来发展方向。对南通现有旅游产品进行提升，创造性设计更多符合市场需求、传承本土文化、参与体验性更强的新旅游产品。

1. 文化旅游空间重组战略

对南通城市整体空间进行文化要素重组，将其分为一环四区四轴，一环四区分别是山水怀古片区、工业体验片区、居艺生活片区、海滨休闲片区、田园乡村环（见图 10－1），在原有水系道路的基础上，通过设置沿江发展轴、沿海发展轴、江海联动轴和区域联动轴，将各个片区联动在一起，实现整个城市自然文化资源与旅游产业发展的紧密结合。

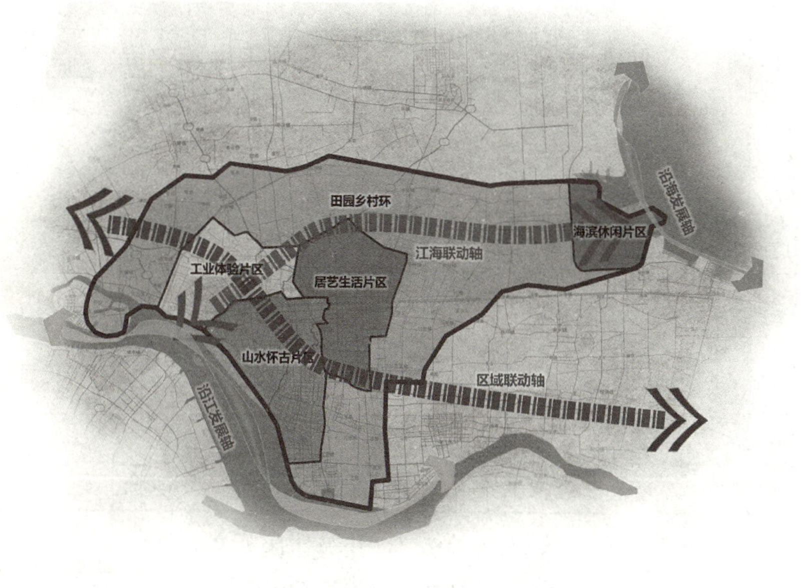

图 10－1　南通文化旅游空间重组

基于区域优势资源，通过分析重要旅游节点及其类型，确定各片区未来旅游发展方向，奠定各区旅游发展格局。山水怀古片区需要全面提档升级，完善旅游各要素（见表 10－1）。依托丰富的自然生态资源和深厚的人文历史底蕴，对片区内现有景区景点整体面貌进行提升，完善夜游要素，增加餐饮、住宿等业态，增强旅游产品的体验性，打造更为年轻化、智慧化的文化体验片区。

表 10－1　山水怀古片区现有旅游节点分类统计

序号	图例	类型	关键节点
1	景	景区	濠河风景区
2			狼山名胜风景区
3			啬园景区
4			军山风景区
5	博	博物馆	南通城市博物馆
6			南通蓝印花布博物馆
7			南通纺织博物馆
8			中华灵芝博物馆
9			南通风筝博物馆
10			沈寿艺术馆
11	街	历史街区	寺街
12			西南营
13	庄	生态庄园	世外桃源休闲农庄
14			洲际绿博园
15			南通园艺博览园
16	园	全市性公园	环保公园
17			能达公园

工业体验片区以文化体验为主，升级休闲娱乐（见表 10－2）。片区内，工业历史遗存众多，休闲娱乐业态突出，未来以工业特色小镇打造为龙头，进行城市空间艺术化设计，完善食、宿、娱等旅游要素，打造工业文化体验和休闲娱乐相结合的特色旅游片区。

表 10－2　工业体验片区现有旅游节点分类统计

序号	图例	类型	关键节点
1	景	景区	南通城市绿谷
2	乐	主题乐园	南通方特水上乐园
3			南通探险王国
4	工	工业古镇	唐闸古镇
5	街	历史街区	唐闸河东
6			唐闸河西
7	寺	寺庙	普贤禅寺
8	庄	生态庄园	瑞斯生态农业示范园
9			久发绿色休闲农庄
10	园	全市性公园	唐闸公园

居艺生活片区，植入艺术因子，感知生活美学（见表 10－3）。片区内的自然人文景观较少，依托交通枢纽（兴东国际机场和通州汽车客运站）和公共文化空间，植入艺术文化因子，如艺术展陈、艺术创作、艺术培训、工业设计、商业配套等功能，是未来南通现代艺术、生活美学的集中体验区。

表 10－3　居艺生活片区现有旅游节点分类统计

序号	图例	类型	关键节点
1	共	公共文化空间	通州区市民中心
2			南山湖公园
3	展	展览馆	通州区城市展览馆
4			曹用平艺术馆
5	体	文体培训	通州区体育中心
7	商	商业配套	南通家纺城
8			南通通州万达广场

（续表）

序号	图例	类型	关键节点
9	产	产业园	川姜工业园
10			中国供销集团南通产业园
11	景	乡村旅游集聚区	进鲜港

海滨休闲片区，引入休闲运动业态，打造特色滨海旅游模式（见表10－4）。依托滨海风光、海鲜美食和海滨空域等资源，以生态环境保护为前提，建设海滨休闲度假区和低空飞行基地，打造集生态观光、休闲度假、体育运动、特色餐饮、商业配套等功能于一体的海滨休闲片区。

表10－4　海滨休闲片区现有旅游节点分类统计

序号	图例	类型	关键节点
1	共	公共文化空间	南通滨海园区文化艺术中心
2	休	休闲度假	通州湾游艇俱乐部
3			南通海韵休闲农庄
4			南通渔儿岛休闲庄园
5	商	商业配套	南都新城
6			通州湾国际电子商务城
7			南通通州湾商贸大厦

田园乡村环，打造十颗江海明珠，营造田园诗意生活（见表10－5）。依托田园景观、传统村落和地域文化资源，提升现有乡村旅游管理服务水平，完善餐饮、住宿、交通等旅游配套设施。选择十个具有良好农业基础的示范点进行重点打造，深度挖掘文化特色，突出旅游产品差异性、参与性和体验性，打造一村一品的特色乡村旅游。

表 10－5　十颗江海明珠节点选择与概述

序号	类型	关键节点	发展方向
1	全国特色景观旅游名镇	东社镇	以特色田园景观、农业生产活动和特色农产品为吸引点，满足游客体验农业生活、回归自然的心理需求
2	全国特色景观旅游名村	五接镇开沙村	以沿江景观、专业运动体验和特色农产品为吸引点，打造休闲度假旅游胜地
3	全国传统村落	十总镇骑岸社区	以传统村落景观、民俗文化和特色农业体验为吸引点，发展观光休闲旅游
4		二甲镇余西社区	以余西古镇为抓手，以古村落景观和生态农业体验为吸引点，发展深度休闲游
5		石港镇广济桥社区	以古村落保护性开发、特色地域文化为吸引点，发展古镇生活深度体验旅游
6	省级现代农业产业园区	通州景瑞现代农业产业园	以农业科技教育科普、循环农业示范和农副产品深加工为吸引点，发展特色农业科技体验旅游
7	省级美丽乡村建设示范项目	兴仁镇阚庵东村	以现代农村建筑、民居庭院、街道格局、村庄绿化、工农企业为吸引点，发展观光体验游，展示美丽乡村风貌
8	省四星级乡村旅游点	金土地生态农业园	打造集农业观光、务农体验、农业休闲和农业科技教育于一体的农业园和5A级生态旅游区
9	乡村旅游星级示范点	白鹭湖生态农业园	以生态湿地景观、高品质食宿配套和多样化休闲度假设施为吸引点，发展高端生态度假旅游
10	临近未来南通西站	平潮镇	以田园野趣、湖光山色、森林花海等自然生态景观为吸引点，打造5A级生态旅游区

2. 老牌旅游产品提升

根据旅游节点等级和影响力，将需要提升的产品分为核心产品和重点产品两个层级（见图 10－2）。核心产品是现有老牌旅游产品，已具备较大影响力和知名度，是南通旅游的品牌担当，也是引领旅游发展的核心产品，包括濠河风景区、狼山名胜风景区和洲际绿博园三个产品。重点产品是后起之秀，符合当前及未来旅游发展趋势，是近期重点打造的产品，主要是唐闸古镇、进鲜港鲜花小镇、开沙岛体育运动度假区、游艇小镇、南通港闸现代农业产业园和南通城市绿谷六个产品。

图 10－2　南通城市特色文化提升构建产品落点图

濠河风景区的发展目标定位是世界级 5A 级景区和城市中心主客共享的滨水休闲空间。目前，濠河风景区存在五个问题——缺休闲住宿配套、缺国际游客量、缺濠河文化演绎、缺沿河资源联动、缺多样游览形式，应针对每个问题制定相应的抓手工程和提升措施。夜宿濠河工程，针对住宿配套缺乏的问题，改造周边历史街区，打造特色民宿区，引入咖啡馆、创意店铺、电影院等休闲业态。国际化景区建设工程，针对境外游客量不足的问题，利用国际社交网络媒体进行宣传推广，将濠河作为南通城市推介会的重点产品，同时完善景区外语导游、标识中外文对照。文化濠河工程，针对濠河文化演绎缺乏的问题，挖掘濠河历史文化内涵，通过景观小品、大地艺术、沿河景观廊道、水幕电影等形式来演绎。内外濠河工程，针对沿河资源联动不足的问题，开发博物馆联合活动，增强项目的体验性；整合名人故居、塔寺、历史遗址、文教单位等资源，开发新游览路线。花样游濠河工程，针对游览形式和载体单一的问题，增设骑行道、慢行绿道、水上栈道等设施，增加自划船、画舫、水上摩托艇、水上巴士等水上游览工具。

狼山名胜风景区的发展目标定位是5A级景区、国家级森林公园和国家级旅游度假区。景区目前存在的问题有缺林业生态文化展示、缺核心旅游度假产品、缺景区管理乱象整改、缺佛教文化全景展示和缺休闲运动项目引入。针对上述问题，实施以下五个工程：林业生态示范基地工程，在不破坏森林生态的前提下，建设生态文化科普馆、珍贵林木种源基地、夏令营生态营地、森林生物博览馆等项目；温泉度假区工程，加快狼山南麓温泉资源开发，完善温泉度假酒店、温泉餐厅、特色民宿等配套设施，引进专业酒店、餐饮人才，提升服务品质；90天管理进阶工程，增加停车场规划，疏解节假日停车压力，增加景区内部交通工具种类和班次，用门票附带香火的形式替代揽客卖香的乱象；佛教文化论坛工程，建立大圣菩萨佛教文化论坛，定期开展与各地佛教寺庙、团体的交流活动；休闲狼山工程，在保护生态环境的前提下，引入徒步登山俱乐部、主题自驾营地、户外素质拓展基地、真人CS、氧吧运动场等项目。

洲际绿博园的发展目标定位是绿化主题生态公园和全球花卉植物展示基地。目前，洲际绿博园存在四个问题：一是缺旅游住宿配套，实施住宿配套工程，园区面积广，游客量大，可引入品牌度假酒店、文化主题酒店、精品民宿、青年旅社、自驾车营地等多样化住宿设施，让游客住下来，增加夜间消费；二是缺夜间经济开发，实施夜游体系构建工程，开发24小时植物书屋、夜间灯光秀、植物主题酒吧、迷你音乐节等项目，丰富夜间活动体验；三是缺节庆持续引流，实施主题节庆工程，设计园区春夏秋冬四季主题活动，每年结合节日举办两次具有知名度和号召力的大型节庆主题活动，持续吸引游客，引爆旅游热点；四是缺产业链条延伸，实施伴手礼工程，对园区内各类植物、水果、芳香作物等进行深度加工和创意设计，开发植物微缩景观、干制果品、护肤品、香氛精油等产品，延伸产业链。

唐闸古镇的发展目标定位是旅游风情小镇和近代工业文化展示地，目前存在五大旅游痛点：其一，生态人文环境不理想，实施整体环境提升工程，景观绿化空间营造，提升环境整体质量，依据“修旧如旧”的原则来修复老建筑；其二，工业文化符号不显性，实施文化因子植入工程，增加生产车间观光游览、手工纺织作坊、印染坊、民国生活体验馆等体验性旅游产品，营造浓厚的工业文化氛围；其三，夜间经济体系未构建，实施夜间经济开发工程，构建包括夜景、夜演、夜宴、夜购、夜娱、夜宿在内的六夜经济体系，延伸旅游产业链，增加盈利渠道；其四，公共服务配套不完善，实施公共配套完善工程，增加公厕、座椅、休憩场所、指示系统、交通工具等公共服务设施，组合其工业文化特质进行改造完善，形成统一的小镇风格；其五，古镇内部交通不通达，实施道路基础设施工程，修整道路以保证通达，增设桥梁以使运河两岸畅通。

进鲜港鲜花小镇的发展目标定位是旅游风情小镇和生态农业休闲度假胜地，目前小镇的问题在于缺本地文化表达、缺智慧旅游服务、缺特色景点营造、缺夜间经济构建四个方面。针对上述问题，制定以下四大工程。一是本地文化演绎工程，深度挖掘本地盐运文化、苏乡文化、河鲜文化等，丰富文化展示和演绎形式；保留原居民的生活空间和状态，营造地域特色文化和生活的氛围。二是智慧旅游平台建设工程，打造智慧旅游平台，实现 WIFI 网络全覆盖、构筑小镇旅游移动客户端，提供旅游相关信息和各业态的在线查询、预订、支付和投诉等服务。三是九曲花街工程，建设一条八个转弯九曲相连的街道，街道上遍植四季花木，设计车行道和人行步道，将其打造成鲜花小镇特色景点。四是夜间经济工程，运用灯光艺术化设计打造小镇夜景，开发花卉灯光秀、花舞剧场等夜间娱乐项目，导入街区酒吧、咖啡馆、电影院等多元业态。

开沙岛体育运动度假区的发展目标定位是国家级旅游度假区、体育运动主题公园和体育文化展示地。目前开沙岛尚存在四个问题,其一,环境景观特色不明显,需实施环境景观营造工程,增加绿化绿植、景观小品、大地艺术等设计,丰富自然景观层次;对现有建筑外立面和内部陈设进行创意设计,融入江海风情、体育运动等元素。其二,旅游配套设施不完善,实施服务配套提升工程,引进高品质餐厅、酒店和相关专业管理人才,提升服务品质;构建特色旅游交通体系,如风情步道、共享单车、水上交通、低空旅游等。其三,旅游品牌知名度较低,实施品牌塑造工程,选择具有良好基础的单一运动,打造专业运动体验,提升知名度;举办国际知名体育赛事,设计体育运动节庆,聚集人气,打造特色体育旅游品牌。其四,旅游业态呈现单一化,实施旅游+模式工程,促进旅游和体育、休闲、文化、会展、培训等产业融合,构建大旅游产业链,增加旅游附加值。

游艇小镇的发展目标定位是江苏省第二批特色小镇、中国游艇产业新地标,目前存在游艇产业链条薄弱、滨水休闲载体单一、综合运营模式缺乏和后续营销力度不足四个问题。根据上述问题实施四大工程:游艇全产业链构建工程,联动海门、如东、启东等市共同发展滨海游艇新型产业,构建游艇设计、制造和相关配套的全产业链,促进游艇业与艺术、教育、体育产业融合,打造特色滨海旅游模式;滨水休闲载体工程,增设垂钓、帆板、赛艇、皮划艇、摩托艇、水上飞机、滨水房车露营等形式,丰富滨水休闲载体,打造滨水休闲生活方式;综合运营模式工程,建立小镇后期运营模式,开发水岸商业带、游艇港、水上运动、滨水度假娱乐、游艇维修保养、游艇旅游、游艇培训等项目;多维营销工程,利用自媒体软文、知名论坛、网络游戏植入、网络综艺、新闻热点等营销形式,扩大俱乐部知名度,吸引游客。

南通港闸现代农业产业园的发展目标定位是省级旅游度假区、现代农业创新高地、休闲农业示范基地。产业园现存在四个问题,其一,观赏性农业景观少,实施农业景观创意设计工程,增加绿化绿植、蔬果花木、景观小品和大地艺术、木制亭廊等景观空间创意设计,增加农业园的观赏性。其二,旅游服务配套不足,实施旅游服务配套工程，增加厕所、垃圾桶、座椅、指示标牌、休憩场所等公共服务设施建设，方便游客体验；引入配套餐饮、住宿、休闲设施，开发夜间经济，增加二次消费。其三，旅游经济效益较低，实施盈利模式开发工程，依托园区农业科技和生态资源，开发农业科技孵化推广收益、良种培育收益、农产品商超配送、会议会展收入、农事体验收入等盈利模式。其四，缺农副产品深加工，实施百种伴手礼工程，对园区内各类农产品进行深加工和创意包装，开发100种中高低档的农副产品伴手礼，包括蔬果礼盒、干制果品、护肤品、香氛精油等。

南通城市绿谷的发展目标定位是4A级风景区、生态休闲度假胜地，目前存在缺多种层次景观营造、缺休闲运动产品开发、缺持续旅游营销推广和缺节庆持续引流功能四个主要问题。针对上述问题实施四大工程：景观层次丰富工程，引进多种类型花木，增加建筑围墙、山石水景、茶园花谷等景观空间，运用多种造景手法丰富景观层次，打造中西合璧的秘密花园；休闲运动产品开发工程，开发休闲体育运动产品，如户外拓展、攀岩、网球、壁球、舞蹈等，打造生态休闲运动品牌，为高端商务客群提供定制服务；多维营销工程，利用自媒体软文、知名论坛、网络游戏植入、网络综艺、新闻热点等营销形式，扩大俱乐部知名度，吸引游客；主题节庆工程，开发具有生态特色、类型丰富、主题多元的节庆活动，包括年度综合型、儿童导向型、特色运动型、艺术参与型等活动。

3. 新创产品体系构建

除了对南通现有景区景点进行提升外，结合未来旅游发展趋势，利用显性文化符号和资源，创新建设一些新的具有发展潜力的旅游产品，与功能片区定位相契合。如图10-3，新创产品共有十个，分别是风筝城、南通城市中央公园、十颗江海明珠、健康养生体验度假区、江海不夜城、棉花城堡、世界建筑微缩园、余西古镇、寺街—西南营片区和张謇城市文化旅游示范区。

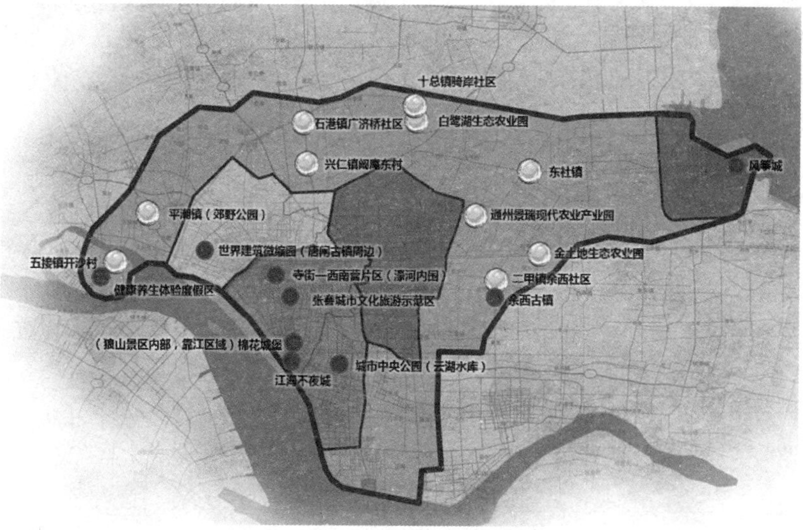

图 10-3　文化旅游创新产品落点图

张謇城市文化旅游示范区（见表 10-6）。以张謇为主角讲述南通故事，推介南通的城市文化形象，对张謇的历史足迹进行追寻，解读南通的地方精神，强调历史与现代、自然与城市、智慧和科技的三重文化互动。示范区的发展目标定位是国际文化旅游示范区、全域旅游先行示范区。

表 10-6　张謇城市文化旅游示范区抓手工程

序号	工程名称	工程概述
1	张謇城市坐标印迹	在主城区 4 公里范围内选取有纪念意义的张謇足迹地，设置带有张謇符号的坐标景观，推出相应的"南通盖章本"，附赠景点优惠券，浓缩南通的城市气息，记录一个人和一座城一段相逢的美好时光
2	张謇名人创意设计	全国征集张謇卡通形象设计方案，将最终成果推广到南通旅游的方方面面，打造区域公用品牌与卡通代言人
3	张謇带你智慧游	以虚拟张謇为导游，以科技为创新展陈手段，实现南通元素的 3D 呈现，展现宜居的风雅南通和活力无限的新鲜南通风貌

余西古镇（见表 10-7）。依托余西古镇历史文化遗址、盐运文化

和蓝印花布等资源，将蓝印花布作为古镇文化IP，打造集古镇观光、文化体验、休闲娱乐为一体的风情小镇。古镇的发展目标定位是江苏省第二批旅游风情小镇、蓝印花布文化全景展示地。

表10-7　余西古镇抓手工程

序号	工程名称	工程概述
1	古镇气质修复工程	依据“修旧如旧”的原则来修复老建筑设施，保留古镇传统的格局和肌底；保护老店铺，如烧酒坊、老剃头店、绸布庄等，维持原汁原味的古镇气质
2	蓝印花布全产业链	恢复蓝印花布纯手工制作流程，复原原料制作和花布制作的手工作坊，开发系列文创产品，引进新媒体艺术展，构建蓝印花布全产业链，打造成古镇核心旅游产品
3	古镇文化全景展示	挖掘历史文化资源，建立博物馆，作为古镇历史文化全景展示地，将煮盐文化、根雕艺术、板鹞风筝、历史名人等内容进行集中展示和演绎

寺街—西南营片区（见表10-8）。尊重保护街区传统空间格局，通过建筑修复、文化演绎展示、休闲娱乐业态引入，赋予历史街区新的活力与生机，打造休闲、宜居、人文兼备的慢生活街区。该片区的发展目标定位是南通历史文化商业步行街、城市怀旧与都市休闲目的地。

表10-8　寺街—西南营片区抓手工程

序号	工程名称	工程概述
1	三大主题街区	江海风情美食街：海鲜美食、地方小吃 特色主题民宿街：为濠河景区提供住宿配套 海派文化老街：仿照上海老街区建筑，集中展示上海建筑、饮食、戏剧等文化
2	文化氛围营造	修复街区内历史建筑遗存，挖掘教育、名人、军旅等文化内涵，通过展馆影像、墙绘、景观小品、街区雕塑等方式来营造文化氛围
3	文创产业引入	融入新的文化创意产业，增设文化场馆，引进文化类、表演类、主题艺术类业态，注重文化活动运营，营造古今文化交融的氛围

江海不夜城(见表10-9)。以“家住长江边，应知长江事”的设计理念，记录历史上江海人居的风华，形成系统化的江海文化产业链，开辟江海主题旅游的运营新模式，发起江海区域化城邦联动新篇章。江海不夜城的发展目标定位是国际江海文化聚集地、江海文化创意产业示范园。

表10-9　江海不夜城抓手工程

序号	工程名称	工程概述
1	两大江海风情街区	打造江海风情美食街和江海老字号购物街两条商业风情街区，荟萃沿江沿海地区的经典美食和特色物产
2	十个江海主题展馆	设计江海文脉馆、江海智慧馆、江海之最馆、江海论坛馆、江海自然馆、江海艺术馆、江海民俗馆、江海探险馆等十个主题展馆，全面展示江海文化
3	六大江海世界奇观	设计江海微缩景观、仿真绣系列《长江万里图》、江海渔盐文化展区、江海风情落地书架长廊、江海文化纪录片、世界江海文化展示区六大世界奇观，展示国内外江海文明

棉花城堡(见表10-10)。基于悠久的植棉史，开发以棉花为主题，集观光、休闲、娱乐、度假、文创、艺术、展览等功能于一体，根植于本土文化的主题度假公园。棉花城堡的发展目标定位是国际化主题度假公园。

表10-10　棉花城堡抓手工程

序号	工程名称	工程概述
1	棉花主题游乐项目	以棉花、云朵等为元素设置主题游乐项目，如棉花糖碰碰车、棉花糖过山车、云朵摩天轮、云朵蹦床、棉花糖屋、云朵餐厅等
2	棉花系列卡通设计	设计棉花宝宝、云朵妈妈等Q版卡通人物，并发展卡通人偶、文创产品、漫画图书、动漫手游、住宿餐饮、漫展、电影院等系列衍生产品
3	云+智慧旅游	开发云+智慧旅游服务系统和云+智慧手环。游客可通过系统实现在线查询、预约、支付、评价、投诉等功能，通过智慧手环验证游客门票信息和住宿信息，实现智慧化管理

世界建筑微缩园(见表10-11)。面向亲子游市场,对世界著名建筑进行微缩复制,设置不同主题场馆,多方位展示世界建筑、交通、民俗等文化,打造一个集科普、休闲、娱乐等功能于一体的微缩主题乐园。微缩园的发展目标定位是亲子主题乐园、人类建筑史全景展示地。

表10-11　世界建筑微缩园抓手工程

序号	工程名称	工程概述
1	世界建筑大观园	选择100个世界著名建筑进行微缩复制,设置迷你世界、奇迹建筑、梦幻城堡三个主题乐园,为亲子游群体提供科普、休闲、娱乐等体验
2	五大交通模型馆	设计铁路轨道系统、综合性交通枢纽、停车场和交通事故模拟五个模型馆,展现世界交通现状和未来设想,再现交通文化
3	两大风情街区	建造世界民俗文化街和童话故事主题街两条商业街区,建筑风格依照欧洲古堡,引入餐饮、购物、酒店、休闲等业态

十颗江海明珠(见表10-12)。以农业生产优势为基础,通过十个最具代表性的示范点,以点带面,推动整个南通特色乡村旅游新局面的开展,塑造南通田园乡村旅游品牌。发展目标定位是国际乡村旅游目的地、国家乡村旅游创客示范基地。

表10-12　十颗江海明珠抓手工程

序号	工程名称	工程概述
1	乡土民宿创意设计	邀请国内外专业设计人员对农房进行创意化、艺术化改造,打造100家乡土精品民宿,营造特色住宿体验
2	乡土旅游创业孵化	鼓励大学生、返乡农民工、专业艺术人才、青年创业团队等利用丰富的乡村旅游特色资源自主创业,发展摄影写生、文化创作、非物质文化遗产传承、旅游电商等特色业态
3	乡土产品创新开发	种植附加值高、经济效益好、符合市场需求的农作物,如芳香作物、有机蔬果、健康中草药等,延长产业链,进行深加工、精包装,打造通州乡土产品品牌

健康养生体验度假区(见表10-13)。依托开沙岛生态湿地、体

育运动资源，以健康养生、医疗服务、生态休闲为发展核心，构建集健康体检、养生养老、运动休闲为一体的一站式体验中心。度假区的发展目标定位是一站式健康医疗养生体验中心。

表 10－13　健康养生体验度假区抓手工程

序号	工程名称	工程概述
1	医疗养生服务中心	整合现有运动基地医疗场所，建立医疗养生服务中心，包括疗养体检中心、运动损伤康复中心、国际养生会所，为运动员和老年人提供定期体检、医疗护理、养生文化科普等服务
2	养老居住配套	开发养老居住社区、养老度假酒店、养老康复社区三种类型居住配套，提供老年体育、文化、教育、餐饮等服务，满足多样居住需求
3	慢行交通系统工程	修建医学观光步道、健体康体步道、养生休闲步道、沿江生态步道、骑行道等步道，构建串联起各大运动基地的慢行交通系统

风筝城（见表 10－14）。依托通州湾优良空域资源和风筝节节庆活动基础，建立风筝主题乐园，融入世界各地的风筝文化和节庆活动，打造风筝文化全景展示地。风筝城的发展目标定位是风筝主题乐园、世界风筝文化全景展示地。

表 10－14　风筝城抓手工程

序号	工程名称	工程概述
1	风筝文化馆	设板鹞风筝馆、日本浮世绘风筝馆、马来西亚月亮风筝馆等十大风筝文化展馆，具有风筝科普、文化体验、手工制作等功能
2	风筝主题乐园	将风筝元素融入建筑、游乐设施和文创产品设计中，设置爱情风筝园、童话风筝堡、风筝运动馆三大主题乐园，丰富游乐设施和体验
3	风筝嘉年华	设计多种风筝节庆活动，万人集体放风筝、民间风筝达人征集、最长风筝比赛、戏剧脸谱风筝、会唱歌的风筝等，吸引世界风筝爱好者，为旅游聚集人气

城市中央公园(见表 10－15)。依托云湖水库、星湖水库和湿地资源,设置不同主题片区,引入文化娱乐、休闲运动设施,打造以园林绿化为主的综合性、多功能的中央公园。城市中央公园的发展目标定位是南通城市中央绿肺、主客共享生态休闲空间。

表 10－15　城市中央公园抓手工程

序号	工程名称	工程概述
1	多元景观营造	引入多元景观元素,包括绿地草坪、湖泊、湿地、森林等园林绿化空间,通过大地艺术、景观小品、绿植雕塑等形式增加公园观赏性
2	亲子主题乐园	服务周边社区亲子群体,打造迷你亲子互动乐园,引入露天儿童剧场、小型音乐厅、亲子手工坊等设施,可供举行小型节庆和文化活动
3	十大体育场馆	建设十个室内外运动场馆,包括网球馆、羽毛球馆、篮球馆、滑冰场、乒乓球馆、游泳馆、攀岩馆、瑜伽馆、壁球馆和排球场,以休闲步道和骑行道串联运动场馆

三、让世界识别南通

随着经济全球化和互联网进一步发展,任何一个中国的城市,都应该在全球范围内谋求影响力和话语权,这是世界经济一体发展的一种必然性竞争结果。南通城市旅游定位不能仅仅局限在长三角或国内的格局中,而是应该以国际视野参与到国际高端旅游价值链中,把握未来旅游发展趋势,以南通本土化、独特性的核心文化资源为基础,以文化元素形象为载体,进行旅游产品衍生和创意文化产业开发,塑造城市独特 IP,使南通旅游业具有国际影响力,让南通成为独具魅力的国际旅游目的地,让世界识别南通。

1. 全球城市理论演绎

几个世纪以来,世界经济塑造了城市的生活。随着以美国主宰世界经济为基础的国际政治关系在20世纪70年代的瓦解,全球经济发生了巨大的变化,造就了经济活动空间分散化与全球一体化的组合形成,这种组合赋予主要城市一个新的战略角色——全球城市。纽约、伦敦、东京就是这样的城市,它们"除了具有作为国际贸易和银行业中心的悠久历史之外,现在还起着四个方面的作用:一、世界经济组织高度集中的控制点;二、金融机构和专业服务公司的主要集聚地,其已经替代了制造生产部门而成为主导经济部门;三、高新技术产业的生产和研发基地;四、作为一个产品及其创新活动的市场"。[①]全球城市高度控制着丰富的资源,金融和服务行业重塑整个城市的社会和经济秩序。

以南通现有的城市经济发展、产业机构、创新能力等方面的现状来看,尚不具备成为全球城市的能力,在这里提出全球城市概念,是希望南通旅游产业可以具备全球城市影响力,在旅游产业转型发展中开拓全球城市视野和国际战略定位,充分发挥江海优势,从高品质的国际化旅游产品体系、优质的国际化旅游服务体系、科学精准的国际营销战略、健全的国际化保障机制等方面着手,以旅游业转型升级带动整个城市经济结构转型发展,培育发展城市新功能,在未来真正建设成为具有独特魅力的国际人文旅游胜地和具有较强综合实力的国际化大都市。

2. 区域文化形象推广

2010年,日本九州新干线通车,终点是名气远扬的鹿儿岛,熊本县只是中间站。农业大县熊本县为发展旅游、吸引游客,推出了熊本熊

① 丝奇雅·沙森.全球城市.周振华,等译.上海:上海社会科学院出版社,2001:1—2

(KUMAMON)作为区域品牌。政府将其融入熊本县的历史文化、旅游资源、生活细节的方方面面，把熊本县打造成为熊本熊的家乡，吸引外界通过熊本熊对熊本县产生兴趣，引发了熊本县旅游人数的爆炸式增长。2011—2012年，“熊本熊”为默默无闻的熊本县带来了12亿美元的经济效益，这相当于9000万美元广告和宣传的效果，其创造了区域公用品牌与卡通代言的奇迹，成为区域品牌化策略的典型个案。在熊本县的营销策略中，“熊本熊”被赋予了人的身份，他是熊本县营业部部长、熊本县幸福部长、第一位吉祥物公务员，通过社交软件的互动以及表情动图等，让粉丝自发进行推广，同时政府利用各种推介活动，如让熊本熊出席海外宣传活动、现身电视节目等，来提高熊本熊的曝光率和知名度，吸引了众多国内外人士对熊本熊的喜爱。此外，“熊本熊”营销不断出现新的亮点，如大阪失踪事件、减肥失败被降职事件、丢失腮红事件，通过接连不断的事件营销，熊本熊走出了熊本县，成为日本极具代表性的文化符号，熊本县、大阪等城市都获得了反响良好的宣传，2016年，熊本熊形象还出现在《天才校园医生》电影中。

“熊本熊”营销策略有四点成功之处，一是造型元素彰显地域风情。设计师小山薰堂在创造熊本熊的造型时，考虑了熊本的当地特色和萌系要素，结合了熊本城的黑色以及萌系造型常见且能代表熊本“火之城”的腮红，简洁的色调也为日后发挥提供了很大空间。二是用公共品牌策略来打造公众明星。熊本熊商标免费开放注册，只要商家通过政府审核，证明商品有助熊本县的宣传即可使用，全国各地商家的广泛参与，形成了滚雪球效应，加大了熊本熊的曝光率，构建了一个从表情包、公仔到创意产品、广告植入乃至主题商业的萌系生态圈。三是全渠道互动提升受众参与。通过社交媒体的全方位浸润，借力热点与媒体，实现跨界圈粉，让受众接受具有人格化特征的熊本熊，并与之互动交流，选择性忽略熊本熊的被设计感与被包装感。四是多角度营销反哺城市建设。通过“寻找腮红事件”来宣传本地众多的红色农产品，为大阪中央区的UHA味觉糖，代言推广本地的柚子，在各类商业开发中宣传熊本县的农业特色，以卡通人物营销反哺城市农业建设，带动地方经济发展。

3. 特色文化城市品牌行销

南通城市文化家底丰厚，如何将中国近代第一城、狼山、濠河、张謇、江海、海鲜、纺织这些文化符号进行再创造？南通未来发展机遇充分，如何对上海“1＋6”城市圈、沪通高铁、生态城市建设等机遇进行再利用？基于南通丰厚的文化家底和发展机遇，制定五大城市文化品牌营销工程，初见印象工程——张謇带你看看看，名片塑造工程——张謇带你玩玩玩，味蕾觉醒工程——张謇带你吃吃吃，伴手好礼工程——张謇带你买买买，游线纵深工程——张謇带你走走走，打造城市 IP，助力城市运营，提升城市项目的品牌价值。

南通初见印象工程是指南通的广告语系统，是南通城市形象和文化的集中表达，也是初见南通时留下的最初印象。“新鲜南通”是形象定位也是首推广告语，另有以下备选方案：上海拥抱的城市；上海有情，南通有意；隔江望上海，海上清风来；平生欲得南通住，上海南通弹指间；南通有余；醉鲜醉美；先天下之先而鲜；来南通，味蕾在跳舞；濠情南通；极目天涯，难舍南通；南通，看最早的日出；来南通，扯一尺蓝印花布；来南通，给你的生活染点色；通，行无阻。

南通名片塑造工程是指南通重大节庆活动的组织设计，让节庆成为城市文化表达的载体和引流的关键点。在南通现有节庆活动的基础上，重点打造两大主题峰会，将“新鲜”拆解，以“亲、斤、鱼、羊”为核心理念，打造 12 个月不间断的主题活动。国际沿海城市论坛，峰会于每年 4 月举行，奇数年份邀请国内外沿海城市市长，举办市长论坛，偶数年份举办主题学术峰会；稻田音乐狂欢节，每年 10 月举行，将南通传统的梅庵派古琴、通剧等和现代流行音乐相结合，为观众奉上一场音乐盛宴。12 个月的节庆活动分为亲、斤、鱼、羊四个主题。亲·人文创意，该主题主推南通人文历史和艺术创意，让游客从体验活动中感受到南通的深厚底蕴，体验通式人文情怀，接受艺术熏陶。“南通印象”民俗体验季展示了南通的特色民俗，如抬判、荷花盘子舞、童子戏、通州民歌等，感受淳朴乡风民俗，举行“南通印象”表演；

"火树银花"元宵会，中秋节和元宵节时，举行猜灯谜大赛、花灯创意制作活动、灯会展览、放水灯祈福活动、烟花表演、赏月吟诵会、美食尝鲜会；"创意生活"设计大赛，平凡的生活因创意而处处充满惊喜，举办创意设计大赛、大师作品展、主题拍卖会、创意 DIY 秀、创意集市。斤·欣欣向荣，作为"中国近代第一城"，南通轻重工业发展历史悠久，在中国近代工业发展史上有着举足轻重的地位，该主题主推南通工业艺术游。"一针一线一世界"体验季，南通纺织业发展历史悠久，举办纺织体验活动、设计师品牌展、服装展销会、时装秀、时尚沙龙活动、纺织品艺术设计展；"匠心独运"艺术节，南通以"建筑铁军"闻名，举办国际艺术设计论坛、装置艺术展、建筑艺术展、建筑设计大赛、儿童积木创意大赛；"精雕细琢"工艺节，南通传统艺术品众多，如蓝印花布、仿真绣、木板年画、红木雕刻等，举行制作技艺体验活动、产品 DIY 活动、工艺品拍卖会。鱼·海洋娱趣，得天独厚的地理位置，使得南通拥有丰富的水产资源和河港滩涂，在这里，你可以尽享海鲜美味，感受清风拂面。"草长莺飞"海湾风筝节，依托南通板鹞风筝悠久的制作历史，举办放风筝大赛、风筝艺术展、巨型挂件风筝表演、创意风筝 DIY 活动、风筝冲浪活动；"邂逅南通"美食节，品尝江鲜海味、淳朴农家菜，邀您一起共赴美食之约，感受舌尖上的南通。举办美食品鉴大会、美食嘉年华、厨艺大赛；"遨游江海"低空飞行季，亲身体验各种惊险刺激，参与低空项目，如热气球观光、水上飞行表演、滑翔翼飞行体验、水上飞机、直升机观光。羊·田园牧歌，南通田园乡村景色宜人，带领游客寻找自然绿意，亲近阳光泥土，感受身体的舒畅和自然的呼吸。"亲近自然"农耕体验，大自然是最好的老师，家长带孩子体验自然野趣，学习科普知识，进行农耕体验、亲子活动、素质拓展、生态观光；"养生正当时"长寿之旅，南通是著名的"长寿之乡"，来这里观摩南通长寿老人的生活方式，体验通式生活，关注全民健康，进行主题禅修体验、中医疗愈等；通州大地艺术节，感受艺术和自然相融的乐趣，举办艺术设计大赛、大师作品展、艺术拍卖会……

南通味蕾觉醒工程是指寻找南通味道，打造三大特色主题餐饮。奇珍海味·品鲜宴，以南通丰富的海鲜水产为基础，选取优质且具有代表性的食材，以特色海鲜为主菜，如招牌菜长江河豚、文蛤等，搭配当地特色糕点小吃，打造精品海鲜宴。发挥南通江海区位优势，借助“江海鲜食”来增强城市旅游的吸引力。淳朴风味·原乡宴，以南通知名地方物产为主要食材，如狼山鸡、江海土猪、海门山羊肉、西亭脆饼等，打造地方特色菜肴十二味，作为南通美食的集锦和代表，彰显南通原乡风味，推广南通地方饮食文化。延年益寿·养生宴，精挑黄鱼、鮰鱼等高营养价值的当地食材，施以健康养生的烹饪手法，兼顾食物美味与营养，打造清淡可口的养生宴席。满足现代消费者追求健康养生的生活理念和多样化的消费需求，凸显南通长寿养生的文化环境和城市形象。

南通伴手好礼工程包括布里乾坤、情意绵绵、才思泉涌、指尖创意四个系列。布里乾坤系列伴手礼提取了南通独具代表性的元素——蓝印花布，将其与现代时尚相结合，营造了一种浪漫的时髦，洋溢着浓郁的乡土气息和鲜明的地方特色。该系列伴手礼主要以精巧的蓝印花伞、清新的蓝印花扇、朴素的平底布鞋、各种大小的手袋、简洁清雅的窗帘、民俗韵味很浓的壁挂等日用商品为主。情意绵绵棉花系列伴手礼是基于南通悠久的植棉、纺棉史，提取棉花作为基本素材，设计棉花抱枕、干花家居摆件、DIY 云朵灯等家居摆件和手工制品。才思泉涌文学系列文创商品是对南通文学史的文化再创意，主要运用南通历史上的有关人物，如王安石、文天祥、李渔、冒辟疆、李方膺、李渔、张謇等人，和他们的主要思想、经典语录及代表作品等元素，进行艺术化的提炼，成品以学习用具、商务礼品为主，主要包括便签本、书签、笔记本、U 盘、纸胶带、名片夹套盒等。指尖创意系列产品主要是发掘南通作为通派盆景产地的优势，创意盆景的形式和内容，成品主要以微型盆景、创意盆景等绿植摆件为主，让游客能够将环保与艺术带走。

南通游线纵深工程是对整个城市的自然与文化资源进行串联，共形成六条主题游线，分别是状元足迹（见图 10－4）、实业兴国（见图 10－5）、古镇探秘（见图 10－6）、诗意田园（见图 10－7）、绿意呼吸（见图 10－8）和极目天涯（见图 10－9）。

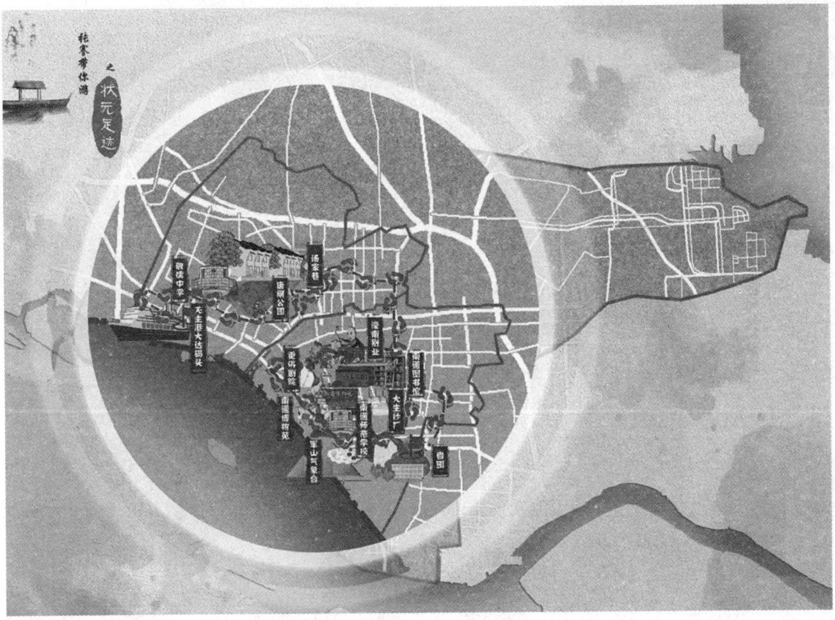

图 10－4　南通状元足迹主题游线

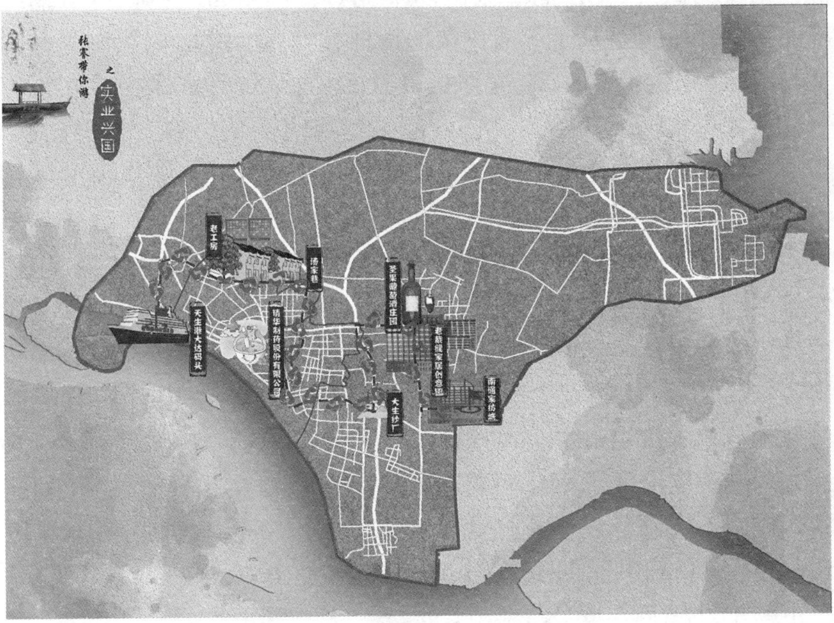

图 10－5　南通实业兴国主题游线

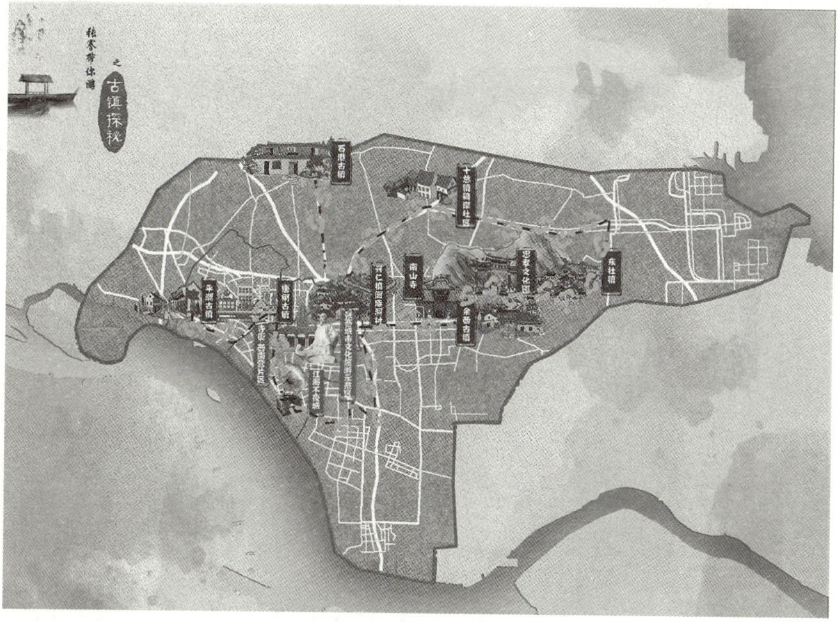

图 10－6 南通古镇探秘主题游线

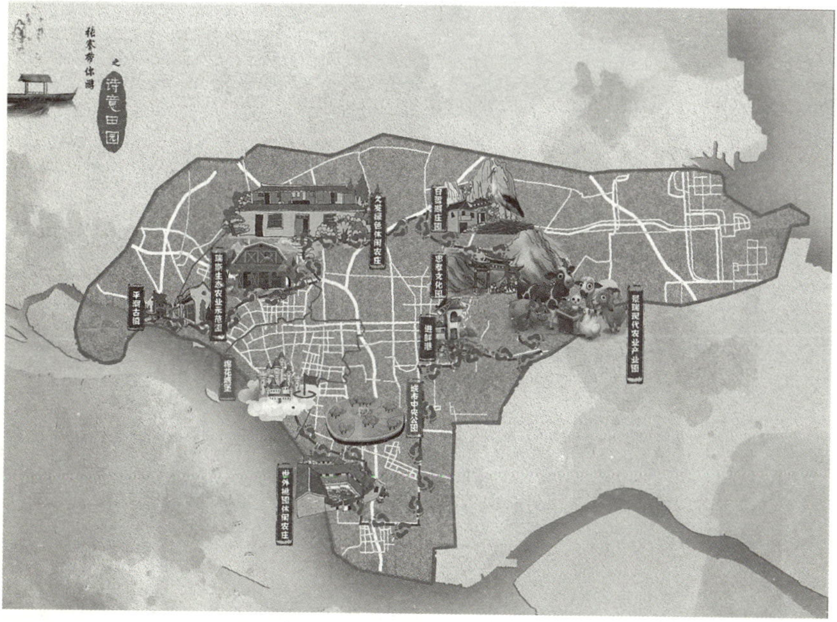

图 10－7 南通诗意田园主题游线

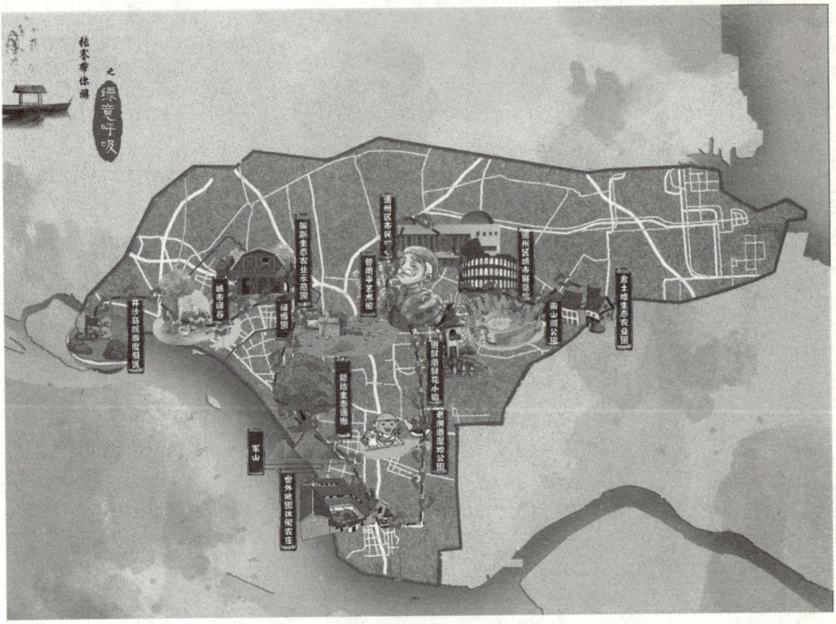

图 10-8　南通绿意呼吸主题游线

图 10-9　南通极目天涯主题游线

总论

泰州、四平与南通三座城市的文化拥有共性，即具备独具特色的资源，拥有发展成为核心竞争力文化资源并进一步转化为城市文化资本的潜质，泰州的泰州学派文化、四平的中国皇后文化、南通的张謇与近代第一城的文化，但无奈的是，这些城市文化的价值被远远低估，利用开发迟滞。我们从泰州凤城河景区（城河区域）发展、四平城市定位、南通城区旅游开发三个方面切入，系统梳理了三座城市的核心文化资源体系，审视城市发展内外部机遇与挑战，创新城市发展战略和形象定位，规划空间布局和创意项目设计，通过城市的理念系统、行为系统和视觉系统来重塑城市的形象系统，塑造城市文化独立IP，将文化资源转变成文化资本，成为城市持续发展的驱动力，有效助力泰州、四平、南通城市转型发展。

深厚的传统文化是历史赠予泰州城最好的礼物，放大演绎早茶文化、建筑风水文化、泰州学派文化、忧乐文化、戏曲文化、医药文化、城河文化、盐税文化八大特色文化资源体系，以泰州美·泰吉祥为形象定位，以凤凰之形聚泰州吉祥之意，以凤凰五色将凤城河区域划分为文枢吉祥、泰学吉祥、济世吉祥、城河吉祥、尘世吉祥五大片区，植入创意文化项目，构建完整凤城河特色大旅游产业链，将凤城河景区打造成集生态城河、研学双创、品质生活、文化体验等功能于一体的国际休闲旅游目的地。凤城河景区发展战略设计将影响泰州未来20年的城市格局，集中心城市核心区、高端产业集聚区、创新网络中心区、生态宜居示范区四大定位于一体的国际化创新活力城市将会是泰州城市未来的发展方向。

类型明确、特质突出的多元文化类型是四平文化区别于其他城市文化的特征之一，以满族文化为代表的地方民族文化、以“四战四平”为代表的英雄文化与红色文化、以各类古城遗迹为代表的历史人文、以自然山水为代表的生态文化和以二人转等为代表的东北地方民俗文化构成了四平城市的特色文化体系，尤其突出的是具有独特特质的皇后文化。在城市整体战略设计中，以“四立四美，魅力四平”为整体文化定位，整合现有空间自然文化资源，将文化与城市、旅游、农业相融合，在空间上，将四平城市分片打造成文城一体的区域文化增长极、文旅联动的文化旅游型经济区和文农交融的新型城镇化示范区，从城市文化人才、文化品牌和文化推广三个层面来实现城市文化创新与创意发展，以文化助力四平城市转型发展。

南通通江达海的地理位置、与上海的密切联动以及多重利好形势的叠加，为南通城市文化发展建设提供了良好的外部条件，江海文化、本土文化和海派文化为南通与上海、国际接轨提供了良好的文化基础，尤其是具有独特性的中国近代第一城文化和传奇人物张謇，成为文化资源放大演绎和城市文化IP打造的重要载体。以亲、斤、鱼、羊对应南通人文、工业、江海、田园文化，进行概念演绎，以“新鲜南通”作为城市形象定位，提出南通城市文化资本构建的战略路径，对南通城区进行旅游空间重组，在现有旅游产品提升的基础上，植入更加年轻态、参与体验性更强、符合未来旅游发展趋势的高能级的文化旅游项目。鉴于张謇对南通的重要意义，故其理应成为南通城市最显性的文化意象表达，将张謇作为城市文化独立IP，对南通进行全方位、立体式营销，让世界识别南通。南通未来将是依托江海风光，立足淮吴文化，传承近代工业文明，营造品质田园生活，具有独特品质的国际都市休闲旅游目的地。

中国城镇化进程对于传统文化传承来说是悲剧性的，甚至是致命性的，多少文化在城市扩张中湮灭，少了历史和文化对城市性格、形象的塑造，城市面孔变得千城一面，没有个性，没有独有的城市形象体系，没有完整的文化价值体系建设。如今，我们意识到上述问题，突出城市特色和延续历史文脉逐渐成为各地践行的城市发展理念。以城市文化资本理论为指导，通过对泰州、四平、南通三个城市文化资本构建战略路径的探索研究，中等发达地级市在发展过程中想要构建特色城市文化，需要从三个方面着手：

首先是找准地方特色，挖掘历史文化，构建特色文化资源体系，明确“我是谁”。要实现城市文化的再生产，第一步就是认知，许多城市对自己城市的文化禀赋并不了解，需要对区域内文化资源进行系统整理，整合不同文化类型，找出具有独特性的文化资源。特色文化不仅仅是人无我有的简单区分，更是我有且优的特色打造。城市特色文化资源与城市形象建设密切相关，甚至可能成为城市经济转型、走向国际的关键点，四川熊猫就是比较典型的案例。

其次是文化创新发展，结合历史传承、区域文化和时代要求进行文化创新，创造全新的城市形象和未来。文化创新是整个文化资本再生产中最关键的部分，文化创新能力的高低决定了能否给予文化第二次生命，能否将发挥文化资源最大价值通过资本化运作转化为城市文化资本，实现文化的再生产和价值再造。文化创新包括文化创新人才培育、自然文化资源创新演绎、文化视角下产业结构重塑、城市符号创新建设、城市空间创造性重组、城市战略定位创新设计等，通过对它们进行精心的创意打造，使它们成为真正意义上的城市文化符号，筑起每个城市独属于自己的底蕴与气质。

最后是重构时代文化，创造国际文化发展的弹性空间。随着经济全球化和互联网的飞速发展，任何一个中国城市都应该在国际范围内谋求发展，城市文化建设需要突破区域格局，放眼全球视野，与时代趋势和国际文化接轨。挖掘本土文化中能与国际文化相融的符号或元素，为国际文化以及本土文化的国际化创造发展弹性空间，从而重构时代文化，让国际文化为城市升格。

参考文献

[1] 包亚明. 现代性与空间的生产. 上海:上海教育出版社,2001

[2] 边燕杰. 城市居民社会资本的来源及作用:网络观点与调查发现. 中国社会科学,2004(3)

[3] 布尔迪厄. 文化资本与社会炼金术——布尔迪厄访谈录. 包亚明,译. 上海:上海人民出版社,1997

[4] 曹从坡,等. 张謇全集(第四卷). 南京:江苏古籍出版社,1994

[5] 曾凡英. 中国盐文化(第八辑). 北京:中国经济出版社,2015

[6] 曾鹏,曾坚,蔡良娃. 城市创新空间理论与空间形态结构研究. 建筑学报,2008(8)

[7] 查尔斯·兰德里. 创意城市——如何打造都市创意生活圈. 北京:清华大学出版社,2010

[8] 陈垓. 泰堂记. 收录于:陈社. 泰州文选. 南京:江苏文艺出版社,2006

[9] 陈梦雷,编纂. 古今图书集成. 北京:北京图书馆出版社,2001

［10］ 陈社. 泰州特色文化. 苏州：苏州大学出版社，2006

［11］ 戴维·赫尔德，安东尼·麦克格鲁. 全球化与反全球化. 北京：社会科学文献出版社，2004

［12］ 刁维国，刁益虎. 范仲淹与古代泰州文化. 学理论，2011(11)

［13］ 段静修. 吉林梨树县偏脸古城复查记. 考古，1963(11)

［14］ 斐迪南·滕尼斯. 共同体与社会. 林荣远，译. 北京：商务印书馆，1999

［15］ 弗雷德理克·詹姆逊. 文化转向. 胡亚敏，等译. 北京：中国社会科学出版社，2000

［16］ 傅崇兰，周明俊. 中国特色城市发展理论与实践. 北京：中国社会科学出版社，2003

［17］ 甘熙. 白下琐言. 收录于：谢国桢，著. 谢小彬，杨璐，主编. 谢国桢全集. 北京：北京出版社，2013

［18］ 高占祥，主编. 周殿富，选编. 礼记新编六十篇. 北京：北京时代文化书局出版社，2016

［19］ 顾朝林，等. 概念规划：理论·方法·实例. 北京：中国建筑工业出版社，2003

［20］ 郭培章. 中国城市可持续发展研究. 北京：经济科学出版社，2004

［21］ 郭晓君，等. 城市文化竞争力问题研究. 北京：中国人事出版社，2005

［22］ 黄宗羲. 明儒学案(卷三十四). 北京：中华书局，1985

［23］ 黄宗羲，著. 沈善洪，吴光，编校. 黄宗羲全集. 杭州：浙江古籍出版社，2005

［24］ 吉林省地方志编纂委员会. 吉林省志(卷四十三). 长春：吉林人民出版社，1991

［25］ 吉林省文物志编委会. 梨树县文物志. 长春：吉林人民出版社，1984

［26］ 贾海涛. “文化软实力”理论的演进与新突破. 社会科学，

2011(5)

［27］江苏档案精品选编纂委员会，编. 江苏省明清以来档案精品选(泰州卷). 南京：江苏人民出版社，2013

［28］姜平，著. 姜光斗，主编. 江海耕织文化之根：南通土布. 苏州：苏州大学出版社，2012

［29］蒋国保. 儒学的民间化与世俗化——论泰州学派对“阳明学”的超越. 南京大学学报，2007(6)

［30］凯文·莱恩·凯勒. 战略品牌管理. 李乃和，译. 北京：中国人民大学出版社，2003

［31］凯文·林奇. 城市意象. 方益萍，何晓军，译. 北京：华夏出版社，2001

［32］凯文·林奇. 城市形态. 林庆怡，等译. 北京：华夏出版社，2001

［33］李成勋. 城市品牌定位初探. 市场经济研究，2003(6)

［34］李殿福. 东北境内燕长城考. 黑龙江文物丛刊，1982(1)

［35］李殿福. 吉林省西南部的燕秦汉文化. 社会科学战线，1978(3)

［36］李光斗. 品牌竞争力. 北京：中国人民大学出版社，2004

［37］李贽. 藏书. 北京：中华书局，1959

［38］梁会丽，隽成军，王长英. 四平市二龙湖古城遗址 2009 年抢救性发掘. 北方文物，2012(4)

［39］刘厚生. 张謇传记. 上海：上海书店，1985

［40］刘景文. 叶赫古城调查记. 文物，1985(4)

［41］刘彦平. 城市营销战略. 北京：中国人民大学出版社，2005

［42］刘易斯·芒福德. 城市发展史——起源、演变和前景. 宋俊岭，等译. 北京：中国建筑工业出版社，1989

［43］刘沅. 十三经恒解. 谭继和，祁和晖，笺解. 成都：巴蜀书社，2016

［44］卢建汶. 中国近代第一城——南通在中国近代史上的地位. 江苏地方志，2003(4)

[45] 马令,陆游. 南唐书. 南京:南京出版社,2010

[46] 马敏. 营造一个和谐发展的地方社会——张謇经营南通的启迪. 华中师范大学学报,2006(2)

[47] 迈克尔·波特. 态度、价值观、新年以及繁荣的微观经济学. 载自于:塞缪尔·亨廷顿,劳伦斯·哈里森. 文化的重要作用——价值观如何影响人类进步. 北京:新华出版社,2002

[48] 明太宗实录(卷四十). 北京:中华书局,1983

[49] 钱成. 吴陵家班谱传奇——明清泰州地区昆曲家班及其主人考论. 盐城工学院学报,2015(6)

[50] 秦纪民. 濠河的变迁. 收录于:秦纪民. 绿满天涯. 北京:高等教育出版社,2005

[51] 任红伟. 韩国文化创业产业发展的经验与启示. 文化产业,2011(12)

[52] 容肇祖,整理. 何心隐集. 北京:中华书局,1981

[53] 塞缪尔·P. 亨廷顿,等. 文化的重要作用——价值观如何影响人类进步. 程克雄,译. 北京:新华出版社,2002

[54] 邵耀辉,王倚海. 张謇与霍华德建城思想比较研究. 收录于:周新国. 中国近代化先驱:状元实业家张謇. 南京:江苏古籍出版社,1994

[55] 沈小华,杨晶晶,夏广政. 泰式民居建筑伦理思想的溯源. 工业建筑,2017(5)

[56] 司马迁. 史记·匈奴列传. 北京:中华书局,1982

[57] 丝奇雅·沙森. 全球城市. 周振华,等译. 上海:上海社会科学院出版社,2001

[58] 汤姆·R. 伯恩斯,等. 结构主义的视野:经济与社会变迁. 周长城,等译. 北京:社会科学文献出版社,2000

[59] 脱脱,等撰. 金史(卷三). 北京:中华书局,1983

[60] 王艮. 乐学歌. 收录于:黄宗羲. 明儒学案(卷三十二). 北京:中华书局,1985

[61] 王艮. 王心斋全集. 南京:江苏教育出版社,2001

[62] 王瓛. 王心斋全集. 南京:江苏教育出版社,2001

[63] 威廉·奥格本. 社会变迁:关于文化和先天本质. 杭州:浙江人民出版社,1989

[64] 吴良镛. 张謇与南通. 城市开发,2004(6)

[65] 徐春林. 儒学民间化的内在理路——以泰州学派"百姓日用即道"思想的演进为轴线. 江西社会科学,2007(2)

[66] 薛洪波,肖钢. 浅谈清代柳条边. 吉林师范大学学报,2004(5)

[67] 薛晓源,曹荣湘. 全球化与文化资本. 北京:社会科学文献出版社,2005

[68] 杨立新. 叶赫古城考略. 北方文物,1993(4)

[69] 杨余练,王革生,张玉兴. 清代东北史. 沈阳:辽宁教育出版社,1991

[70] 易千枫,张京祥. 全球城市区域及其发展策略. 国外城市规划,2007(5)

[71] 应岳林,巴兆祥. 江淮地区开发探源. 南昌:江西教育出版社,1997

[72] 余静,聂勇,隽成军,王长英,关鑫爵,林世香,高秀华,王新胜,郝海波,谷德平,赵昕. 吉林省四平市二龙湖古城址发掘报告. 边疆考古研究,2012(12)

[73] 张国祐. 提升我国文化软实力的战略思考. 红旗文稿,2011(8)

[74] 张鸿雁,张登国,等. 城市定位论——城市社会学理论视野下的可持续发展战略. 南京:东南大学出版社,2008

[75] 张鸿雁. 城市文化资本论. 南京:东南大学出版社,2010

[76] 张鸿雁. 中国本土化城市形态论. 城市问题,2006(11)

[77] 张鸿雁,等. 企业形象设计新概念——CIS 设计与导入和文化整合. 南京:江苏美术出版社,1998

[78] 张怀民. 城市文化软实力提升路径选择:武汉文化软实力发展研究. 科技进步与对策,2013(2)

[79] 张孝若. 南通张季直先生传记. 上海:上海书店,1991

[80] 张云樵. 吉林满族的渊源及衍变考略. 社会科学战线,1992(2)

[81] 张云樵. 叶赫古城考察纪略. 收录于:金基浩,葛阴山. 满族研究文集. 长春:吉林文史出版社,1990

[82] 章开沅,田彤. 张謇与近代社会. 武汉:华中师范大学出版社,2001

[83] 章开沅. 开拓者的足迹——张謇传稿. 北京:中华书局,1986

[84] 周秋光,李华文. 达则兼济天下:试论张謇慈善公益事业. 史学月刊,2016(11)

[85] 周兴安,廖春江. 梨花飘香、传承创新与弘扬——"中国民间文化艺术之乡"梨树二人转概览. 收录于:2011—2013 中国民间文化艺术之乡全集. 北京:中国戏剧出版社,2013

[86] 朱永刚. 吉林省梨树县二龙湖古城址调查简报. 考古,1988(6)

[87] 罗伯·希尔兹. 空间问题——文化拓扑学和社会空间化. 谢文娟,张顺生,译. 南京:江苏凤凰教育出版社,2017